"爱"的超越

文学视野下的马克思

聂锦芳 著

中央编译出版社

图书在版编目(CIP)数据

"爱"的超越:文学视野下的马克思/聂锦芳
著.—北京:中央编译出版社,2018.11
ISBN 978-7-5117-3570-6

Ⅰ.①爱⋯ Ⅱ.①聂⋯ Ⅲ.①马克思著作研究-文艺
思想 Ⅳ.①A811.691

中国版本图书馆 CIP 数据核字(2018)第 096528 号

"爱"的超越:文学视野下的马克思

出 版 人:	葛海彦
出版统筹:	贾宇琰
责任编辑:	李媛媛
责任印制:	刘　慧
出版发行:	中央编译出版社
地　　址:	北京西城区车公庄大街乙 5 号鸿儒大厦 B 座(100044)
电　　话:	(010) 52612345 (总编室)　　(010) 52612335 (编辑室)
	(010) 52612316 (发行部)　　(010) 52612346 (馆配部)
传　　真:	(010) 66515838
经　　销:	全国新华书店
印　　刷:	河北下花园光华印刷有限责任公司
开　　本:	710 毫米×1000 毫米　1/16
字　　数:	480 千字
印　　张:	38.5
版　　次:	2018 年 11 月第 1 版
印　　次:	2018 年 11 月第 1 次印刷
定　　价:	90.00 元

网　　址:	www.cctphome.com　　邮　箱:cctp@cctphome.com
新浪微博:@中央编译出版社　　微　信:中央编译出版社(ID:cctphome)
淘宝店铺:中央编译出版社直销店(http://shop108367160.taobao.com)　(010)55626985

本社常年法律顾问:北京市吴栾赵阎律师事务所律师　闫军　梁勤
凡有印装质量问题,本社负责调换。电话:(010)55626985

序

马克思酷爱文学，终其一生，他几乎没有间断过对文学作品的阅读、重要作家和文坛动态的关注，即使在漫长的40余年"《资本论》及其手稿"写作时期也是如此。

更需提及的是，青少年时代特别是在柏林大学读书期间他还曾经一度沉迷于文学写作，共创作了100余首诗歌，亲自编订了4本诗集，计有：《爱之书》第一部、《爱之书》第二部、《歌之书》、《献给亲爱的父亲的诗作》，还有一些诗歌作品保留在他的姐姐索非娅留存下来的一本纪念册和一本笔记本中，此外，马克思还撰写过他一生卷帙浩繁的著述中唯一的剧本《乌兰内姆》（Oulanem）和小说《斯考尔皮昂和费利克斯》（Scorpion und Felix）。

这些文学作品因其文体形式、探究议题和思想内容与后来的《黑格尔法哲学批判》、"巴黎手稿"、《德意志意识形态》、《共产党宣言》、《资本论》等有比较大的差别，因而很少被研究者所关注。然而，从思想形成史的视角看，它们决不是马克思著述中的"另类"或者"异数"，而是其思想起源状态的表征、思维方式和人生变迁历程的记录，后来的发展与其之间有很重要的承续、转换和超越关系；而在我们长期以来所理解和熟悉的马克思主义理论结构中哪有这一层面内容的呈现啊！

鉴于这种情形，本书拟对这些文学作品的全部内容进行详尽的检视和解读，展示马克思思想早期不为人所知的丰富的精神世界和艰辛的探索过程，进而分析这些历练对于马克思后来思想发展的意义。

目 录

诗 歌

《爱之书》第一部解读 ………………………………………… 3
  一、"照亮心灵之天空"的爱 …………………………………… 4
  二、爱的温馨与浪漫 …………………………………………… 11
  三、精神与爱使人"自豪" …………………………………… 17
  四、不求回报的爱 ……………………………………………… 24
  五、脆弱、娇嫩和糊涂的爱 …………………………………… 34
  六、"歌颂爱情——将是我永远遵守的信念！" …………… 72

《爱之书》第二部解读 ………………………………………… 95
  一、精神世界的"护身符" …………………………………… 96
  二、爱的忧思、疑虑与"壮美" …………………………… 104
  三、船夫、勇士、将军与爱 ………………………………… 124

《歌之书》解读 ………………………………………………… 157
  一、"地狱的魔怪" …………………………………………… 159
  二、"助爱的使者" …………………………………………… 166
  三、"温柔"的天使 …………………………………………… 171

四、"恨与爱"的化身 ································· 182
　　五、"诱惑"的海妖 ··································· 191
　　六、充满人性的"精灵" ······························· 199
　　七、"人间神"——大地精灵 ··························· 204
　　八、神灵观念映现人的局限 ··························· 208

《歌之书》解读（续） ································· 215
　　一、靠神实现不了爱 ································· 217
　　二、在无爱中渴望着爱 ······························· 222
　　三、爱的表白与期待 ································· 228
　　四、圣洁的情人形象 ································· 233
　　五、假如爱得到了回报 ······························· 239
　　六、爱的执着与升华 ································· 244
　　七、战争、强权对爱的抑制 ··························· 253
　　八、爱将战胜强权和功利 ····························· 273
　　九、爱的结局和意义 ································· 283

《献给亲爱的父亲的诗作》解读 ························· 293
　　一、父—子关系新诠释：创造者—创造物、创造—创作 ··· 295
　　二、"创造"的形式：寻觅、抒泄、想象、异化 ··········· 301
　　三、"作者"对"作品"的言说及其命运 ················· 312
　　四、情感样态的复杂性 ······························· 331
　　五、情感的塑造及其价值 ····························· 339
　　六、情感的多种结局及其多重意蕴 ····················· 352

《献给亲爱的父亲的诗作》解读（续） ··················· 365
　　一、人性之恶的展示及其后果分析 ····················· 366
　　二、德国国民性中的弱点罗列 ························· 377
　　三、性格弱点导致的德国众生相 ······················· 386

四、在面向现实与超越庸常之间 …………………………… 400

索菲娅纪念册和笔记本中的作品解读 …………………………… 409
　　一、为什么父母之爱会带来痛苦？ ………………………… 410
　　二、为什么渴望爱的人却在无爱之中？ …………………… 422
　　三、为什么权倾一时的人也无法掌控情感？ ……………… 434
　　四、为什么小鸟会比雄鹰更自由？ ………………………… 455
　　五、为什么情感与生命不可得兼？ ………………………… 465
　　六、自然界与社会怎样制约和促进情感？ ………………… 482

剧　本

《乌兰内姆》解读 ……………………………………………… 511
　　一、偶然相逢中产生的离奇动机 …………………………… 513
　　二、通过思维的导引实现"复仇" ………………………… 518
　　三、通过情感纠葛完成"征服" …………………………… 539
　　四、人性矛盾和人生"悲剧" ……………………………… 556

小　说

《斯考尔皮昂和费利克斯》解读 ……………………………… 563
　　一、人的处境：微不足道与绝不安分 ……………………… 566
　　二、从"语文学"视角推敲家世沧桑 ……………………… 572
　　三、上帝不识人滋味 ………………………………………… 579
　　四、梦是真实的现实 ………………………………………… 585
　　五、"狗如其人"与人的自我关注 ………………………… 593
　　六、"我是自己的替身" …………………………………… 601

诗 歌

推薦書

《爱之书》第一部解读

写于1836年10月中旬至11月初的《爱之书》(*Buch der Liebe*)第一部包括12首诗,其中7首的副标题是《致燕妮》(An Jenny),其他5首副标题尽管以《叙事诗》(Ballade)替代,但倾诉的何尝不是浓浓的爱意啊!

一、"照亮心灵之天空"的爱

爱是人与人之间的情感理解,但对爱的体悟则可能有一部分来自对自然美景的观察及其催发。《爱之书》的首篇《两重天》(Die zwei Himmel)所述内容和灵感就缘于马克思乘马车远足路途中的所见、所思。

在从特里尔到柏林漫长的小路上,轿式马车在飞奔,上面坐着一位情感充沛、想象丰富和心怀崇高志向的青年。美丽的自然景观如一轴画卷迤逦展开,重重山峦向远方退去,片片树林从车旁掠过,时而幽暗,时而明亮,使人仿佛置身于汪洋大海之中,而次第呈现在人面前的景色则如其中汹涌激荡的波涛。尽管赶路者对这些迷人的景致恋恋不舍,总想留住那一片片精彩和美丽,但世俗人生的追求难以停滞,奔波的脚步就永远停不下来,于是就只能在心中徒留下悲凉和怅惘。这种情形不正如人的爱情吗?——瞬间感觉美妙,但持续久长很难。

当然,爱不仅是一种实存、状态,更是一种发现、遐想和建构。尽管沿途的景象变化无常,但在马克思的心目中却有"两重天"永不变样:一重是我们头顶上的自然星空;另一重是人心灵深处的情感世界。头上的天空"镶着云彩又巧缀星光"①，起初繁星闪耀，继而渐渐黯淡，闪烁着微光融入沉沉夜幕或者在远方隐现。但是，其中有一颗星却一直炽亮着，始终光彩熠熠、璀璨辉煌，最终这永恒之火聚成亮光，一轮红日便喷薄而出，诡谲神奇的万物被她照得澄澈、明亮。

这一自然景观既延伸、也应和着人们的心灵世界，试问：天空中那些消失在幽邃天穹里的流星，在离开了天父之后，去哪里了呢？马克思大胆联想："被吸引到人的身旁"②来了，下凡了。它们摇曳起舞，飘忽不定，时而高歌，时而低唱，一如现实中的人，一会儿悲喜交集，一会儿又沉浸于幽思遐想之中；心中忽而黑暗，忽

---

① 《马克思恩格斯全集》第1卷，人民出版社1995年版，第476页；其他译文的版本参见《马克思诗集》，百花文艺出版社2012年版，第50页。原文参见 Karl Marx, "Die zwei Himmel", *Marx-Engels Gesamtausgabe*, I//1, Dietz Verlag, Berlin, 1975, S.484。译文在比较了几种不同译本后有不同程度的改动，下同。翻译界有一种说法叫"美文不可译"，而依我之意，这其中以诗歌为甚。目前马克思诗歌的中译本计有三种，即《马克思恩格斯全集》第1版第40卷译本（人民出版社1982年版）；陈玢、陈玉刚译本（《马克思诗歌全集》辽宁大学出版社1996年版、《马克思诗集》百花文艺出版社2012年版）；《马克思恩格斯全集》第2版第1卷译本（人民出版社1995年版）。第一、二种是依照俄文版（Сочинения К. Маркса и Энгельса, том 40, Государствнноеиздательствополитической литературы, 1975）翻译的，第三种则改为从德文（*Marx-Engels Gesamtausgabe*, I//1, Dietz Verlag, Berlin, 1975）译出；但翻译不仅要考察对原文原意和意境的理解，也看重译者中文表达的准确和传神。为此，为了把握马克思的原意，写作本书时我不得不在德、俄、中几种版本间斟酌、踌躇和选择。

② 《马克思恩格斯全集》第1卷，人民出版社1995年版，第477页。其他译文的版本参见《马克思诗集》，百花文艺出版社2012年版，第50页。原文参见 Karl Marx, "Die zwei Himmel", *Marx-Engels Gesamtausgabe*, I//1, Dietz Verlag, Berlin, 1975, S.484。

而又升起曙光；有时感到自己如此伟大、崇高，瞬间又倍觉卑微、渺小。然而，正如天空终究被太阳照亮一样，再纷扰的人世也有精神在放射着光芒。这精神之光就是爱。与自然之境中的日月星辰不能同处、彼此排斥（所谓"月朗星稀""黎明照亮夜幕"）不同，爱在人间统摄、贯穿于芸芸众生的心灵世界，使他们悲欣交集、甘苦备尝。

最后，马克思直抒胸臆，承认燕妮在自己的情感世界里就是胸中"升起的太阳"。他极为细腻地描述了自己接近心目中的爱神时真实而复杂的感受："当你从我的身边走过，/我每根神经都会震荡；/当我为你而心驰神往，/便感到天空一片晴朗；/我目光如炬热血满腔，/能击退一切魑魅魍魉。"① 自然之天，云海雷电，风云变幻，亘古永存；与此不同，"属于我们心中的这重天""放射着灼热的情感光芒"。当然，现实的爱也很脆弱——"你若把情丝割断，我就会倒在地上，/怒潮会把我吞噬，坟土将把我埋葬，/两重天都将坠入深渊，/流血的心将悄然死亡。"②

"两重天"的意象先声夺人，使我们看到马克思的诗歌达到了相当高的水准。它既来源于生活中的观察和体悟，又有艺术的加工和品评，还有哲学的蕴含和深度。

---

① 《马克思恩格斯全集》第 1 卷，人民出版社 1995 年版，第 478 页；其他译文的版本参见《马克思诗集》，百花文艺出版社 2012 年版，第 52 页。原文参见 Karl Marx,"Die zwei Himmel", *Marx-Engels Gesamtausgabe*, Ⅰ∥1, Dietz Verlag, Berlin,1975,S.485。

② 《马克思恩格斯全集》第 1 卷，人民出版社 1995 年版，第 478 页；其他译文的版本参见《马克思诗集》，百花文艺出版社 2012 年版，第 52 页。原文参见 Karl Marx,"Die zwei Himmel", *Marx-Engels Gesamtausgabe*, Ⅰ∥1, Dietz Verlag, Berlin,1975,S.485。

两 重 天①

致燕妮

乘马车赴柏林途中

一重重山峦退向远方，
一片片树林掠过车旁；
我这恋恋不舍的目光，
留不住那密林和山岗。

葱茏的树木流光溢彩，
峥嵘的山影嵌入穹苍，
转瞬间却被神灵夺走，
斑斓的景物渐渐渺茫。

我们留不住旖旎风光，
山林逶迤消失在远方；
心中只留下悲凉怅惘，
永远也难再欢欣舒畅。

总想留住那一片辉煌，
我们却空怀满腔热望；
迷人的景致已经消逝，
萨蹄尔笑声刺人心房。

---

① 该书中所收录的诗歌、剧本、小说均选自《马克思恩格斯全集》第1卷，人民出版社1995年版。后面不再逐一说明。——编辑注

一轴轴画卷迤逦展开,
时而幽暗时而又明亮;
我们仿佛被卷入巨浪,
身边的波涛汹涌激荡。

尽管这景象变化无常,
却有两重天永不变样:
一重天就在我们上方,
镶着云彩又巧缀星光;
另一重天在心灵深处,
那里充满欢乐与忧伤。

头上的天空繁星闪耀,
融入暗夜隐现于远方,
只有一颗星永远炽亮,
映照高山和大海重洋;
其他星辰会渐渐黯淡,
忽东忽西地闪烁微光,
只有这颗星光彩熠熠,
永远是那样璀璨辉煌。
心底这重天火光闪亮,
是崇高精神放射光芒;
这火焰就像流星一样,
在幽邃的天穹里深藏。

火焰腾飞离开了天父,
又被吸引到人的身旁;

它摇曳起舞飘忽不定,
它时而高歌时而低唱,
常像要撕碎人的胸膛,
迫使他飞向茫茫上苍;
它向人展示陌生境界,
它就是来自那个地方。
那个人感到悲喜交集,
甘愿沉浸于幽思遐想,
他感到自己如此伟大,却又如此渺小,
他觉得心中忽而黑暗,忽而升起曙光。

忽隐忽现的永恒之火,
由一轮红日聚成亮光;
诡谲神奇的混沌万物,
被太阳照得澄澈明朗。
太阳发出圆润的音响,
回环往复融合了阴阳;
它那优美绝伦的旋律,
是如此深沉而又高亢。
这太阳名字叫作爱情,
它照得万物通明透亮。

燕妮,当我把你的心灵窥望,
当我焦渴的心与目光,
深深沉浸在你的身上,
我胸中就会升起太阳;
当你从我的身边走过,

我每根神经都会震荡；
当我为你而心驰神往，
便感到天空一片晴朗；
我目光如炬热血满腔，
能击退一切魑魅魍魉。

头上那重天永不变样，
云海雷电有深情蕴藏；
这重天永远属于我们，
向我们放射灼热光芒。
呵！愿心中的这重天也永不坠落，
愿它在两根心弦上奏出同一音响；
你若把情丝割断，我就会倒在地上，
怒潮会把我吞噬，坟土将把我埋葬，
两重天都将坠入深渊，
流血的心将悄然死亡。

二、爱的温馨与浪漫

人是一种很奇怪、很矛盾的动物，有的时候，在环境异常嘈杂的地方心理却保持着平静，相反，静谧的氛围中内心世界则可能经受着剧烈的动荡和起伏——强烈的反差更有利于把情感的丰富、曲折、复杂充分地表达出来。《夜》（Die Nacht）呈现给我们的正是这种情形。

"夜"被马克思匠心独运地描述成用"黑幕"掩盖着的状态，更令人称奇的是，这夜幕不是用黑线编就的，而是用"旋律"织成的；不是静态的，而是动态的。周遭是如此寂静，这旋律就"热切地来回飘荡"，徐徐而降，笼罩了四面八方。动静对照，静者愈静，动者由此也就更显得躁动不安了。这动者为何？其实就是作者自己的内心。情滥觞于内而表现于外，于是作者展开想象，幻想用这旋律的罗纱编织一件可以助人展翅高飞的衣裳，自己披着它飞向梦魂萦绕的地方，满怀喜悦和渴望见到心爱的燕妮，沉浸于心旌飘摇和爱的激荡之中，在云烟舒卷之处倾听其赤诚坦荡、如泉水流淌般的绵绵情话——这些话语就成为自己"心中的天韵"了。这是一种多么琴瑟和谐、两情相悦的体验！

然而，这不过是马克思自己单方面的想象和向往。在恋爱中，人的心理有时是很难琢磨的，有时候自卑向自信的转换在一闪念之间就可完成。接下来，马克思借对燕妮的想象，表达的恰是自己的状况——"只要你的心更加剧烈地跳荡，/只要你怀着感天动地的忧伤，/只要你的汪汪泪水/闪烁着无比渴念的光芒，/只要你的双颊泛出圣洁的红光，/眼中流露出一丝欢畅，/只要你在内心深处/永不放弃自己的愿望，/只要你摆脱心灵的重负，打碎锁链敞开心房，/只要那朦胧的渴望使你激动不已，/惊恐和思念使你艰辛备尝"。①仔细地思量，就可以知道，这里的"你"与其说指的是燕妮，还不如更准确地说描述的是马克思自己，诸如"心更加剧烈地跳荡""感天动地的忧伤""汪汪泪水""渴念""欢畅""永不放弃自己的愿望""摆脱心灵的重负""打碎锁链敞开心房""激动不已""惊恐和思念"等等，将一个活脱脱的、热恋对方而又不知是否可以得到对等的回应，因而变得忐忑不安的心理描绘得多么曲致、形象！

而接下来的"你"则不觉间才转换到燕妮身上，说她"美丽崇高的倩影"凭借"痛苦的巨大力量"而"格外辉煌"，至此，遮遮掩掩、躲躲闪闪、欲言又止的马克思便"以摧枯拉朽之势，无拘无束地""大胆地表露衷肠"，公开表白了："我只对你一个人钟情"！"我们的心意、行动和爱情/将谱写命运的伟大篇章，/一旦激情的火焰使我们结合，/深沉的痛苦定会消亡。"②"活着我们同呼吸，/死

---

① 《马克思恩格斯全集》第1卷，人民出版社1995年版，第479—480页；其他译文的版本参见《马克思诗集》，百花文艺出版社2012年版，第45—46页。原文参见 Karl Marx,"Die Nacht",*Marx-Engels Gesamtausgabe*，Ⅰ∥1,Dietz Verlag,Berlin,1975,S.486。

② 《马克思恩格斯全集》第1卷，人民出版社1995年版，第480页；其他译文的版本参见《马克思诗集》，百花文艺出版社2012年版，第46页。原文参见 Karl Marx,"Die Nacht",*Marx-Engels Gesamtausgabe*，Ⅰ∥1,Dietz Verlag,Berlin,1975,S.486。

后我们合安葬。"①

　　这首诗不仅把情人间彼此不分，或者说以此代彼的内心极自然地呈现出来，而且以貌似矛盾、对立的词汇让人品尝"爱"的复杂滋味：在现实生活中，"爱"不仅仅意味着单纯的"欢畅""喜悦""激动""圣洁"和"浪漫"，而且也与"忧伤""泪水""渴念""重负""锁链""艰辛""痛苦""思念"紧密关联在一起。

　　在静寂的夜晚思忖"爱"，确实会获得比白天更多的感悟和体味。

　　从纯艺术的角度讲，诗歌是忌讳语言的直白与情感外露的，但马克思写诗不是诗人在创作，或者据此他想成为诗人，而是因为他心中充斥着的情感、生活中的感触逼迫他不得不通过文学这种体裁形式释放、表达出来。这样，所谓诗歌创作的规则、韵律、格式、理念等在他这里就显得不那么重要了（当然他也不是没有考量）。所以，有前两首做铺垫，短诗《思念》（Der Gedanken）相对来说就要直白得多了。

　　马克思开宗明义，直接呼唤燕妮的名字，说她永远是自己的"蓝天和太阳"②，即使自己为此遭受到尘世间无情的詈言，也会在心中永远存留对她的思念和爱恋。这思念和爱恋之情，堪比天体的永恒绵长、海洋的深奥雄壮、宫阙的宏伟辉煌和理想之邦的美

---

① 《马克思恩格斯全集》第1卷，人民出版社1995年版，第481页；其他译文的版本参见《马克思诗集》，百花文艺出版社2012年版，第47页。原文参见 Karl Marx,"Die Nacht",*Marx-Engels Gesamtausgabe*, I // 1, Dietz Verlag, Berlin, 1975, S.486。

② 《马克思恩格斯全集》第1卷，人民出版社1995年版，第481页；其他译文的版本参见《马克思诗集》，百花文艺出版社2012年版，第48页。原文参见 Karl Marx,"Der Gedanken",*Marx-Engels Gesamtausgabe*, I // 1, Dietz Verlag, Berlin, 1975, S.487。

丽壮观。为什么燕妮的形象永远值得作者思念呢？这是说不清楚的。情感不明所以，贫乏的语言更难以描述，马克思只能说：在其眼里，燕妮是神灵的杰作，她的形象是一种无穷无尽、无限无量的永恒的创造力——你看，"在我的颤抖的心中，／新的不朽的思念正在激动"。①

夜
致燕妮

夜幕用旋律织成，
热切地来回飘荡，
然后徐徐从天而降，
笼罩在宇宙的四面八方，
我凝神用旋律的罗纱
编织成一件羽翼衣裳，
披着它飞向我梦魂萦绕的地域，
燕妮就在那云烟舒卷的远方，
在那里我将满怀喜悦和渴望，
倾听绵绵情话如泉水流淌，
那颗心赤诚坦荡，
神灵也会对它钟情向往，
那些话语成为我心中的天韵，
我沉浸于心灵和爱情的激浪。

---

① 《马克思恩格斯全集》第1卷，人民出版社1995年版，第482页；其他译文的版本参见《马克思诗集》，百花文艺出版社2012年版，第48页。原文参见 Karl Marx, "Der Gedanken", *Marx-Engels Gesamtausgabe*, Ⅰ//1, Dietz Verlag, Berlin, 1975, S.487。

是的，只要你的心更加剧烈地跳荡，
只要你怀着感天动地的忧伤，
只要你的汪汪泪水
闪烁着无比渴念的光芒，
只要你的双颊泛出圣洁的红光，
眼中流露出一丝欢畅，
只要你在内心深处
永不放弃自己的愿望，
只要你摆脱心灵的重负，
打碎锁链敞开心房，
只要那朦胧的渴望使你激动不已，
惊恐和思念使你艰辛备尝，
而这痛苦的巨大力量
让你的美丽崇高的倩影格外辉煌，
那么，我就想降落在你的身旁，
向你大胆地表露衷肠，
对你说，我只对你一个人钟情，
我心中的激情也像烈火一样，
那股使你流下热泪的力量，
也将同样涌出我的胸膛，
它将以摧枯拉朽之势，
无拘无束地奔腾激荡。
我们的心意、行动和爱情
将谱写命运的伟大篇章，
一旦激情的火焰使我们结合，
深沉的痛苦定会消亡。
那时我愿永远驻足，

与你呼吸与共甘苦同尝，
我愿在你怀里燃尽烈焰，
幸福地安息在你的身旁，
活着我们同呼吸，
死后我们合安葬。

思 念
致燕妮

燕妮，任它物换星移、天旋地转，
你永远是我心中的蓝天和太阳，
任世人怀着敌意对我诽谤中伤，
燕妮，只要你属于我，我终将使他们成为败将。

我的思念比茫茫宇宙还要宽广，
它无比崇高，胜过寥廓的穹苍，
它无比美丽，胜过梦中的仙乡，
它无比深邃，胜过惊涛澎湃的海洋。

这思念无穷无尽，热情奔放，
这思念犹如上帝的遐想，
时时在他崇高的心中回荡，
正是你让这种思念萦绕在我的心房。

你自己就是这思念的化身，
思念二字难表达一腔衷肠，
炽热的深情无法用言词诉说，
这热情将在我心中越烧越旺。

三、精神与爱使人"自豪"

爱的奥妙和深邃之处还在于，对她反复念叨、孜孜品味、汲汲追逐，但不一定就能保证真正领悟和理解她，所以需要在更广阔的视野中、在多重的参照中思考她的意义和价值。于是，马克思写了《人的自豪》（Menschenstolz），阐明精神与爱是对世俗功利生活的指引和超越。

爱的情感更容易在现代城市中泛滥，那么让我们把目光投向城市吧。

雕梁画栋金碧辉煌，殿宇楼房高高耸立，街上人群如潮，摩肩接踵，芸芸众生终日奔忙，为功名利禄辛苦地劳碌着。但是，沉静下来想一想，"为了生活而生活"，这样的生活，目的何在？乐趣何在？意义何在？作为一个还没有被生活大潮所裹挟而又善于思考的青年，更应该扪心自问一下：是否自己也要接近这么匆匆忙忙的人生漩涡？是否自己也要被卷入这世俗的生活波涛？是否自己也会成为追名逐利、青云直上的"无耻"之辈？是否自己也会对这种贪婪自私、空虚的生活表示屈服？

马克思决绝地做出了否定性的选择。他不无偏激地认为，在现实中附庸风雅、青云直上、外表魁伟者，很可能是内心精神世界贫乏、可怜的侏儒——"你们算什么？／不过是堆了无生气的石头"！①他对这种人不屑一顾，以犀利的目光洞察人群，用无情的视线藐视那些显赫的门庭。他看到的是些什么、感受又如何呢？金碧辉煌在他眼里不过是残垣断壁，一片豪华瞬间又可以化为满目凄凉，万千美景则可能如同飘散的云烟一样。之所以如此，是因为马克思的兴趣和心志并不在于此，没有任何樊篱可以限制他的视野，没有任何地方可以禁锢他的希望，即使是故土也不能阻挡他的志向。他的心早已乘风破浪，扬帆远航，驶向更遥远的地方。

然而，谁都知道，内心拒斥容易，而要真正的超越世俗生活又是多么艰难的事！"没有哪根巨柱能在一瞬间／凭借自身的力量拔地高耸，／一块块精心堆砌的石头／显示出的是蜗牛爬行般的艰辛劳动。"②但马克思相信，心灵可以拥抱万物，就像巨火可以辉耀大地。超越生活并不是离开人世，而是放慢生活的脚步，深入思考生活的意义和价值。离开喧嚣的闹市，平静地踏上乡间小桥，也可以寻找到神圣的思想，然后把它植入心中，便可实现物我同一、内外相惜。如果事不随愿，心里也要苦受煎熬，为了内心的圣洁，即使身体被烧得枯焦、执著的追索屡屡败北、建造起的精神伟构遭人嘲笑，也并不可怕。"艰难困苦、玉汝于成"，这追索本身就是胜利，就值得骄傲，因为精神是超功利的、超世俗的，她永远拒斥计较、

---

① 《马克思恩格斯全集》第 1 卷，人民出版社 1995 年版，第 482 页；其他译文的版本参见《马克思诗集》，百花文艺出版社 2012 年版，第 237 页。原文参见 Karl Marx, "Menschenstolz", *Marx-Engels Gesamtausgabe*, I // 1, Dietz Verlag, Berlin, 1975, S.488。

② 《马克思恩格斯全集》第 1 卷，人民出版社 1995 年版，第 484 页；其他译文的版本参见《马克思诗集》，百花文艺出版社 2012 年版，第 238 页。原文参见 Karl Marx, "Menschenstolz", *Marx-Engels Gesamtausgabe*, I // 1, Dietz Verlag, Berlin, 1975, S.488。

酬劳和回报。

当然，在精神追索之路上，如果有同道，特别是有爱侣相伴，两团火交相辉映，两个人心心相印，在精神的太空中就不会孤独。相反，人们将会听见响彻寰宇的强音，风神琴也会发出幽婉的和鸣；同道的祝愿和个人内心的渴望会一起燃烧，塑造出永恒的美，并使其大放光明。思及自己的情形，马克思在此便向燕妮"大胆直言"：如果两人的心息息相通，炽热跳动，激流交融，那么他就可以"向整个世界提出挑战"，傲视世俗生活和精神侏儒——"那时我俨然是上帝至尊，/在宇宙的废墟中行进，/我的每句话都会变成行动，/我就是地上万物的创世主！"①

以上的讨论表明，人不是一种现成、命定的存在物，身处世俗社会，但又不应沉湎于世俗生活和功利追求。人可以凭借爱与精神的力量摆脱种种羁绊和束缚，成为世界万物的主宰和灵魂，成为真正的"上帝"——这是人的建构，也是"人的自豪"。

人的自豪

致燕妮

金碧辉煌的画栋雕梁，
高高耸立的殿宇楼房，
人群如潮奔腾激荡，
无休无止地劳碌奔忙；

---

① 《马克思恩格斯全集》第1卷，人民出版社1995年版，第486页；其他译文的版本参见《马克思诗集》，百花文艺出版社2012年版，第240页。原文参见 Karl Marx, "Menschenstolz", *Marx-Engels Gesamtausgabe*, I // 1, Dietz Verlag, Berlin, 1975, S.489。

看到这些我就怦然心跳,
满腔豪情像烈火燃烧;
难道就让这股浪潮
把你卷进生活和大海的波涛?

面对青云直上的无耻之辈,
难道我应该击节赞赏?
难道我应该过这种浮华生活,
浑浑噩噩地白活一场?

不!你们这些外表魁伟的可怜侏儒,
不过是冰冷、僵硬的魔妖,
我的目光对你们不屑一顾,
我的眼中映现出内心的狂飙!

这目光穿透四周的人群,
急切地去把真理探寻,
炽热的渴念已化作雷电,
无情地扫过显赫的门庭。

如果你们都坍塌、坠落,
那只能变成斑驳陆离的碎瓦断梁,
一片豪华化为满目凄凉,
残垣断壁显得黯淡无光。

没有任何樊篱将我们限制,
坚硬、贫瘠的故土不能把我们阻挡,

我们乘风破浪扬帆远航，
我们将驶向更遥远的地方。

没有任何地方会把我们留住，
没有任何地方可以禁锢我们的希望，
万千景象如同云烟过眼，
留下的只是胸中的热情和悲伤。

这些巨型的庞然大物
只是悚然而立的残壁断墙，
它们永远感觉不到那熊熊火焰，
而正是火焰从虚无中煅造出它们的形象。

没有哪根巨柱能在一瞬间
凭借自身的力量拔地高耸，
一块块精心堆砌的石头
显示出蜗牛爬行般的艰辛劳动。

可是心灵却把万物拥抱，
它像一团巨火高高辉耀，
即使在坠落之际，
也把太阳卷进汹涌的怒潮。

它凭借自身的力量
胜利地升到壮丽的穹苍，
云层深处的众神受到震撼，
以为眼前是雷电的闪光。

你们要镇静地踏上小桥，
去把深沉的神圣思想寻找，
要敢于把它植入心中，
用自己的真情为它祈祷。

如果这颗心必须苦受煎熬，
为自己的真情而烧得枯焦
那就让它响起火山爆发的声音，
让恶魔们围着它哭泣哀号。

它执拗地甘愿败北，
它建造王座供人嘲笑，
它的坠落本身就是胜利，
它的骄傲拒斥是对英雄的酬报。

然而，如果两团火交相辉映，
如果两个人心心相印，
如果一个向另一个宣告，
从此不在太空孤往独行——

人们就会听见响彻寰宇的强音，
风神琴就会发出幽婉的和鸣；
祝愿和内心的渴望就会一起燃烧，
永恒的美必将大放光明。

燕妮！如果我可以大胆直言：

我们的心已息息相通，
它们炽热地在一起跳动，
一股激流使它们相互交融——
我就向整个世界提出挑战，
面对庞然大物发出嘲笑，
外表魁伟的侏儒将倒地哀号，
他的残骸窒息不了我心中的火苗。

我可以像神一样漫步徜徉，
胜利行进在那片废墟之上，
我的每句话都是火焰和行动，
我就像造物主那样襟怀坦荡。

四、不求回报的爱

当然，爱又总是与人的经历联系在一起的，所以爱一定要有故事。马克思自然明了和深悟这一点，所以，在《爱之书》中，叙事诗占了很大的比例。《歌手最后的歌》（Des Sängers leztes Lied）是其中的一首。

可以看出，这个故事并不一定实际发生过，很可能是马克思虚构的，也有可能是取材于他所阅读过的古希腊悲剧作品。耐人寻味的是，刚刚坠入爱河的青年马克思关注的竟是一个头发花白的歌手、诗人在临终之际对爱的领悟及结局。

夜阑更深，老人孑然独坐，陪伴他的是一把装饰着花结的七弦琴——这是他仅有的财产。然而，此时此刻老人并不感到孤寂和落寞：风耳语着让其入睡，他却难以进入梦境；他的"卷发早已失去乌光，／而双眼仍似火般放出炯炯光芒"。应和着他此刻的心境，"琴上有颗钻石，／像首次出现的星辰在闪光"。[①] 在满天星斗下冥思，老人情感激荡，于是不自觉地双手抚动琴弦。随着琴声浮动，他开

---

① 《马克思恩格斯全集》第 1 卷，人民出版社 1995 年版，第 486—487 页；其他译文的版本参见《马克思诗集》，百花文艺出版社 2012 年版，第 134 页。原文参见 Karl Marx, "Des Sängers leztes Lied", *Marx-Engels Gesamtausgabe*, Ⅰ∥1, Dietz Verlag, Berlin, 1975, S.490。

始歌唱，倾诉起自己的心声，而且随着琴音、歌声渐趋深沉，其中所蕴含的激情与苦痛也就越强烈。

回味起青春年少时的志向和憧憬，老人慨叹乃至不相信自己晚年已至，心绪难以平静。渺茫的大千世界，还是那么令他陶醉，夜半时刻的苍穹，对他来说，仍然充满了奇妙的音乐般的声音。过去自己年富力强，如今已花发斑斑，身心疲倦，但仍怀揣希望，追求着自己的理想。于是，他再次告诫自己："怪诞的诗人，到处走走吧！／趁着还有足够的力气"①，"你满怀着希望，／就应该歌唱，／趁波涛还未把你吞噬，／阳光尚未消亡。／受命运的驱使，／你踏上了征程，／只要还在呼吸，／理想定会伴你一生"。②

去干什么呢？是追索功名、财富吗？不！老人的选择是继续寻找爱情、感受爱情！他明白，对爱情的追求是一个漫长的、永无止境的过程。积经年体会，老人一方面觉得，意中人的心灵深处只有自己容易接近，虽然现在已经年老色衰，但心中仍祝愿她永远漂亮、年轻，保持永久不变的容貌；另一方面，他又感到，自己一生以决绝的顽强精神，对她苦苦追求，但其温柔多情的容貌和情感却如同梦幻一般，始终捉摸不定。每念及此种情形，希望、选择、苦痛，一时间诸多复杂情感就紧压着他的心胸。于是，老人便用纤弱的手，扶着七弦琴，眼里满含苦闷、怅惘之情，呆望着苍穹，显现出颓丧

---

① 《马克思恩格斯全集》第 1 卷，人民出版社 1995 年版，第 488 页；其他译文的版本参见《马克思诗集》，百花文艺出版社 2012 年版，第 135 页。原文参见 Karl Marx,"Des Sängers leztes Lied", *Marx-Engels Gesamtausgabe*, Ⅰ∥1, Dietz Verlag, Berlin, 1975, S.491。

② 《马克思恩格斯全集》第 1 卷，人民出版社 1995 年版，第 489 页；其他译文的版本参见《马克思诗集》，百花文艺出版社 2012 年版，第 136—137 页。原文参见 Karl Marx,"Des Sängers leztes Lied", *Marx-Engels Gesamtausgabe*, Ⅰ∥1, Dietz Verlag, Berlin, 1975, S.491。

的神情。行文至此,马克思描述道:"宇宙四处延伸,/辽阔无垠,/他面带痛苦地站着,/仪态庄严,有如尊神"。① 这是一幅多么感人的月下剪影啊!

恋爱中的人是歌手,更是诗人。继而传来吟咏之声。通过诗句,远方情人那可爱的面孔和容光,那作为对他的爱的回应的短暂却迷人的顾盼,一一再次出现,令老人感到欣慰,觉得自己能活到今天,身体如此健康,全是由于享受着"爱"这剂良方。但是,此刻,他又陷入困惑和彷徨,看着无穷无尽的宇宙,看着漫天闪亮的星星,他仍然不知道如何才能拥有梦想中的女神,觉得永久的爱情似乎只隐藏在杳渺星空,只在瞬间显灵,仿佛在地上刚刚见到心上人的身影,但她又渐渐地消逝在远方了。

总结自己追逐爱情的一生,他不得不承认,整个说来,为情所累,爱使得他心灵受到折磨、伤痛,只留下空虚的希望与期待,毋宁说,他是一个失败者。但他不后悔,在生命的终点,他仍想用绝妙的滔滔声音引吭高唱,歌唱山峦叠嶂,歌唱人的心潮激荡;在坟墓旁边,他还想把最后一首歌唱完,仍要向心爱的人献上赞美词,而让自己在诗的意境中沉没,心灵在歌声之中静悄悄消亡。至此,从老人那无神的双眼中流下男人轻易不弹的泪水,他按照自己的心愿把歌唱完,随后琴弦停歇下来,琴从他手里掉落到地上——老人便溘然辞世了。

我们知道,爱是有对象的,得不到对象对等的呼应,只是一种单相思;然而,这又是一种多么执著、超脱、不求回报的情感啊!凄然而又动人。我们感兴趣的是,青年马克思为什么会想象、杜撰、

---

① 《马克思恩格斯全集》第1卷,人民出版社1995年版,第490页;其他译文的版本参见《马克思诗集》,百花文艺出版社2012年版,第137页。原文参见 Karl Marx,"Des Sängers leztes Lied",*Marx-Engels Gesamtausgabe*,Ⅰ∥1,Dietz Verlag,Berlin,1975,S.492。

演绎出这样的故事和结局？或许其中包含着他对燕妮是否爱自己的疑虑和担忧；或许更想表达的是，即使得不到回应也无怨无悔的决绝态度和选择。

歌手最后的歌
叙事诗

歌手在午夜孑然独立，
满头白发苍苍，
他忐忑不安心潮起伏，
思绪飞向穹苍。

一条花结丝带，
悬挂在他的肩上，
镶着宝石的七弦琴，
在他身边震颤鸣响。
这把琴是他仅有的财产，
也是他最珍爱的家当，
他的鬓发早已染霜，
但眼睛还射出炽热的光芒。

微风轻轻荡漾，
天空闪着迷人的星光，
歌手在和风中伫立，
睡意已经一扫而光。

是内心的激情
促使他走出狭小的卧房，

他喜欢这广漠的天宇，
把它看作缀满繁星的厅堂。

他满怀诗人的热情，
轻柔地独自吟唱，
曲调越来越激昂高亢，
歌声饱含着欢乐与忧伤：

"往昔的青春梦幻，
依然激动着我的心胸，
这惴惴不安的方寸之地，
从来没显得平静从容。
我总是这样行色匆匆，
急欲飘进黑夜和太空，
内心不会忘怀旧情，
深沉的力量不会在沉默中消融。

歌手真切地感到，
有一个神灵催促他不断前行，
他一生注定要四处奔走，
只有在坟墓中才会停止行进。

可是在内心深处，
还珍藏着那第一幅画像，
它像镶金的宝石，
放射出圣洁柔和的光芒。

一俟它生根发芽,
它便永远灼热燃烧,
它将成为永恒的渴望,
成为绝无仅有的创造。

物换星移,
岁月如水流淌,
它的光泽永不黯淡,
在他心中永葆超凡形象。
老人已到风烛残年,
追求之心依然不变,
但眼见这形象不断逃逸,
他永远也难以抓到手边。

所以歌手就不得休息,
直至胸中的火焰渐渐熄灭,
直至群山压在他身上,
直至他渐渐消失不见。

所以他必须永远搏击,
为追求光明奋斗不息,
直到波浪将他吞没,
直到他的胸膛迸裂。

所以他急于四处流浪,
所以他必须永远奔忙,
无论他这个被逐者在哪儿停留,

心中都必定怀着渴望。

这渴望和巨大的忧伤，
突然充满歌手的胸膛，
他不得不倚在七弦琴旁，
双手按住衰老的心房。
他仰头扫视
那广漠无边的上苍，
啊！他愿像天神一般勇敢翱翔，
在天际捕捉那个形象！

他站在那儿，威严而沉静，
就像受难的天神一样，
心中虽然充满不祥的预感，
面对厄运却依然意气高昂。

他神态威严，白发如霜，
他昂然独立，气宇轩昂，
他急忙拿起七弦琴，
弹出了铿锵浑厚的音响：

"只有两次他可以留住
这亲切温暖的形象，
那充满激情的姿态
抚慰了歌手的渴望。

爱情，这热烈而又神圣的情感，

在他的心中激荡，
他让充满胜利豪情的歌声，
飞出激动不已的胸膛。
这时他顿觉自己无比强壮，
就像高大的橡树一样，
他挺立在自己的神奇王国，
显得神采飞扬。

他尽情地大口呼吸
那富有魅力的清香，
他永不知足，
沉醉于迷人的芬芳。

然而这爱情的欢畅
已化作可怜人内心的悲伤，
一个神灵把这苦痛
抛向耀眼的太阳。

歌手从此只能怀着希望，
直到他痛断柔肠，
他眼看天空一片明朗，
却不可能向它飞翔。

所以，正如星星的光芒
点缀在高远的穹苍，
我的爱远离了我，
到了那遥远、遥远的地方。

女神只许从那悠远的重霄，
向我显现她的形象，
而我只许无声饮泣，
向着天空仰望。

只有这支歌儿留了下来，
化作永恒的霞光，
心灵却还在游荡，
乘着这歌声的翅膀。

在歌声中我尚可拥抱
那心潮激荡的胸膛，
在歌声中尚可自由倾诉
这永恒的欢乐和渴望。

啊！愿灵魂在安息时，
仍怀着歌手内心的强烈欲望，
愿它在弥留之际，
沉浸于和谐的乐章！

如果万物复苏，
如果我的内心深处重见光芒，
我就可以虽死而获胜，
欣喜地走近我心爱的女郎！"

在老人苍白的脸上，
大串的泪珠滚滚流淌，

老人要用一曲悲歌
寄托心灵深处的热望。

他重新校正琴弦,
激昂的歌声再次回响,
随后他便放下七弦琴,
永远不再歌唱。

五、脆弱、娇嫩和糊涂的爱

单相思不只发生在男人身上,女人也会有,那么情形和结局会有什么不同吗?在《苍白的姑娘》(Das bleiche Mädchen)中,马克思叙述了另外一种状况,读后更令人唏嘘,也让人慨叹。

(一)爱的另类表现:糊涂和绝望

故事的女主角是一个孤傲的姑娘,美如天仙,卓尔不群,心中柔情似水,思潮起伏,但表面上却沉默不语,忧伤羞怯。现实中的她让很多人倾慕,但没有人能读懂她的心,只有她自己明白其心之所向。

原来,姑娘心里迷恋的是一位素不相识甚至不知其姓名、只有一面之缘的骑士。有一次,他跨着骏马从她身旁飞驰而过,恍惚间似乎回头瞥了姑娘一眼,也可能还迟疑、停顿了一下,但他正急着奔赴战场,所以很快就扬长而去了。但他那无意中的一瞥给姑娘的感觉却是,既有强烈、激越的爱恋,又生怕被情拖累而产生了疑虑和退却。但不管怎样,从此他在姑娘心里便扎下根了。因他身在远方,不能相见,让她惆怅满怀,思绪不尽,觉得自他走后天空也总是低沉沉的,让人沮丧。尤其是夜幕降临的时候,她在闺房中寂寞难耐,因爱生恨,就跑到教堂,匍匐在耶稣像前,祈求主赐福于她,忘却这段情缘。自然，耶稣也安慰不了她，情感也就不能马上了结。于是她的顾虑就更加深重了。愁肠百结之时，幻觉出现了——那个人的面孔突然出现在她眼前，并且厉声斥责"本该永远归我所有"的她不够忠贞，使她惊骇万状，战栗心慌，完全陷入了绝望。

与《歌手最后的歌》中那位头发花白的老人临终之际对爱的领悟不同，她并没有陷入形而上的沉思，而是满含着对自己爱愿难酬的苦恼、抱怨和愤懑。她继续臆造和强化自己心目中骑士的形象：仪表非凡，宛若神仙，目光深沉，明朗泰然。她认定，正是他对自己哪怕只有一瞬间的顾盼，才使自己落入火热的情网；幻想如果现在能接触到他的目光，自己一定会因为激动而窘得发慌。她无数次幻想这样的时刻出现，但是却从未发生过，也不可能发生。

如果说，《歌手最后的歌》中的老人在漫长的追索爱的历程中，尽管也没有获得哪怕是很短暂的、对等的爱的回应，但毕竟意中人是知道他在追求自己的，而在这里，这个"苍白的姑娘"的悲剧在于，这场爱是她虚构的，对方压根不知道她的存在，也就无从知道她的心思。由此，我们知道，这是一场糊涂的爱、荒诞的爱，甚至可以说是一场病态的爱、畸形的爱。更要命的是，姑娘不知反省，相反她还更进一步设想：有另外一位女子也在爱恋骑士，而且得到了他的回应，此刻就偎依在他胸前，这时她觉得自己的心都因此而窒息了，心脏的跳动也更加慌乱，于是以为"我失去欢乐，／也失掉了天堂，／我的心已送给地狱……"①

走不出自设的情网，相反越陷越深，苦闷至极，姑娘猛然投入冰冷的河流，惊涛骇浪马上把她席卷而去，抛向夜幕沉沉、白茫茫

---

① 《马克思恩格斯全集》第 1 卷，人民出版社 1995 年版，第 495 页；其他译文的版本参见《马克思诗集》，百花文艺出版社 2012 年版，第 152 页。原文参见 Karl Marx,"Das bleiche Mädchen", *Marx-Engels Gesamtausgabe*, I // 1, Dietz Verlag, Berlin, 1975, S.495。

的远方,巨浪撞上突露的礁岩,躯体立刻被粉碎得四处飘散。曾是那么娇媚动人、天仙般的姿色,一瞬间香消玉殒,无迹无痕了;一颗"曾为隐秘的爱情而跳动的心",突然停歇、沉寂下来。或许她临终前设想的场景也会成为现实的,因为骑士毕竟也要恋爱、娶妻,只是不知道是什么时候、在什么地方。马克思最后索性将姑娘幻想过的场景移来,以烘托与眼前大相径庭的氛围:在阳光明媚的日子,骑士闲坐在河岸,搂抱着心爱的姑娘,齐特琴演奏着爱情之歌,欢快的歌声美妙悠扬……强烈的对照昭示出:爱,可以让人痛楚,也可以让人欢悦;可以教人沉沦,也可以教人向上;可以令人癫狂,也可以令人理性;可以使人毁灭,也可以使人重生。到底该诅咒爱,还是赞美爱?谁说得清呢!

苍白的姑娘

叙事诗

这里静静地坐着
一位苍白的姑娘,
她那天使般温柔的心灵,
是那样忧郁和惆怅。

她心里没有阳光,
只有起伏的波浪,
在无言的内心斗争中,
交织着爱情和忧伤。

她是那样温和善良,
虔诚地信赖上苍,
她那纯洁无瑕的模样,

显得典雅端庄。

一位高贵骑士策马而来，
那骏马的鞍辔闪闪放光，
骑士的眼睛含情脉脉，
犹如一片烈火的海洋。

这情景使少女怦然心动，
骑士却扬鞭奔向远方，
吸引他的是鏖战的沙场，
他斗志正旺不可阻挡。

姑娘失去了平静安详，
仿佛苍天已经沉降，
无比的痛苦袭上心头，
胸中充满思念渴望。

每逢暮色苍茫，
她便匍匐在地上，
面对基督的圣像，
不断地祝祷上苍。
可是她眼前总有另一个形象
把基督的圣像挤在一旁，
她被这个身影紧紧攫住，
内心感到十分惊惶。

"你可以祝祷上苍,
你可以倾诉衷肠,
但你是我钟情的姑娘,
你永远逃不出我的手掌。"

这声音如同寒冰迸裂,
使少女感到意乱心慌,
她惊骇地冲出教堂,
四周是一片夜色茫茫。

她绞着纤纤素手,
刹那间泪水盈眶:
"我胸中燃烧着热望,
到头来竟是梦幻一场。

失去了上天的保佑,
从此我完全绝望,
我的心信仰过上帝,
如今却堕入地狱的苦海汪洋。

可是啊!他是那样魁伟,
是那样神采飞扬,
他的眼睛是那样深邃,
放射出崇高坚定的光芒。

可是他从未把我端详,

甚至没有向我投过目光,
他让我在绝望中苦苦等待,
直到我的心最终死亡。

也许另一个女人正偎依在他身旁,
把他紧贴在自己的胸膛,
他哪里会去想象
我怀着多么巨大的悲伤。

我情愿牺牲灵魂的安康,
我宁可抛弃自己的希望,
只要他向我投来含情的目光,
只要他向我敞开自己的心房。

如果感受不到他的热情,
上天也必定会冷清凄凉,
大地会沉浸于思念和忧伤,
愁云惨雾会笼罩四方。
汹涌澎湃的惊涛骇浪,
会变得沉寂苍凉,
熊熊燃烧的心灵之火,
会变得黯淡无光。"

少女纵身一跃,
跳进滔滔巨浪,
在这昏暗的寒夜,

急流把她卷向远方。

她那满怀激情的心脏,
从此不再发出跳动的音响,
她那熠熠生辉的眼睛,
如今熄灭了炽烈的光芒。

她那甜蜜而温柔的嘴唇,
变得苍白冰凉,
她那苗条匀称的身影,
已经消逝在远方。

枝头没有掉下绿叶,
向她表示哀戚悲伤,
天地一片沉寂,
无法唤醒这位姑娘。

江河静静地流淌,
穿过层峦叠嶂,
在一块坚硬的礁石上,
她的玉体碎成碧浪。

那位高贵优雅的骑士,
正依偎在情人身旁,
他拨动三角琴的琴弦,
把幸福和爱情的命运吟唱。

（二）爱中的妒忌和宽容、允诺和兑现、背叛和觉醒

以上的故事就人物及其结局来说未免简单了些，那么进入更加惊心动魄的事件又能呈现出怎样的情形呢？篇幅较长的《卢欣妲》(Lucinde) 叙述的情节比较而言要繁复、曲折得多了，我们接着来分析。

如果说，在《苍白的姑娘》中，除了最后部分，骑士的形象基本上是模糊的、虚掩着的，那么在这里他就正式出场了。当然，女主角也换成了另一个叫卢欣妲的女子。早先二人曾倾心相爱，后来男人欲上战场，出征之时，两人依依惜别，她敞开心房，立下海誓山盟，要等他凯旋。他也就放心地辞别了女友，奔赴疆场，建功立业去了。战争刚一结束，他就急不可耐地戴着荣誉的桂冠，从喧嚣的战场返回宁静的城市。因为"这里闪耀着他最心爱的珍宝，/这里的思念和幸福向他召唤"①。近乡情怯，眼看城垛在望，他的心几乎要跳出胸膛。他甚至没有先回自己的家，而是急切地来到姑娘的宅院，想见到自己分别以来魂牵梦萦、无比眷恋的心上人。不料，却发现这里灯火辉煌，宾客盈门，熙熙攘攘——正在进行一场婚礼！这首诗的叙述就从这里开始。

这是一场相当体面、排场的婚礼，前来祝贺的人都是被专门邀请的，为贺喜大家都身穿盛装，兴高采烈，欢声如潮。马克思先是极力渲染婚礼的欢乐气氛②，突然，笔锋一转，场景中出现了与这一氛围极不协调、怪异的骑士。他风尘仆仆、火急火燎地穿过人群，

---

① 《马克思恩格斯全集》第 1 卷，人民出版社 1995 年版，第 500 页。原文参见 Karl Marx,"Lucinde", *Marx-Engels Gesamtausgabe*, Ⅰ∥1, Dietz Verlag, Berlin, 1975, S.497。

② 作为铺垫，作者在描述欢乐的氛围时也告诫说"这只是虚幻的梦想"和"人们的热切希望"。

大步流星走向厅堂。一位仆人从打扮上判断他不像是邀请来的贵宾，认定他的闯入"只会使喜庆气氛受到影响"，遂将其拦下。骑士则告诉他："我找卢欣妲！"仆人很惊讶，说：着急什么呢？"今天人人都能见到她，因为……她是新娘。"闻听此言，骑士顿时目瞪口呆，"魁伟的身体不住摇晃"，"双目圆睁黯淡无光，／步履蹒跚退到门旁"。① 接着，他满怀恼恨、迈着急促的步伐，向自己的家宅飞奔。他不顾一切横冲直撞，一脚踢开紧闭的大门。推开闻声迎上前来的女仆颤抖的手，把她手中的灯盏夺走，走进屋里，将熠熠生光的斗篷披在肩上，又在胸前别上金色的胸针，拿起一把曾为其赢得崇高荣誉、本想回来后将其赠给他心爱的女郎的金饰短剑，脚下生风，又疾步返回正举行婚礼的那个庭院。他抑制不住内心的激动，两眼露出闪电般的凶光，浑身颤抖地走进大门，像幽灵一样穿过喧闹沸腾的厅堂。宾客们有的在结对跳舞，有的则频频举杯，开怀畅饮，喜气洋洋。

他终于在个个如花似玉的女宾中看到艳冠群芳的卢欣妲。只见她身披薄纱，风姿绰约，风度优雅。她从他身边走过，他停在那里，没有挪步，两人四目相遇——她最终认出了在她生活中消失了多年的骑士。顿时炽热的目光黯淡下来，红润的面颊变得苍白。她下意识地想往人群里躲闪，想避开他那异样而凛冽的目光。可是他发出一声冷笑，像一股神力传来，让她僵在了那里。他面色阴沉地逼近，卢欣妲仿佛被什么扼住了咽喉，心里感到了极度的窒息，只得紧紧靠在侍女肩头。宾客们此时也停止了欢乐，个个呆若木鸡，满腹疑云，默默相望。骑士开口了："啊！你早先对我指天起誓，／如今却

---

① 《马克思恩格斯全集》第 1 卷，人民出版社 1995 年版，第 501 页。原文参见 Karl Marx,"Lucinde",*Marx-Engels Gesamtausgabe*，I∥1,Dietz Verlag,Berlin,1975,S.498。

这样无情无义，/你今天当了别人的新娘，/卢欣妲，你是如此虚情假意！"① 大家想拦住这位来客，不让他在喜筵上如此喧嚷，他却把众人推到一旁，说："谁也休想拦阻我！""我绝不愿伤害这位女郎，/请不要为她的安全感到恐慌"②，大家可以继续翩翩起舞，在喜庆的气氛中让姑娘去紧紧拥抱她的新郎；而今天他也要进行一场别具一格的婚礼，"我要把匕首和黑夜当作新娘"。③ 他最后看一眼卢欣妲的身影，毅然拔出匕首，迅猛地刺穿自己的胸膛。鲜血喷涌而出，他"扑通"一声栽倒在地上。

看着突然间发生的这一切，卢欣妲瑟瑟发抖。恍惚间她也迅速拿起地上的匕首，猛然间将霜刃刺向自己的身躯，殷红的鲜血顿时喷出胸口。她带着万分悲伤，一头倒在那具尸体上，亲吻他那流血的心口，让自己的血注入他的胸膛。洁白如雪的衣裙上染上鲜红的血印，她依偎着这位忠实于自己的男子，毅然决定与他一同走向死亡。

"爱是不能背叛的"，此刻她明白了这一真谛。她以凛若冰霜的目光逼视着想与自己联姻的新郎，苍白的嘴角漾起了笑意。这微笑含着讥讽，也浸透了悲凉。既然自己违背了当初的承诺，那么死亡就是对自己最好的报应和惩罚。随着一声深沉痛苦的惊喊，她陷入

---

① 《马克思恩格斯全集》第1卷，人民出版社1995年版，第505页。原文参见 Karl Marx,"Lucinde",*Marx-Engels Gesamtausgabe*,I∥1,Dietz Verlag,Berlin,1975,S.500。

② 《马克思恩格斯全集》第1卷，人民出版社1995年版，第505页。原文参见 Karl Marx,"Lucinde",*Marx-Engels Gesamtausgabe*,I∥1,Dietz Verlag,Berlin,1975,S.500。

③ 《马克思恩格斯全集》第1卷，人民出版社1995年版，第507页。原文参见 Karl Marx,"Lucinde",*Marx-Engels Gesamtausgabe*,I∥1,Dietz Verlag,Berlin,1975,S.501。

了可怕的癫狂之中。围观的宾客四下散开，纷纷逃奔，热闹的管弦铙钹早已悄然无声，大厅里一片空寂凄凉。

马克思通过这个故事，阐发了在爱中所包含和遭逢到的妒忌与宽容、允诺与兑现、背叛与觉醒等多重变奏和复杂内容，可以看出他的体会和理解较之前几首诗也更加深入了。

卢欣妲

叙事诗

宾客盈门欢声如潮，
笑语阵阵其乐陶陶，
人人欣然前来祝贺，
兴高采烈喜上眉梢。

一张张笑脸越来越红，
一颗颗心儿激烈跳动，
人人都在衷心地祝颂，
喧腾的声浪飞上天空。

互相亲吻，心心相通，
欢聚一堂，水乳交融，
不分等级，没有纷争，
友爱的气氛越来越浓。

可是这只是虚幻的梦想，
这只是人们的热切希望，
这希望产生于茫茫尘世，
它大胆升腾直逼上苍。

然而那天上的众神
怎能容忍世人忘记根本,
怎能听任他们用尘世精神
作为衡量天国的准绳。

这时一个来客穿过人群,
他怀揣匕首满面阴云,
妒忌的烈火在他胸中燃烧,
内心在诅咒无情的命运。

因为那戴着花环的新娘,
曾是他倾心爱慕的女郎,
她曾立下海誓山盟,
要向他敞开自己的心房。

他放心地辞别了女郎,
为建功立业而奔赴疆场,
众神保佑他如愿以偿,
他勇往直前把凯歌高唱。

他返回这宁静的城市,
戴着荣誉的桂冠,
这里闪耀着他最心爱的珍宝,
这里的思念和幸福向他召唤。

眼看城垛已经在望,

他的心几乎要跳出胸膛，
现在他可以得到一切，
最终实现自己的梦想。

他急忙来到这个宅院，
这是他无比眷恋的地方，
只见这里灯火辉煌，
宾客进出熙熙攘攘。

他大步流星走向厅堂，
一位仆人将他阻挡：
"陌生人，你没长眼睛，
你往哪儿乱窜瞎闯？

看来你不是我们邀请的来宾，
你没有为贺喜而身穿盛装，
你这个远道而来的不速之客，
只会使喜庆气氛受到影响。"

"少废话！我找卢欣妲！"
仆人一听惊讶异常：
"今天人人都能见到她，
因为卢欣妲，她是新娘。"

陌生人顿时目瞪口呆，
魁伟的身体不住摇晃，
他双目圆睁黯淡无光，

步履蹒跚退到门旁。

仆人对他大声叫嚷：
"你想和大家欢聚一堂，
就必须穿上赴会的盛装，
进入这张灯结彩的地方。"

他满怀恼恨快步回家，
那熟悉的道路使他悲伤，
他胸中充满愤怒和痛楚，
他目光炯炯、心潮激荡。

他迈着急促的步伐，
向自己的家宅飞奔，
他不顾一切横冲直撞，
一脚踢开紧闭的大门。

他推开女仆颤抖的手，
把她手中的灯盏夺走，
这可怜的人儿默默敲打额头，
他额头潮湿，冷汗直流。

他把斗篷披在肩上，
那紫色斗篷熠熠生光，
他把金色的胸针别在胸前，
纷披的长发像流泻的波浪。

他拿起一把金饰短剑,
让它贴近神圣的心房,
他曾挥舞它赢得崇高荣誉,
这把剑本应赠给他心爱的女郎。

他脚下生风疾步行走,
返回那举行婚礼的厅堂,
啊!他抑制不住内心的激动,
两眼露出闪电般的凶光。

他浑身颤抖走进大门,
步入灯火辉煌的厅堂,
他已成为命运女神的牺牲品,
女神的咒语正在他耳畔回响。

他木然走来,神情沮丧,
华丽的长袍把傲骨掩藏,
宾客见了不胜惊慌,
个个都觉得他奇特异常。

他像幽灵一样踽踽独行,
穿过喧闹沸腾的厅堂;
宾客们继续结对起舞,
频频举杯喜气洋洋。

女宾们个个如花似玉,
但只有卢欣妲艳冠群芳,

她身披薄纱丰姿绰约，
胸脯宛如起伏的波浪。

人人油然而生爱慕，
个个激动得如醉如狂，
满堂宾客情不自禁，
久久凝视这俏丽的女郎。

卢欣妲双目神采飞扬，
她嫣然一笑焕发容光，
她步履轻盈风度优雅，
舞姿潇洒仪态万方。

她从他身边飘过，
他没有退向一旁，
她那炽热的目光顿时黯淡，
红润的面颊变得苍白凄怆。

她想往人群里躲闪，
避开这个陌生人的目光，
可是他发出一声冷笑，
像一股神力使她发僵。

他投来凛冽的目光，
他面色阴沉逼近她的身旁，
宾客们此时呆若木鸡，
满腹疑云默默相望。

卢欣妲突然感到窒息，
仿佛被诸神扼住咽喉，
心灵的重压难以承受，
她紧紧靠在侍女肩头。

"啊！你早先对我指天起誓，
如今却这样无情无义，
你今天当了别人的新娘，
卢欣妲，你是如此虚情假意！"

大家想拦住这位来客，
不让他在喜筵上如此喧嚷，
他却把众人推到一旁，
他的话如惊雷响彻厅堂：

"谁也休想拦阻我！"
他那忧郁的眼睛闪着怒火，
众人不得不听他吩咐，
倾听他把哀怨诉说。

"我绝不愿伤害这位女郎，
请不要为她的安全感到恐慌，
只是她应该使这出戏圆满结束，
为此我甘愿同她一起登场。

你很快就可以继续翩翩起舞，

在喜庆的气氛中心花怒放,
你马上就可以将我摆脱,
去紧紧拥抱你的新郎。

今天我也要庆祝婚礼,
这婚礼将显得壮丽辉煌,
我安排的盛典别具一格,
我要把匕首和黑夜当作新娘。

请让我再看一眼你的身影,
吮吸那烈火一般的激情;
好!我已经看见你的眼睛,
现在你就要看见我鲜血淋淋。

他早已拔出匕首,
迅猛地刺穿胸膛,
鲜血不断地喷涌流淌,
眼前已经是黑夜茫茫。

扑通一声他栽倒在地,
周身上下瘫软如泥,
死神抱着这盛装的躯体,
神灵也无法使他返回人世。

卢欣妲此时瑟瑟发抖,
迅速拿起地上的匕首,
她猛然将霜刃刺向身躯,

殷红的鲜血顿时喷出胸口。

淋漓的鲜血使侍女心惊,
但她迅速地恢复了镇静,
她抓住了刀柄,夺走匕首,
只见那锋刃寒光荧荧。

卢欣妲心中万分悲伤,
一头倒在那具尸体上,
亲吻他那流血的心口,
让自己的血注入他的胸膛。

她那苗条轻盈的身躯,
穿着洁白如雪的衣裙,
那如泉喷溅的热血,
使衣裙染上鲜红的血印。

她依偎着这位忠实的男子,
久久停留在他的身旁,
可惜渴望不能使死者复生,
否则他就会重新回到世上。

她从意中人身边站起,
她面色苍白、鲜血淋漓,
宾客们嘟哝着迅速散开,
人人都感到胆寒心悸。

她像一个女神进行自我判决，
毅然决定走向死亡，
她的目光凛若冰霜，
逼视与她联姻的新郎。

她那苍白的嘴角漾起笑意，
这微笑含着讥讽与悲凉，
随着一声深沉痛苦的惊喊，
她陷入了可怕的癫狂。

围观的宾客四下散开，
纷纷逃奔神色仓皇，
管弦铙钹已悄然无声，
大厅里一片空寂凄凉。

（三）忐忑不安的爱

以上几首叙事诗通过虚拟的人物和情节表达的与其说是马克思对爱的理解、预设和向往，还不如说更多的是他对现实中自己是否能够获得爱的困惑、忧虑和忐忑。接下来的《歌手的爱情》（Sängerliebe）则把这两方面承接起来了。

恋爱中的人都是歌手和诗人。正如歌手以歌唱显示自己的身份，缪斯总是用神圣的感情温暖着人的心灵，一个恋爱中的人只要没有停止呼吸，倒地身亡，他（她）就必定永远怀着爱情，而且这爱情必须具备以下的特征：

一是忠贞与坚守。当初在其内心深处萌发的爱意，充满心房的情感以及紧紧拥抱过的一切，都应该永远在其心头如火一般燃烧，让真情深藏,将青春永葆。相反,如果三心二意、另有图谋,那么爱就会离开人的怀抱,美的花朵也必将破损、凋零,人与人之间温馨、和谐的感觉便会消失得无踪无影。

二是寻觅与探求。爱不是自然而然获得的,必须到处寻觅,悉心培育和建设。在幽深的梦境里探求,在高远的碧空中寻找,用理想的模型去铸造。恋爱中的人就像被恶魔鞭打着走上漫长的人生旅程,注定内心不会平静,永远得不到庸常的安宁。拼搏、奋争才能造就歌手和诗人,其情感的艺术才能反映出爱的博大胸怀和境界。

三是纯洁与美。恋爱产生的神奇力量足以抵挡尘世的惊涛,不管社会如何扰攘和喧嚣,他(她)永不熄灭心中的情感之火。只有爱才能使人类的言语充满心灵间的温馨,从崇高的境界中吸取智慧,并把它融进烟波浩渺的图景之中。一个人恋爱了,实际是做了一次不同寻常的付出和大胆的决断:放弃人生的一切享受,换来悲欢交集的情愫和美的境界。美是一种渴望,它如一束摇曳的柔光,由恋人们把它紧贴在心上,然后戴着它在长空翱翔。人只有怀着神圣的感情,美才会从空中徐徐降临,点燃人心灵深处的火焰,即使是柔弱的肢体也会因此而得到温暖,变得刚强。

以上的言说既是马克思的理解,也是他的自况、他的作为。如果说这里的表达尚显抽象而空洞,那么以下马克思就直接陈述了。

他对燕妮说:哪怕你身居九重云天,我永远会对你怀着一片深情。他还设想了燕妮对自己可能会有的多种拒绝方式从而导致这场爱情凄凉的结局:她可能决绝地"不愿做我的爱人";或者会犹豫迟疑、忐忑不定;也许还会受到诱惑,"渐渐地向他人的胸膛贴近";甚至会基于因缘际会,"你永远不属于我"。但无论哪种情形,"燕妮,他只对你一人深情向往,/他的歌只为你一人吟唱"。①

尽管比起《歌手最后的歌》中那位老人,此刻马克思做不到那般洒脱和再无牵挂,如果得不到爱的回报,他还是会企求"请不要把你的歌手遗忘",呼唤恋人在自己欢愉之时,"你要想到他正在漂泊流浪,/……他郁郁寡欢无限惆怅,/他苦受煎熬日思夜想";但较之《卢欣妲》中的那位骑士,他已不会那般自私和极端,而要成熟和理性得多了:"一旦我在喜庆的典礼上,/看见你成了一位男子的新娘",即便自己心头再涌起无限悲怆,"我的琴弦还会再一次鸣响,/我会用热情的歌喉为你高唱"。②

歌手的爱情

致燕妮

只要歌手没有被恶浪卷向远方,
只要他没有停止呼吸倒地身亡,
他就必定永远怀着爱情,
这爱情炽热忠贞,地久天长。

当年在内心的深处,
他紧紧拥抱过的一切,
当年充满他心房的一切,
都将永远在他心头燃烧。

---

① 《马克思恩格斯全集》第 1 卷,人民出版社 1995 年版,第 511—512 页。原文参见 Karl Marx,"Sängerliebe",*Marx-Engels Gesamtausgabe*,I//1,Dietz Verlag,Berlin,1975,S.504。

② 《马克思恩格斯全集》第 1 卷,人民出版社 1995 年版,第 512 页。原文参见 Karl Marx,"Sängerliebe",*Marx-Engels Gesamtausgabe*,I//1,Dietz Verlag,Berlin,1975,S.504。

他到处将它寻觅,
用各种模子把它铸造,
他在幽深的梦境里探求,
又在高远的碧空中寻找。

只有他能使它保持纯洁,
只有他能给它缀上天国的珍宝,
因为他胸中的神奇力量
足以抵挡尘世的惊涛。

一个恶魔鞭打他走过人生旅程,
他没有平静,不得安宁,
他注定永远得不到幸福,
因为渴望始终充满他的心灵;

这样他就可以永远如火燃烧,
让真情深藏,把青春永葆,
不管尘世如何扰攘喧嚣,
他永不熄灭心中的火苗。

他作了一次不同寻常的交换,
是神明让他作出大胆的决断:
他放弃人生的一切享受,
换来这悲欢交集的审美境界。

因为美是一种渴望,

美是一束摇曳的柔光,
必须把它紧贴在心上,
然后让它在长空回翔。

只有怀着神圣的感情,
美才会从空中徐徐降临,
它点燃心灵深处的火焰,
使柔弱的肢体得到温馨。

只有这火焰可以将美挽留,
给它增添力量注入暖流,
它也会离开人的怀抱,
只要你三心二意别有所求。

所以在这茫茫尘世,
处处都有永恒的渴望和悲哀,
拼搏奋争造就了诗人,
他的艺术反映出博大胸怀。

只有爱才会使言语
充满心灵的温馨,
爱情从崇高境界吸取智慧,
把它融进烟波浩渺的图景。

如果女神倒下,
如果烈火燃尽,
和谐便消失得无踪无影,

美的形态就会破损凋零。

所以缪斯总是温暖着诗人的心灵,
让他保持神圣的感情,
直到诗人起伏的胸膛
停止呼吸归于平静。

所以,燕妮,哪怕你身居九重云天,
我也会对你怀着深情一片,
即使你永远不属于我,
我也会苦苦地把你思念。

所以,假如有别人把你拥抱,
假如你那忐忑不安的胸膛
渐渐地向他的胸膛贴近,
那时请不要把你的歌手遗忘。

你要想到他正在漂泊流浪,
他永远失去了自己的希望,
燕妮,他只对你一人深情向往,
他的歌只为你一人吟唱。

他郁郁寡欢无限惆怅,
他苦受煎熬日思夜想,
他享受到的那一点幸福,
只会使他更深地陷入痛苦的海洋。

一旦我在喜庆的典礼上,
看见你成了一位男子的新娘,
我的琴弦还会再一次鸣响,
我会用热情的歌喉为你高唱。

一旦这支歌使你眼睛明亮,
我心头便涌起无限悲怆,
七弦琴就会摔成碎块,
歌手就会痛断肝肠。

(四) 婚姻是爱的坟墓?

就现实而言,爱并不仅仅是两个人的事情,她必然牵扯到双方的家人,更连接着以后进一步发展着的婚姻。爱与婚姻,多么复杂的关系啊!按照理想和递进的逻辑,爱的结局应当是婚姻;然而,现实中却不乏无爱的婚姻,以至于有这样极端的说法:婚姻是爱情的坟墓!

叙事诗《犟姑娘的婚礼之歌》(Der Wilden Brautgesang) 诠释的就是这样的情形。马克思笔下的婚礼仍然不是一种欢乐气氛的描摹和渲染,同样是一出悲剧的发生和铺陈。如果说,《苍白的姑娘》是为爱的无望而自尽,卢欣妲是为爱的承诺而殉情,那么,这首诗中的"犟姑娘"在婚礼上的执拗则是对无爱的婚姻的抗议、对爱的至上性的捍卫。

这同样是一位美丽的姑娘,身材苗条,秀发长长。与大多数人对未来婚姻的美好向往和期待不同,她可以说是"恐婚"一族。每每念及自己即将嫁给一个陌生的人,她就有一种即将走向地狱的感觉。

为了烘托和反衬这一体验,从她自婚礼上逃跑开始,诗歌用大量的句子描述了婚前家乡生活的温馨和宁静:瀑布、涛声喧唱,清泉、流水淙淙,四周洋溢着清芬;在这里,自己曾亲手栽种橡树,用柔软的枝条编织花环,顶着疾风漫步,听凭惊雷轰响,高卧美丽的山岗,沐浴灿烂的阳光,凝视茫茫的夜色,心中怀着无声的渴望,冒险步入深谷,寻找地下的宝藏……然而,现在"我将要失去这一切,/我将要离开这熟悉的故乡,/那美丽的花环已经破碎,/青春也消逝于过去的时光"。①

以下是一幕逼婚的场景。这时走来一位老妇人,身躯粗壮,满脸阴沉,目光没有一丝儿温情,看上去冷若冰霜,厉声责骂自己的女儿为何匆匆离开厅堂,责令快跟她返回婚礼现场,喋喋不休地絮叨戒指、钻石、珊瑚、用林中嫩叶缝制的香气缭绕的嫁妆、邻居们送来的色彩缤纷、满目琳琅的礼品等,唯独没有丝毫体谅女儿自己此刻的感受。母亲的话深深地刺伤了女儿的心,她是如此依恋家人,但却要被撵出家门,更不能接受的是,她要委身于一个粗汉,意味着一辈子要做他的女奴,就此了却一生。一想到此,她心里真是不寒而栗!"鹿儿还可以自由奔跑,/穿过树丛越过山坳,/鸟儿还可以自由飞翔,/迎接天上的霞光万道。/溪水还可以自由流淌,/从高山流向平坦的地方,/它泛起涟漪激起浪花,/一路欢歌多么舒畅。/我却要当那粗汉的奴婢,/永远被锁在铁链上"!② 她责怪家人:你们不是说我生性善良、素来洁身自好吗?如今为什么却让我落得一个

---

① 《马克思恩格斯全集》第 1 卷,人民出版社 1995 年版,第 515 页。原文参见 Karl Marx,"Der Wilden Brautgesang",*Marx-Engels Gesamtausgabe*,Ⅰ∥1,Dietz Verlag,Berlin,1975,S.506。

② 《马克思恩格斯全集》第 1 卷,人民出版社 1995 年版,第 517—518 页。原文参见 Karl Marx,"Der Wilden Brautgesang",*Marx-Engels Gesamtausgabe*,Ⅰ∥1,Dietz Verlag,Berlin,1975,S.506。

充当女奴的下场！想到未来的日子，自己不得不奉献一切，不仅有"这比葡萄枝蔓还纤弱的纯洁无瑕的身躯，/这丰润饱满的胸膛"①，甚至也包括生命中的每一丝气息。自己必须俯首听命，就像充当祭品的羔羊，只为那个无情的男子苟活在世上。

就这样认命吗？在自然界，人们捕杀野兽，野兽还会挣扎吼叫；驯服烈马，烈马也会在鞍下腾跃；砍伐树木，树木砰然而倒，发出震耳的响声，宛如幽灵的惊叫，以表达"抗议"。而自己呢？为什么要毫无声息地奔向悬崖和沟壑，躲进那令人生畏的地方？

母亲也觉得只凭强硬的态度不能让女儿屈服，于是阴沉的脸上闪出一丝柔和的神色，劝解她说，你未来的夫君不是你想象的那样，他是一个英勇顽强的骑士，高山和深谷都无法将他阻挡，敌人都成了他手下败将。日后你们还会有儿女，一家人在一起亲亲热热，幸福地度过时光。可怜的母亲！她不知道，这样世俗的家庭生活不是自己的女儿所追求的，她期盼的是爱情！在她看来，即便自己嫁的不是莽汉而是将士，驰骋疆场、战绩辉煌，那只是男人们的荣耀，绝不可能使自己由此而感到欢畅，相反只会带来不幸，因为她能想象到，这样的男人在家庭生活中会越来越变得趾高气扬，甚至把武力带到家里，不惜鞭妻打儿。

老妇见温柔的劝说同样不能使女儿屈服，不得不又冷酷起来，面孔绷得紧紧的，斥责她的幻想、幼稚和可笑："你是不是自以为比别人俊秀，/自以为比所有女人胜过一筹？"而在这位饱经沧桑的母亲看来，世上的女人千千万，但命运是一致的，"我们早先有过的厄

---

① 《马克思恩格斯全集》第 1 卷，人民出版社 1995 年版，第 519 页。原文参见 Karl Marx, "Der Wilden Brautgesang", *Marx-Engels Gesamtausgabe*, Ⅰ//1, Dietz Verlag, Berlin, 1975, S.508。

运,/如今你同样也得承受!"① 于是她狠狠地威胁说,若还要执意违抗,就把她拖回厅堂,用手揪住她的头发强行将其送入洞房。

拗不过母亲的固执和残暴,姑娘只能屈服了:"好吧!我愿嫁给那个男人!"但她说这些话时声泪俱下,浑身颤抖。对于这个视爱为生命存在的理由、依据和唯一价值的女人来说,她心里异常清楚,当她身体走向无爱的婚姻的殿堂,就意味着自己的"灵魂已被死神夺走,/心灵已经悄然死亡","新婚之床将成为我的墓穴,/婚礼树就像墓碑一样"。②

世俗婚姻与爱存在一种什么样的关系?生命与死亡该如何界定?肉体与心灵为什么不能统一?爱是美好的,但美好的事物为什么总是与悲剧联系在一起?可以说,这首诗触及的问题使马克思对爱的理解更加复杂了,也更深刻了。

犟姑娘的婚礼之歌

叙事诗

她满头鬈发乌黑油油,
她走出苇丛思绪悠悠:
"那历来属于我的一切,
从今将不再归我所有。

我在这里听过涛声喧唱,

---

① 《马克思恩格斯全集》第1卷,人民出版社1995年版,第521页。原文参见 Karl Marx,"Der Wilden Brautgesang", *Marx-Engels Gesamtausgabe*, I // 1, Dietz Verlag, Berlin, 1975, S.509.

② 《马克思恩格斯全集》第1卷,人民出版社1995年版,第519、522页。原文参见 Karl Marx,"Der Wilden Brautgesang", *Marx-Engels Gesamtausgabe*, I // 1, Dietz Verlag, Berlin, 1975, S.509-510.

听过瀑布在悬崖轰然作响，
我啜饮过这里的清泉，
那淙淙的水声使我心灵震荡。

在这山丘的小路上
我曾见到奔跑的羚羊，
猎人的箭射中它的身躯，
它奄奄一息倒在路旁。

我曾在这里栽种橡树，
让它生根抽条茁壮成长，
如今它枝繁叶茂高高挺立，
不再惧怕雷霆的轰响。

这里有嫩叶和苔藓，
这里也有柔软的枝条，
我用它们编成美丽的花环，
这双手显得多么灵巧。

我怀着虔诚的心，
把花环献给天上的精灵，
它们是那样美丽、矫健，
它们的四周洋溢着清芬。

虽然有恶魔蛰伏于一旁，
虽然它们震怒而又惊惶，
我却顶着疾风在这里漫步，

听凭惊雷在头顶轰响。

我曾高卧在美丽的山岗，
周遭沐浴着灿烂的阳光，
我也曾凝视茫茫的夜色，
心中怀着无声的渴望。

我常常冒险步入深谷，
去寻找地下的宝藏，
据说有许多奇珍异宝，
沉睡在一个隐秘的地方。

我将要失去这一切，
我将要离开这熟悉的故乡，
那美丽的花环已经破碎，
青春也消逝于过去的时光。"

她周身颤抖跪倒在地，
翻滚的心潮在胸中激荡，
这佝偻的棕色皮肤的新娘，
默默地用手捶击胸膛。

一座座坟墓、一道道山梁，
环绕着这位佝偻的姑娘，
她躺着一动不动，
愁云笼罩着她的面庞。

她身材苗条，
她秀发长长；
这时走来一位老妇，
只听她口中不住地嘟囔。

老妇满脸皱纹，
显出苍老的模样，
那皱纹恰似无数波浪，
让人看出她那冷酷的心肠。

老妇满脸阴沉，
如同夜色昏茫，
目光没有一丝儿温情，
看上去冷若冰霜。

老妇身躯粗壮，
就像耸立的山石一样，
她把玻璃项链戴在脖子上，
她那玻璃耳环闪闪发光。

"你为何匆匆离开厅堂，
看你这孩子多么倔犟，
快跟我去参加结婚典礼，
那儿摆放着许多嫁妆。

我要用戒指和钻石，
把你打扮得无比漂亮，

把珊瑚挂在你的胸口,
你将成为最美的新娘。

我已用林中嫩叶
为你缝制了衣裳,
衣裳上香气缭绕,
洋溢着馥郁的芬芳。

来吧!邻居们已送来礼品,
色彩缤纷满目琳琅,
欢乐的歌声正在响起,
宾客盈门喜气洋洋。"

姑娘一听惊恐万状,
向母亲投来畏惧的目光,
她的心儿受到刺伤,
她那悲凉的话语像挽歌一样:

"难道我们那个茅舍
容纳不下全家亲人?
我是如此依恋你们,
你们却要把我撵出家门。

你们要我委身于那个男人,
做他的女奴了此一生,
要我对那个粗汉百依百顺,
一辈子为他作出牺牲!

鹿儿还可以自由奔跑，
穿过树丛越过山坳，
鸟儿还可以自由飞翔，
迎接天上的霞光万道。

溪水还可以自由流淌，
从高山流向平坦的地方，
它泛起涟漪激起浪花，
一路欢歌多么舒畅。

我却要当那粗汉的奴婢，
永远被锁在铁链上，
没有哪个天神会发慈悲，
把我救出这重重罗网。

我们捕杀野兽，
野兽也会挣扎吼叫，
我们驯服烈马，
烈马也会在鞍下腾跃。

我们砍伐树木，
树木砰然而倒，
它也会发出震耳的响声，
宛如幽灵的惊叫。

据你们说，

我生性善良，
素来洁身自好，
如今却落得一个充当女奴的下场！

我不得不奉献我的一切：
这比葡萄枝蔓还纤弱的
纯洁无瑕的身躯，
这丰润饱满的胸膛。

我的一切将属于他，
包括生命的每一丝气息，
我必须俯首听命，
就像充当祭品的羔羊。

我失去了我所喜欢的一切，
丢掉了我所钟爱的一切，
你们只当我已死去，
我只为那个无情男子苟活在世上。

啊！让我向海湾逃亡，
同猛兽一起度过时光，
让我奔向悬崖和沟壑，
躲进那令人生畏的地方！

我喜欢那样的栖身之处，
珍视那宁静的地方，
而新婚之床将成为我的墓穴，

婚礼树就像墓碑一样。"

在母亲那阴沉的脸上，
闪出一线柔和的阳光，
她在追忆逝去的年华，
心中仿佛涌起闪光的波浪。

"黄昏时分你可以听到，
你的丈夫是多么英勇顽强，
高山和深谷无法将他阻挡，
敌人终于成了他手下败将。

日后你可以把你的儿女
温存地贴近自己的胸膛，
你可以紧紧地把他们搂抱，
亲热地躺在他们身旁。"

"呵！他驰骋疆场、战绩辉煌，
绝不可能使我感到欢畅，
他只会给我带来不幸，
越来越变得趾高气扬。

他会挥舞皮鞭，
抽打我怀抱的婴儿，
他用棍棒将我猛击，
我还得强作笑颜。"

那冷酷的老妇,
心头猛然一惊,
神色顿时阴沉,
面孔绷得紧紧。

"你是不是自以为比别人俊秀,
自以为比所有女人胜过一筹?
我们早先有过的厄运,
如今你同样也得承受!!

你若还要执意违抗,
我就把你拖回厅堂,
用手揪住你的头发
把你强行送入洞房。"

"好吧!我愿嫁给那个男人,
跟随着他跳进火坑!"
姑娘说罢浑身颤抖,
心如刀绞痛不欲生。

她五脏俱焚倒在地上,
她声泪俱下无比悲伤,
然后她又迅速站起,
走向那张灯结彩的地方。

群山耸立郁郁苍苍,
太阳放出万道金光,

苍天不识人间哀怨，
万物依旧灿烂辉煌。

蓓蕾绽开，鲜花怒放，
天空没有降下暴雨寒霜，
但一个灵魂已被死神夺走，
一颗心灵已经悄然死亡。

六、"歌颂爱情——将是我永远遵守的信念!"

(一)爱的信物:一缕秀发、一束鲜花

《惜别的晚上》(Trennungsabend)是马克思记录和回味与燕妮分别时的感受与情境的组诗,当然,从中我们可以看出,相当一部分内容是他事后的想象和发挥,但真挚、细腻、凄婉动人。

在恋人眼里,他们分别的地方是什么样的景致呢?恍恍惚惚,夜色迷离,由于情感的激荡,万物一会儿在他们眼前消逝,一会儿又重新出现。天空星星熠熠闪耀,他们却一点也不会觉察到,因为心中的火苗比星光更加瑰丽;四周矗立着的墙垣、屋宇,也渐渐退隐而不复存在了,因为他们的目光视他物为无,看到的只有对方。他们倾吐心曲,语声悄悄,别人无法体会其中的奥妙,寂静的夜晚在胸中却涌动着隆隆春潮。有一种说法叫"自得其乐",但对于恋人们来说,这是不适用的,他(她)是否快乐取决于对方是否快乐,他们只能彼此交心,用爱言语和行动不断地抚慰双方的心灵。

最能检视恋人们慧心的,是其所送的礼物。衡量的标准肯定不是贵重、不是时尚、不是数量,而是表达爱的分寸、独特和韵致。马克思收到的是什么呢?一缕秀发!他这样回味当时的情景:燕妮悄悄地走到自己面前,把一缕秀发送给他,更令人惊奇的是,这一

根根棕色的鬈发,已被她编成精巧的圆环,同时还附上自己的名字。这是多么不同寻常、煞费苦心的信物啊!这缕秀发仿佛显出神功,使马克思的心有力地跳动着,感慨万端。他曾沉浸于书籍的海洋,但感觉自己从未在一页纸上读过如此丰富的内容!"如今我找到了一部佳作,/……燕妮,这佳作就是你的名字"①,它的内涵远比书本还要深奥,马克思从中读出爱的音韵,感觉就像悠扬的天籁一样动听,像恋歌一样含有无限的柔情。这样的礼物给分别后的马克思带来了极大的心理安慰。每当心中空虚惆怅,他就满怀爱恋地握住它。每天早晨醒来,他总把嘴唇紧贴在鬈发上;每当夜晚情思萦怀,他就将鬈发贴近胸膛。至此,他不得不再次由衷地对远方的燕妮说:"你就是照耀我人生的太阳。"②

比较起来,马克思送给燕妮的礼物则要逊色、俗气多了——是一束鲜花。当然,这表征的不是他对燕妮的感情不浓烈(相反,燕妮对他则要含蓄得多),大概只能归咎于男人的粗心和不够细腻吧。有趣的是,此刻的马克思忐忑不安,心思矛盾:狂热地爱着但又忧虑爱得不到回应。所以,一方面,他特别羡慕自己送出又被燕妮接受的那束鲜花,因为花儿可以紧贴在她的胸前,感受到她的温馨,他甚至想象出这样的一幅图景:鲜花衬托着燕妮的倩影,如烘云托月,愈发显现出他所深爱的人的风貌神韵。但是,另一方面,他又心里嘀咕,也许燕妮是出于维护他的面子而当面接受鲜花的,此刻说不定已把花朵撕碎,冷淡地把它们丢弃在一旁了,如果真是这样,

---

① 《马克思恩格斯全集》第 1 卷,人民出版社 1995 年版,第 525 页。原文参见 Karl Marx, "Trennungsabend", *Marx-Engels Gesamtausgabe*, I // 1, Dietz Verlag, Berlin, 1975, S.512。

② 《马克思恩格斯全集》第 1 卷,人民出版社 1995 年版,第 527 页。原文参见 Karl Marx, "Trennungsabend", *Marx-Engels Gesamtausgabe*, I // 1, Dietz Verlag, Berlin, 1975, S.513。

就意味着他已从她的心头消失,一切都化为乌有了,到头来只是自己的美梦一场,所谓爱情也就名存实亡了。而他能想到的稍好的情形是,燕妮也许在接受鲜花时尚有片刻的热心、瞬息的激情,但她并不想同自己终身相伴,她心中向往着更高的佳境。这时马克思也可能意识到,自己所送的礼物是有些问题的,因为再美的鲜花也会凋谢,而秀发则可以永远保留。既然如此,那么自己所能做的就是期望那束鲜花最终要凋谢在燕妮的身旁,始终向她发出醉人的芬芳,与其相应,但愿自己也能如此幸福地枯萎,临终时依偎在所爱的人的臂膀里。

既然二人的关系还没有发展到如胶似漆、灵犀相通的地步,而马克思又急迫难耐地渴望如此,所以我们基本上可以做出判断,以下的场景完全是马克思自己的设计和期盼了:

时光已经过了午夜,两人还难舍难分,马克思亲吻燕妮的棕色秀发,让他贴近自己的胸膛。不管夜晚是多么黑暗,但在恋人的心上总是充满灿烂的阳光。此时的燕妮既热情奔放,又温存端庄。她转身凝望着马克思,目光情意深长;马克思看着她光彩照人的脸庞,惊讶不已,怦然心动,仿佛看见了世上最美的诗章。捧读这些诗章,他的耐心获得了报偿,从前那些迷离的幻影,如今成了现实的景象。这时夜幕骤然隐退,眼前一片辉煌。

这是多么浪漫而单纯的青春之恋和想象啊!

从饱含爱的情愫到把握不准是否能得到爱的回馈,再到在想象中获得满足和报偿,这一段情感历程使马克思更加坚定了爱的方向、目标和决心,获得了新的感受和领悟:一味追求爱,并不是思想上空虚无聊,而是他把崇高感情当作探求的目标。这目标不是外在的、固定的、在远处悬挂着的实体性的存在物,而是一个涌动、燃烧和获得的过程,需要迎风沐雨、戴月披星,在思想的王国到处追寻。仅有热情是不够的,因为只有热血没有奔流、交融,就不会出现崇高的情感，很多情况下一切努力都属徒然，心头的热望始终得不到实现；更糟糕和折磨人的是在一起的人缺乏爱情，相爱的人却被空间阻断；热恋的火焰刚刚腾起，但忧心忡忡的离别又在眼前。爱情与痛苦融为一体，情感的激荡与恍惚、迷茫，审美的快乐与情感的悲伤，人与人的交融与孤独、落寞，常常相互冲突，互为因果，共同提升，温暖着人也折磨着人：这就是爱的宿命！

惜别的晚上
致燕妮

一

种种景色掠过我们面前，
它们那么美好而又多变，
一会儿在我们眼前消逝，
一会儿又耀眼地重新出现。

我们永远不愿匆匆离开
这个充满自由的神圣地方，
我们轻声细语互诉衷肠，
然后便沉浸于爱情的海洋。

天空的星光熠熠闪耀，
我们却一点也没看到，
因为我们心中的永恒火苗
比星光更加瑰丽美妙。

四周的墙垣和楼台，

渐渐退隐不复存在,
因为我们的目光深邃明澈,
早已飞越这一切障碍。

你的圣洁形象
使我心摇目荡,
你的无穷魅力
使我堕入情网。

我们倾吐心曲语声悄悄,
别人无法体会个中奥妙,
这声音冲出心灵的闸门,
它原是胸中涌动的春潮。

可是它永远表达不尽
我们深深怀着的激情
这崇高的感情如同泉水,
源源不绝地涌出心灵。

我们的手紧紧相握,
这沉默胜过万语千言,
你眼波流盼情意绵绵,
这目光使你无比娇艳。

二

别人可以自得其乐,
独自怀着愉悦的心情,

我们却只能用爱情的誓言，
不断地抚慰双方的心灵。

你悄悄地走到我的面前，
把一缕秀发送到我手边，
这一根根棕色的鬈发，
已被你编成精巧的圆圈。

你用它寄托火热的真情，
同时还附上自己的芳名，
这芳名饱含着爱的音韵，
就像悠扬的天籁一样动听。

只有天使才配用这个芳名，
它圆润柔和犹如乐音，
这名字使我听见了神的宣召，
我于是感受到天国的光明。

这编成圆环的棕色鬈发，
羞怯地掩盖着你的芳名，
这名字的内涵比书本丰富，
它像恋歌一样含有无限柔情。

我还从未在一页纸上
读过如此丰富的内容，
这页纸仿佛显出神功，
使我的心重新有力地跳动。

我曾沉浸于书籍的海洋,
但徒劳无功空怀希望,
心中的痛苦依然如故,
精神上还是空虚迷茫。

如今我找到了一部佳作,
这本书具有神奇的力量,
燕妮,这佳作就是你的名字,
它足以治愈我的创伤。

三

每当我醒来看见晨光,
便把嘴唇紧贴在你的鬈发上,
每当我在黑夜情思萦怀,
便把你的鬈发贴近胸膛。

它在我宁静的心中,
唤起了甜蜜的梦,
它把我带到遥远的地方,
带到神灵赐予你的那片碧空。

每当歌声停止回响,
每当心中空虚惆怅,
我就满怀爱恋地握住它,
琴声便会重新在我胸中荡漾。

这时精灵们轻轻跳跃，
围着我跳起爱的舞蹈，
教我吟唱新的曲调，
让花环上的奇葩更加妖娆。

如果这歌声永远回响，
我就会永远激情满腔，
我会走向那熊熊的火焰，
让心灵和歌词熔合在胸膛。

歌声里回响着你的呼唤，
歌声里飘溢着你的气息，
你使这歌声悠然响起，
又让它周而复始永不沉寂。

我往昔的大胆追求与渴望，
目标是那样朦胧迷茫，
我心中缺少精神支柱，
只是迷恋遥远的地方。

如今你给了我精神支柱，
如今我不会迷失方向，
从此我开始了美好的人生，
你就是照耀我人生的太阳。

四

我曾经送给你一束鲜花，

我多么羡慕它们的好运,
因为花儿紧贴在你的胸前,
幸福地感受到你的温馨。

它们衬托女神的倩影,
与你的丰姿交相辉映,
它们的色彩如烘云托月,
显现出你的风貌神韵。

它们可以凋谢在你的身旁,
向你发出醉人的芬芳,
啊!但愿我也能如此幸福地枯萎,
临终时依偎着你的臂膀。

可是啊!也许你已把花朵撕碎,
冷淡地把它们丢弃在一旁,
也许我已从你心头消失,
就像那被抛弃的花朵一样。

这样一切都化为乌有,
到头来只是美梦一场,
你从此不再把我怀想,
你的爱情已经名存实亡。

也许你只有片刻的热心,
也许你只有瞬息的激情,
你不想同我终身相伴,

你心中向往着更高的佳境。

也许你不愿彻底打破
我这大胆的青春幻想,
你那柔声细语未能使我醒悟,
我这热情之火却点燃了你的心房。

如果我怀着对你的痴情,
离别了你而奔向远方,
我的形象便会在你心中湮灭,
我们的纽带也就断裂消亡。

五

时钟敲过十二下,
我和你难舍难分,
我亲吻你的棕色秀发,
让你贴近我的胸膛。

在这神圣的地方,
精灵在起舞歌唱,
不管夜晚多么黑暗,
这里都有灿烂阳光。

你转身向我凝望,
目光中情意深长,
我感到无比喜悦,
看着你光彩照人的脸庞。

你是那样热情奔放，
那样温存，那样端庄，
爱情和痛苦融为一体，
铸成你这美丽纯洁的形象。

这时夜幕骤然隐退，
我的眼前一片辉煌，
我惊讶不已怦然心动，
我看见了世上最美的诗章。

我也曾见过这些诗章，
心中也曾有情感激荡，
但它们蒙着一层云翳，
令人感到恍惚迷茫。

现在我可以捧读这些诗章，
我的耐心获得了报偿，
从前那些迷离的幻影，
如今成了现实的景象。

我看见了那永恒的美，
看见了魅力无穷的形象，
我谱写出悠扬的乐曲，
我创造出人间的天堂。

六

我的思想并不空虚无聊，

我把崇高感情当作探求的目标，
我决心获得这种感情，
我想看它怎样涌动、燃烧。

我漫步在思想的王国，
我遨游于朦胧的幻境，
我迎着和风、戴月披星，
到处追寻那崇高的感情。

然而这一切努力都属徒然，
我心头的热望未能实现，
因为只要热血没有奔流，
就不会出现崇高的情感。

现在我看见了它那明亮的光芒，
我仔细倾听它发出的音响，
那审美的快乐和悲伤，
在我的心中交融激荡。

我拥抱你，和你一起回翔，
我要使自己的瑰宝安然无恙，
我用胳膊把你搂住，
让你紧贴我灼热的心房。

我愿和你一起奔跑，
一直奔向天涯海角，
天边一片虚无缥缈，

神灵迎接我们来到。

可是啊！我们来到你的寓所，
这里是禁锢你的樊笼，
热恋的火焰刚刚腾起，
眼前的离别又使人忧心忡忡。

我紧握你的纤纤素手，
我再次把你贴近胸膛，
寓所的小门砰然关上，
霎时间我们又天各一方。

（二）无爱的一生，凄凉的结局

男人无爱，尚可忍受，女人若此，情何以堪？马克思似乎更关注后者，他继《苍白的姑娘》《卢欣妲》《犟姑娘的婚礼之歌》之后又借《凄惨的女郎》（Die Zerrißne）探究了这一问题，展示了无爱的生活对女人的摧残。

诗分两组，第一组写主人公的少女时代，第二组写其晚年生活。漫长的一生，无爱的生活，容颜嬗变，忧郁相伴。

首先呈现给我们的是这样一幅画面："她穿着深红色的华美盛装，/站立在门儿旁，/一条缎带把腰儿系，/显得那么优雅高尚。"①特别要感谢陈玢、陈玉刚以下的翻译，真是绝美无伦："爱情用难以

---

① 《马克思恩格斯全集》第 1 卷，人民出版社 1995 年版，第 533 页；其他译文的版本参见《马克思诗集》，百花文艺出版社 2012 年版，第 144 页。原文参见 Karl Marx, "Die Zerrißne", *Marx-Engels Gesamtausgabe*, I // 1, Dietz Verlag, Berlin, 1975, S.512。

言表地欣喜,/为她把蔷薇花儿编到发辫里。/一些蔷薇比雪花儿更为皎洁,/另一些花红似火,似鲜血。"① 然而,姑娘越是精心打扮,打扮得越是美丽,映现出她的生活越是反差:为了谋生她不得不外出奔忙,身穿艳服,强装欢颜,步履轻盈,但却感到寂寞凄凉。她不能向别人倾诉衷肠,人们也只会把她嘲弄、戏耍。但是,外表冷漠的她,内心其实怀着热切的希望。希望什么呢?世上无人知晓,她自己也无法说清,大概只有苍天知道吧。所以,有时她想变成一只小鸟,振翅翱翔,飞向那高高的重霄之上,但回到现实,她就只能置身于茫茫尘世,任凭风浪将其卷向生活漩涡之中;有时她甚至想到死亡,沉没于苦海汪洋,设想那样或许可以升入天堂,去看看天堂那无比瑰丽的地方。身心分离、生活与感情错位,这是怎样的生活啊!夜深人静时,她抬起眼睛,泪水汪汪地向天空久久仰望,默诉心头的热望,发出无言的长叹,然后悄然躺下,幻想快快进入朦胧的梦乡,天使能降临在她的身旁。

岁月悠悠,斗转星移,女郎渐渐变成了一个老妇人,憔悴消瘦,眉头紧锁,越发变得寂寥而苦闷。多少年来,她想抑制内心的悲痛,遏止自己的激情,但一切努力都徒劳无功,她的心始终不能平静。有一天她躺在床上,目光呆滞、迷茫,语无伦次,神态反常——看来她已经濒临死亡了。临终之际,她内心充满了忧伤,想到命运对自己一生的打击如此沉重,一股血流抑制不住,涌出了她的眼眶,她似乎看到天门已经向自己敞开,她将升向星空,飞到九霄云外,她的痛苦也将消失,她将彻底获得解脱。她临终的感受是:人生过

---

① 《马克思恩格斯全集》第 1 卷,人民出版社 1995 年版,第 533 页;其他译文的版本参见《马克思诗集》,百花文艺出版社 2012 年版,第 144 页。原文参见 Karl Marx, "Die Zerrißne", *Marx-Engels Gesamtausgabe*, I // 1, Dietz Verlag, Berlin, 1975, S.512。

于冷寂了，尘世过于凄凉了。①

　　无爱的人生是如此悲苦、凄凉，年轻时凭爱进入梦幻，年老诀别爱走向死亡，生命才得以缓解和超脱，这再一次反证了这样的论断：只有"爱是照亮人生的太阳"！让我们呼吁：让人生充满爱吧！

凄惨的女郎

叙事诗

一

　　她亭亭玉立身穿盛装，
　　紫色的衣裙闪闪发亮，
　　她用一条轻柔的缎带
　　束在柔美纤细的腰上。

　　她戴着一个玫瑰花环，
　　满头秀发像翻卷的波浪，
　　红色的玫瑰如火如血，
　　白色的玫瑰如雪如霜。

　　可是玫瑰虽然鲜艳，
　　却没有使她焕发容光，
　　她慢慢屈膝倒下，
　　像猎物中箭受伤。

---

　　① 《马克思恩格斯全集》第 1 卷，人民出版社 1995 年版，第 537 页；其他译文的版本参见《马克思诗集》，百花文艺出版社 2012 年版，第 147 页。原文参见 Karl Marx, "Die Zerrißne", *Marx-Engels Gesamtausgabe*, Ⅰ∥1, Dietz Verlag, Berlin, 1975, S.517。

身上的珠玉璀璨辉煌,
但是她满脸苍白神色惊惶,
血液离开面颊,
涌入她的心房。

"我又得外出奔忙,
强装出欢乐的模样,
我迈着轻盈的步履,
却将悲痛在心底深藏!

我虽然身穿艳服,
内心却寂寞凄凉!
我这心潮起伏的胸膛,
怀着一种热切的希望。

是什么在我心头燃烧?
我自己也无法说明,
只有苍天知道真情,
世上没有谁能说清。

我不能向别人倾诉衷肠,
人们只会把我嘲弄一场,
我内心深藏的苦衷,
有谁能够关怀体谅?

啊!我多想振翅翱翔,

飞向那高高的重霄之上,
可是我只能置身于茫茫尘世,
任凭风浪将我卷向远方。

我多么愿意死去,
沉没于苦海汪洋,
然后再升入天堂,
去看看那无比瑰丽的地方!"

她抬起眼睛泪水汪汪,
向明亮的天空久久仰望,
她发出无言的长叹,
默诉心头的热望。

然后她悄然躺下,
轻声地祝祷上苍,
她刚进入朦胧的梦乡,
天使便降临在她的身旁。

二

斗转星移岁月悠悠,
女郎渐渐憔悴消瘦,
她沉默寡言眉头紧锁,
她饮恨吞声满腔忧愁。

她想抑制内心的悲痛,
她想遏止巨大的激情,

但一切努力都徒劳无功,
她的心始终不能平静。

有一天她又躺在床上,
内心充满了无限的悲伤,
命运的打击如此沉重,
看来她已经濒临死亡。

女郎圆睁一双秀目,
目光呆滞而又迷茫,
看来她已神志不清,
语无伦次神态反常。

一股抑制不住的血流,
涌出了她的眼眶,
她的痛苦似乎顿时消失,
眼前出现了心灵之光:

"我看见天门已经敞开,
心里觉得无比欢快,
我的希望就要实现,
我将升向星空,飞到九霄云外。"

她那苍白的双唇不住颤动,
心弦的奏鸣已经告终,
温柔的灵魂飘然而去,
飞向她归宿的茫茫太空。

> 她的心早就向往上苍，
> 那里仿佛有神奇的力量，
> 她觉得人生过于冷寂，
> 她觉得尘世过于凄凉。

（三）"我永远遵守的信念！"

在《终曲》（Schlußsonette）中，马克思呼唤燕妮收下这些诗笺，诗中所表达出的激动的心情和炽烈的感情，犹如演奏着的琴弦，如泣如诉，铿锵激越，音响回荡，希求在所爱的人心中引发共鸣。如果从遥远的故乡特里尔能传来她的回应，那么将鼓舞自己在情感的疆场上更勇敢地驰骋，歌声会更加高亢激昂，诗情则更加自由豪放。马克思再次表白，他与别人不一样，生在尘世，但不需要世俗的虚名；多少人将此作为人生追求的目标，心里对其十分推崇，一旦失败就痛苦万分。但马克思却把爱视为自己人生之路的灯塔，把爱人的炯炯目光、心中火一般的热情以及她受爱感动而洒下的泪珠，看得比什么都重要，万分珍视。即使他有可能握有权力，也不会占有财富、不会炫耀功名，而只想做一名歌手，把灵魂化作琴声，用歌声呼唤情感。如果感化了所爱的人的心肠，得到她的回报，自己就算达到了最崇高的目标，赢得了最美好的奖赏，此外别无所求。

当然，在现实生活中，爱是不容易的。在追索爱的道路上，尽管马克思内心总有一种意念——要勇往直前，但是，他看到的却常常是凤愿难酬、苦难连绵。他把自己的这些诗章送给远方的燕妮，自己也落入了"幻想和痛苦的罗网"。他竭力发挥大胆的想象，设想了这样的场景：自己怀着热切的希望，从远处回到那个朝思暮想的地方，但却看到燕妮有了丈夫，正被其拥抱，且显现出幸福、快慰的样子。假如这一幕如同一阵闪电出现眼前,他会怎样呢?恍惚迷离,悲观失望,火热的心将低沉地呻吟,激情之火也将被烧尽。但他不会因此而放弃爱,不会后悔自己曾经的追求,"歌颂爱情——将是我永远遵守的信念"!"我不能离开心爱的人,这人和我宛如一人"。① 最卑微的期盼仅仅在于,请她原谅自己这么大胆地倾诉衷肠,这样径直地陈述心中的热望,也许自己心中的幻想确实过于虚妄,自己对她的崇高形象只能仰望,但在这一刻,他只想让她倾耳细听自己痛哭几声,流着泪在歌声中让他走向坟墓。

以情感观照世界、将爱与人生视为同一、认为爱的丧失意味着人的死亡,这样的看法和思路诚然是偏颇的甚至是幼稚的,但不也是非常感人的乃至令人肃然起敬的吗?

终曲(十四行诗)
致燕妮

一

请你收下这些诗笺,
我怀着真情把它们奉献,
诗中回荡着铿锵激越的琴声,
诗中映射出自由的心灵火焰。
啊!如果这些诗篇引起的回音
在你心中激起无穷的思念,

---

① 《马克思恩格斯全集》第1卷,人民出版社1995年版,第540页;其他译文的版本参见《马克思诗集》,百花文艺出版社2012年版,第58页。原文参见 Karl Marx, "Schlußsonette", *Marx-Engels Gesamtausgabe*, I // 1, Dietz Verlag, Berlin, 1975, S.520。

如果你的热血更快地涌起，
涌向你那圣洁的心田——

那么，从你胜利行进的远方，
就会传来你心灵的回响，
我就会更勇敢地驰骋疆场，
我的诗就会更加自由豪放，
我的歌声就会更加高亢激昂，
我的琴弦就会如泣如诉，倾吐衷肠。

二

我不需要尘世的虚荣，
它处处侵入人们心中，
一旦它把人们的心弦震动，
人人都甘愿俯首将它赞颂。
我爱你神采焕发目光炯炯，
我爱你心头炽热烈火熊熊，
你在我的歌声中热泪奔涌，
这一切都胜过尘世的虚荣。

我愿随着竖琴的低沉音响，
让自己的灵魂最终飞向上苍，
只要临死前感到自己是杰出歌手，
只要能用快乐和忧伤感化你的心肠，
我就算达到了最崇高的目标，
我就算赢得了最美好的奖赏。

三

啊！这些诗笺会插翅飞翔，
它们会飘落到你的身旁，
而我却满怀郁悒惆怅，
心头萦绕着离愁和幻想。
我竭力发挥大胆的想象，
但到头来总归是美梦一场。
我不会赢得最崇高的情感，
不久就会陷入无限的悲伤。

如果我怀着热切的希望，
从远处回到我心爱的地方，
见到你的丈夫拥抱你圣洁的身躯，
骄傲地把你贴近他的胸膛，
我便像受到雷电轰击，
心头涌起绝望和迷惘。

四

请原谅我大胆地倾诉衷肠，
请原谅我直陈心中的热望，
歌手已唱得唇焦舌敝，
爱情的火焰正燃烧在胸膛。
难道我能同自身分离，
在绝望中默默地走向死亡？
难道要我嘲讽地自称歌手，
而不去爱你——我心中的女郎！

我心中的幻想确实过于虚妄，
我对你的崇高形象只能仰望，
但是啊！我只愿你流下含情的泪水，
只望你听一听我的歌唱，
只要你赋予它神韵和异彩，
我就甘愿让歌声消失于死寂的远方。

《爱之书》第二部解读

《爱之书》第二部写于1836年11月,包括22首诗,多为短章,就艺术性来说不如第一部分,但有一个显著的变化,就是主题虽然一如既往地吟咏爱,但马克思思考的范围已经不限于此,视野更为宽广了。

一、精神世界的"护身符"

在首篇《护身符》(Amulet)中,马克思以一种颇为自信的状态出场,声称在物换星移、时光如水般流逝的过程中,自己成长了。不管是在风和日丽的坦途上,还是处于雷霆震荡的困境中,都达至纵观岁月、笑视沧桑的心理境界。为什么能做到这一点呢?因为自己找到了一张"护身符"。它能医治创痛,激发灵感,唤起心中深蕴的志向,冷对尘世的讥讽;当然,靠它也能培育起爱情之苗。这是自己精神世界永不枯竭的源头,时时能激发自己奋进前行的力量。[1]

护身符

物换星移,
年年岁岁无穷尽,
时光如水,
夜夜奔流永不停。

---

[1] 《马克思恩格斯全集》第1卷,人民出版社1995年版,第547页。原文参见 Karl Marx, "Amulet", *Marx-Engels Gesamtausgabe*, Ⅰ//1, Dietz Verlag, Berlin, 1975, S.527。

> 我登高远望,
> 微笑看沧桑,
> 不管是风和日丽,
> 还是有雷霆震荡。
>
> 因为现在我找到了
> 一张护身符,
> 它为我医治创伤,
> 它使我心雄胆壮。
>
> 我要将它赞美,
> 我要为它歌唱,
> 它能使一切讥讽化为灰烬,
> 它产生爱情与心灵的音响,
> 它是永不枯竭的源头,
> 时时激起奋进的力量。

(一) 爱是毒液

一个自信的人应具备直面真实乃至残酷现实的勇气和能力。与第一部中不管对方态度如何始终以温馨之爱来对待的看法不同,在《毒液》(Das Gift) 中,马克思意识到,在现实中,常常会发生两极相通、相反相成的情形。以爱的复杂性来说,情感的付出可能意味着灵魂遭受折磨,甚至爱人也许会变成"妩媚迷人的魔女",而毒药恰恰出自其甜蜜的妙手,品尝"蜜汁"成了扩散"毒液","明亮的眼睛"转瞬间"饱含忧郁和黯淡","忘情地扑向你的胸膛"——这也就标志着"我走向死亡"。① 将爱与恨联系在一起考量和诠释,或许意味着对爱的理解的深化。

毒　液

你手上的蜂蜜闪闪发光,
我吻你的手,把蜜汁品尝,
顿时许多恶魔蠢蠢欲动,
想使我的灵魂离开心房。

啊!这甜蜜的毒液不断扩散,
很快就充满我的胸腔,
平素我的眼睛多么明亮,
此时却饱含忧郁,黯淡无光。

你这妩媚迷人的魔女,
既然将毒液给我品尝,
何不占据我的全部身心,
让我忘情地扑向你的胸膛。

只有这样你才能治愈
你那甜蜜毒液造成的创伤,
不过你切不可迟疑延宕,
因为这毒液正使我走向死亡。

---

① 《马克思恩格斯全集》第 1 卷,人民出版社 1995 年版,第 548 页。原文参见 Karl Marx,"Das Gift",*Marx-Engels Gesamtausgabe*,I // 1,Dietz Verlag,Berlin,1975,S.528。

(二) 两位天使

护身符在另一首诗《神座之歌》(Pultlied) 中幻化为两个天使。

在柏林大学的宿舍，马克思的书案上有一个高高的台座，上面立着一尊天使的雕像，眼含笑意，脸色泛光，胳膊强劲有力，温存地俯瞰他人，又仿佛张开温柔的翅膀，给人送来智慧和祝福。马克思将其视为自己的守护神，有它陪伴，自己便感到宁静、安康，充满了青春的力量。每当他独坐案前，总要对其深情地凝视一番。不过，他也感到遗憾，守护神护卫自己，但并不能给自己以情感的慰藉，也从不赋予自己诗的灵感。

那么，是谁才能使马克思诗情荡漾呢？是另外一个天使。她悄悄地潜入马克思的视界，缥缈无常，恍惚不定，仿佛在十分遥远的地方，却又总是出现在马克思的心上。马克思曾试图借诗篇来描绘其形象，但她有如梦幻，即使近在咫尺，也无法将她留在身旁。

可以看出，这两尊神的形象，正是远在特里尔的父亲和燕妮的化身，一尊是自己的守护神，一尊是自己爱的天使。

神座之歌

在高高的台座上，
立着守护神的雕像，
他送来智慧和祝福，
他张开温柔的翅膀。

他的脸庞焕发光辉，
他的胳膊十分强劲，
眼睛似乎含着微笑，

仿佛感到生活的温馨。

每当我独坐案前，
他便与我作伴，
从高高的台座上
温存地向我俯瞰。

于是我的诗思如泉流淌，
诗中充满了青春的力量，
不过他从不赋予我灵感，
我知道，是谁使我诗情激荡。

那是另外一个天使，
她在我心中发出光芒，
她只是借用我的诗行，
来描绘自己的光辉形象。

她在那十分遥远的地方，
却又总是出现在我的心上，
即使她始终近在咫尺，
我也永远无法将她留在身旁。

（三）冷冰冰的星星

身在远离故乡的柏林，在学习之余的夜晚，马克思思念着父母与燕妮，情景交融，联想无限。《致星星之歌》（Lied an die Sterne）描述的就是来自这种情境中的灵感。

美丽的繁星，遍布蔚蓝的天空，似乎从不惊慌，而是成群成串，展现着隐隐约约的姿容，在黑夜中发着微光。一个情思绵绵的人，总会睹物寄情；在其眼里，辽阔的天空仿佛成了温柔感情的长河，有时显现出纯洁心灵的欢悦，有时又展示着复杂多样的情愫，诸如苦闷和忧愁。当然，如果这又是一个充满爱意却得不到回报的青年，他可能会将自己的感受再次向无言的星空诉说："你们只是永远/在宁静的天空闪耀，/而诸神却永远不会把热情注入你们的怀抱"。① 所以，星星看上去如同火点在跳动，但其实没有热忱慈爱的灵魂，冷冰冰的寒光仿佛是它们在天空发出的嘲笑，讥诮天底下人们的事业、追求和忧伤；藐视人们希望破灭，激情转成悲凉，无爱的人在痛苦中渐渐衰老，在绝望中走向坟场。天上和地下万物依旧，人世却历经磨难，上演着数不尽的悲喜剧。自然物不懂得人间的疾苦，即使是有人粉身碎骨，遭到灭顶之灾，也不会有一棵树因此而断裂，不会有一颗星星陨落。

两相对比，此情此景是多么令人感伤！设想一下，如果星星也有情感，它们大概不会用虚假的辉煌来伪装自己，天空也许不会澄澈明朗，四周也会夜色茫茫吧。

满天星斗啊，人是带着情感来仰望你们的，对你们寄予希望，也寄托着永恒的祝愿；你们领会到这一切了吗?！

致星星之歌

你们围起圈儿翩翩起舞，
闪闪烁烁放射光芒，

---

① 《马克思恩格斯全集》第 1 卷，人民出版社 1995 年版，第 551 页。原文参见 Karl Marx, "Lied an die Sterne", *Marx-Engels Gesamtausgabe*, I // 1, Dietz Verlag, Berlin, 1975, S.529。

你们那冉冉升起的影像，
无边无垠绵延四方。

最美丽的灵魂在这里闪现，
最坦诚的心儿在这里激荡，
心儿像一颗金色的宝石，
四周镶着巨大的哀伤。

人们抬眼向你们凝望，
以为你们具有神秘的力量，
想从你们那儿汲取希望，
汲取永不枯竭的思想。

可是啊！你们只是永远
在宁静的天空闪耀，
而诸神却永远不会
把热情注入你们的怀抱。

你们只不过虚有其表，
看上去如同烈火燃烧，
其实你们并没有灵魂，
没有热忱慈爱的春晖在心头照耀。

你们在天空发出嘲笑，
讥诮人们的事业、追求和忧伤；
你们让人们的希望破灭，
让火热的胸膛充满悲凉。

我们必将在痛苦中渐渐衰老，
我们终将在绝望中走向坟场，
然而天上和地下万物依旧，
此情此景令人感伤。

即使我们粉身碎骨，
即使我们遭到灭顶之灾，
也没有一棵树会因此而断裂，
没有一颗星星会陨落下来。

如果你们也有人的情感，
你们早就葬身于蓝色的海洋，
你们就不再熠熠生辉，
不会放出如火的光芒。

你们就会默默地道出真情，
而不会用虚假的辉煌来伪装，
天空就不会澄澈明朗，
四周必将是夜色茫茫。

二、爱的忧思、疑虑与"壮美"

（一）爱的忧思与解脱

恋爱之美好，最在初恋时。马克思以"两颗星"（Die zwei Sterne）为喻对此做了精彩的描绘，极富韵味。

在遥远的天际，有两颗金色的星星，"展开明丽的翅膀轻轻飞翔，/好等待将来同声共鸣"。① 它们总是很奇妙的样子：永远彼此规避，但又总是互相亲近；眼看就要携手，却又各自把手抽回。这不是处于初恋时男女间普遍的状态和情形吗？欲爱未爱，甜蜜而纯真。

但马克思在这里又不无多余地予以"强调"和"澄清"，说这两颗星星并不是喻指他和燕妮；因为在他看来，两人之间早已经过了这样的阶段，"因为我和你永远难分"，"我的爱流进你的心灵"。那么，他们现在是什么情况呢？"越过广袤浩瀚的空间，不顾世间的

---

① 《马克思恩格斯全集》第 1 卷，人民出版社 1995 年版，第 552 页；其他译文的版本参见《马克思诗集》，百花文艺出版社 2012 年版，第 89 页。原文参见 Karl Marx,"Die zwei Sterne", *Marx-Engels Gesamtausgabe*, Ⅰ // 1, Dietz Verlag, Berlin,1975,S.530。

纷争和怨愤"①,就是说,他们是带着苦涩之情在彼此思念着——较之于初恋的情形,随着岁月的流逝和空间的分隔,爱的沧桑感借此也就显现出来了。

愁思绵绵,大千世界不能慰藉马克思的心绪:哪怕他获得全部星星的热量,吸收了整个太阳的光芒,也不会觉得自己的奋斗能得到报偿,心中的愿望会获得满足。再大胆想象,如果有所谓魔力无穷的神存在,也不能使他安定下来,因为他胸中充溢着、激荡着精神的风暴,但遗憾的是始终得不到应答和回馈。人世间的天地如此狭小,拥挤的人们又躲不开纷扰,但马克思的梦想只能在这里实现,他的希望也摆脱不了尘世的喧嚣。在这漫长的精神长旅和内心无止境的争斗中,他感到,仿佛远方有一道符箓,用魔力把他驱入茫茫迷雾之中,使他永远无法接近爱的目标,这不免使他忧虑忡忡,唯恐种种辛劳都白费力气。

怎么能改变这种状况呢?寄希望于燕妮、寄希望于爱!"你的眼睛比蓝天还要深邃,/你的目光比太阳还要明亮"②,只要看看燕妮热情的双眼,只要她的嘴唇吐出一丝气息,说出一句温暖对方心房的话,只要她爱意坚定、不再彷徨,马克思就会豁然开朗,就会找到问题的谜底。尽管马克思也知道,声音转瞬就会消失,言语并不能保证什么,它们的力量毕竟有限,但即便如此,他也会欣喜若狂,情绪激昂,如同被卷进欢腾的巨浪。

---

① 《马克思恩格斯全集》第 1 卷,人民出版社 1995 年版,第 553 页;其他译文的版本参见《马克思诗集》,百花文艺出版社 2012 年版,第 89 页。原文参见 Karl Marx,"Die zwei Sterne", *Marx-Engels Gesamtausgabe*, Ⅰ//1, Dietz Verlag, Berlin,1975,S.530。

② 《马克思恩格斯全集》第 1 卷,人民出版社 1995 年版,第 554—555 页。原文参见 Karl Marx, "Meine Welt", *Marx-Engels Gesamtausgabe*, Ⅰ//1, Dietz Verlag,Berlin,1975,S.531。

在他的世界（Welt）里和心目中，三样东西永恒无限，永不磨灭：燕妮、宇宙和精神。

两颗星
谜语

在那遥远的天际，
有两颗金光闪闪的明星，

它们永远彼此规避，
但又总是互相亲近。

它们伸出闪光的翅膀，
好等待将来同声共鸣，

眼看它们就要携手，
它们却各自把手抽回。

燕妮，你能否说出星星的名字？
我愿意向你讲明实情，

这并不是指我们俩人，
因为我和你永远难分。

越过广袤浩瀚的空间，
不顾世间的纷争和怨愤，

我的爱流进你的心灵，
带着我的思念和苦涩之情。

我的世界

大千世界不能慰藉我的愁思，
就是神仙的魔力也无济于事，
我的精神比他们更加崇高，
它在我胸中激荡犹如风暴。

即使我获得全部星星的热量
即使我吸收整个太阳的光芒，
我也不会觉得我的奋斗得到报偿，
我也不会感到满足了心中的愿望。

啊！在无止境的争斗中，
仿佛远方有符箓一道，
用魔力把我驱入茫茫迷雾，
使我永远无法接近目标。

只有无声的岩石和废墟，
把我的万千愁绪环抱，
我的全部希望在这里燃烧，
化作霞光把天空映照。

世间的天地实在狭小，
拥挤的人们躲不开纷扰，
我的梦想只能在这里实现，

我的希望摆脱不了尘世的喧嚣。

燕妮！你会向我询问：
这些话有什么深奥的含义？
啊！那我就向你作出解释，
只是我的辛劳恐怕白费力气。

你的眼睛比蓝天还要深邃，
你的目光比太阳还要明亮，
只要你看看自己热情的双眼，
你就会找到谜底、豁然开朗。

只要你大胆享受甜美的生活，
只要你意志坚定不再彷徨，
你定会自己找到谜底，
你会发现天国就在远方。

啊！只要你嘴唇吐出一丝气息，
只要你说出一句话暖我心房，
我顿时就会欣喜若狂，
如同被卷进欢腾的巨浪！

啊！你的话使我情绪激昂，
你的话在我心底回响，
它就像法师放出的电光，
猛烈地击中了魑魅魍魉。

然而，言语的力量毕竟有限，
言语的音响转瞬就会消亡，
只有你的形象永不磨灭，
只有宇宙和精神的渴望地久天长。

（二）激情的勃兴与消失

壮美常与优美相连，指能使人产生崇高、严肃、雄壮之感。与优美的小巧、和谐、让人心生爱怜不同，崇高则是巨大以至于无形的"壮美"，让人心生畏惧甚至恐怖，所以康德称其为"可怖的崇高"①。

《钟楼上打钟人之歌》（Glöckners Turmlied）描述的就是一副激情产生的壮美图景。

雷鸣电闪，雨骤风狂，大风呼啸，尘土飞扬，四野昏黑，一片迷茫。漫天的尘埃夹着冰雹，笼罩着钟楼的楼顶和围墙。房屋在震颤、摇晃着，人们看了不免会心中产生惊惶。这排山倒海的力量，仿佛一个被长期束缚在天堂里的魔鬼，一旦从沉睡中惊醒，就会穿过漫长的悠悠岁月和杳渺的穹苍，汪洋恣肆、自由自在地翱翔。它呼啸而过，迅猛向前，倒海翻江，震天动地，不可阻挡。每经过一个地方，它都摧枯拉朽，致使处处断壁残墙，一副可怕的破败景象，而将它赢得的胜利反衬得特别辉煌。

更为奇幻的是，这神威的力量最初竟来自身处黑夜之中的仙女身上！身处厄境，她们的灵魂却充满自信和力量，彼此情投意合，将心灵之光聚结在一起，汇成了一片炽烈的光芒。这闪电的强光放射出全部光彩，把大千世界照得通明透亮。然后，这些仙女各自分

---

① 康德：《论优美感和崇高感》，商务印书馆 2001 年版，第 16 页。

离,从天上骤然而降。她们不断坠落,每人闪着的微光渐渐变暗,最终竟失去光芒。她们在毁灭四周的一切,也在毁灭自身的力量,最终其灵魂也走向灭亡。

人类心灵的命运不也总是遭际如此这般"大喜—大悲"的转换吗?一颗颗善良的心灵齐声歌唱,歌声中充满了挚爱和欢愉,带着尘世神圣的愿望,向天上飘荡。这时,整个心灵都感到舒畅,四周仿佛也有珠玉在熠熠放光。但是,激情容易消失,转瞬间心灵便又遭到挫伤,只剩下怨恨、失落和迷茫。

钟楼上打钟人之歌

雷鸣电闪,雨骤风狂,
钟楼啊钟楼,
你在颤抖,你在摇晃;
四野昏黑、一片迷茫,
大风呼啸而过,
卷起尘土飞扬,
这漫天的尘埃夹着冰雹,
笼罩着楼顶和围墙。

啊!一座座房屋正在震颤,
人们的心中无比惊惶,
他们凝神向外张望,
不禁流下热泪两行;
只见那一片飞砂走石,
正随着狂风自由回翔,
风沙发出低沉的声响,
无休无止地传向远方。

眼前这排山倒海的力量,
过去被束缚在金色的天堂,
在那漫长的悠悠岁月,
它一直被钳制在杳渺的穹苍;
现在这股巨大的力量
已把天堂的锁链一扫而光,
它一旦从沉睡中惊醒,
就一定要自由自在地翱翔。

它呼啸而过锐不可挡,
它震天动地倒海翻江,
它经过任何一个地方,
都将摧毁一切,
造成可怕的破败景象;
人们放眼四望,
只见处处是断壁残墙,
劫后余灰闪烁着幽光。

这巨大的力量
迅猛向前不可阻挡,
它赢得的胜利如此辉煌;
隐秘的神威,
黑夜的女儿,
她们紧密团结,情意深长,
她们借着闪电的强光,
造就了这股巨大的力量。

黑夜的女儿心灵在闪闪发亮
她们的灵魂充满了力量，
她们的心灵之光聚在一起，
汇成了一片炽烈的闪电光芒；
这闪电光华灿烂夺目，
把大千世界照得通明透亮，
它放射出自己的全部光彩，
然后便从天上骤然下降。

它不断坠落，闪着微光，
它要使自己的灵魂走向灭亡，
灵魂便迅速遁向远方；
它渐渐变暗，失去光芒，
它在毁灭自身的力量；
它也在毁灭四周的一切，
那一切本来是那样灿烂辉煌，
上帝创造它们，是出于对美的渴望。

心灵的遭遇也是这样，
一颗颗心灵本来在齐声歌唱，
歌声充满一片挚爱，
带着尘世的神圣愿望飘到天上；
这时整个心灵都感到舒畅，
四周仿佛有珠玉熠熠放光，
但转瞬间心灵便遭到挫伤，
只剩下怨恨充满胸膛。

(三) 梦的超越

在一个暑热的夜晚,马克思疲惫不堪,昏昏沉沉倒在床上,神思迷离恍惚,心中满含悲痛和哀伤。他对着小小的灯盏发出的光亮(Der Lampe Licht),发出低沉的喟叹:既然自己已经如此憔悴,可怜的灵魂为何还得不到安宁呢?

吹灭油灯,火焰化作一股轻烟,在漆黑的房间里袅袅上升,看着这一切,马克思感慨连连。他甚至嫉妒起灯焰短暂的一生,觉得它燃烧自己、照亮别人,即使是熄灭了也可以在梦的王国里飞腾。联想到远在家乡、尚把握不准她对自己的态度和感情的燕妮,他此刻产生了这样的念头:倘若燕妮愿用轻柔的气息,吹灭他心头的火焰,他也可以化为轻烟,飘向那神圣的梦境了。

梦是美好的,在梦中没有黑暗笼罩,相反,总是洒满和煦的阳光,天宇浩瀚而温馨,就像恋人的眼睛一样,纯净而明亮。谁不愿意永远沉入这样的梦中呢?

那么,梦乡何在?在马克思的心目中,燕妮就是那个梦乡,她就是镶嵌在天空的珍珠,坚信到时候这颗珍珠是会镶在自己身上的。幻想着那个时刻尽快到来,届时自己该多么豪情满腔、心潮激荡啊!至此,马克思暗自发誓,要通过艰辛的情感磨炼,实现美好的愿望,赢得恋人的芳心。

灯 光

> 我疲惫不堪,
> 昏昏沉沉倒在床上,
> 神思迷离恍惚,
> 心中悲痛哀伤。

我对着小小的灯盏，
发出低沉的声音：
"你看，我已经如此憔悴，
请让我这可怜的灵魂得到安宁！"

说罢轻叹一口气，
我很快吹灭油灯，
火焰化作一股轻烟，
在漆黑的房间袅袅上升。

啊！我忌妒灯焰的一生，
它燃烧自己照亮别人，
它的死给别人以生命，
它在梦的王国喷薄飞腾。

倘若你愿用轻柔的气息
吹灭我心头的火焰，
我也可以化为轻烟，
飘向那神圣的梦境！

那里没有黑暗笼罩，
那里洒满你的阳光，
那里的天宇浩瀚而又温馨，
就像你的眼睛那样明亮。

啊！我愿在那里永远沉入梦想，
你本身仿佛就是那个梦乡，

那嵌在天空的粒粒珍珠,
到时候会镶在我的身上。

我会豪情满腔,
我会心潮激荡,
我将在激烈的搏斗中
尽快实现最美的理想。

(四)自况:昂扬的人生

在《感触》(Empfindungen)中,马克思对自己的情况进行了分析。

人世间无时不在发生着变动,从涓滴尘埃到茫茫苍穹,从婴儿的摇篮到死者的荒冢,人生浮沉,草木荣枯,四季往复而无穷。个体的灵魂就这样在时空中飘忽,直到它筋疲力尽,随着自己的主人一同毁灭。这就是人的宿命!

那么,在这之中,人应该怎样度过呢?碌碌无为、听天由命吗?当然,这种选择也没有什么不对,但马克思的情况和理解却完全不是如此。

激情支配着马克思的人生。一旦心中涌起了这样的情愫,他就再也不能从容、镇定了。不论在爱恋之时,还是产生怨怼之际,他都会身心颤动不已。别人可以心满意足,可以盲目乐观,可以闲适恬静,而他心中却激荡着永恒的渴望、澎湃的心潮和不可遏制的热情。他总感到自己的生活范围太过狭小,更不想与时俯仰,随波逐流,也不想在虚无缥缈中永远飘荡,或者用堂皇的外表掩盖恍惚的内心,他只想不停地奋勇前行。他想拥抱万里长空,想把世界融汇于心胸,希冀在挚爱和仇恨之中,人的生命之泉、创造潜力能够不断喷涌出来。他也做好准备，试图用理性和情感的威力来把握世界的真谛，勇敢地去获取知识，掌握艺术——他认定，这二者是上天赐给人类最高级的礼物。

于是，马克思就为自己的人生确立了这样度过的方式：勇往直前，摧枯拉朽，永不懈怠，永不停留；绝不畏首畏尾，绝不庸庸碌碌，噤若寒蝉，无所追求；切忌在空想中虚掷时光，在枷锁中犹豫、彷徨。他坚信，只要胸怀渴望，就可以开创事业，胸怀壮志，就能勇奔前程。

感　触

一旦心中涌起了激情，
我就再也不能从容镇定，
我永远不能闲适恬静，
我要不停地奋勇前进。

别人可以心满意足，
可以雀跃欢欣，
可以频频额手称庆，
可以感谢天恩降临。

而我心中却激荡着永恒的渴望，
永恒的心潮，永恒的热情，
我无法强迫自己顺应流俗，
也不愿碌碌无为听天由命。

我要拥抱万里长空，
我要把世界融汇于心胸，

我愿在挚爱和仇恨之中,
让生命之泉不断喷涌。

我想获得一切,
获得神的种种恩宠,
我要勇敢地获取知识,
掌握艺术和歌咏;

这万千星球我要亲手破坏,
因为它们不是由我创造出来,
因为它们不听我的呼唤,
却受魔力驱使旋转于天外。

啊!这些死气沉沉的星球
对我们的业绩冷嘲热讽,
即使我们的事业毁于一旦,
它们也照样运转无动于衷。

然而我不想换取它们的命运,
不想与时俯仰随波逐流,
不想在虚无缥缈中永远飘荡,
不想用堂皇的外表掩盖无尽的哀愁。

因为所有的墙垣和殿堂,
都会在时光飞逝中倾圮,
它们一旦化为废墟,
一个新世界便会崛起。

年年岁岁如此变动，
从涓滴尘埃到茫茫苍穹，
从婴儿摇篮到死者荒冢，
浮沉荣枯，往复无穷。

魂灵就这样在深处飘忽，
直到它们精疲力尽，
它们将毁灭自己的主人，
它们是那样冷酷无情。

所以让我们赶快踏上
神灵给我们规定的旅程，
让我们使用命运的天平，
来分担痛苦，分享欢欣。

我们要勇往直前、摧枯拉朽，
我们将永不懈怠，永不停留；
绝不要畏首畏尾噤若寒蝉，
绝不要庸庸碌碌无所追求。

切莫在空想中虚掷时光，
切莫在枷锁中犹豫彷徨，
只要胸怀抱负和渴望，
我们就可以将事业开创。

(五)灯儿知我心

在《静夜思》(Abendstunde)中马克思描述了自己灯下思念燕妮的心境。

灯儿悄悄地燃着,光线微弱而柔和。它常常目睹马克思形影相吊、独自一人沉入幽思遐想的样子。灯儿知人心,它仿佛了解马克思的忧伤,于是与他同声哀叹,经受无边痛苦的折磨;它甚至晓得,自己的光和热,与马克思看似激奋的心情相比,早已黯淡。

但是,也不妨这样来遐想:这奇妙的光亮,安静而又清朗,多么像远方燕妮的心思发来的回射之光!

静夜思

灯儿悄悄闪亮,
向我投来柔光,
好似与我同声哀叹,
仿佛了解我的忧伤。

它常见我形影相吊,
独自沉入幽思遐想,
我一旦张开想象的翅膀,
心中便浮现出种种形象。

灯儿似乎自己明白,
它的灯火朦胧昏黄,
同我胸中的烈焰相比,
它显得如此暗淡无光。

>可是这胸中的烈焰
>
>现在却变得静谧安详,
>
>它只发出微弱的光芒,
>
>这光芒来自你心底的海洋。

(六) 爱的煎熬与虚妄

爱为什么会导致痛苦呢？因为它不是一个人的情感,而是双方的意愿。如果二者不匹配、不对等,那么就会好事多磨,甚至夙愿难酬。《抱怨》(Klage)描述了这方面的情形与感受。

一方大胆地挣脱羁绊,热情地呼唤,另一方却嘴唇紧闭,缄默不语,"眼睛未传来那怕是瞬息的秋波"①。这是常见的情况。对于爱来说,付出未必会得到回报,尽管自己意志坚决,但很可能最终不过是一场徒劳;一生没有间断寻觅爱情,但也许并不能因此就必然结出果实。持续燃烧的激情也可能化为灰烬消散,最终只留下一片惆怅,让人黯然神伤——情爱甚笃的心灵遭受到的只是累累的创痛。

这就是费思量的爱、琢磨不透的爱!

抱 怨

>在内心的痛苦煎熬中
>
>我不得不枉自争斗,
>
>我大胆地挣脱羁绊,

---

① 《马克思恩格斯全集》第1卷,人民出版社1995年版,第564页。原文参见 Karl Marx,"Klage", *Marx-Engels Gesamtausgabe*, I // 1, Dietz Verlag, Berlin, 1975, S.537。

把你热情地呼唤。

但你的眼睛未传来
那怕是瞬息的秋波，
你的嘴唇缄默不语，
我的激情却在继续燃烧。

直至它化为灰烬消散，
留下一片惆怅，
直至昔日情爱甚笃的心灵，
留下累累创伤。

我心中的种种渴望
徒然向高处飞翔，
它们要在广漠的苍穹
终止自己的历程。

我徒然想从天上
吸取火焰和光芒；
而你却移开目光，
这使我黯然神伤。

（七）由爱主宰的人生

《我的追求》（Mein Streben）记述的仍是马克思当时的愿望和情愫。

古往今来，人们写下多少汗牛充栋的书！它们讲述生命的起源，描述星斗的运转,讲解人生的历程,内容神秘而又深奥。但此刻,马克思不想研读这些著述,也不关心什么星星如何运行、发光,宁肯将它们弃置一旁,不愿在书中流连、徜徉。沉湎于爱的深渊的他,只想听到燕妮哪怕只言片语,不管口吻如何,声调怎样,在他听来都是悦耳的音乐,又像天体奏出的和声,蕴含着无限的情意,斩钉截铁,字字铿锵。这些言语一旦由心爱的燕妮之口说出,就会使马克思豁然开朗,仿佛整个世界都笼罩在这美好心灵的鸣响里,愈发美丽。

总之,不管对方愿意不愿意赐予自己如此的爱意,马克思总会怀着一片真情,愿向燕妮献出整个心灵!

我的追求

人们写下了许多书稿,
内容神秘而又深奥,
讲述那无法安眠的夜晚,
生命是怎样降临尘寰。

书稿如同一束束火光,
把宇宙的奥秘照亮,
描述满天星斗如何运转,
讲解生命之音怎样奏响。

我不想研读这些文章,
宁肯将它们弃置一旁,
我不愿在书中流连徜徉,
不管星星如何运行放光。

我只想听到只言片语，
斩钉截铁字字铿锵，
这话语一旦由你说出，
我心中就会豁然开朗。

也许你会拒绝这个要求，
其实这话语内涵丰富胜过宇宙，
这话语好似悦耳的音乐，
载着美丽精灵四处遨游。

整个美丽的世界
都笼罩在这心灵的鸣响里，
它像天体奏出的和声，
蕴含着无限的情意。

你不愿让我聆听这种声音，
不愿赐予我这件礼品，
而我却怀着一片真情，
愿向你奉献整个心灵！

三、船夫、勇士、将军与爱

(一) 精神追索者的命运

在高高的山坡上,屹立着一座古堡,它像一位智者,饱经岁月的风霜,如今显得宁静而又孤寂,它俯视着山中景象,看淡了世态的变迁和人间的沧桑。

无独有偶,在古堡里也住着一位孤寂的老人。他一头长发银光闪耀,终日按照固定的时间节奏有规律地生活着,不顾窗外惊雷轰鸣、风雨呜咽,只是一味地在室内埋头研读古旧抄本。一卷卷破烂的羊皮纸古书,铺陈在他面前。他带着强烈的求知热望,苦思冥想,对一页页手稿仔细研究,连任何细枝末节也抓住不放。在他眼里,这些古书不是发黄的纸张,相反,它们如火焰般散发着热量和光芒,每章每节都生动活泼,字字句句灿烂辉煌,不仅叙述了万物的孕育、创生过程,更揭示了人世的变迁、天上的奥秘。外在地看,读书生活乏味而枯燥,但仿佛有一道符箓,这些古书的内容却使老人心醉神迷,内心无比激动。他痴迷地沉入书中描绘的梦幻之乡,胸膛充满神圣的信念,他要弄清什么是欢乐,要从书中寻找人生的幸福和美好的理想。

但是,时长日久,老人也逐渐悟出,书中表达的奥义有如幽灵

(Das Gespenst),幸福的谜底依然恍惚而无解,自己孜孜寻觅的梦想其实不可能实现。这让他无比地沮丧。这种情形就像自己居住的古堡,虽然有阵阵奇异美妙的音响不时地从窗户飘出,但开满鲜花的房屋已被铁锁锁住,自己用尽全力想挣脱锁链,排除障碍,可是刚刚把这千年古堡炸开,它便又砰然关上;似乎总是在戏弄他,那倏然关门声发出的轰响,宛如魔鬼的笑声在空中回荡。

对于精神探索者来说,理想与现实错位,落寞与嘈杂共存,年复一年不停地劳碌没有结果,一次又一次付出的艰辛没有回报——这是他们的宿命吗?诗歌的最后是一副悲壮的剪影:老人支着枯瘦的胳臂,周身笼罩着梦幻般的阳光,形影孤单,寂然枯坐,眼泪缓缓地流淌下来,挂满他那苍白的脸庞。无法实现胸中的愿望,他感到异常的凄凉,但要命的是理想没有泯灭,其心中仍然怀着不变的渴望!

幽 灵

叙事诗

在高高的山坡上,
屹立着一座古堡,
它饱经岁月的风霜,
如今在阳光下闪耀。

它宁静而又孤寂,
俯视山中的景象,
它不懂世态变迁,
也不识人间沧桑。

古堡里住着一位老人,
一头长发银光闪耀,

他沿着永恒的轨道,
生活平静而又奇妙。

那些破烂的古旧抄本,
一卷卷铺陈在他的面前,
他不顾窗外惊雷轰鸣震撼,
也不管凄风苦雨声声呜咽。

他埋头苦读经典文章,
他痴迷地沉入梦幻之乡,
他在书中寻找幸福,
寻找更加美好的理想。

羊皮纸古书如火焰闪亮,
散发出热量和光芒,
可是老人无法猜透,
这光与热来自何方。

他久久地苦思冥想,
连细微末节也抓住不放,
他带着强烈的求知热望,
让神圣的信念充满胸膛。

书里分明写着,
万物是怎样创造出来,
是创造者的勇敢呼唤,
孕育了万物的胚胎。

人间和天上的奥秘,
已经在书中细说分明,
是美妙的梦想和崇高的心灵,
使天地之间变得充盈。

每一颗心灵的渴望,
都在书中熠熠放光,
每章每节都生动活泼,
字字句句都灿烂辉煌。

可是这爬满青藤的房屋,
却缠绕着金色的锁链,
只有甜美的声音,
奇妙地飘出房檐。

仿佛有一道符箓,
使老人心醉神迷,
他目光灼灼如同火焰,
他内心激动充满情思。

他要弄清什么是欢乐,
他要冲破一道道樊篱,
他要豪迈地揭示人生奥秘,
他要欣喜地掌握崇高真理。

可是他刚刚用尽全力
把千年古堡炸开,

挣脱身上的锁链，
排除周围的障碍，

古堡便又砰然关上，
似乎要将他戏弄一场，
那倏然关闭发出的轰响，
宛如魔鬼的笑声在空中回荡。

他年复一年劳碌不停，
一次次徒然付出艰辛，
尽管面临着千难万险，
他仍然生气勃勃，充满激情。

他寂然枯坐，怀着渴望，
他形影孤单，心中凄凉，
他支着枯瘦的胳臂，
周身笼罩着神圣的魔光。

眼泪缓缓地流淌，
挂满苍白的脸庞；
这可怜的老人
无法实现胸中的愿望。

（二）梦是心中想

按照心理学的常识，梦与人的心理关系非常密切，它实际上是人入睡后将其醒着时的思想和心绪转换成物象和事件了，即所谓

"日有所思,夜有所梦"。这样说来,恋爱中的人焉能无梦?倘若如是,梦醒后的回味便更有韵味和情致了。再次感谢陈玢、陈玉刚将这首《梦》(Traum)翻译得传神而生动。

"夜的魔力,/把我俘虏,/直到睡醒——/才知道这是场梦。"① 很多人或许都有过这样的感受:白天的生活总是匆匆忙忙,沉湎于"争斗与操劳",只有在夜晚的沉思中,忘却了周围的状态,纯洁的心中满怀着憧憬进入梦境,至此才感到安谧、宁静。曾被白天挤占的自我空间,顿时塞满了梦境,那些被压抑的情思和体悟随即迸发了出来。我们知道,夜晚占据着人的生命长河的一半时光,怎么可以忽略它的存在和梦的意义呢?人在清醒之时、在朗朗乾坤之中回味一下梦境,叩问一下自我,不是非常必要的事吗?

马克思这样向燕妮描述和倾诉自己的梦:清早,离开梦神摩耳甫斯(Morpheus)②的怀抱,要从事一天的劳作了,这时蓦然想起昨晚梦中出现的图景。轻风和煦中出现了一个模样非凡、神态圣洁而高贵的幻影。她分明在说:"我的名字就是爱情。/我的形象就是神明的模样,/只是被一层薄纱轻轻蒙上。"③ 于是自己斗胆伸出颤抖的手,轻轻地揭开薄纱,只见一位女神迎面伫立在自己面前。她美艳绝伦,神态端庄。一见到这样的形象,自己就无法移开凝视的

---

① 《马克思恩格斯全集》第 1 卷,人民出版社 1995 年版,第 571 页;其他译文的版本参见《马克思诗集》,百花文艺出版社 2012 年版,第 261 页。原文参见 Karl Marx, "Traum", *Marx-Engels Gesamtausgabe*, Ⅰ//1, Dietz Verlag, Berlin, 1975, S.541。

② 摩耳甫斯是希腊神话中的睡梦之神。他是许普诺斯的儿子,在艺术作品中常被描绘成身上生有双翼的老人。

③ 《马克思恩格斯全集》第 1 卷,人民出版社 1995 年版,第 572 页;其他译文的版本参见《马克思诗集》,百花文艺出版社 2012 年版,第 262 页。原文参见 Karl Marx, "Traum", *Marx-Engels Gesamtausgabe*, Ⅰ//1, Dietz Verlag, Berlin, 1975, S.542。

目光,情不自禁,心驰神往,急切地要拜倒在她面前,表达热切的渴望。女神也心领神会地向其投来温存的一瞥,愈发显得圣洁、崇高而又俊俏。

　　这个梦说明了什么呢?马克思明白了:自己胸中激情澎湃,苦苦追求着的是爱的酬报!在梦中,自己大胆表明心迹,称那位女子为自己的女神;可是,在现实中,燕妮却听不见、也不知晓自己是怎样虔诚地对她立下那些爱的誓言的,所以马克思不无怅惘地在心里对心爱的人说:"可是,燕妮,假如我的话你并不听信,/召唤,也徒费苦心。"①

梦

我再一次陷入遐想,
然后便沉入
长夜的梦乡,
直到醒来看见晨光。

在静静的晚上,
我独自坐着沉思默想,
陶醉于自我幻觉,
把世间一切全都遗忘。

我在内心幽思冥想,

---

① 《马克思恩格斯全集》第1卷,人民出版社1995年版,第573页;其他译文的版本参见《马克思诗集》,百花文艺出版社2012年版,第263页。原文参见 Karl Marx, "Traum", *Marx-Engels Gesamtausgabe*, Ⅰ//1, Dietz Verlag, Berlin, 1975, S.542。

这思想纯真而绝不虚妄,
随后我便把眼睛合上,
平静地进入梦乡。

清晨,
我从梦神怀抱中觉醒,
要从事一天的劳作,
心中充满战斗的激情
这时我想起
昨晚我心中显现的幻影,
它在夜间进入我的梦中,
进入那虚无缥缈的梦境。

这幻影在我梦中出现,
显出一种非凡的模样,
它的神态圣洁高贵,
周围有和风轻轻荡漾。

幻影里写得分明:
"我的名字就是爱情。"
"我的形象就是神明的模样,
只是被一层薄纱轻轻蒙上。"

我斗胆伸出颤抖的手,
揭开薄纱置于一旁,
一位女神迎面伫立,
她美艳绝伦神态端庄。

> 我一见到她的形象,
> 便情不自禁心驰神往,
> 我拜倒在她面前表达热望,
> 无法移开凝视的目光。
>
> 她向我投来温存的一瞥,
> 她显得那样圣洁、崇高而又俊俏,
> 我胸中激起澎湃的心潮,
> 我苦苦追求爱情的酬报。
>
> 我大胆表明心迹,
> 称她为我的女神,
> 可是,燕妮,你却听不见,
> 我怎样虔诚地对你立下爱的誓言!

(三) 海上船夫歌

对于长年出海的船夫来说,海不再是自然物,而是活生生的精灵,是可以交流和倾诉的对象、解除生活寂寞的陪伴、爱恨交加的对手。《海上船夫歌》(Lied eines Schiffers auf der See)表达的就是船夫对海的诉说。

船夫一会儿像哄小孩,说你们尽可戏耍,尽可喧闹,也可在我的船边汹涌咆哮,但你们必须让我的船驶向目标,并且要尽可能顺从地为我效劳,一会儿又像在对一个刚刚结识的朋友介绍情况,告诉他说,不要看自己像一支离弦之箭,飞快掠过水面驶离陆地,但是心却留在了岸边,因为亲人们正在期盼着自己返回家园,过去虽然也久经风吹浪打，但情况都不错，总是能驾船平安凯旋。一会儿又像面对一个对手控诉其残暴，说在汹涌澎湃的大海深处，安息着自己的兄弟，是狂风恶浪把他拽下海底，如今说不准海水正吞噬着他的遗体呢。说来话长，那是很久前的事了，其时自己还很幼小，其兄弟鲁莽地解缆起航，划动船桨劈波斩浪，不料撞上礁石，船沉人亡。于是面对着汹涌的蓝色波涛，自己在心中立下誓言，要向你们讨还血债，为兄弟报仇雪恨！这时船夫像一个战功赫赫的将军，仿佛在向晚辈豪迈地回首自己驰骋大海的经历，说自己信守誓言，履行承诺，尽管大海暴跳如雷，但自己的船行驶在波峰浪脊之间，总是平稳地向前航行。特别是每当大海咆哮，钟楼上钟声发出警报，风暴猛烈呼啸，大地狂风怒号，自己便迅即跳下卧床，抛开安乐的小窝，迎着风雨扬帆起航。自己是在与暴风雨搏斗中锻炼得更加坚强的，决不等待和奢望有什么上帝来帮忙，相反总是满怀信心把船帆系紧，依赖星辰的指引，果断、坚定地航行。这种经历使自己聚集了经验和力量，激发起如火的热情，将意志锻炼得如钢似铁，在生死搏斗的危险关头，不仅毫不畏惧，甚至不由自主地唱起豪迈的战歌……

叙说到此，船夫释然了，对对手不再记恨，语气也平和了许多。这时诗如回旋曲，再次重复了开头一段句式："你们尽可戏耍，尽可喧闹，/尽可在我船边汹涌咆哮，/你们必须把船儿载向目标，/你们要顺从地为我效劳。"① 接着，船夫像一个智者，分析起事情的两面，祸福的转换，说：虽然你们已将我的兄弟残酷地拖走，拽进浪花翻滚的旋涡，咬碎了他柔弱的躯体，把他葬入了海底，但是他的

---

① 《马克思恩格斯全集》第 1 卷，人民出版社 1995 年版，第 575—576 页；其他译文的版本参见《马克思诗集》，百花文艺出版社 2012 年版，第 208 页。原文参见 Karl Marx,"Lied eines Schiffer's auf der See", *Marx-Engels Gesamtausgabe*, I // 1, Dietz Verlag, Berlin, 1975, S.544。

灵魂已飞向天空，飞到上帝的身旁，不仅他现在安得其所，更重要的是他的经历启迪了我，在以后的航程中，劈斩滚滚波浪，压倒狂风呼啸，制服脚下巨涛，用自己的双桨，让船儿离开幽暗和恐怖；同时教诲你们要约束波浪，保护人们免遭厄运。海不会永远是面目狰狞、深渊狂澜的样子，而应该是波平如镜、映照着蓝天和白云的碧波大洋。看着这样的图景，吸进新鲜、凉爽、沁人心脾的海风，人会顿觉天地无限宽广，敞开自己的心胸，就不再为市井的喧嚣、尘世的困顿而惆怅。天上闪耀着阳光，潮水载着人远航，目光自由奔放，内心便能宁静和安详。

很显然，这首诗的主题已经超越了男女之爱，充分表达了马克思基于这种爱而生发出对理想人生的向往：不慕虚荣，不追时尚，渴望战斗，意志坚强，毅力非凡，苦淬大业。在"致燕妮"的情诗中能做出如许的表达，显现的不是自负，更不是自卑，而是马克思的自况，是他一生的坚守和行动，至死不渝，始终如一。

海上船夫歌

你们尽可戏耍，尽可喧闹，
尽可在我船边汹涌咆哮，
你们必须把船儿载向目标，
你们要顺从地为我效劳。

我飞快掠过水面，
像一支离弦之箭，
尽管船儿疾驶如飞，
我的心却留在岸边。

亲人们正在期盼，

期盼勇士返回家园，
勇士久经风吹浪打，
总是平安驾船凯旋。

汹涌澎湃的碧波深处，
安息着我的小兄弟，
狂涛把他拽下海底，
如今正吞噬他的遗体。

那时我还十分幼小，
我的兄弟鲁莽地解缆起航，
他划动船桨劈开波浪，
不料撞上礁石船沉人亡。

于是对着汹涌的蓝色波涛，
我在心中立下誓言，
我要向你们报仇雪恨，
鞭打你们永不停歇。

我信守心中的誓言，
履行自己的承诺，
我狠狠把你们抽打，
永不停歇地把你们鞭挞。

尽管你们暴跳如雷，
我仍将船桨猛划狠击，
船儿行驶在波峰浪脊，

是那样平稳地向前飘移。

只要大海咆哮,
钟楼上钟声发出警报,
风暴猛烈呼啸,
大地狂风怒号,

我便迅即跳下卧床,
离开我那安全的住房,
抛下我那安乐的小窝,
迎着风雨扬帆起航。

我和风浪搏斗,
祈祷我主上帝保佑,
我扬起船帆,
航行时仰赖可靠的星斗。

随后我便聚集力量,
激情如火意志如钢,
在这场生死搏斗中,
那支歌飞出我的心房。

你们尽可戏耍,尽可喧闹
尽可在我船边汹涌咆哮,
你们必须把船儿载向目标,
你们要顺从地为我效劳。

你们已将我的兄弟拽走,
拽进浪花翻滚的旋涡,
咬碎他那柔弱的躯体,
把他葬入了海底。

但他的灵魂已向天空飞翔,
飞到他的上帝的身旁,
现在他听着惊涛轰响,
这轰响来自击水和嘲笑的声浪。

我把滚滚浪涛劈开,
平稳地驶向大海,
我用自己的双桨,
让船儿离开幽暗恐怖的汪洋。

我击打你们的脊背,
我压倒你们的狂啸,
我的努力定会成功,
我终将制服脚下的巨涛。

随后你们就波平如镜
映照蓝天和白云
你们就会约束自己的波浪,
保护我免遭厄运。

我要敞开自己的心胸,
吸进新鲜、凉爽、沁人心脾的海风,

我顿觉天地无限宽广，
不再为市井的喧嚣而惆怅。

天上闪耀着阳光，
潮水载着我远航，
我的目光自由奔放，
我的内心宁静安详。

（四）爱助力英雄

人人渴慕英雄，但英雄不是"愣头青"，不是莽撞汉，不是"一根筋"，英雄也有软弱、彷徨、苦闷乃至退却的时候，但他们会审时度势，借助条件、环境和外力，适时地调整，渐次获得成功。或许是《海上船夫曲》写得太慷慨激昂、凯歌挺进了，接着在《转变》（Umwandelung）中，马克思描述了结局相同、但过程异常艰辛的奋斗经历，特别表达了借助爱的力量自己才能勇往直前的感受、体验和强烈愿望。

首先呈现在我们面前的是一幅"英雄困境"：茫茫大海之上，海礁林立、了无人烟，只有怒涛在激荡，风暴在肆虐。勇士在乘风破浪，但他劳累过度了，面颊苍白，眼神迷茫，思绪则纷乱如麻。当然，尽管如此他心中依然充满幻想，暗自告诫自己，决不可以畏惧、惊慌，更不能有丝毫退缩，必须用鹰隼般的锐利目光，仔细打量着危险的航道，即使海妖的歌声再悦耳，也不能分心谛听，因为那是它们勾魂摄魄的伎俩。可是这时波涛更加汹涌湍急，一排排巨浪滚滚而来，转瞬间又消逝在远方。尽管自己想用咒语和魔力控制波涛，但一切努力都属徒劳，惊涛骇浪迅速奔涌，天地间充满了大海的呼啸。这首先是对人的毅力的考验，尤其是身体不能出现糟糕的状况，但恰恰在这时，洪波巨浪的冲击使他头晕、心跳，宛若在迷茫的黑夜被猛然摔了一跤。苦苦地挣扎着，勇士终于站起身来，但已经精疲力竭了，脸色更加苍白，浑身都在颤抖，胸膛里没有了欢欣、舒畅，激情之火也烟消云散，心中曾经傲然屹立的堡垒好像已经坍塌，徒留下一片空虚惆怅。

但天无绝人之路，就在这时，奇迹出现了：女神闪着最纯洁的心灵之光，神采奕奕而来，其周围有天女相伴，翩翩起舞，绕着大地飞翔着。这真是清醒剂和助推器啊！勇士顿时感到眼前一片光明，感叹自己曾在黑暗中苦苦探寻，如今才终于找到太阳。于是他重新振作精神，再次唱起自由而又嘹亮的歌声，音调崇高而庄严，恢复了喜悦和欢畅。借助着这样的外力，他俨然像个魔术师，再次稳稳地控制住航船的方向，继续前行。任凭激流汹涌，浪花飞溅，惊涛拍岸，内心的激情火焰不会再熄灭了。也许将来的自己最终可能飞不上智慧的峰巅，逃不脱命运之神的驱遣，然而他从爱中获得了一切，得到了补偿，因为这缕情愫已经从女神眼中流进了自己的心田。

转　变

我的面颊多么苍白，
我的眼神多么迷茫，
我的思绪纷乱如麻，
我的心中充满幻想。

我愿乘风破浪，
驶进大海汪洋，
那儿礁石林立无人烟
只有怒涛激荡。

我带着心中的幻想，
扬起风帆启程远航，
任风暴在周围发狂，
我决不畏惧惊慌。

我毫不退缩，
我勇猛刚强，
我用鹰隼般的锐利目光，
把危险的航道扫视打量。

海妖的动人歌唱，
不会使我神往，
我不听那悦耳的音响，
那是勾魂摄魄的伎俩。

我转过身去，
不听那迷人的吟唱，
我的心潮起伏跌宕，
为的是获取更高的奖赏。

啊！可是这波涛汹涌湍急，
永不停息地奔流激荡，
一排排巨浪滚滚而来，
转瞬间已消逝在远方。

我想用咒语和魔力控制波涛，
但一切努力都属徒劳，

惊涛骇浪迅速奔涌，
天地间充满海的呼啸。

洪波巨浪的冲击，
使我头晕心跳，
在这迷茫的黑夜，
我猛然摔了一跤。

我苦苦地挣扎，
终于站起身来，
我已经精疲力竭，
我感到万念俱灰。

我脸色苍白浑身颤抖，
我凝视着自己的胸膛，
胸膛里没有欢欣舒畅，
也没有歌声高亢激昂。

歌声已经逝去，
艺术的美梦已经破碎，
神灵不会把它们给我送回
也不再赐予这永恒的恩惠。

那傲然屹立的堡垒，
如今已坍塌在地上，
激情之火烟消云散，
心里一片空虚惆怅。

这时我看见你神采奕奕，
闪着最纯洁的心灵之光，
天体也开始翩翩起舞，
绕着大地频频回翔。

于是我肃然起敬，
眼前顿时一片光明，
我曾在黑暗中苦苦探寻，
如今终于找到了心中的明星。

歌声飞出我起伏的胸膛，
是那样自由而又嘹亮，
音调崇高庄严，
又洋溢着喜悦欢畅。

一连串精灵，
飞出我的心，
我像个魔术师，
控制它们运行。

任凭激流汹涌，
任凭浪花飞溅，
任凭惊涛拍岸，
我内心自有不灭的火焰。

我飞不上智慧的山巅，

我逃不脱命运的驱遣，
然而我未能获得的一切，
却从你眼中流进我的心田。

（五）英雄战胜巨浪败于淫雨

英雄的结局并不总是成功，也可能会失败，但他败在什么地方或者说是什么导致其失败，却是值得深究的。《致命的苦痛》（Todschmerz）就设想了一种结局。

依然是在汪洋大海之上，巨浪滔天，以万钧之力向勇士汹涌而来，锐不可当。但勇士没有被吓到，没有退缩、彷徨，他凭着热情与胆量，搏风击浪，敢于冒险。在一定范围内，在某种程度上，自然和人生的规则是我弱敌强，反之亦然。勇士明白这一点，有坚强的毅力做支撑，他没有向对手屈服，而是始终坚信，迎面扑来的巨浪，虽然一时气势汹汹，但终究不会持久，最终必定会败下阵来，湮灭于大海之中，而自己终将获得胜利。

但是，令人想不到的是，勇士战胜了强大的波浪，却失败于连绵的细雨。那从屋顶和墙头上传来的不绝如缕、滴滴答答的轻响，会将勇士的精力和热情渐渐耗尽。这种隐秘而诡谲的敌人！怀着阴谋悄悄袭来，在昏暗中像毒蛇一样蜿蜒爬行，可惜勇士却没有看见或者忽视了它的存在和威力，直到它纤细的蛇信刺透勇士的心脏，使其浑身发软，颤抖着倒在地上。临终，勇士只能呼唤着自己心爱的人的名字，满怀壮志未酬、空虚怅惘之情，灵魂向黄泉飘荡。

英雄可以战胜巨浪却败于淫雨，这是马克思对人生的多种结局的深刻洞见和预测。

致命的苦痛

让那滔天巨浪，

汹涌奔腾激荡,
发出万钧之力,
其势锐不可挡;

狂涛向我涌来,
冲击我的愿望,
我将知难而进,
绝不退缩彷徨。

我敢冒一切风险,
我勇于搏击风浪,
凭着热情与胆量,
我将决胜于战场;

那迎面扑来的巨浪,
必定会败下战场,
面对我这巨大的力量,
它终将湮灭于汪洋。

不论是爱还是恨,
我都深藏于心底,
我必将获得胜利,
不会向对手屈膝。

但是啊!从屋顶和墙头上,
却只传来细雨滴落的轻响,
我的精力将被耗光,

我难以实现自己的愿望。

我无法战胜绵绵淫雨,
它险恶地使我空虚怅惘,
这样一来我必遭失败,
永恒精神也必定遭殃。

所以我看不到希望,
看不到向我敞开的天堂,
我还没在战斗中较量,
就已束手就擒,兵败疆场。

我只得和你分离,
永远不再相遇,
繁星纷纷坠落,
光阴匆匆逝去。

我竭尽一切力量,
要把你留在身旁。
隐秘的敌人却悄悄袭来,
他蜿蜒爬行像毒蛇一样。

这敌人怀着阴谋诡计,
我却看不见他的形象,
直到我浑身发软,
直到他刺透我的心脏。

> 我颤抖着倒在地上，
> 眼睛仍直视上方，
> "燕妮！"这呼唤还在我唇边回响，
> 灵魂却已向黄泉飘荡。

（六）英雄胜于疆场"死"于爱穴

自古就有"侠胆柔情"的说法。叙事诗《小伙子与姑娘》（Der Knabe und das Mägdlein）描述的就是这样一个故事。

主人公是一位没有名字的小伙子，在奔赴战场前与心爱的姑娘道别。场景温馨而感人：两人紧紧地拥抱在一起，心贴着心，浑身战栗，手牵着手，情深意切。小伙子告诉姑娘：自己就要去遥远的国度了，特意留下一朵玫瑰，作为他们爱情的信物。姑娘娇羞地把鲜花贴近胸膛，一双秀目流下了盈盈泪水。然后他们毅然分手，从此再也没有机会互诉衷肠了。

时日漫漫，小伙子征战沙场，无比英武，坚毅而豪爽。但在姑娘这边，天天眼含忧伤，为作为爱的信物的玫瑰花渐渐凋零而憔悴，脸色变得愈加苍白病弱。她像一朵娇嫩的鲜花，没有禁得住时光的雨打风吹便枯萎了。最后，她被抬出闺房，放进阴冷的墓穴。朱唇惨白暗淡，四周阴森凄切。那一束干枯的玫瑰，仍放在她冰凉的胸前。想一想，它以往闪烁过爱的火焰，曾是多么鲜艳欲滴，更映现出晚景的凄凉。

不料，这时一个久经沙场的男子出现了！他跪倒在姑娘的墓前，百感交集，得胜而归的他此刻却仿佛被一种奇异的魔力征服了。他猛地跺着冰凉的泥土，又狠狠地击打自己高高的额头，最后"一颗狂怒的子弹，/射进了他的头颅"。①

——该怎样概述这样的场景呢？姑且就叫"英雄壮美"吧。

小伙子与姑娘

叙事诗

小伙子和他的姑娘，
紧紧地拥抱在一起，
心贴心浑身颤栗，
手牵手情深意切。

小伙子向姑娘倾诉：
"我要去遥远的国度，
我留下这玫瑰花束，
作为我爱情的信物！"

姑娘显出娇羞的模样，
把鲜花贴近温暖的胸膛，
一双秀目泪水盈盈，
闪耀着金子般的光芒。

然后他们毅然分手，
再也没有互诉衷肠，

---

① 《马克思恩格斯全集》第1卷，人民出版社1995年版，第586页；其他译文的版本参见《马克思诗集》，百花文艺出版社2012年版，第112页。原文参见 Karl Marx, "Der Knabe und das Mägdlein", *Marx-Engels Gesamtausgabe*, I // 1, Dietz Verlag, Berlin, 1975, S.549。

小伙子坚毅地踏上征程，
无比英武而又豪爽。

玫瑰花渐渐凋零，
姑娘仍怀着真情，
可是面颊日渐苍白，
眼睛也蒙上了阴影。

玫瑰花已经枯萎，
姑娘也黯然憔悴，
她像一朵娇嫩的鲜花，
怎么禁得起雨打风吹。

她被抬了出去，
放进阴冷的墓穴，
朱唇早已惨白，
四周阴森凄切。

那一束干枯的鲜花，
仍放在冰凉的胸前，
它曾经无比鲜艳，
闪烁过青春火焰。

一个久经沙场的男子，
伫立在姑娘的墓前，
仿佛有一种奇异的魔力，
使他在这里盘桓流连。

> 他猛跺冰凉的泥土,
> 他狠击高高的额头,
> 一颗狂怒的子弹,
> 射进了他的头颅。

(七) 歌颂母爱

连续创作这些诗歌,使马克思逐渐意识到,对于爱不能狭隘地理解;毋宁说,它是一个相当宽泛的所指,恋人间的情当然真挚而愉悦,但视子如命的父母之爱不也深沉而动人吗?叙事诗《母亲》(Die Mutter) 表达的正是后者。

马克思特别设计了这样一个场景:婴儿躺在母亲的怀抱里,显得是那么安谧而宁静,那怡然的神态仿佛昭示出,只有他才属于自己的母亲;而母亲呢,脸上焕发着红光,如痴如醉、百看不厌地端详着孩子的模样,显露出无限的深情和热望。"她笑了,笑得那样忘情,/她乐了,乐得那样欢畅。"①

忽然,孩子全身战栗起来,像颤动的杨树叶,母亲的心顿时怦怦直跳,犹如陷入死神的魔爪。婴儿最终失去了知觉,抛开了吮吸着的乳房,继而娇嫩的身体僵冷起来,倒在母亲的臂上。母亲满腔悲伤,真正是痛断肝肠。她心中像有条蛇在活动,吮吸着自己甘甜的血液,品尝着心灵的痛苦。她突然感到心脏一阵紧缩——跟着发出一声悲痛欲绝的喊叫,声音低沉而可怕。母亲悲痛万分

---

① 《马克思恩格斯全集》第 1 卷,人民出版社 1995 年版,第 586 页;其他译文的版本参见《马克思诗集》,百花文艺出版社 2012 年版,第 113 页。原文参见 Karl Marx, "Die Mutter", *Marx-Engels Gesamtausgabe*, I // 1, Dietz Verlag, Berlin, 1975, S.550。

地倒在地上,死去时还带着满脸慈祥;苍天应和着,这时也黯然垂下了目光。

以上的故事可能只是马克思的设想,未必在现实生活中发生过;但就心灵的感受来说,又是多么真实啊!我们可以从古往今来,那些不计其数的父母埋葬子女、白发人送别黑发人发生的一瞬间感受到这一切,对于生者来说,他(她)的身体也许留存在人世界,但其灵魂(至少是其中的一部分)已经随死者一起去了……

我们感兴趣的是,马克思这样的年龄何以有这样的设想和感受?或许是母爱的功能吧。

母 亲

叙事诗

她把娇嫩的男孩,
紧紧地抱在胸怀,
深情地贴近心口,
要倾注全部慈爱。

她的目光欣喜而安详,
脸上焕发出红光,
她的眼睛炯炯发亮,
显露出深情和热望。

她如痴如醉地端详
孩子那可爱的模样,
她笑了,笑得那样忘情,
她乐了,乐得那样欢畅。

忽然孩子全身战栗，
像颤动的山杨树叶，
母亲的心怦怦直跳
犹如陷入死神的魔爪。

宝贝气息奄奄，
躺在她的胳膊上，
母亲满腔悲伤，
顿觉痛断肝肠。

一条蛇在心窝搅动，
吮吸这甘甜的血液，
品尝这心灵的痛苦，
啜饮这炽热的火焰。

母亲面带讥笑，
猛然将它压在心底；
她发出惊叫和呻吟，
恶魔终于获得胜利！

她万分悲痛地倒在地上，
男孩的坟墓就在她的心房，
她逝去时还带着满脸慈祥，
苍天也黯然垂下了目光。

(八) 英雄遭遇逆境

英雄之路不平坦,马克思则偏爱逆境中的搏击。《风暴》(Sturm) 描述的仍是一幅昏天暗地的情境。

阴霾笼罩,风暴呼啸,鬼魂也在乱叫。但勇士却不为所惧,相反,他脸上放出红光,置身于这滚滚波涛之上、狂风暴雨之中,愈加感到青春的热血在奔涌、在激荡。他怀着满腔的渴望,期待投入即将展开的艰苦的斗争。逆境是舞台,他要把爱情、生命和全部精神都投入其中。当然,铮铮硬汉也有柔情的一面,他渴望的爱人始终没有在眼前出现,使他感到寂寞和惆怅,不免"徒然流下了热泪两行"[①]。

风 暴

风暴在外面呼啸,
阴霾把大地笼罩,
死鬼们狂呼乱叫,
以平息内心焦躁。

他们可以尽情呼号,
叫声飞向万里云霄,
汇入江河的滚滚波涛,
又渐渐融进怒吼的风暴。

[①] 《马克思恩格斯全集》第1卷,人民出版社1995年版,第588页;其他译文的版本参见《马克思诗集》,百花文艺出版社2012年版,第192页。原文参见 Karl Marx, "Sturm", *Marx-Engels Gesamtausgabe*, I // 1, Dietz Verlag, Berlin, 1975, S.551。

青春的热血在激荡，
使我的脸上放出红光，
我怀着满腔的渴望，
期待投入斗争的风浪。

我要把爱情、生命和全部精神
都融入这斗争的风浪，
可是它却没有在我眼前出现，
我徒然流下了热泪两行。

（九）小结

在这部诗集即将结束的时候，长时间没有得到燕妮爱的回报的马克思不免也心生怨气。为此，他写了一首题名为《责备》（Vorwurt）的短章送给燕妮，说他们之间的爱是一场冷热不平衡的矛盾体：一方面燕妮那优美的形象，已充斥于马克思的诗章，以至于每一行诗都饱含着对她的怀念和赞美，被渴望和忧虑所驱遣，他总想用最美丽的诗篇，把自己心中的渴念送到遥远的故乡；但另一方面，燕妮那头，虽然也有若隐若现的音讯传来，仿佛是把不停吹拂的春风吹进马克思的心坎，但却始终不愿给他任何满足的慰藉和明确的答复。

面对这种情况该怎么办呢？马克思一方面表示说，自己愿意用热血灌注成声音，继续把一切都向燕妮表述，以希望她对自己的痛苦有所反应，但另一方面还是担心，这样的请求也终归会落空。

当然，马克思并不悲观，最后一首题目就叫《愿望》（Wunsch）。他寄语心爱的燕妮，不妨用她那婉转悠扬的声调和侃侃而谈的话语，倾诉自己的情愫；最好也像马克思自己一样，把那些美丽的语言，书写在细小的羊皮纸上，再让人捎给自己。如果能得到这样的礼物，马克思说他一定要把它们贴近胸膛，相信爱情带来的温暖，会慰藉自己等得太久的百结愁肠；而有爱来陪伴和装点，自己的房间就不再会沉寂和凄凉。爱会施展魔力，不仅会祛除眼中的翳障，更能使心境豁然明亮，他一定会反复亲睹、记忆和默诵燕妮写在纸上的每行文字，体悟到爱的温馨和欢畅。

多么感人、甜蜜而又折磨人的爱啊！

责 备

你那优美的形象，
已进入我的诗章，
每一行诗都饱含着
对你的怀念和赞扬。

仿佛被渴望和忧虑驱遣，
我总想用形象和语言，
把我心中的渴念
送到遥远的天边。

而你，虽然给我带来
这不停吹拂的春风，
并将它吹进我的心坎，
但你却不愿给我任何慰藉！

你的歌声高亢激昂，
促使我不停地驰骋疆场，
但你却不愿让我聆听

那追忆往事的乐章!

愿　望

你的声调婉转悠扬,
你侃侃而谈话语流畅,
这话语总是白白散失,
一出口便迅速飘向四方。

啊!请你收集这些话语,
记在一张张小纸片上,
让人把它们捎给我,
慰解我的百结愁肠。

我要把它们贴近胸膛,
让它们温暖我的心房,
用它们装点我的房间,
这房间就不再沉寂凄凉。

它们会施展魔力,
祛除我眼中的翳障;
我的双眼会豁然明亮,
去亲睹那纸上的每字每行。

《歌之书》解读

众所周知,"成熟时期"的马克思是一个无神论者。但他之无神论不是天生的或者传承的,而是经过认真的思考和探索,从有神论转化、发展而来的。如果我们不从狭隘的意义上理解宗教,特别是不再情绪化地、笼而统之地否定宗教的思想影响和社会功能,而是把有神论、无神论看作是不同的人理解世界、选择生活和追求价值的方式,那么,很难断然地判定,无神论所理解和体悟到的人性就必然要比有神论更复杂、丰富和深邃。就马克思研究来说,问题的关键或许不在于理解其无神论体系的具体观点和内涵,更重要的是需要梳理和甄别他是如何由一种截然不同的思路逐渐形成另一种类型的宗教观的。在重新研究马克思思想的起源,探究他后来那些深刻思考的由来和嬗变过程中,我惊奇地发现,长期以来并未引起论者关注的那些早期文献较为具体、生动地显现出他这一方面思想转换的迹象、机缘和方向。囿于篇幅所限,本章只分析早期作品《歌之书》中借助对爱的探究而对人—神关系的思考,以及延伸出的对"精灵"意象的描摹及其实质的揭示。我们会看到，在马克思的理解和叙述中，"精灵"所指尽管是相当杂多、随意、迷蒙、混沌乃至矛盾的，但这最终却逻辑地促使马克思得出结论：神是不存在的，神的户籍在人间。

同样是献给燕妮的《歌之书》（*Buch der lieder*）只注明"1836年"，大概是三本诗集中的最后一本，但是也不会晚于1836年11月，因为从1837年11月10日马克思给父亲的信可以看出，燕妮同时收到马克思寄去的三册诗集，而且爱琳娜·马克思-艾威林在1897年为首次发表这封信所加的《前言》中，也是按这种顺序提到这三本诗集的。不过，与前两本诗集不同，《歌之书》注明的日期比较宽泛，因此，也不排除马克思更早就开始写作这本诗集中的部分作品的可能性。《歌之书》共计收入23首诗。

一、"地狱的魔怪"

"精灵"（Geister；Spirit；Дух）意象是西方源远流长的一种宗教观念，它认为在上帝与现实的人之间存在着一种"超自然体"，其地位低于上帝而高于人。精灵有特殊本领，一般不会死亡，但它们有很多类型。就与人的关系而言，有的善良，能帮助和拯救人类；有的则邪恶，专门危害和涂炭生灵。《歌之书》首篇的题目正是《精灵们》（Die Geister），这是一首"叙事诗"（Ballade），同时特别标明是"致燕妮"（An Jenny）的。

年轻人沉浸在爱的深渊之中，却把握不准爱的结局，这是一种多么难熬的体验！激情在内心澎湃，脉搏在猛烈地跳动，热血似乎也要冲破脉管，生命则要从躯壳中奔涌而出。此刻的马克思是多么渴望借助外力来得到爱的回报啊！于是，他想到了精灵——"我多么想当个魔法师啊！"[1]

果真如他所愿，众多精灵出现了，而且带着一根长长的魔带。心急的他马上祈求它们，快到远方去把自己心爱的人带来，因为

---

[1] 《马克思恩格斯全集》第1卷，人民出版社1995年版，第597页；其他译文的版本参见《马克思诗集》，百花文艺出版社2012年版，第63页。原文参见 Karl Marx, "Die Geister", *Marx-Engels Gesamtausgabe*, I//1, Dietz Verlag, Berlin, 1975, S.559。

此时此刻唯独她才能平息自己激情的狂流。而如果不能赢得她的青睐，纵然是长生不老，永世荣华，对他来说，也不过是一抔粪土！倘若不能与她相见，自己很快就会死去。他还许诺，假如能满足其请求，他将奉上自己的一腔热血作为报酬。精灵们听后乘风疾飞而去，消失在空中。马克思暗自思忖，假如精灵们真的帮助自己实现了宿愿，那么他情愿放弃灵魂得救的机会而甘心忍受地狱的煎熬，因为在忧郁中求生、在现实中饱受思念的折磨并不亚于地狱般的痛苦。

然而，马克思很不走运，他遇到的是精灵中的一群"另类"，它们并不为人考虑和筹划，相反，只为自己的贪欲所驱使，总为权势的旁落而担忧。它们计较的是，一方面，自己并非圣贤或上帝，只是来自地狱的一群精灵，尘念未泯，见了美丽的姑娘也不禁会流连忘返，而宁愿永远成为天仙，陪伴在她身畔，喜看她笑挂唇边，凝神领略其动人的风采，用春风吹拂她的脸面。另一方面，假如世俗之人借助其力量赢得姑娘的芳心，从此摆脱了苦难，他们的生活就会判然改观，甚至会超脱庸俗的尘寰，变得高尚、充实而美满起来，这样他们就永远用不着再同精灵们打交道了。如果情况果真如此，尽管自己费很大劲才把她带来，但随着她的出现，自己定会遭到世俗之人的驱逐，至少被迫躲到一角而无人问津。思虑至此，精灵们毅然返回马克思的身边，眼睛里闪烁着在地狱才特有的神色，语带讥诮地称马克思为"尘世俗子"，警告他休想把它们诓骗："你爱那位高贵温柔的姑娘，/沸腾的热血岂能作为我们交易的价钱？"[①] "你

[①] 《马克思恩格斯全集》第 1 卷，人民出版社 1995 年版，第 598 页；其他译文的版本参见《马克思诗集》，百花文艺出版社 2012 年版，第 64 页。原文参见 Karl Marx, "Die Geister", *Marx-Engels Gesamtausgabe*, I∥1, Dietz Verlag, Berlin, 1975, S.560。

竟然使出卑劣的伎俩,/妄想让我们上当受骗,/这如意算盘注定无法实现。"①

听闻此言,刹那间,马克思感到一阵恐惧袭来,仿佛周围的城堡和墙垣开始摇摆,大地颤抖着突然裂开。塌陷处则生出一股暗紫色的云雾,精灵们带着光焰飞速遁入其间,转眼间便踪迹全无了。这时,马克思只能在心底里一方面诅咒它们:"你们这些地狱的魔怪是无尽黑夜的伴侣,/你们不愿为我效劳,/为了躲避,只好深深潜入地底。"② 另一方面,他相信,还有另外一种类型的精灵的存在,它们是"经常环绕我嬉戏翱翔的可爱的守护神",于是对爱的实现坚定不移的他再次发出呼吁:"你们这些姣美的天神,/请你们让我一睹她的倩影,/我心中珍藏着对她的忠贞。/快去吧!请把你们对我的慷慨馈赠带给女主人,/并且告诉她,她是我的生命,/我愿与她共尝甘苦,永结同心。"③

很显然,这里的精灵并不是人之外的一种存在物,实际上是心灵的一种寄托和期盼,是恋人之间灵犀相通的纽带和桥梁。正是对

---

① 《马克思恩格斯全集》第1卷,人民出版社1995年版,第599页;其他译文的版本参见《马克思诗集》,百花文艺出版社2012年版,第64—65页。原文参见 Karl Marx,"Die Geister", *Marx-Engels Gesamtausgabe*, I // 1, Dietz Verlag, Berlin, 1975, S.560。

② 《马克思恩格斯全集》第1卷,人民出版社1995年版,第600页;其他译文的版本参见《马克思诗集》,百花文艺出版社2012年版,第66页。原文参见 Karl Marx,"Die Geister", *Marx-Engels Gesamtausgabe*, I // 1, Dietz Verlag, Berlin, 1975, S.561。

③ 《马克思恩格斯全集》第1卷,人民出版社1995年版,第600—601页;其他译文的版本参见《马克思诗集》,百花文艺出版社2012年版,第66页。原文参见 Karl Marx,"Die Geister", *Marx-Engels Gesamtausgabe*, I // 1, Dietz Verlag, Berlin, 1975, S.561。

现实中心爱的人的心思琢磨不定，才导致"渴望—失望—希望"的心理交织和轮番出现，实际上是青年马克思对爱能否得到回报的深切疑虑和惶惑。

精灵们

叙事诗

致燕妮

"啊！我真想成为一个魔术师！"
果真如我所愿，精灵们立即出现，
仿佛有一根魔带将它们牵连。

"你们快到远方去把她带来！
倘若我不能与她相见，
我很快就会魂归黄泉。

脉搏在猛烈地跳动，
热血要冲破脉管涌出，
这是生命在挣扎，在苦斗，

它要从我的躯壳中逸出，
张开金色翅膀朝她飞去，
唯独她能平息我激情的狂流。
假如你们能满足我的请求，
我将奉上一腔热血作为报酬，
我再也不去祈求灵魂得救。

如果我不能赢得她的青睐，

纵然是长生不老，永世荣华，
对我也不过是一抔粪土！"

这帮嗜血成性的精灵
为卑鄙的贪欲所驱使，
欣然乘风疾飞而去，消失在空中。

"假如他们真的实现了我的宿愿，
我情愿忍受地狱的熬煎。
呀，思念的折磨并不亚于地狱的苦难。"

精灵们忽然又返回我的身边，
眼睛闪烁着地狱特有的光焰，
语带讥诮，口出恶言：

"尘世俗子，你想把我们诓骗？
你爱那位高贵温柔的姑娘，
沸腾的热血岂能作为我们交易的价钱？

我们是来自地狱的一群精灵，
见了那美丽的姑娘也不禁流连忘返。
我们宁愿永远成为天仙，

用春风吹拂她的脸面，
喜看她笑挂唇边，
再凝神领略她动人的丰采。

你竟然使出卑劣的伎俩，
妄想让我们上当受骗，
这如意算盘注定无法实现。

如果你为了爱情甘洒热血，
如果你盟誓海枯石烂真情不变，
你就会赢得她的心，从此摆脱苦难。

你的生活就会截然改观，
变得高尚、充实而且美满，
连你本人也会超脱庸俗的尘寰；

你就永远用不着再同我们纠缠，
因为只要她的心为你而震颤，
地狱本身就不再成为障碍。

一旦我们把她带来，
一旦她带着那天仙般的容颜出现，
我们也会遭驱逐，躲向一边；

一旦有一种力量能把你解救，
我们就不得不听从这种力量的安排，
你就将完全治好心病，彻底复原。"

霎时间，一阵恐惧向我袭来，
周围的城堡和墙垣开始摇摆，
大地颤抖着突然裂开。

塌陷处生出一股暗紫色云雾，
精灵们带着光焰飞速遁入深处，
转眼间踪迹全无。

"你们这些地狱的魔怪是无尽黑夜的伴侣，
你们不愿为我效劳，
为了躲避，只好深深潜入地底。

经常环绕我嬉戏翱翔的可爱的守护神，
你们来吧！来吧！
请听从我的魔杖指引！

对了！你们这些姣美的天神，
请你们让我一睹她的倩影，
我心中珍藏着对她的忠贞。
快去吧！请把你们对我的慷慨馈赠带给女主人，
并且告诉她，她是我的生命，
我愿与她共尝甘苦，永结同心。"

二、"助爱的使者"

之所以要借助精灵来沟通和实现爱，是因为爱的内涵丰富、复杂和艰难。那么，理想的爱是怎样的一种感觉呢？写给燕妮的《和谐》（Harmonie）对此做了这样的描述：两颗激烈跳动的心交融在一起，相互依傍，息息相通，宛如永恒的齐特琴上弹出的乐章，琴瑟相应才能发出柔和、悠扬、激越、庄重的音响。它们忽而在紫红色的玫瑰花丛中闪光，忽而又在柔嫩的青苔下羞怯地躲藏。这样一幅由心灵契合而成的美妙而神奇的景象，其生成不靠阳光，也不仰赖大地的滋养，纯粹是心的呼唤、理解和欣赏，而瞬间的感觉源自长期的磨合、付出和建设。正因为如此，才历久弥新，即使地老天荒、万物都岑寂消亡，也仍将永远辉煌；也正因为如此，才自然而然地产生出一种神奇的力量，无论是世人俗见还是上帝戒规都无法阻挡。然而，这种难以达致的境界并不遥远，美妙的"琴弦就在你心中鸣响，/你不必为寻找它而远走四方"①。

这时，《精灵们》中所期待的能"经常环绕我嬉戏翱翔的可爱

---

① 《马克思恩格斯全集》第 1 卷，人民出版社 1995 年版，第 621 页；其他译文的版本参见《马克思诗集》，百花文艺出版社 2012 年版，第 265 页。原文参见 Karl Marx, "Harmonie", *Marx-Engels Gesamtausgabe*, I // 1, Dietz Verlag, Berlin, 1975, S.573。

的守护神"出现了。与那些令人厌恶的唯利是图的市侩不同,《心灵曲》(Seelenmusik)中的精灵是充满爱心的天使。虽然有时也耍点小脾气,有点小算计,但她们心地纯洁、爱美崇善,乐于成人之美。马克思一开始还抱怨她们不愿在自己身边逗留、不想听其吐露心曲,为此他许诺她们将来建造一座最合适的住所——能演奏各种乐曲的殿堂,她们可以在那里看到最美的形象,听到最悦耳的歌唱,从而感受到马克思内心永不冷却的激情和敞亮的胸襟。天使们听后会心一笑,故意用激将法狡黠地小声警告马克思:"别以为你的歌声会把我们深深吸引,/别以为你的魔带能叫我们无法脱身!"① 马克思这时只好搬出了他心目中的"爱神"燕妮:"你们听到燕妮的芳名该不走了吧!"果然,她们顺从了:"谁只要说出这个名字,/我们就会自动飘然而至,/倘若有人把这个名字低声吟唱而不心情激荡,/那么歌手的心定是冷若冰霜。"② 她们还解释说:"现在你该知道,为什么我们到你这里来,/又为什么离你而去,把你撇下?"③

言下之意是,她们是美的化身——燕妮的护花使者,没有她的陪伴,马克思只是个"平庸笨拙的人"。

---

① 《马克思恩格斯全集》第1卷,人民出版社1995年版,第622页;其他译文的版本参见《马克思诗集》,百花文艺出版社2012年版,第36页。原文参见 Karl Marx,"Seelenmusik", *Marx‐Engels Gesamtausgabe*,Ⅰ∥1,Dietz Verlag,Berlin,1975,S.574。

② 《马克思恩格斯全集》第1卷,人民出版社1995年版,第623页;其他译文的版本参见《马克思诗集》,百花文艺出版社2012年版,第36页。原文参见 Karl Marx,"Seelenmusik", *Marx‐Engels Gesamtausgabe*,Ⅰ∥1,Dietz Verlag,Berlin,1975,S.574。

③ 《马克思恩格斯全集》第1卷,人民出版社1995年版,第623页;其他译文的版本参见《马克思诗集》,百花文艺出版社2012年版,第36页。原文参见 Karl Marx,"Seelenmusik", *Marx‐Engels Gesamtausgabe*,Ⅰ∥1,Dietz Verlag,Berlin,1975,S.574。

和 谐

致燕妮

你可见过这样美妙而神奇的景象:
两颗心灵热血交融,一齐震荡,
它们息息相通,相互依傍,
它们宛如琴瑟发出柔和的音响?

两颗心灵忽而在紫玫瑰中闪光,
忽而在柔嫩的青苔下羞怯地躲藏。

即使你跋山涉水走遍四方,
你也找不到这神奇的景象,
任何符箓都无法将它唤来,
它从未出现在洒满阳光的大地上。

这种景象的生成不靠阳光,
也从不仰赖大地的滋养。

因此,即使时光像飞鸟急速翱翔,
即使阿波罗驾驭车马飞越穹苍,
即使地老天荒,万物都岑寂消亡,
这神奇的景象也仍将永远辉煌。

这景象自然而然地产生一种力量,
无论是世人还是上帝都无法阻挡。

这景象宛如悠扬的琴韵,
宛如永恒的齐特琴上弹出的乐章,
那琴声永远激越,永远庄重,
蕴含着崇高而又急切的热望。

啊!请听,那琴弦就在你心中鸣响,
你不必为寻找它而远走四方。

心灵曲

致燕妮

有时我听见心灵在弹唱,
仿佛是魔幻的咒语和演奏的乐曲,
我真想拥抱这炽烈的声音,
我时常恳求它多在我心中鸣响:

"难道你们仙女们不愿在我身边逗留,
难道你们不想听我吐露心曲?
为什么你们要闪电般从我这里飞走?
请赐给我那甜蜜的享受!

瞧!我要用你们来建造
一座能演奏各种乐曲的殿堂,
你们可以在这里看到最美的形象,
还可以和我一起飞上天堂。

你们应该遵照我内心的要求,
让我听到悦耳的鸣唱,

我内心的激情永远不应冷却,
这是我为你们选中的合适住所。

让我们再来看那些金色的星星,
它们的光辉照亮我们的胸襟,
它们飘向那遥远的天际,
最后在故乡的山谷里藏身!"

她们狡黠地小声对我说:
"你这个平庸笨拙的人,
别以为你的歌声会把我们深深吸引,
别以为你的魔带能叫我们无法脱身!"

"那么,你们听到燕妮的芳名该不走了吧!"
于是,她们顺从地留下:
"现在你该知道,为什么我们到你这里来,
又为什么离你而去,把你撇下?

谁只要说出这个名字,
我们就会自动飘然而至,
倘若有人把这个名字低声吟唱而不心情激荡,
那么歌手的心定是冷若冰霜。"

三、"温柔"的天使

爱仍然没有答案，心情一如既往的纠结。一个人的力量如此单薄，于是便想到与同伴前行，看是否有助于爱的早日实现。

《渴望》（Sehnsucht）叙述的情节是，作者看到一个步履轻捷、快乐无忧的竖琴手，于是产生了与其一起出门，到峡谷去漫游的渴望和梦想。那里是被设想为自己的"心上人"居住的地方——悬崖峭壁，巍然高耸，总是雾气濛濛，还常有狂风暴雨、雷声隆隆。幻觉中自己手持旅杖来到她的窗前，抱着七弦琴轻轻拨弹起来，琴声把周遭的阴郁气氛全都驱散了，"心上人"闭上眼睛享受着音乐的甜蜜而眠，渐入梦境。

马克思妙笔生辉，为与现实形成强烈的反差，把梦中世界描绘得温馨而祥和：天使们身披轻柔的罗纱，乘和风飘然而至。仿佛受魔杖的指挥，她们欢快地舞蹈，围成一个圆圈，飞起、落下，个个姣姿翩跹，尽情释放情愫，万物也随之俯仰、回旋、应和。天使们还为"心上人"穿上用彩云织成的衣裳，顷刻间使其摆脱了人间的痛苦和悲伤。在一片平静和谐的气氛中，乘着纯美的歌声，她们把她带到星座上，周围摆满花环，到处散发着芳香，温柔的小天使在身边喧闹嬉戏。这真是云中仙境啊！"心上人"倾听着天体的舞曲，那炽热的激情逐渐平静下来，脉搏更自由地跳动着，心胸也越来越开阔,周身笼罩着柔和的天光,站在太空流云之上,俨然是个女神模样,红光满面,高贵而又慈祥,鲜花芳香馥郁,歌声婉转悠扬,绝妙的才思于是便涌出心房。心情这样欢畅,环境如此富丽,谁不想留住这难得的梦境呢?可是一想伸手将其永久地抓住,溘然醒来,发现自己已经走出了梦乡。

真是矛盾啊!美梦甜蜜,却极易匆匆消散,幸福美好,却往往渺如云烟。这时竖琴手说话了,宽慰作者说:"只要你注视自己的内心,/天仙般的生活就会绵延不断。"① 就是说,天使、精灵不存在于我们之外,而存在于我们心中。对于爱来说,未必要与"心上人"永远厮守在一起,只要心中有爱,爱就永存。在苦苦追求着爱的道路上所获得的这一真谛,使作者受到无穷的启示,感到命运是在迫使自己去长足远行,在远行中感受和领悟爱,于是毅然把齐特琴紧紧抱在胸前,决定要和竖琴手一起继续赶路,把一颗思念、痛苦之心长留"心上人"的身边。

可是,"爱"的事情真是难以预料!百觅不得,直追不遂,但就在作者决意要离开的时候,"心上人"却幡然醒悟:"我听到的不正是那熟悉的声音吗?/那忠实的心不正是搏动在我身边?"② 这时,一个想法从她心中跃了出来,就好像失去的记忆在脑海中重新闪现一样——于是,作者渴望的"爱"降临了,他的情感付出得到了回报!

---

① 《马克思恩格斯全集》第 1 卷,人民出版社 1995 年版,第 627 页;其他译文的版本参见《马克思诗集》,百花文艺出版社 2012 年版,第 40 页。原文参见 Karl Marx,"Sehnsuch",*Marx-Engels Gesamtausgabe*,Ⅰ∥1,Dietz Verlag,Berlin,1975,S.576。

② 《马克思恩格斯全集》第 1 卷,人民出版社 1995 年版,第 627 页;其他译文的版本参见《马克思诗集》,百花文艺出版社 2012 年版,第 40 页。原文参见 Karl Marx,"Sehnsuch",*Marx-Engels Gesamtausgabe*,Ⅰ∥1,Dietz Verlag,Berlin,1975,S.576。

无独有偶。前面是两个男伴的幻想和领悟,后面则是"两个女竖琴手"(Die beiden Harfensängerinnen)的讨论和解答。

在一座城堡旁,两个女人相遇了。她们都是为爱而来,对住在里面的情郎充满激情和渴望。但是两人都没有得到过回应,其中一个甚至"至今从未目睹他的风采"。① 但爱是挡不住的,也不求对等,于是她们情不自禁、不约而同地来了。一个把热情的歌儿低声吟唱,一个用琴声诉说着自己的快乐与忧伤。后者更特别向前者描述了自己的感受:虽然还未见过"心上人",但冥冥之中觉得他总是有力地拨动着自己的心房;而这里仿佛就是自己诞生的地方和眷恋的故乡,又像尘世中的天堂,一来到此,自己内心的激情就更加高昂,歌声也愈发奔放,而弹奏着的金色琴弦更能奇幻般地发出愈发甜美的音响。当然,城堡的大门始终没有开启,自己徒然怀着满腔的热望,怎么办呢?"我只能倚靠着门前的圆柱,/用深情的歌声倾诉衷肠。"② 述说至此,她轻轻摇晃着乌黑的鬈发,尽情流淌下了滚滚泪水。

遭遇相似,同病相怜。另一个女郎同情地拥抱着她,吻干了她挂着泪珠的脸庞,并开始了她的倾诉。同样是一股神秘的力量,吸引她来到这座"神灵居住的殿堂"。为了找到这个地方,她可以说真是千辛万苦,走遍四面八方,当第一次看到这里时,感觉"就像闪

---

① 《马克思恩格斯全集》第1卷,人民出版社1995年版,第628页;其他译文的版本参见《马克思诗集》,百花文艺出版社2012年版,第142页。原文参见 Karl Marx,"Die beiden Harfensängerinnen",*Marx-Engels Gesamtausgabe*,I // 1,Dietz Verlag,Berlin,1975,S.577。

② 《马克思恩格斯全集》第1卷,人民出版社1995年版,第629页;其他译文的版本参见《马克思诗集》,百花文艺出版社2012年版,第142页。原文参见 Karl Marx,"Die beiden Harfensängerinnen",*Marx-Engels Gesamtausgabe*,I // 1,Dietz Verlag,Berlin,1975,S.577。

电从远处照亮我的心房"。① 但是话说回来，既然爱得不到回应，她觉得也不必如此痛苦、忧伤。还可以在这里欣赏美景，在鲜花盛开的河畔流连徜徉；也可以挺起充满激情的胸膛，将椎心泣血的爱化作甜蜜的遐想，并且立即在这里着手实现美好的理想。于是她们住到同一间茅舍，每晚都拨动琴弦弹奏乐曲。琴音如泣如诉，荡气回肠，清爽的西风在四周吹拂，她们彼此倾诉和安慰，在一起度过了漫长的时光。当然，她们并不甘心。有一夜，躺在青苔铺成的小床上，两人不知不觉地进入梦乡。她们做了同样的梦：一个魁伟而又温柔的精灵来到床前，用双臂托起她们娇弱的躯体，张开金色羽翼，载着她们飞向她们心驰神往的地方。这样，虽然异性之恋受挫，但在同性相慰中她们获得了补偿。如今，在昔日那座宁静茅舍的地上，仍然萦回荡漾着优美的琴声，那是绵绵之爱与情感的延伸和流淌。

这首诗本来是与《渴望》对应着写的，主人翁由两个男伴变为"两个女竖琴手"，精灵却由"喧闹嬉戏"的小女天使变成"魁伟而又温柔"的壮汉，男女搭配、神俗交替，这可能并非马克思刻意为之，但显现了他的匠心和灵性。

渴 望

致燕妮

我看见一个竖琴手走过，
他步履轻捷，快乐无忧，
我真想跟他一起出门，

---

① 《马克思恩格斯全集》第1卷，人民出版社1995年版，第629页；其他译文的版本参见《马克思诗集》，百花文艺出版社2012年版，第142页。原文参见 Karl Marx, "Die beiden Harfensängerinnen", *Marx-Engels Gesamtausgabe*, I // 1, Dietz Verlag, Berlin, 1975, S.578。

到小小的峡谷去漫游。

那里悬崖峭壁巍然高耸，
峰巅直插白云之中，
深谷中总是雾气濛濛，
还常有狂风暴雨，雷声隆隆。

我手持旅杖来到你的窗前，
抱着七弦琴轻轻拨弹
当你闭上眼睛甜蜜入睡，
琴声就把魑魅魍魉全都驱散：

"睡吧，我的心上人！
愿你悠然进入甜美的梦境，
让我的歌声与你相伴，
这歌声纯粹发自我的内心。

但愿天使们能乘和风，
飘然来到你的面前，
送给你一角蓝天，
再缀上那星光点点。

他们围成一个圆圈，
飞起又飘下，个个舞姿翩跹，
仿佛受魔杖的指挥，
万物也随之俯仰、回旋。

接着，温柔的梦神们
在你身旁徐徐落下，
在你姣美的身上，
覆盖充满梦幻的图画。

他们身披轻柔的罗纱，
悄悄潜入你的眼中
尽情享受欢乐
微微露出得意的笑容。

在一片平静和谐的气氛中，
乘着那纯美的歌声，
他们又飞身而去，
消逝在遥远的苍穹。

精灵们为你穿上
用彩云织成的衣裳，
顷刻间你就摆脱了
人间的痛苦和悲伤。

他们把你带到星星上，
你听到天体的舞曲，
近旁和远方摆满了花环，
到处散发着花的芳香。

你看到一群温柔的小天使们
在你的周围喧闹嬉戏，

在这云中仙境，
你炽热的激情也将逐渐平静。

你的脉搏会更自由地跳动，
你的心胸会越来越开阔
在这天国的庆典中，
你的眼睛会放射出高尚的火光。

你周身焕发出光辉，
柔和的天光把你包围，
你站在太空的流云之上，
禁不住要放声歌唱，

俨然是个神仙，
更兼红光满面，
你显得高贵而又慈祥，
鬼魂不敢走近你的跟前。

花环送来馥郁的芳香，
动听的歌声婉转悠扬，
炽热的心潮奔腾激荡，
绝妙的才思涌出心房。

一切都无限欢畅，富丽堂皇，
你想留住这难得的梦想，
你伸手要抓住梦幻的形象，
可是，你猛然醒来，已走出梦乡。"

"啊！甜蜜的美梦匆匆消散，
我那温柔、美好的幸福也渺如云烟！"
"不，亲爱的，只要你注视自己的内心，
天仙般的生活就会绵延不断。"

我把齐特琴紧紧抱在胸前，
要和竖琴手一起继续赶我们的路程：
"思念和痛苦把我的心长留你的身边，
但是命运迫使我要出门远行！"

一个想法突然从你心中跃出，
就好像记忆在脑海中闪现：
"我听到的不正是那熟悉的声音吗？
那忠实的心不正是搏动在我身边？"

两个女竖琴手

叙事诗

"你为何来到这座殿堂，
把热情的歌儿低声吟唱？
莫非这里住着你的情郎，
是他吸引着你，让你心中充满渴望？"

"你既然知道这里住着那个热情的男子，
又何必问我是不是为他而激情满腔？
难道有哪一个钟情于他的尘世女子，
曾经赢得他那回报的目光？

我至今从未目睹他的丰采，
但看到这里的瑰宝晶莹闪亮，
看到瑰宝垒成巍峨壮丽的殿堂，
我就情不自禁地来到这个地方。

这里仿佛就是我诞生的地方，
这里仿佛就是我眷恋的故乡；
啊！南方的和风在这里荡漾，
我觉得这里就像尘世的天堂。

在这里，我的歌声更加自由奔放，
在这里，我内心的激情更加高昂，
我那金色的琴弦会奏出甜美的音响，
琴声诉说我的快乐与忧伤。

我虽然还未见过那位高明的琴师，
但他总是有力地拨动我的心房；
我虽然从未见过那些温柔的天仙，
但知道正是她们呵护着这座殿堂！

殿堂的大门始终没有开启，
我徒然怀着满腔的热望；
我只能倚靠着门前的圆柱，
用深情的歌声倾诉衷肠。"

她把乌黑的鬓发轻轻摇晃，

她让滚滚的泪水尽情流淌；
这时另一个女郎热情地将她拥抱，
吻干了她那挂着泪珠的脸庞。

"同样是这股神秘的力量，
吸引我来到这座神灵居住的殿堂，
我为寻找它而走遍四面八方，
它就像闪电从远处照亮我的心房。

但我们何必痛苦忧伤，
何必让热泪不断流淌？
我们可以在这里把美景欣赏，
可以在鲜花盛开的河畔流连徜徉。

我们可以更豪迈地挺起火热的胸膛，
将椎心泣血的悲痛化作甜蜜的遐想，
我们要将目光变得更加明亮，
立即在这里着手实现美好的理想。

因此，让我们同住一间茅舍，
让我们的神圣之歌在茅舍里回荡，
让清爽的西风在茅舍四周吹拂，
让我们在这里倾诉心中深藏的渴望。"

她们在这里度过了漫长的时光，
每晚都拨动琴弦弹奏乐章，
那琴音如泣如诉，荡气回肠，

竟使百鸟翔集，鲜花竞放。

有一夜她们躺在青苔铺成的小床上，
不知不觉进入沉沉的梦乡；
一个魁伟而又温柔的精灵来到床前，
用双臂托起这两个娇弱的姑娘。

精灵张开金色羽翼载着她们飞翔，
飞向她们心驰神往的地方；
在昔日那座宁静茅舍的地基上，
至今还有优美琴声萦回荡漾。

四、"恨与爱"的化身

在《歌之书》中还有一篇《坟墓谣》(Die Romanze vom Grab),以寓言的形式对比了爱的救赎和拯救过程中两种不同的方式,昭示出"只能用爱来交换爱,用信任来交换信任"的必要性和可能性。

场景被设置在一个风紧云急、漆黑一团的夜晚,靠近海浪拍击的岸边有一座高大的坟墓,旁边站着一个名叫"拿破仑"(Napoleon)的人,虽然长得像铁打钢铸一般,但却是一个"尘世凡人"。他应海妖召唤而来,又被海妖用魔法缚住了手脚,开始接受神的审判。

首先从黑幽幽的地穴深处走来大地之神。只见他眼里闪现着悲愤,脸上布满哀伤。看到儿子拿破仑,他便开始痛斥起来。历数自己腹中孕育上千年,流尽眼泪,才生下拿破仑,之后又呕心沥血将其精心培养,甚至想出一些残酷的方式,比如把他放到阳光下暴晒、施用魔法使其得到锤炼,指望儿子长大后能治理大地,建功立业,成为英雄,进而为自己显姓扬名,带来荣耀。但是谁曾想,自己的努力到头来是徒劳一场,付出得多,回馈得少,希望越大,失望也越大。他指责拿破仑一味地放纵自己,任凭内心的力量恣意张狂,胆大妄为,亵渎众神,虚度年华。愤怒的大地之神厉声呵斥:"你用什么来表示感激？/我得到了你的什么报偿？"① 面对这么一个不争气的儿子，该怎么办呢？经过激烈的内心斗争，他毅然决定，违背自己长久以来的愿望，"刺穿爱子的胸膛"，让他"魂赴泉壤"！这是自己对自己的惩罚，然而更是向众神践履自己的责任和担当，是对"尘世和天国联成一体的法则"的恪守和践履。

听完大地之神的絮叨和威胁，拿破仑被吓得缩成一团，瘫倒在地上，在暗淡火光的映照下，他号啕大哭，无限悲伤。他想摆脱魔法的禁锢，想挣脱桎梏的束缚，但是，却被禁锢、束缚得更紧了。眼看他就要被迫走上绝路，这时从永恒的仙境走来了光明之神。

光明之神光彩照人，说话悦耳动听，慈祥可亲，高高的额头上显现出美的魅力和神奇的威力。她从不恼怒，相反总是露出甜蜜的笑意。她对大地之神说："我来了！……我要帮你平息心中的愤怒，/严厉的神灵们可能拿别人来嘲弄，/而我只知道爱，我珍惜激情的涌动。"② 她一针见血地指出，被愤怒裹挟的人，实际上只是表明"你无法驾驭心中的感情之舟"，自己的孩子不再被自己所左右，相反产生出异己的骄傲的力量，你却无可奈何，只好屈服。其实不是孩子无可救药，而是自己的方式方法存在谬失。既然疾言厉色不行，那么改换一种态度，和颜悦色又如何呢？"现在我给你的孩子/

---

① 《马克思恩格斯全集》第 1 卷，人民出版社 1995 年版，第 639 页；其他译文的版本参见《马克思诗集》，百花文艺出版社 2012 年版，第 201 页。原文参见 Karl Marx, "Die Romanze vom Grab", *Marx-Engels Gesamtausgabe*, Ⅰ//1, Dietz Verlag, Berlin, 1975, S.584。

② 《马克思恩格斯全集》第 1 卷，人民出版社 1995 年版，第 641 页；其他译文的版本参见《马克思诗集》，百花文艺出版社 2012 年版，第 201 页。原文参见 Karl Marx, "Die Romanze vom Grab", *Marx-Engels Gesamtausgabe*, Ⅰ//1, Dietz Verlag, Berlin, 1975, S.584。

披上一件富有诗的魅力的华丽外衣，/为他解除一切尘世的羁绊，/再用歌声规劝复仇之神对他不再为难。"① 过失和差错既已铸就，一味地揭穿乃至夸大并无好处，那么是不是也可以一定程度上加以掩饰乃至回避呢？而对他的那些优点和长处则不妨"加以歌唱并热情传扬"，那是有助于他灵魂升天的善举。

在光明之神看来，大地之神对拿破仑所做出的似乎不可更改的结论，以及用誓言和神的名义给予他的惩罚，业已对他的心灵造成了滴血般的伤害，所以她希望指责和惩罚至此为止，就像"流血征战已经止息"，而她决意要彻底抚平这些"创伤"。② 于是在漫漫长夜过去、黎明破晓时分，光明之神解开拿破仑身上的桎梏，又把神圣的花冠戴到他的头上，以激励他改邪归正，用以后不懈的努力和永恒的业绩，证明自己是个血性的顶天立地的男人，在自己身上会显现出人性的光芒。

这自然仍是一个神话和寓言，但意义更加深刻而隽永。它再次说明，不管是什么样的人，都是可以救赎和拯救的，关键在于看你有没有爱；面对同一个人，爱如沐春风，可以塑造和成就他，恨则冷若冰霜，会把他引向自卑、颓废甚至毁灭。在诗的结尾，大地之神虽然未明确表示感谢，但阴郁的脸上露出了微笑，愤懑的心里也欢畅起来。甚至爱的效果也出现了，赢得爱心的拿破仑伴随着一团

---

① 《马克思恩格斯全集》第1卷，人民出版社1995年版，第642页；其他译文的版本参见《马克思诗集》，百花文艺出版社2012年版，第204页。原文参见 Karl Marx,"Die Romanze vom Grab",*Marx-Engels Gesamtausgabe*, I∥1, Dietz Verlag, Berlin, 1975, S.585。

② 《马克思恩格斯全集》第1卷，人民出版社1995年版，第642页；其他译文的版本参见《马克思诗集》，百花文艺出版社2012年版，第204页。原文参见 Karl Marx,"Die Romanze vom Grab",*Marx-Engels Gesamtausgabe*, I∥1, Dietz Verlag, Berlin, 1975, S.586。

火焰，身躯变得高大起来，腾空而起，冉冉入云，最终化作不落的星星，永远普照天下，还爱于众生。

我们知道，在《1844年经济学哲学手稿》中，马克思曾说过："现在假定人就是人，而人对世界的关系是一种人的关系，那么你就只能用爱来交换爱，只能用信任来交换信任。"① 这种思想是怎么来的呢？《坟墓谣》表明，在他从事政治经济学研究之前就以萌芽的形式存在着，只不过后来对现实问题的思考和超越不如意现实的渴望使他对其内涵的理解更为复杂和具体了。

坟墓谣

风声紧，云飞急，
太阳收敛了光辉，星辰停止运行，
闪电匆匆划破长空，
安静的垂柳也剧烈摆动，发出响声。

大浪涌来，
惊涛拍岸，
把浪花飞溅到高大的坟墓上，
浪翻波涌，欢快地跳跃飞进。

身披芦苇的海神们
吹起弯弯的螺号，
歌唱一个伟人和神奇事迹，
歌唱不朽者的业绩和愤怒。

---

① 马克思：《1844年经济学哲学手稿》，见《马克思恩格斯文集》第1卷，人民出版社2009年版，第247页。

天色渐晚,
夜幕降临,
周围一片沉寂,
鬼影憧憧围圈起舞,跳个不停。

在心怀恐惧的旁观者中间,
从黑洞洞的大地深处,
有一个精灵走出,
脸上布满哀伤,眼里闪现悲痛。

在精灵面前站着一个尘世凡人,
长得像铁打钢铸的一样,
是妖怪们把他召来,
又命令用魔法缚住他的手脚。

"啊,我,大地的精灵,内心痛苦万分,
我必须这样自己折磨自己!
我曾经把你放到阳光下暴晒,
我本来是要用魔法使你受到锤炼。

我流尽了眼泪,
生下你这个英雄!
我尽心竭力,历尽艰辛,
实指望你能成为治理大地的神。
可是,你用什么来表示感激?
我得到了你的什么报偿?
你一味糟蹋自己的生命,

拿破仑呀，你终于因此而沉沦覆亡！

你放纵自己，
任凭内心的力量恣意张狂。
你成了这大地的神，
这大地却由于你而展现了一派可怕景象。

你胆大妄为地扑灭了
我送给你的火光，
我所开创的事业成了徒劳一场，
你背弃了我，逃向远方。

经过激烈的内心斗争，
违反自己的愿望，
我不得不毅然用手挡住泪眼，
让你粉身碎骨，遗尸山岗。

啊！我在腹中怀你上千年，
我本指望你能成为英雄把名扬，
我呕心沥血把你精心培养，
如今却要刺穿爱子的胸膛！
然而，面对风暴和雷雨，
我曾经向众神宣誓把责任担当，
尽管我企望儿子建功立业显荣光，
可是，他敢亵渎众神，就让他魂赴泉壤。

我不得不常常自己惩罚自己，

还遭到自己同族的嘲弄,
因为神灵们都要恪守
使尘世和天国联成一体的法则。"

由于神灵勃然大怒,
天崩地裂,宇宙隆隆作响,
鲜血在神灵的额上流淌,
在滴滴热血中一个个邦国正在沦亡。

潺潺的溪流劈开了
烟雾迷茫的深谷,
血红色的黑夜鬼魂
像影子一样迅速涌出。

神灵抖动着头上的鬈发,
遥远的国度就有大雪飘落,
人们可以听到,
那里传来了死亡的呻吟,恐惧的呼号。
听完神灵的话语和威胁,
英雄吓得缩成一团,瘫倒在地上,
在一片暗淡火光的映照下,
拿破仑号啕大哭,无限悲伤。

他想摆脱魔法的禁锢,
他要挣脱桎梏的束缚,
但是,桎梏把他束缚得更紧,
他声言要被迫走上绝路。

这时从永恒的仙境
来了一个光彩照人的慈祥仙人，
高高的额头上
显现出美的魅力和神奇的威力。

他说话悦耳动听，
他胸怀恻隐之心，
他满面红光，神采奕奕，
从不恼怒，常露甜蜜笑意。

"我来了！大地之神，
我要帮你平息心中的愤怒，
严厉的神灵们可能拿别人来嘲弄，
而我只知道爱，我珍惜激情的涌动。
愤怒的波涛一再把你卷走，
你无法驾驭心中的感情之舟，
面对你自己产生的骄傲的力量，
你无可奈何，只好对它屈服。

现在我给你的孩子
披上一件富有诗的魅力的华丽外衣，
为他解除一切尘世的羁绊，
再用歌声规劝复仇之神对他不再为难。

七弦琴的琴声
会掩饰他的过失和差错；

而有助于他灵魂升天的善举,
我会加以歌唱并热情传扬。

你自己已对他的作为作出结论,
并用誓言和不可更改的话语加以惩罚,
但是,流血征战已经止息,
我会彻底抚平战争的创伤。

在黎明破晓时分,
我要把无上荣耀的神圣花冠
戴到该戴的人头上,
那永恒的业绩闪耀着诱人的光芒。"
光明之神解开英雄身上的桎梏,
又把那花冠端正地戴在他的头上,
大地之神未能表示感谢,
只是露出微笑,但笑得心里欢畅。

伴随着腾起的一团火焰,
英雄的身躯变得无比高大,
他冉冉升起,高入云霞,
化作不落的星星,永远照遍天下。

五、"诱惑"的海妖

在爱情题材的文学作品中，以悲剧为多。从中学开始大量阅读人文经典再加上现实生活中的体悟，愈使马克思感到：爱既是花环，也可能是毒刺；既显得浪漫，更饱含痛苦；既是诱惑，也可能是深渊；既要感性，更须理智；既是瞬间的体验，更渴望长久的坚守……总之，爱是一个混合体、矛盾体。叙事诗《海妖之歌》（Der Sirenen Sang）探讨的就是在这些矛盾困境中该如何寻找、选择真爱。

与《坟墓谣》中风紧云急、漆黑一团的夜晚迥然有别，场景被设计在一片大海之上，碧波万顷，风清日丽。

海妖们纷纷离开幽深的海底，浮现在湛蓝的海面。她们丰姿绰约，秀目炯炯，弹琴唱歌，纵情嬉戏。当然，表面热闹的背后反衬出她们内心极度的孤寂和渴念。这时，一个年轻的男孩出现了。他驾舟而来，显得纯洁而又善良。在海妖们眼里，他神采奕奕，器宇轩昂。于是，这些美丽的海上仙子开始引诱年轻人。首先端出的是男人普遍看重的功名心：作为芸芸众生，你既然掌控不了人间，不如干脆辞别而来，主宰这沉默无言的大海。其次是描绘男人同样重视的"软环境"：人间充满贫困和制约，但水下世界却富庶而又自由。"滚滚的潮水只能向低处流淌，/嘹亮的歌声却能向天上飞扬。"① 如果男孩能加入神灵的行列，那么他的心就能获得神奇的力量，眼前便一片明亮，豁然开朗，而云端的天堂就会降临在大海之上。再次还有历史的对比和未来的勾画：世界就是在海浪中诞生，大海则是神灵的家乡，当宇宙还是一片洪荒的时候，神灵们已在大海的怀抱中成长了。漠漠长天，点点繁星，都会一齐向大海凝望，而天上的云影和星光，也必然映入碧波荡漾的海洋。洪波涌起，席卷乾坤，气势何等雄壮；海浪养育了神灵，神灵才有了生命之光。最后她们正式发出邀约：请你步入大海汪洋，伸出手来，走到我们身旁；你的周身将会发出智慧的光芒，你的眼睛将洞察那幽邃玄妙的地方。

年轻人该做怎样的选择呢？万顷碧波，一片辉煌，海妖柔发披肩，风情万种。确实太诱人了！此情此景，谁都会禁不住心摇目荡，心驰神往。但男孩经过仔细的思量，重新镇定、安详下来。他知道，人神不通，海妖不会明白自己的爱憎和愿望；大海一时会显得表面平静，但深渊阴森凄凉；歌声既是其内心的抒发，也可能是骗人的伎俩，诱惑本身就是一张罗网。的确，自己胸中怀有凌云的志向，但神不存在于深不可测的大海和云端，它就在自己心中，时时掌握着自己行动的方向，并且确保自己的思想永远不会迷航。于是年轻人毅然决然地拒绝了海妖。

结局印证了年轻人预见的正确：他的话才刚刚出口，海妖们便顿时嗒然若丧，方才的欢天喜地转眼间就变成呜咽哀泣，紧接着狂澜袭来，势不可挡，她们在惊涛骇浪中一瞬间便消失得无踪无影了。

---

① 《马克思恩格斯全集》第 1 卷，人民出版社 1995 年版，第 646 页；其他译文的版本参见《马克思诗集》，百花文艺出版社 2012 年版，第 173 页。原文参见 Karl Marx, "Der Sirenen Sang", *Marx-Engels Gesamtausgabe*, Ⅰ∥1, Dietz Verlag, Berlin, 1975, S.588。

想一想，真是后怕：她们当初捧出的是真爱吗？信誓旦旦缘何立马就变得如此脆弱、短暂和绝情了呢？

在西方古典文学作品中，海妖是一个经常出现的题材和形象，马克思的这首诗显然也受到了这方面的影响。无独有偶，后来与马克思成为终生挚友的海涅于1823年也写过一首名为《洛列莱》（Die Lorelei）的长诗，其中根据德国传说塑造的妖女洛列莱与这里的意象极为相似，她也经常出没于莱茵河岸的岩石上，以其美貌和歌声来迷惑船夫触礁沉没。惺惺相惜，这是马克思与海涅观念和趣味相通的前奏吗？

海妖之歌

叙事诗

海浪追逐清风，
波涛起伏荡漾，
发出轻轻的喧响；
海妖们离开幽深的海底，
浮现在碧波之上，
以优美的舞姿飞旋回翔。

海妖拨动琴弦，
琴声婉转悠扬，
就像仙乐从天而降；
她们的歌声震动四方，
就连大地和星空，
也在谛听她们的欢唱。

奇妙的歌声荡气回肠，

优美的音色盖世无双，
饱含着激情传向远方；
世人听到这样的歌唱，
无法抗拒那神秘的力量，
终将沉入碧浪、葬身汪洋。

这一片洪波巨浪，
仿佛是一个王国，
它神秘莫测、庄严辉煌；
似乎所有的神灵
都降临到这湛蓝的海洋，
在幽邃的海底沉入梦乡。

海妖出现在海上，
心中充满了渴望，
周身放射绚丽的光芒；
那一双双秀目炯炯放光，
那琴声如同一团团火焰，
在波峰浪谷间喷射飞扬。
这时有一个歌手驾舟驶来，
小舟越过欢腾的波浪，
歌手显得高尚而又善良。
他无拘无束，眺望前方，
他神采奕奕，器宇轩昂，
因为他心中充满爱和希望。

他的琴声向大海深处传扬，

海底的女神纷纷离开梦乡,
侧耳倾听这迷人的乐章;
歌手一边弹琴一边高歌,
引来波涛和鸣,同声吟唱,
唤起浪花飞舞,澎湃激荡。

听!这时从远处传来歌声,
那是海妖们在放声歌唱,
歌声充满渴慕,含有神奇的力量;
这些美丽的海上仙子,
要用她们的风采和歌喉,
引诱年轻的歌手堕入罗网:

"青年人!你要尽情地弹唱,
你要主宰这沉默无言的海洋,
你一定怀有远大的志向,
你那颗跳动的心儿是多么高尚。
在这富庶的水下世界,
只有歌声才能震撼四方,
滚滚的潮水只能向低处流淌,
嘹亮的歌声却能向天上飞扬。

你只要不停地放声歌唱,
让歌声千回百转、起伏跌宕,
你的眼前就豁然开朗、一片明亮,
云端的天堂就会降临大海之上。

请加入我们这神灵的行列，
你的心将获得神奇的力量；
请听听那波旋浪舞的音响，
它饱含着多少爱情的忧伤。

世界就是在海浪中诞生，
大海就是神灵的家乡；
当宇宙还是一片洪荒，
神灵们已在大海的怀抱中成长。

漠漠长天和点点繁星，
一齐向大海凝望，
天上的云影和星光，
映入碧波荡漾的海洋；

洪波涌起，席卷乾坤，
气势何等雄壮；
海浪养育了神灵，
神灵才有了生命之光。

如果我们的热情之歌拨动了你的心弦，
使你产生了认识宇宙的渴望；
如果你想让你的歌声像烈火一样，
在明媚的天空燃烧飞扬，

那就请你步入大海汪洋，
伸出手来，走到我们身旁；

你的周身将会发出智慧的光芒,
你的眼睛将洞察那幽邃玄妙的地方。"

海妖浮现在波涛之上,
波涛在四周急剧震荡,
但没有发出半点喧响;
海妖的柔发披在肩上,
随着清风舒卷飘荡,
这时万顷碧波一片辉煌。

年轻的歌手心摇目荡,
眼睛里涌出热泪两行,
一颗心快要跳出胸膛;
他目不转睛,向海妖凝望,
他如痴如醉,心驰神往,
他完全沉浸于爱情的畅想。

但他经过仔细的思量,
又重新变得镇定安详,
然后就振作精神挺起胸膛;
他英武豪迈,直视前方,
神色威严而又刚强,
他大声回答,字字铿锵:

"你们的深渊阴森凄凉,
崇高精神不会出现在那种地方,
永恒之神也不会向那里投射光芒;

你们卖弄姿色，引诱我陷入罗网，
你们永远也不会给我带来吉祥，
你们也会歌唱，但那是骗人的伎俩。

你们哪里知道，
我心潮汹涌，热血满腔，
我胸中怀有凌云的志向；
众神就在我的心中，
时时掌握我的方向，
使我的思想永不迷航。

你们对我无法理解，
你们既不明白我的爱憎，
也不了解我热切的愿望；
我的热望宛如长空的闪电，
它充满爱情的力量，
它的旋律就像流泻的大江。"

这番话掷地有声咄咄逼人，
海妖们顿时嗒然若丧，
一个个呜咽哀泣热泪流淌；
忽然海妖们消失了踪影，
啊！原来是狂澜袭来势不可挡，
把她们卷进了惊涛骇浪。

六、充满人性的"精灵"

人神不通,是由于这是两种存在物,即人是人,神是神。那么有没有能将二者沟通起来特别是能达致其心交融的中介性的东西呢?有的,这就是《小精灵之歌》(Lied der Elfen)中描写的一种特殊的存在物——小精灵。

在人们的印象中,神总是威严的,创生万物,无所不能,道貌岸然,力大无穷,独居高位,不食人间烟火。但小精灵虽然也属于神,却不是这样。它并不严肃,而是喜欢飞舞嬉戏,也不高大,相反像小小的灰尘,在微风中战栗,它也不是无所不晓,而总是带着好奇心观察云雾,琢磨能使地球转动起来的杠杆和力,当然更喜欢领略人间的柔情蜜意和心灵的痛苦哀伤。

这种小神灵不是最初世界的缔造者,它也是次生的。据说,创世神在奔腾汹涌的波浪上徜徉的时候,眺望远方,看见一个个天体飞速掠过,那里的生命正在死亡,于是它用自己的目光使万物获得生命,历经群山震动、海洋咆哮、大地倾斜、星辰升起、雷声轰隆等剧烈的变化,世界终于诞生了。但这只是漫长的世界变迁的开始,之后进入春光明媚、和风吹拂的环境,出现了太平的日子和庸常的生活。创世神的使命至此完成,或者说"英雄无用武之地"了;这时一群小精灵就轻盈而灵巧地涌现了。它们温柔娇小地从蓓蕾中跳跃出来，苗条的身段像一朵朵鲜花，通红透亮；声音像和风，眼睛闪着金光，心儿轻轻地跳动，既不沸腾，也不激荡。在悬崖和礁石上，它们从容地吃喝，时而穿过烈火和烟障，时而跳跃在灌木丛和小树林间，自由地翱翔。到了晚上，它们就钻进花蕾里，舒舒服服地睡上一觉；一旦花朵醒来，就马上起身，去沐浴和煦的阳光。它们也有梦想，假如能够做个好梦，你猜它们最向往的是做什么呢？不是征战疆场、建功立业，而是"愿意飞进/美人的眼睛，/带着爱的思念/把自己烧成灰烬"！① 它们把这些美梦、幻想和奢望密藏在花蕾中，然后去体悟人间冷暖，经历喜怒哀乐。

由此看来，如同人与人是不同的，神也是多种多样的，人神使命不同，但这个更"像人的神"——小精灵是不是更让我们感到亲切、可爱，因而也更值得我们予以尊敬呢？

小精灵之歌

我们飞舞嬉戏，
像小小的灰尘，
在微风中颤栗；
我们观察云雾，
也观察能使地球
转动的杠杆和力。
从前有一个神灵，
来自光明之境，

---

① 《马克思恩格斯全集》第 1 卷，人民出版社 1995 年版，第 652 页；其他译文的版本参见《马克思诗集》，百花文艺出版社 2012 年版，第 221 页。原文参见 Karl Marx,"Lied der Elfen", *Marx-Engels Gesamtausgabe*, I // 1, Dietz Verlag, Berlin, 1975, S.591。

他在奔腾汹涌的波浪上徜徉；
他眺望远方，
看见一个个天体飞速掠过，
那里的生命正在死亡。

他的目光使万物获得生命，
于是，群山震动，
海洋咆哮，
大地倾斜，
星辰升起，
雷声轰隆作响。

春光明媚，
和风吹拂，
有一群小精灵
轻盈灵巧地涌出，
像神灵展翅翱翔，
像太阳放射光芒。

宛如炽热的渴望，
温柔娇小的小精灵
从蓓蕾中跳跃而出；
它们长成苗条的身段
像一朵朵鲜花，
通红透亮。

它们的声音像和风，

当星辰暗淡时
眼睛却闪着金光,
心儿轻轻地跳动,
像是对爱的报偿,
既不沸腾,也不激荡。

在悬崖和礁石上,
我们从容地吃喝,
我们飞奔又急行,
穿过烈火和烟障,
穿过灌木丛和小树林,
我们自由地翱翔。

到了晚上,
我们就钻进花蕾里,
舒舒服服地睡它一场;
一旦花朵醒来,
就催我们起身,
去沐浴和煦阳光。

假如能够
做个好梦,
我们愿意飞进
美人的眼睛,
带着爱的思念
把自己烧成灰烬。

我们要把这些美梦、
幻想和奢望
放在花蕾中密藏；
再去亲身领略
人间的柔情蜜意
和心灵的痛苦哀伤。

七、"人间神"——大地精灵

精灵虽小,且有趋向人的习性、了解人的意愿,但毕竟来自人间之外,属于"天外来客",而《地精之歌》(Gnomenlied)中的精灵则俨然就是"人间神"了。

你看,大地精灵首先是劳动者。白天用小锤咚咚地敲个不停,十分卖劲,不知劳累,有时甚至黑夜里也要勤快地干活。人们总说是外来神缔造了世界,但这些创世神的工作与其说"缔造",还不如说是炫耀,即用强力和意志来显摆自己。但是,只有大地精灵清楚,这些外来神并不了解这片土地。土地亘古存在,而且蕴藏很深,但地表却只显露些光泽和晶莹。土地的空间也不是有限的、可以度量的,而是随着人的活动在不断地扩大,"就像一串关于宝石的/绚丽多采的梦"①,无限而美妙;土地也不是色彩单一而枯燥的存在物,而是声光荟萃,五彩缤纷,忽明忽暗,永远是闪电和激情之所。

再者,大地精灵是创造者。它们的工作不是只限于对自然之物的发掘,更是一种独特的"创新"。它们会巧妙地锻造红宝石,炼制

---

① 《马克思恩格斯全集》第 1 卷,人民出版社 1995 年版,第 653 页;其他译文的版本参见《马克思诗集》,百花文艺出版社 2012 年版,第 210 页。原文参见 Karl Marx,"Gnomenlied", *Marx-Engels Gesamtausgabe*, I // 1, Dietz Verlag, Berlin, 1975, S.592.

金刚石，建造高耸入云的宫殿。创造者的工作不是被迫的而是自主的，不是单调的而是丰富多彩的，不是痛苦的而是快乐的，这样，"日子一个接着一个逝去"，它们发现了自然，创造了文明，也丰富了自我。它们知道，何时大地冰雪融化，何时草木吐绿开花，而在地心深处，隐蔽的洞穴则宛若一本用黄金包裹的书，载明世界何时被开创，又将何时消亡。

最终，大地精灵迈着虔诚而庄重的步伐，穿过建在地下深处的宽敞的殿堂，按照传统的习俗，轻轻一敲，开启地门，迎接人类。它们弹起七弦琴，与芸芸众生一齐吟唱，共同庆祝世界的诞辰。此刻，世界上空，像火一般大放光明，火苗徐徐上升，窜得很高，大地发出欢呼声。天与地、人与神不分彼此，融为一体，尽享世界的辉煌和荣光。

地精之歌

无论清晨还是黄昏
我们总在用力敲呀，
总在熟练地锤；
就是在夜晚，
我们也勤快地干活，
十分卖劲，忙个不停。
你们小精灵
喜欢用风力和愿望来炫耀自己，
但是你们不了解这片土地，
它最早存在，
埋藏得很深，
却显露出光泽和晶莹。

这里空间在不断扩大,
就像一串关于宝石的
绚丽多采的梦;
这里闪电纷飞
忽明忽暗,
这里永远是闪电的栖息之地。

我们巧妙地
锻造红宝石,
炼制金刚石,
因此,
高耸入云的官殿
才感到炎热逼人。

我们在地下
过着丰富多采的生活,
日子一个接着一个逝去;
我们能够知道,
何时大地冰雪融化,
何时草木吐绿开花。

在地底深处,
在隐蔽的洞穴里,
存放着一本用黄金包裹的书,
书中载明了
世界何时被开创,
又将何时消亡。

老人们知道这本书，
当我们这些小伙子采集珍珠，
用光明驱散黑暗时，
生就一身令人欣羡的瘦削身材、
表情冷漠的白发老翁们
总是看着我们。

如果缺少宝石，
老人们只是哭泣，
这本书就会闪闪发光，
于是便出现一片耀眼的、
使金钢石黯然失色的
金色海洋。
我们迈着虔诚而庄重的步伐
穿过建在地下深处的
宽敞的殿堂；
只要我们按照传统的习俗，
轻轻一敲，
大门就会开启。

当我们弹起
能发出雷鸣般音响的七弦琴，
庆祝创世奇迹时，
四处燃起了熊熊烈火，
火焰窜得很高，
大地发出尖叫。

八、神灵观念映现人的局限

总之，我们看到，在《歌之书》中，精灵是一个贯穿始终的主题。至此，我们讨论一下，为什么要借助精灵来实现爱？最终的结果如何？我们也不拟抽象议论，而是用另外四首《十四行诗》（Sonette）所要表达的思想来进行探究。

神灵观念的出现映现的是人自身的局限。追究爱得不到回报的缘由，马克思试图借助外力来实现，但他把外力的作用只限制在弥补人的不足。比如，是不是自己表达爱的方式和手段的局限所致呢？为此，他对言语（Worte）进行了省思。

迄今为止，人们多是用言语来表达情感的，但仔细想来，这是有局限的。言语只是一种僵死无力的形式，是随着生命移动的空洞的影子，从它那里实际上看不到生活的迹象、状况和深层次；倘若借用这种形式，怎能把自己的衷肠尽情倾诉出来呢？尘世上那些折磨着人的生命的激情，心灵深处绽放出的热烈的爱恋，一旦如飞舞的火花迸发出来，就会大胆地拥抱整个世界，从而把言语从王座上硬拖下来，让美好的世界在言语之上展现光华。

可怜的是，不在少数的恋人只知道用言语来吐露心曲，这就如让爱慕之情穿上褴褛的衣衫，外貌虚假，表达拙劣。本来言语也是从心中奔腾涌出来的，可是它却摆出一副陌生、冷酷的面孔，用寒气和冰霜把人们的心灵摧折，让思念和忧伤成为爱的主角，恋人们的热望尚未得到释放就已变得冷却，使他们不能无拘无束地充分享受心醉神迷的欢乐，彼此间永远无法领略爱的全部的滋味，爱的幸福感由此被丢弃得无影无踪。这样看来，用言语表达爱，就仿佛用一个皮囊包裹着恋人的身躯，或者把他们局限在一个狭隘的角落，心灵得不到舒展，真情变得隔膜，思想默默地隐匿退缩，呆滞而笨拙，最终在空洞的虚无中消逝。

马克思决意不能再这样下去了。认真地想想，对于自己的爱来说，这些拙劣的言语、词不达意的情诗算得了什么呢？这爱无边无垠，宛如永恒、高大的精灵，可以用各种天体作舌，再加上雷鸣般洪亮的嗓音，如果振臂一挥，奋勇向前，它一定能把岩石连同自己撞得粉碎；如果发出怒吼，它定会响彻整个宇宙，辽阔的大地将为此震颤，让智慧之光环绕宇宙，划破长空，照耀世界。可悲的是，自己写了那么多诗，却让言语成了偷盗灵魂的窃贼，狡猾阴险地将爱和情感稀释乃至嘲弄。人类真是不长进啊！昔日的言语就是拙劣的工具、思想的渣滓，已经被人们所遗忘；如今它却成了宝贝，要把万物包括人的情感展现出来，熠熠发光！

言语是如此虚妄，那么究竟用什么来表达爱情呢？马克思设想：以形体来表现、以行为来感召。倘若如此，爱一定会变得越来越高大，直到成长为一个魁伟的巨人，头顶蓝天，手揽云霞，手里拿着星辰嬉戏玩耍，江河从它的眼中涌出，太阳在它身边黯然失色，黑夜也会像白昼光照人家，天空会对它把头悄然低垂，隐匿在深邃的宇宙。这样一来，世界充满爱的身影，或者说爱接替和统摄了世界。基于此，作为实体的宇宙也就会被爱所排挤，或者因爱的激情而逐渐溶化，炽热的岩浆噼啪四溅，在其怀抱里爱的柑橘树会生根、发芽——至此，宇宙之间，唯爱而已。

这样，我们看到，在《歌之书》中无论把精灵设想为"地狱的魔怪""仇恨的化身""诱惑的海妖",还是"爱的守护神""温柔的小天使""充满人性的小精灵",以及作为"人间神"的大地精灵,无论它们是人可凭借的力量、爱的推手、浪漫的策划师或者邪恶的制造者、嫉妒的扩散者、爱的拆台者,乃至它们本身也是爱的追求者、善于算计的小市侩,又多么像一个个活生生的"人"啊!这也就意味着,所谓的神灵是不存在的,它们是人的创造物,人生不易,爱情艰难,于是人就试图通过精灵、观念、理想来改变和实现,然而又不得不用人来理解、诠释精灵、观念、理想的内涵和功能:这不是人的自我循环和矛盾,而是自我意识的拓展、探索和深化。正如后来马克思在"博士论文"里所说的:"人的自我意识是最高神性"①,神的户籍就在人间。这一认识再经过"《莱茵报》—《德法年鉴》时期"对社会问题和宗教现状的观察、思考终于形成了马克思明确的"把宗教问题还原为世俗问题、人的现实问题"的宗教观和解决思路。

需要指出的是,"精灵"意象在以后马克思的著述中也反复出现,早期受浪漫派影响的其他文学作品不必说了,就是在《德意志意识形态》《资本论》及其手稿中也是如此(当然马克思不同时期的理解和把握是有差别的,有的属于借题发挥,有的则意在揶揄对手,当然也有托物言志或申说己意的情况),这是否也是马克思思想研究中需要我们注意的一个现象呢?

---

① 《马克思恩格斯全集》第 1 卷,人民出版社 1995 年版,第 12 页。原文参见 Karl Marx, "Differenz der demokritischen und epikureischen Naturphilosophie", *Marx-Engels Gesamtausgabe*, I // 1, Dietz Verlag, Berlin, 1975, S.14。

致燕妮

十四行诗

一

话语！你是谎言，
你是随着生命移动的空洞影子，
倘若我要借用你那僵死无力的形式，
怎能把自己的衷肠尽情倾诉？
可是人间那些忌妒之神
谙熟尘世上火焰般的激情，
可怜的恋人只有用声音
才能吐露心中热烈的爱慕。

因为如果爱慕之情勇敢而焦急地
在闪耀着光泽的心灵中绽开，
它就会大胆地拥抱你的一切世界，
它就会把你自己从王座上硬拖下来，
和风将奏起舞曲，
一个世界将成熟在你的身外。

二

所以，爱慕之情不得不穿上褴褛衣衫，
获得一个凄惨的虚假外观，
本来话语是从心中奔腾涌出，
可是它却冷酷地把心剖开，
于是，思念和忧伤就发出声响，

由于尚未平息就已变冷,
它们永远无法领略自身的滋味,
不能无拘无束地充分享受心醉神迷的欢乐。
并非所有人都理解我们的心境,
一个皮囊包裹着我们的身躯,
汹涌澎湃的思想
用无力的外壳包裹着,
借助于自然发出的语音和声响表现出来,
最终在空洞的虚无中顿然消逝。

三

对于我的爱情来说,话语算得了什么?
我的爱情是永恒的高大的精灵,
如果它振臂一挥,奋勇向前冲去,
它能把岩石连同它自己撞得粉碎。
啊!话语是偷盗灵魂的卑鄙窃贼,
它狡猾阴险地尽情嘲弄我们,
昔日它是渣滓,被人们遗忘,
如今它却成了宝贝,熠熠发光。

燕妮!倘若我能用各种天体作为舌头,
又有雷鸣般的洪亮嗓音,
我的爱情将会响彻整个宇宙,
广袤的太空也要瑟瑟发抖,
你自己也会吓得匆忙逃走,
智慧的闪光将环绕宇宙划破长空。

四

倘若我的爱情能以形体来表现，
它一定会变得越来越高大，
直到成长为一个魁伟的巨人，
头顶蓝天，手揽云霞，
手里拿着星辰嬉戏玩耍，
江河从它的眼中涌出，
太阳在它身边黯然失色，
黑夜也会像白昼光照人家。

天空会对它把头悄然低垂，
一直伸到洪流底下，
茫茫宇宙定会想到我们的爱情，
它会因我的痛苦而逐渐溶化，
炽热的岩浆噼啪四溅，
在它的怀抱里柑桔树会生根发芽。

《歌之书》解读（续）

《歌之书》共收入诗歌 23 首，而标题中带有"燕妮"字样的就有 15 首。其中名为《寄语燕妮》（Vorerinnerung an Jenny）1 首，专以《致燕妮》（An Jenny）为题的 8 首，有其他主标题加副标题《致燕妮》的 6 首。概览地看，另外 8 首的标题虽然没有明确出现"燕妮"字样，但何尝不是献给燕妮的呢！为什么大多数篇目总是称作"致燕妮"呢？是马克思词汇贫乏或矫情的表现吗？还是他煞费苦心的设计和布局谋篇的特意安排呢？为了回答这样的疑问，他特意通过两首十四行诗做了解释。

不同于那些矫揉造作的夸张和苦思冥想的创作，马克思写下的这些文字真正属于"情动于衷而表现于外"，是一种自然而然的情感流露，是其生命激情的记录和宣泄，这里有他脉搏的跳动，每个字句都是其心迹的表白，每个音符都是他奏响的爱的旋律。"燕妮"不仅仅是一个听起来让他感到亲切甜蜜，像齐特琴弦上弹出的乐曲一样美妙的名字，更是一个永远震撼其心灵，独特而神奇的生命的表征，意味着永久的爱的力量，包含着此刻马克思生命中全部的情感和思考，汇聚了他的思想、意志、价值、知识、理想、欢乐、痛苦、思念、忧伤、诗韵。身处柏林的马克思，夜晚遥望灿烂星辰，从浩渺苍穹中也难寻觅到燕妮的倩影；白昼沐浴徐徐清风，令人心醉的碧浪中分明也传递着她温馨的声音。难怪马克思说，自己可以著书千卷，宁愿页页都写上"燕妮"的芳名，让她传扬千载，百世流芳。

一、靠神实现不了爱

在现实中,爱往往是不如意的,甚至是很折磨人的,以至于爱着的马克思感觉到需要好好反省自己以往的思路和当前的状况了。

过去每当爱意袭来无处倾诉时,马克思就习惯性地弹起七弦琴来寄托情感,如今却几乎弹不下去了。因为胸中热血澎湃,冲击得他难以平静;曾经幻想依靠众神辅助来实现爱,但如今却感到困惑了:它们能否容纳群星的光芒?是否有囊括苍天的力量?能否在云涛雾海上纵情欢乐?可否欣赏那美妙的天体舞曲?迄今为止,幻想中的神只带给自己一些无用的礼物,相反,它们却不曾赠予最珍贵的东西。仔细清点,自己在爱中所图并不多,不羡慕辽阔的空间,也不企求占有无限的宇宙,不期望有美梦降临的夜晚,更不忌妒炎热灼人的白昼,自己只是想得到亲爱的燕妮,不管日后是风和日丽、歌舞升平,还是狂风暴雨、电闪雷鸣,只要与燕妮能长相守就心满意足了。

但是,造物主真是戏弄人,硬把"不祥之物"横亘在二人中间,使马克思不能贴近心上人的胸膛。燕妮在遥远的故乡特里尔,而马克思身处使他郁闷的德国北方。他曾经设想,要在柏林凄凉地苦度几年时光,奋力攻读,跻身于智慧的殿堂,争个锦绣前程,赢得一身荣光。但是,这些梦幻一个个破灭了,爱情的向往也归于无望。

一想到自己很久没能一睹燕妮绰约动人的风采，无法陶醉于她温柔甜蜜的胸怀，岁月蹉跎，青春难再，自己的生命将在这严酷的北国掩埋，马克思就无法控制炽热的激情，宁愿相信灵魂可以与躯体分离，让自己多情的灵魂乘上五彩云霞，飘然飞去，飞进远方燕妮的心灵。

思念，使马克思产生了无限的联想。他在追问：宇宙是什么呢？它怎么会如此广大？它为何能包容如此多的东西？既吸纳一切人的恩爱和怨恨，又涵盖白天的阳光和晚上的黝黑？众神能否理解人焦虑不安的追求和渴望？也许，它们对人的爱情也心怀忌妒吧。

虽然对爱的思索没有答案，但马克思内心仍充满希望。他告诫自己：应该相信，命运会向自己招手的，会从心灵深处升起哪怕是一线模糊而虚幻的希望，会出现一个短暂的、令人激动和神往的时刻，那样的话，纵使自己可能会被碾成齑粉，也要把握契机，找到实现理想的地方。一定要牢记的是，必须使自己成熟起来，在内心世界里让爱的火炬继续燃起熊熊火光。

致燕妮

我几乎无法把七弦琴弹响，
因为胸中热血在奔腾激荡，
如今我可以嘲笑众神，
我有了摧毁一切的胆量。

众神为何不手擎苍天，
把星辰的光辉吸进自身，
在云涛雾海上纵情欢乐，
欣赏那美妙的天体舞曲？

我语带讥讽地把礼物
向他们的脸上扔去,
我不愿接受他们这些无用的废物,
而最珍贵的东西他们却不会赠予。

我不羡慕他们有辽阔的空间,
也不企求占有云遮雾罩的宇宙,
我不期望黑夜到来并做他们的美梦,
更不忌妒炎热灼人的白昼。

我只是想得到你,
亲爱的燕妮,我只要你,
不管日后是风和日丽,歌舞升平,
还是狂风暴雨,电闪雷鸣。

但是,他们却把不祥之物
抛到我和我的心上人之间;
燕妮!我正为你付出昂贵的代价,
我将流尽我的全部心血。

因为在耗尽了一切精力以后,
我将默默地倒下,
为了我的爱情和我心中的希望,
我将喝下这杯导致死亡的苦酒。

瞧!希望宛如美丽的天仙款款而来,
我把它紧紧抱在胸前,

可是如今却传来了它凄厉的哀鸣,
它自己说,是它把我欺骗。

我再也不能一睹你绰约动人的风采,
永远无法陶醉于你温柔甜蜜的胸怀,
岁月蹉跎,青春难再,
我的生命将在这严酷的北国掩埋。

我无法控制炽热的激情,
多情的灵魂已悄悄逃走,
它乘着五彩云霞飘然飞去,
燕妮,它飞进了你的心灵。

宇宙怎么会如此广大,
它岂能包容许多世界?
既吸纳一切人的恩爱和怨恨,
又涵盖白天的阳光和黑夜?

这些居室,这些洞穴,
也许是侏儒们的栖息之地?
抑或这是众神的有意嘲弄,
是它们心存忌妒的闪光?

难道众神不能理解
焦虑不安的心灵的追求?
也许这些纵情欢乐的神灵
对爱情的乐趣心怀忌妒?

啊！往昔我曾经梦想，
让心灵的歌声传遍各邦，
争个锦绣前程，赢得一身荣光，
奋力攻读，跻身于智慧的殿堂。

但是，这些梦幻一个个破灭，
爱情的向往也归于无望！
血红色的迷茫景象
完全遮盖了我心灵的光芒！

而从心灵深处颤巍巍地
升起一线模糊而虚幻的希望，
闪现一个短暂的、令人激动的时刻，
命运又向我招手，使我神往。

死神可能会把我碾成齑粉，
可怕！我要找到实现理想的地方，
可怕！我必须使自己成熟起来，
自己把自己点燃，燃起火炬般的熊熊火光。

二、在无爱中渴望着爱

在现实中越得不到爱,就越向往和渴求爱:这是爱的悖论。在煎熬、等待中马克思写下了六首十四行诗,命名为《遐想》(Phantasiegebilde)。

一开始他就直抒胸臆,呼唤着心爱的人的名字,要与她一起翱翔,幻想飞到一个遥远的、激情荡漾的地方——芳草地上,鲜花怒放,洒满阳光;悬崖峭壁之间,飞流直下,巨浪跌宕。两个恋人悠然伫立,景美人和,共享欢娱时光。天、地、人一体,这时世界都被幸福笼罩了。

世上有无数的殿堂,靠着奇木栋梁支撑、矗立着;由此,引发了马克思的愿望:在心中用爱建造一座大厦。他描绘道,明亮的大厅里华灯初上,其中有一盏最辉煌,它不是靠功率供电,而是爱情之火使其炽热发光。光明使阴影消失,相爱使人心温热舒畅。还有,嘹亮高亢的歌声,优美、动人的竖琴——这些灿烂的景色、美妙的声音,一定能出现在相爱的人的心房。

爱是心灵的抚慰剂。无论你是身感疲倦,还是心情烦闷,远方的爱人都会心生感应,仿佛身生双翼,飞到你的身旁,让你躺在开满鲜花的草地上,聆听美妙的歌声,传递细致的安慰,和你一起去涤荡尘世的污浊,解脱庸俗的纷扰。有爱,内心里就会燃烧起希望之火,生活中就可以绽开甜蜜的花朵。旧世界在暗淡中衰落,新世界呈现出蓬勃的生机。幸福随着爱情而来,两颗心共同呼吸着心灵之气,摆脱了尘世的不幸和灾祸,认识到什么是永恒,领略到天国的欢乐。

爱是美妙的,却又是虚幻的。回到现实才明白,以上遐想不过是金色的梦幻、心中的妄想、甜蜜的呓语。在生活中,欢乐隐匿起来,险恶仍在流行,哪里还有什么幸福可言?尤其是长期的离别,得不到爱的回应,这使马克思更加心绪不宁。柏林—特里尔,遥远的空间把他与燕妮分隔开,这使他不免产生了疑惑和猜测:"有别的婆娑大树/会给你洒下绿荫的清凉,/有别的涌泉和溪流/会为你献上甘甜的琼浆。"① 如果事实竟然是这样,尽管马克思心中珍藏着情意,在梦中反复出现燕妮优美的形象,甚至可以在联翩的幻想中亲手装扮和抚摸她的脸庞,但是,得不到燕妮的回应,"我的痴情只是一场空想"②。——在无爱的现实中,爱变得更加虚幻也更加急迫,更加美妙也更加珍贵了。

---

① 《马克思恩格斯全集》第 1 卷,人民出版社 1995 年版,第 659 页;其他译文的版本参见《马克思诗集》,百花文艺出版社 2012 年版,第 44 页。原文参见 Karl Marx,"Phantasiegebilde",*Marx-Engels Gesamtausgabe*,I // 1,Dietz Verlag,Berlin,1975,S.596。

② 《马克思恩格斯全集》第 1 卷,人民出版社 1995 年版,第 660 页;其他译文的版本参见《马克思诗集》,百花文艺出版社 2012 年版,第 44 页。原文参见 Karl Marx,"Phantasiegebilde",*Marx-Engels Gesamtausgabe*,I // 1,Dietz Verlag,Berlin,1975,S.596。

遐 想
致燕妮的十四行诗

一

来吧！心爱的人儿，
让我们一同远走高飞，
到那遥远的地方，
永恒的纽带已把我们牢牢拴上。
那里骄阳如火，
烤得大地一片炽热，
峭壁上溪流直泻而下，
仿佛披着闪光的白色轻纱。

你和我伫立在那里，
我为在你身边而陶醉，
也为爱的痛苦而沉思，
原野充满欢乐的气氛，
阳光爱抚着
这神奇的景色。

二

热闹的殿堂喜气洋洋，
明灯高照，一片亮堂，
照得阴影无处藏身，
爱情可以更大胆地涌出心房。

知心话儿更痛快地讲，

无拘无束表衷肠,
满腹相思全倾吐,
琴瑟之音地久天长。
心灵的风神琴继续弹唱,
心灵的风神琴自由地鸣响,
金色的欢乐之弦奏出旋律,
每个声音都激越而悠扬,
乐曲传到富丽堂皇的宝殿,
又重新飞进心房。

三

假如你疲倦了,
静卧在松软厚实的苔藓之上,
周围有朵朵鲜花竞相开放,
我会为你那娇嫩的身体守卫站岗;

我会默默地坐在你的身旁,
双目凝视着你,
再让我那关于爱的命运的歌儿
轻轻地在你的耳边荡漾。

我真诚地祈求一切神灵,
也盼望灿烂的希望之光,
使我们的姻缘地久天长,
我会放开歌喉,
向妩媚的百花仙子和永恒的造物主
倾吐自己的衷肠。

四

听到我的歌声，
你胸中必定掀起思念的波涛，
禁不住炽热激情的冲击，
你失声痛哭，泪涌如潮。

在静静的琴声中，
你满怀忧伤和不安，
把你那长满鬈发的头
紧靠在歌手的胸口。

我陡然感到热血沸腾，
我认识了永恒的情爱，
领略到遥远的天国的欢乐；
受一股魔力的驱使，
我把你紧紧地抱在怀中，
尘世已被我们所征服。

五

我们共同呼吸着心灵之火，
感到无比美满和幸福，
人间的恩怨和痛苦
都在我们心中消失。

心灵之火来源于内心深处，
一旦爱情的领地
在双向的烈火中燃烧，

这火就在心里永存;

那时旧世界便在我们身边消失,
但是更美好、更绚丽多采的新世界
却在我们面前升起;
新世界的太阳是和谐,
它的轨道就是天体运行的路线,
它的洪水就是心灵涌出的清泉。

六

啊!这不过是金色的梦幻,
是我心中产生的妄想,
我总是心绪不宁,
遥远的空间隔开了我和你;

有别的婆娑大树
会给你洒下绿荫的清凉,
有别的涌泉和溪流
会为你献上甘甜的琼浆。

我可以在心中把你的情意珍藏,
可以在梦中看到你优美的形象,
也可以在联翩的幻想之中,
亲手装扮你的脸庞,
但是我得不到你,
我的痴情只是一场空想。

三、爱的表白与期待

诗歌是表情达意的，但在好的作品中，这种表达往往被处理得含蓄而有韵致。《歌之书》中有一首《寄语燕妮》，陈玢、陈玉刚的翻译是："燕妮呀，给我一种神奇的秘语，/给我天上的旋律，/我在这儿低声轻唱，/那歌声会传送给你。"而《马克思恩格斯全集》第2版第1卷则处理成这样："燕妮！只要你向我敞开火热的心房，只要你奏起那天国的乐章，我的歌声就会飞到你的身旁，我无论唱什么都会轻松舒畅。"① 两相比较，后者尽管更接近原文原意而又符合汉语的韵律，但终因过于直白而韵味大减，而前者的"再创作"却大大提升了这首诗的意境和品位。

爱是人生的一段长旅。它需要培育、积累和呵护，更需要隐忍、暗喻和付出。当忧伤而孤寂的心灵在迷茫中徘徊，人总会不断翻腾起万千思绪，尝尽苦涩与失落的滋味。但是，爱不会永远是单向度的和超功利的，不可能永久不求回应乃至回报。对于马克思来说也是如此，经历了这么曲折的心理磨难，付出了如许的炽热情感，他

---

① 《马克思恩格斯全集》第1卷，人民出版社1995年版，第664页；其他译文的版本参见《马克思诗集》，百花文艺出版社2012年版，第81页。原文参见 Karl Marx,"Vorerinnerung an Jenny", *Marx-Engels Gesamtausgabe*, I // 1, Dietz Verlag, Berlin, 1975, S.599。

毅然以三首《十四行诗》(Sonette an Jenny) 向此刻被其视为"命运的主宰"的燕妮做出了以下的表白。

他首先恳请燕妮不要责怪甚至怨恨自己,说这时的他"必须表明自己的心迹",也同样"必须祈求爱情的回应"。① 仔细分析,自己与那些多愁善感、"可怜的凡夫俗子"不同,不会只是心里"徒然向往微风的吹拂、星辰的运行",结果因羞于表白、怯于行动而"永远摸不着一缕微风,/也摘不到一颗星星",相反,自己是"不得不让激情自由地驰骋"。② 尽管在漫长的爱情之旅、人生洪流中孤独前行,有时会因希望渺茫而勇气有所减退,但是,他深知,有爱的人必须歌唱、赞美、漂浮、拼搏。一如置身悬崖深谷之中处境艰难,当周围的生命趋于衰微,抗争逐渐止息,理智正在湮没,最终彻底泯灭的时候,只要仍然一息尚存,那么自己心中就会有一盏明灯,灼灼放光,经久不灭。它就是爱!是它使自己一方面眷恋已经消逝的岁月,另一方面更要在虚妄的幻境中把恋人寻找。让歌声传到远方的燕妮的身旁,脉搏不断地为她而跳动,尽管寒夜是如此的空虚和冰冷,但自己对恋人的心却永远是那样的炽热和坚定。这是"从深沉的黑夜里/升起的一股无比强大的力量",是从悬崖深谷之中

---

① 《马克思恩格斯全集》第 1 卷,人民出版社 1995 年版,第 661 页;其他译文的版本参见《马克思诗集》,百花文艺出版社 2012 年版,第 53 页。原文参见 Karl Marx, "Sonette an Jenny", *Marx-Engels Gesamtausgabe*, Ⅰ∥1, Dietz Verlag, Berlin, 1975, S.597。

② 《马克思恩格斯全集》第 1 卷,人民出版社 1995 年版,第 661 页;其他译文的版本参见《马克思诗集》,百花文艺出版社 2012 年版,第 53 页。原文参见 Karl Marx, "Sonette an Jenny", *Marx-Engels Gesamtausgabe*, Ⅰ∥1, Dietz Verlag, Berlin, 1975, S.597。

"突然掀起的一场风暴"①，它摧枯拉朽，势不可当。

在人生的凄然处，爱低声地对他说：你必须继续燃烧，照亮前程。

寄语燕妮

燕妮！只要你向我敞开火热的心房，
只要你奏起那天国的乐章，
我的歌声就会飞到你的身旁，
我无论唱什么都会轻松舒畅。

致燕妮的十四行诗

一

我命运的主宰啊！请你不要怨我，
我必须表明自己的心迹，
我必须祈求爱情的回应，
我不得不让激情自由地驰骋。
瞧！可怜的凡夫俗子们徒然向往
微风的吹拂、星辰的运行，
但是，他们永远摸不着一缕微风，
也摘不到一颗星星。

---

① 《马克思恩格斯全集》第1卷，人民出版社1995年版，第662页；其他译文的版本参见《马克思诗集》，百花文艺出版社2012年版，第53页。原文参见 Karl Marx, "Sonette an Jenny", *Marx-Engels Gesamtausgabe*, Ⅰ//1, Dietz Verlag, Berlin, 1975, S.597。

就像从悬崖深谷中
突然掀起一场风暴,
如今从深沉的黑夜里
升起了一股无比强大的力量,
它势不可挡,要彻底扑灭
智慧、爱情和生命的闪光。

二

他们践踏、摧残
我们心灵的激情,
那里珍藏着最崇高的情爱,
好像永不熄灭的火焰。
啊!尽管勇气在逐渐减退,
尽管我也看到希望十分渺茫,
但是,我必须歌唱、赞美,
在生活的洪流中漂浮、拚搏。

我的歌声会不断传到你的身旁,
我的脉搏会不断为你而跳动,
直到江水把我卷走,
直到大海把我吞没,
虽然我体验到了寒夜般的空虚和冷漠,
我对你的爱心却永远是那样炽热。

三

当我那忧伤而孤寂的心灵
在迷茫中徘徊,

不断翻腾起万种思绪，
尝尽了苦涩与失落的滋味时，
当抗争逐渐止息，理智正在湮没，
周围的生命趋于衰微，
最终彻底泯灭，
而我仍然一息尚存时，

我心中还有一盏明灯，
它在灼灼放光，不会熄灭，
它眷恋那已经消逝的岁月，
爱情低声说，
它必须继续燃烧，
还要在虚妄的幻境中把你寻找。

四、圣洁的情人形象

俗语云：情人眼里出西施。我们也知道，人是可以分为不同的等级和层次的，如果这里的"西施"只是单纯艳丽的"美人"形象，那这种看法不过是一种感性的乃至肉欲的"情人观"，档次是不高的。在特别标明"致燕妮"的《魔女》（Die Zauberin）中，马克思描绘了他心目中的情人形象，我们来分析一下，看是什么品位。

这是一个"圣洁的形象"，"像金色的珠宝放射着光芒"。[①] 首先是容貌、姿态和谐匀称。一切都是那么协调、妥帖，在她身上"不允许有任何不和谐的"情形——脸庞的线条像波纹一样在淡淡的红晕中漾出悦目的容光，仿佛苍穹离开蔚蓝的云涛雾海，降落到梦幻般的芳容上一样。其次是与自然融通一体。她那温柔可人的模样，惹得微风暗自欣赏；吐露思念和向往的心声，宛如流水淙淙作响；温馨的气息、顾盼流连的朝气闪烁着秋波般迷人的力量。再次是气质无比高雅。在艳丽的阳光中，仪态翩翩，话语从唇间轻轻流出来，像甜蜜的歌声在娓娓倾诉，宛若一件神圣的法衣，使人全身无比激

[①] 《马克思恩格斯全集》第1卷，人民出版社1995年版，第664页；其他译文的版本参见《马克思诗集》，百花文艺出版社2012年版，第125页。原文参见 Karl Marx,"Die Zauberin", *Marx-Engels Gesamtausgabe*, I // 1, Dietz Verlag, Berlin,1975,S.599。

动，又像爱情的信物，使人变得纯洁而高尚。透过轻柔的罗纱，她的整个身躯都焕发着圣洁的光华，这使她显得更加高雅而温柔，体现出最高贵的女性的风采。

当然，她也不是故作姿态的"冰美人"形象，她那丰满的胸脯满怀着温柔的爱火在薄薄的轻纱下颤动，仿佛蕴藏着神奇，能奏出优美的旋律。她也不是出身于钟鸣鼎食之家衣食无忧的"傻大姐"做派，若有人怀着热切的期望无比激动地叩响了她那晶莹闪亮的心扉，她也会满脸羞涩地低下脑袋，陷入深深的思虑、选择和彷徨，那时她便眯眼凝视远方，在她那炽热的激情中，在她那心灵的闪电中，整个宇宙都一起燃烧。当然，假如爱不遂愿，痛苦、忧伤和思念也会使她无比惆怅。

最后，她是爱的化身，提升了自己，也影响着他人，使世界显现着爱的无穷力量。受着爱的滋润，她是那样温柔端庄、容光焕发，棕色的鬈发飘然垂落，烘托着秀美的脖子，深情地披在她的身后，显露出对美的热烈向往和追求。在她的感召下，僵死的东西也仿佛有了感觉，清风吹拂，送来凉爽，云彩开颜欢笑，大地的脉搏在隆隆作响，周围用鲜花装饰，欢迎她的光临。上帝创造人的生命，爱却塑造出人的形象和姿容，她显现着理想、审美之光；她是美人，作为爱的化身，在辉耀中既可以战胜上苍，也会让大地俯首顺从。

魔 女
致燕妮

我心中珍藏着
一个圣洁的形象，
她像金色的珠宝放射着光芒；
我内心的激情在沸腾，
我要钟爱她、了解她，

让生命永远为她而燃烧、发光。

这形象不允许有任何不和谐的音响,
面对她的神采,
连阴影也要兴高采烈地遁逃、躲藏;
脸庞的线条像波纹一样
在淡淡的红晕中
漾出永远和谐悦目的容光。

仿佛是那苍穹
离开蔚蓝的云涛雾海
降落到这梦幻般的芳容上;
她朝气勃勃,宛如仙姝下凡,
她淙淙作响,恰似在吐露思念和向往,
她熠熠生辉,好像闪耀着神圣之光。

太空仿佛被她吸引而着迷,
也要用这个魔女的妩媚形象
来炫耀自己;
太空不能匆匆离她而去,
它要分享她那温馨的气息,
它要欣赏那秋波流盼的迷人力量。

她是那样完美无瑕,
她的气质无比高雅,
在艳丽的阳光中,
那翩翩仪态更是动人心魄,

一切都是那么协调、妥帖，
恰恰构成一幅绝妙的图画。

那丰满的胸脯蕴藏着神奇，
它能奏出优美的旋律，
美的心潮无意识地
在其中缓缓涌动，
它满怀着温柔的爱火
在薄薄的轻纱下颤动。

深奥莫测的生命
像风神琴的弦音
正耽于沉思，
陶醉于预感，
它的每一根琴弦
都由于对遥远的天国的渴望而震颤。

当有人怀着热切的期望
无比激动地叩响
她那晶莹闪亮的心扉，
思念却使她无比惆怅。
她满脸羞涩地低下脑袋，
陷入深深的痛苦和忧伤。

那时她便睁眼凝视远方，
并用自己的目光
把所有星辰照亮，

在她那炽热的激情中，
在她那心灵的闪电中，
整个宇宙都一齐燃烧。

僵死的东西也仿佛有了感觉，
清风吹拂，送来凉爽，
云彩开颜欢笑，
大地的脉搏在隆隆作响，
周围用鲜花装饰，
欢迎她的光临。

受到爱的滋润，
她是那样温柔端庄、容光焕发，
棕色的鬈发飘然垂落，
烘托着秀美的脖子，
深情地披在她的身后，
显露出对美的热烈向往和追求。

话语从唇间轻轻流露，
像甜蜜的歌声在娓娓倾诉，
宛若一件神圣的法衣，
它使人全身无比激动，
又像爱情的信物，
它使人变得高尚、纯洁。

透过轻柔的罗纱，
她的整个身躯

都焕发着圣洁的光华，
这使那光辉的形象
变得高尚而温柔，
显示了最高贵的女性的风采。

由于充满了思念之情，
一个神灵在不倦的创造中
仿佛在竭力克制自己；
大地遭到了失败，
而在你的美的光辉中，
天堂本身却获得了胜利。

五、假如爱得到了回报

马克思相信爱总会得到燕妮的回报,他不只一次想象那样的时刻。《致燕妮》一诗描述了他所幻想的情景:荒诞无稽的流言,忧郁悲戚的歌声,统统沉到冰冷的洪水中去了,被狂猛的暴风雨卷走了。马克思抓住了爱的机遇,满腹疑云已经散尽,对未来更加胸有成竹,不会再犹豫彷徨。"我可以爱她了",他得到了"爱的回报",这是燕妮愿意赐给的"最高奖赏!"① 此刻,他是一种什么样的心情,什么样的感受啊!要做出客观的描述,言语实在无力。至此,他可以自负地说,这种神圣的恩宠就该由自己获得!过去的那些诉说并非徒劳,情债现在已经得到清偿。"遥远的星辰,燃烧得更璀璨些吧,/太阳的光芒,照耀得更辉煌些吧,/因为你们不能容纳炽烈的激情,/你们的心胸还不够宽敞。"②

---

① 《马克思恩格斯全集》第 1 卷,人民出版社 1995 年版,第 669 页;其他译文的版本参见《马克思诗集》,百花文艺出版社 2012 年版,第 26 页。原文参见 Karl Marx,"An Jenny", *Marx-Engels Gesamtausgabe*, Ⅰ/1, Dietz Verlag, Berlin, 1975, S.602。

② 《马克思恩格斯全集》第 1 卷,人民出版社 1995 年版,第 669 页;其他译文的版本参见《马克思诗集》,百花文艺出版社 2012 年版,第 27 页。原文参见 Karl Marx,"An Jenny", *Marx-Engels Gesamtausgabe*, Ⅰ/1, Dietz Verlag, Berlin, 1975, S.602。

那么，得到爱是不是就意味着万事大吉，可以不再付出了呢？绝非如此。惊涛骇浪会随时扑来，天穹当空，浓重的黑夜必然会紧压心头，命运残酷的力量也会大显威风。它们是爱的敌人，是专门与人作对的。如果有人直接提出同其进行决斗，它们就会大发雷霆，对着人咆哮怒吼。这时人必须坚强如钢，决不后退半步。对于人来说，永恒心灵的和谐不是心如止水、寂寂无为，更不能由尘世和自然的意志来支配、安排，而应该充盈着爱的烈火、炽热的情怀。尘世和自然会狂澜起伏，怒气冲天，但爱情会冲决一切阻拦，傲然屹立于天地之间。

当然，细水才能长流，爱也不能过于猛烈。面对马克思炽热的情感，刚刚有所回应的燕妮会不会犹豫动摇、畏缩不前呢？她那高洁的心灵会不会因对方过于强烈而害怕和震惊呢？马克思也有这样的担忧，但冷静地思考后，他释然了。因为他悟出了事情的实质：爱情是铭心刻骨的思念，而痛苦只是转瞬即逝的云烟。他们的结合经历了烈火的考验，已经超越了时间界限，这一切又岂能用时间来测算？尘世的事情终究要被遗忘，永恒的东西才能永驻长在。想想过去生活中的那些流言，现在才知晓，它们不过是人生长河中的旋涡，不过是流泉飞瀑发出的可怜的喧响，它们想把恩爱姻缘拆散，然而爱情永远坚如磐石，地久天长。

思虑至此，马克思情不自禁地在心中再次祈求燕妮："让我把你紧紧地搂在胸前，深切地感受你那灼热的情感"。①

---

① 《马克思恩格斯全集》第1卷，人民出版社1995年版，第671页；其他译文的版本参见《马克思诗集》，百花文艺出版社2012年版，第28页。原文参见 Karl Marx,"An Jenny", *Marx-Engels Gesamtausgabe*, I // 1, Dietz Verlag, Berlin, 1975, S.603。

致燕妮

躲开吧！你们这些荒诞无稽的流言，
还有你这忧郁悲戚的歌声，
沉到那冰冷的洪水中去吧，
让猛烈的暴风雨把你们卷走吧！

因为我对未来胸有成竹，
我会抓住这爱的机遇，不会犹豫彷徨，
满腹疑云已经散尽！
天国的欢乐呀，快展开翅膀尽情翱翔！
你们看！那用烈火写成的真情，
你们是否听见了风神琴的乐声清亮悠扬？
我可以爱她了，我的仙女，
这爱的回报是对我的最高奖赏！

啊！要描述这种生活，
言语实在无力，它永不变样！
燕妮愿意赐给我爱情，
这真使我心驰神往，欣喜欲狂。

我这个凡人是否可以大胆地说，
这种神圣的恩宠该我获得？
我的诉说并非徒劳，
一笔情债已经得到清偿！

遥远的星辰，燃烧得更璀璨些吧，

太阳的光芒，照耀得更辉煌些吧，
因为你们不能容纳炽烈的激情，
你们的心胸还不够宽敞。

如今惊涛骇浪向我扑来，
命运的骄傲力量大显威风，
天穹高挂当空，
浓重的黑夜紧压在我的心头！
我傲慢地直接提出
同你们进行决斗，
你们大发雷霆，对我咆哮怒吼，
我心坚如铁，决不后退半步。

你们能不能体察炽热的情怀？
那是永恒的心灵的和谐。
你们竟想要压制这爱情的烈火，
让它由你们的意志来安排。

尽管你们掀起狂澜，
尽管你们怒气冲天，
爱情会毅然冲决一切阻拦，
傲然屹立于天地之间。

燕妮！你会不会犹豫动摇，畏缩不前？
你那崇高的心灵会不会因害怕而震颤？
爱情是铭心刻骨的思念，
而痛苦只是转瞬即逝的云烟。

我们的结合经历了烈火的考验，
它已经超越了时间的局限；
是爱情成就了我们的姻缘，
爱情岂能用时间来测算？
让我把你紧紧地搂在胸前，
深切地感受你那灼热的情感，
尘世的事情终究要被遗忘，
永恒的东西会永驻长在。

啊！那些流言不过是人生长河中的旋涡，
不过是流泉飞瀑发出的可怜喧响，
它们想把恩爱姻缘拆散，
然而爱情坚如磐石、地久天长。

六、爱的执着与升华

这样,马克思在反复的自我评估、彷徨、矛盾、期盼和决断中完成了对爱的体悟和超越,写下了另外八首十四行诗,仍然命名为《致燕妮》。这是爱的回旋曲,篇幅不大,但展示的内心世界却曲折而复杂,令人回味。

写下这么多真挚的诗歌,付出了如此浓郁的情感,马克思在内心中又一次询问燕妮:"你是否对我怀有深情?""我是否能获得那宝贵的幸福?"① 他没有得到明确的答复,但却仿佛看到自己"亲爱的心上人""那神秘的胸脯剧烈起伏,/而温柔的绛唇总不吐露心音!"② 对比现实与想象,这种情形当然令人沮丧,致使在远离故乡的漫漫长夜,四周一片幽冥的时刻,马克思总不停地激起思念

---

① 《马克思恩格斯全集》第1卷,人民出版社1995年版,第671页;其他译文的版本参见《马克思诗集》,百花文艺出版社2012年版,第29页。原文参见 Karl Marx,"An Jenny", *Marx-Engels Gesamtausgabe*, I // 1, Dietz Verlag, Berlin, 1975,S.603。

② 《马克思恩格斯全集》第1卷,人民出版社1995年版,第671页;其他译文的版本参见《马克思诗集》,百花文艺出版社2012年版,第29页。原文参见 Karl Marx,"An Jenny", *Marx-Engels Gesamtausgabe*, I // 1, Dietz Verlag, Berlin, 1975,S.603。

之情，在梦中出现纷乱迷离的幻影。从心灵深处多次传来的幽微飘忽的声响，似乎在告诉他："爱情的纽带已被扯断，/悦耳的和声也将不再飞扬！"或者经常会受到身穿迷人华丽衣裳的女妖的诱惑，但到最后发现她们不过是在耍骗人的把戏，自己"从未赢得恋人的爱心"。①

在爱中付出多的人，起初都很自大，曾经因孤注于爱而看淡一切，嘲笑人世间的恩怨冤仇，讥讽大自然的肆虐逞狂，壮志凌云，豪情满腔，甚至怒发冲冠，慷慨激昂，结局却是如此凄凉——爱不对等，欲爱不能。面对这种"欺骗"和回绝，脆弱的人可能会无法承受这意外的创伤，号啕痛哭也排解不掉内心的凄怆，精神力量因此而被摧垮，陷入颓丧，致使脉搏颤抖、痉挛，更有甚者，因心中充满绝望而自我了断，撒手尘寰，命归泉壤。当然，还有一种情形也会存在，那就是放下这一段，做出调整，移情别恋，另觅新欢和芳心。这些当然都是可以理解的乃至值得同情的，但就对爱的内涵的理解来说，仔细反省会发现，他原先付出的爱是一种索取回报的爱、斤斤计较的爱，因而也是一种功利的爱、自私的爱、有局限的爱。

而马克思对燕妮的爱全然不是如此，它更为超脱、更为博大，虽然也不是不求回报，也难免有委屈和抱怨，但他不会退却，不会反悔，相反最终更为执著、更为坚定，百折不挠，一往无前。"即使她永远对我不理不睬，/我也仍然永远对她心驰神往，/我将永远把甜美的歌奉献给她，/永远陶醉在缅怀往昔的回忆中，如痴如狂，/

---

① 《马克思恩格斯全集》第1卷，人民出版社1995年版，第672页；其他译文的版本参见《马克思诗集》，百花文艺出版社2012年版，第30页。原文参见 Karl Marx, "An Jenny", *Marx-Engels Gesamtausgabe*, I // 1, Dietz Verlag, Berlin, 1975, S.604。

直到思念之情使我痛断肝肠,／直到灵魂恬然安息在云天之上。"①即使面临这样的情况——自己倾心思慕的人,永远无法满足自己心中的愿望;相思之情感天动地,但始终在痛苦的阴影中踯躅跟跄;爱的付出最终是白日做梦,成为一种痴心妄想——但马克思照样可以骄傲地对自己说,"你爱着"! 爱,使马克思对百思不得其解的人生豁然开朗,让生命的精灵更加坚强,这促使他奋勇投入新的生活,去驾驭风浪。"有一个呼声正响彻四方:／永远努力,奋发向上!"②愈挫愈勇,百折不回,以成就别样的人生、别样的爱!

个人之恋转化为人生之爱,马克思做好了应对一切艰难险阻的心理准备。他对燕妮也对自己说:面对阴险的鬼蜮和尘世的纷扰,何必感到害怕惊慌?让它们尽情地咆哮,无耻地号叫吧,让它们去忌妒和嘲讽,使尽种种花招吧。它们永远不会懂得什么是高尚的情操,永远无法理解心灵的永恒追求、爱情的痛苦与和谐悦耳的音调。相反,自己博大、超越、雄浑、激昂的爱,会幻化为齐特琴上的弹唱,挚爱的心与响亮的琴声会压倒暴风雨的张狂,在生机盎然的广袤大地上回响,最终传进恋人的耳朵,抚平思念的忧伤,萦绕环宇,与天地共久长。

岁月如云,终会流逝,往事纷扰,迟早要泯灭。亘古及今,无数的生命在人生的风暴中诞生又死亡,但光明会在黑夜中向我们微

---

① 《马克思恩格斯全集》第1卷,人民出版社1995年版,第674页;其他译文的版本参见《马克思诗集》,百花文艺出版社2012年版,第31页。原文参见 Karl Marx,"An Jenny", *Marx-Engels Gesamtausgabe*, I//1, Dietz Verlag, Berlin, 1975, S.605。

② 《马克思恩格斯全集》第1卷,人民出版社1995年版,第675页;其他译文的版本参见《马克思诗集》,百花文艺出版社2012年版,第32—33页。原文参见 Karl Marx,"An Jenny", *Marx-Engels Gesamtausgabe*, I//1, Dietz Verlag, Berlin, 1975, S.606。

笑，爱情则为我们指出救赎之路。只要有光明，只要有爱，还有什么能把我们阻挡？世间的桎梏怎么能束缚我们的手脚？同声相应，同气相求，为同一个目标而燃烧的爱火，将长明不灭，照亮人生的征途，而人间那些虫豸及其丑恶必将葬身于生活的急流之中并消失尽净。

我们看到，对爱这样深入的探究所获得的理解，最终使马克思超越了个人的视界、世俗的算计和功利的考量，将其上升为一种人生哲学的态度和理智选择的高度。这才是对大爱的真正的回馈和报答。

致燕妮
十四行诗

一

燕妮！我是否能获得那宝贵的幸福？
亲爱的心上人，你是否对我怀有深情？
啊！你那神秘的胸脯剧烈起伏，
而温柔的绛唇总不吐露心音！
那些令人畏惧的幽灵
早已使天堂远离我的心境，
莫非这天堂已在你身边降临，
而天堂的奇珍异宝已经进入你的心灵？
在那漫漫长夜，四周一片幽冥，
我梦中总是出现纷乱迷离的幻影，
它们不停地激起我的思念之情，
这些阴暗的幻影围着我翩翩起舞，
使我心中充满绝望，浑身战战兢兢，

这些幻影转眼化作巨人，高大而又狰狞。

二

从心灵深处传来了声响，
它幽微飘忽，就像来自可怕的深渊一样：
"啊！爱情的纽带已被扯断，
悦耳的和声也将不再飞扬！"
"是那些大胆的骗人的妖精，
身穿迷人的华丽衣裳，
呼唤你去追求爱情的熊熊火光，
让爱情的彩云把欢乐滋润你的心房？

爱情之火绚烂夺目烛照天堂，
天堂在心灵深处摇曳荡漾，
神圣的爱情放射出灿烂的光芒，
它是如此伟大，仿佛包容了一切美的思想，
可是你从未赢得恋人的爱心，
你的形象一定早已被人彻底遗忘。"

三

灵魂永远无法承受这意外的创伤，
它号啕痛哭，无法排解内心的凄怆，
于是它骤然投入了汹涌奔腾的巨浪，
它永远、永远离开了你，奔向远方！
啊！我曾经嘲笑人世间的恩怨冤仇，
我曾经讥讽大自然的肆虐逞狂，
我曾经壮志凌云豪情满腔，

我曾经怒发冲冠慷慨激昂。

而如今我内心无比空虚和怅惘，
精神力量被摧垮而陷入颓丧，
我的脉搏在颤抖、痉挛，
我脱离了人生轨道濒临灭亡，
那巨澜狂浪冲击着我，
我将撒手尘寰，命归泉壤。

四

但是我仍然让我的七弦琴发出音响，
我以诗人的激动的情怀
忠实地在琴弦上奏出欢乐和忧伤，
伴随着乐曲我自己也向高空飞翔，
一直飞到我的女神身旁；
深奥莫测的女神
被炽热的爱情和悠扬的歌声所吸引，
竟不知不觉地走向那遥远的地方：

"即使她永远对我不理不睬，
我也仍然永远对她心驰神往，
我将永远把甜美的歌奉献给她，
永远陶醉在缅怀往昔的回忆中，如痴如狂，
直到思念之情使我痛断肝肠，
直到灵魂恬然安息在云天之上。"

五

"啊！她在高处屈尊俯视着你，

她那高贵的丽质放射着无比耀眼的光芒,
你可以倾心思慕,却无法实现心中的愿望,
你可以奉献热情的颂歌,
却不可再把你的情歌吟唱,
回音只会使你痛苦,让你声咽口难张,
因为这本是痴心妄想,
是白日里的美梦一场。

你的相思之情尽可以光彩夺目,灿烂辉煌,
使蓝天相形见绌,令金色的群星黯然无光,
它尽可以涵盖远近八方,
但是它始终是在痛苦的阴影中踯躅踉跄,
最终还得沮丧地返回到原来的地方,
再把那旧调重新弹唱。"

六

我可以骄微地对自己说,你爱着我!
是你使我对人生意义豁然开朗,
是你促使我奋力向上,与你比翼飞翔,
你那爱心为我跳动,热血为我激荡!
啊!我的心灵还无法承受这美意,
它为这莫大的收获而欣喜欲狂,
它向你这上天的女王虔诚祷告,
不敢轻易作这种非分的遐想。

如今我生命的精灵变得更加勇敢坚强,
它奋力地催促我去建功立业、谱写诗章,

如今我已成为名声卓著的行家，
我将奋勇投入生活，去驾驭风浪，
燕妮！你听，有一个呼声正响彻四方：
永远努力，奋发向上！

七

面对阴险的鬼蜮和尘世的纷扰，
你何必感到害怕惊慌？
让他们尽情地咆哮，无耻地号叫，
让他们去忌妒和嘲讽，使尽种种花招，
他们永远不会懂得什么是高尚的情操，
也永远无法理解心灵的永恒追求、
爱情的痛苦与和谐悦耳的音调，
因为他们灵魂卑怯，毫无节操。

但是我的齐特琴却弹唱得更加响亮，
我那挚爱的心却跳动得更加激昂，
琴声和心声压倒了暴风雨的张狂，
它们在生机盎然的广袤大地上回响，
它们传进你的耳朵，抚平我思念的忧伤，
它们萦绕环宇，永与天地共久长。

八

燕妮，岁月如云，往事纷扰，
让它们流逝吧，让它们泯灭吧！
让千百个生命在黑暗中，
在生活风暴的威胁中迎接惨淡的死亡吧，

而金色的光明却在黑夜中向我们微笑，
爱情会向我们指出得救之路，
我们可以骄傲地抬起明亮的双眸，
天上那些永恒的星辰正向我们招手。

燕妮挚爱着我！还有什么能把我们阻挡？
卑劣的世间桎梏哪能束缚我们的手脚？
我们同声相应，同气相求，
我们为同一个目标而燃烧的爱火
将长明不灭，照亮人生的征途，
而人间那些虫豸将葬身生活的急流。

七、战争、强权对爱的抑制

撇开纯粹个人的体悟，在《歌之书》中再次出现了勇士、英雄的形象。他们一如既往地驰骋疆场，攻城略地，建功立业，不可一世。那么，是不是据此可以说，他们是战无不胜、永远称心如意的呢？其实未必。当爱与战争、强权相遇的时候，情况就会发生变化乃至逆转。叙事谣曲《阿尔博英和罗莎蒙德》（Alboin und Rosemunde）叙述的正是爱战胜强权的故事，蕴涵隽永而深邃。

马克思是根据一则历史事件来进行创作的。他不仅对事件的过程做了个性化的叙述，也对情节做了很大的改动（特别是结局）。正是通过这种叙述和修改，马克思借历史事件生发出其独特的思考：他把一场宫廷政变的故事演绎为一出爱的悲剧。

故事的真实情况是这样：公元566—567年，伦巴德人的国王阿尔博英打败了杰皮迪（Gepid，亦译"捷庇地"）人，杀死了他们的国王奎纳蒙德（Kühnemunde），强娶公主罗莎蒙德为妻。在一次宴饮时，阿尔博英强迫罗莎蒙德饮酒，后者忍无可忍，策划宫廷侍从赫尔米希斯（Helmichis）杀死阿尔博英，两人一同逃走。

请看马克思的叙述。

他首先展现了阿尔博英作为一个"强者"的形象。战争历来被视为此类人的事业。对于绝大多数被迫拖入战争的普通民众来说，每每会惊惧于战场上那刺耳的喊叫和惨烈的屠杀，每场战争不管哪一方获胜，都会造成大量的人员伤亡，所以在他们看来，这是战神在戏谑生灵，是尘世上最为残酷的悲剧。但是，有一种人却是为战争而生的，阿尔博英即是如此：他会为战场上那"嗖嗖的箭声所陶醉"，一骑上剽悍的骏马便脸露喜色，英姿勃发。他的军队训练有素，将士们个个跃跃欲试，他也似乎特别享受他们威武地跟在他后面豪情满怀、军威雄壮的场面。

阿尔博英经过精心的准备，决定向南发动进攻，"杀死杰皮迪人奎纳蒙德，／让死神降临这个国家"。① 但是，起初战事并不遂顺，他们遭到杰皮迪人（包括妇女）勇猛的抵抗。眼看就要败北，这时，"一声呐喊宛如雷鸣，／阿尔博英冲进了敌阵"②，他像一头狂暴的狮子，左冲右杀，势不可挡，在敌群中如入无人之境。他频频拉弓，遇敌即射，箭无虚发，谁稍不留神随即丧命，而他自己则靠青铜铠甲抵挡着坚矢利刃，即使千箭触身却毫发无损。"人群中闪现着他带血的身影"，彻底震慑住了杰皮迪人，他们难以招架，只好仓皇躲闪，慌忙退避，阿尔博英最终直取其国王奎纳蒙德的首级。

当然，马克思也并未沉浸在战事情节的铺叙上，他仿佛手持一架空中摄像机，拍摄下战场上整体图景的组合镜头："原野上一片阳

---

① 《马克思恩格斯全集》第1卷，人民出版社1995年版，第602页；其他译文的版本参见《马克思诗集》，百花文艺出版社2012年版，第94页。原文参见 Karl Marx, "Alboin und Rosemunde", *Marx-Engels Gesamtausgabe*, I // 1, Dietz Verlag, Berlin, 1975, S.562。

② 《马克思恩格斯全集》第1卷，人民出版社1995年版，第604页；其他译文的版本参见《马克思诗集》，百花文艺出版社2012年版，第94页。原文参见 Karl Marx, "Alboin und Rosemunde", *Marx-Engels Gesamtausgabe*, I // 1, Dietz Verlag, Berlin, 1975, S.562。

光灿烂,/到处显露出生机盎然,/深广的山谷张开了笑脸,/景物全染上了血红的色彩"①。就是说,是激烈的战争把这和平安详、充满诗意的景观破坏殆尽了。

好的文学作品的魅力在于,越是铺陈和渲染某一个方面,就越预示着要向其相反的另一方面转换,我们不妨将其称为"效果反差"。如果鉴于以上的叙述而把这首诗视为对英雄主义的礼赞,那就过于肤浅了;因为做这样的理解,至多意味着马克思的写作不过是对他曾经学习和阅读过的那些人文经典、古希腊悲剧的模仿,而没有思想和艺术上的创新。然而,我们接下来会看到,在马克思的笔下,事情的转折马上就发生了。

就在阿尔博英割下奎纳蒙德的头颅并将其劈成两半以炫耀其荣光的时候,他蓦然发现尸体旁边站着一个美貌的女人,衣着的豪华显示着她高贵的血统。阿尔博英的残忍,引起她禁止不住的战栗、哭喊和诅咒:"但愿苍天不会把你饶恕/……但愿我的诅咒化作矢镞,/将你的脑袋击碎"。② 心高气盛的阿尔博英并没有因此而立马恼羞成怒,而是宽容地谅解了她,对她说:"你已作为战俘落入我的

---

① 《马克思恩格斯全集》第1卷,人民出版社1995年版,第603页;其他译文的版本参见《马克思诗集》,百花文艺出版社2012年版,第95页。原文参见 Karl Marx, "Alboin und Rosemunde", *Marx–Engels Gesamtausgabe*, I // 1, Dietz Verlag, Berlin, 1975, S.562.

② 《马克思恩格斯全集》第1卷,人民出版社1995年版,第606页;其他译文的版本参见《马克思诗集》,百花文艺出版社2012年版,第98页。原文参见 Karl Marx, "Alboin und Rosemunde", *Marx–Engels Gesamtausgabe*, I // 1, Dietz Verlag, Berlin, 1975, S.564.

手中，/放温柔些吧，别这么凶狠，/我阿尔博英是你的主人。"① 不料他的这番自况却引起女人更大的反感和愤慨，斥责他道："哼，国王刚才死在你的手里，/你又要玷污他的亲人，/我宁愿刺穿自己的胸膛，/也决不屈服于你阿尔博英。"② 阿尔博英太过于自负了，他没有想到，自己可以赢得艰苦卓绝的战争，却征服不了一个女人。当他强力将奋起抗争、拒不从命的女人抱起，策马奔向自己的军营的时候，他以为自己已完全胜利了。殊不知，女人"仿佛有点回心转意"、被迫屈服的表象后面，不过是另一种从长计议，伺机而动的力量正在筹谋和集聚。正如路上一个神情忧伤、头发散乱的杰皮迪族村妇看到这一情景而向他发出的谶语和警告："你这卑鄙的家伙，/竟如此贪欢作乐，荒淫无度，/我敢预言，这快意的收获必将成为重负，/你倒霉的日子不会太久！"③

　　马克思再次强化对照了战争给两个国家所带来的迥然不同的后果：经过腥风血雨的洗礼，安乐逍遥的国度被蚕食，尽管"白杨树

---

① 《马克思恩格斯全集》第 1 卷，人民出版社 1995 年版，第 606 页；其他译文的版本参见《马克思诗集》，百花文艺出版社 2012 年版，第 99 页。原文参见 Karl Marx, "Alboin und Rosemunde", *Marx-Engels Gesamtausgabe*，Ⅰ∥1，Dietz Verlag, Berlin, 1975, S.564。

② 《马克思恩格斯全集》第 1 卷，人民出版社 1995 年版，第 606—607 页；其他译文的版本参见《马克思诗集》，百花文艺出版社 2012 年版，第 99 页。原文参见 Karl Marx, "Alboin und Rosemunde", *Marx-Engels Gesamtausgabe*，Ⅰ∥1，Dietz Verlag, Berlin, 1975, S.565。

③ 《马克思恩格斯全集》第 1 卷，人民出版社 1995 年版，第 607—608 页；其他译文的版本参见《马克思诗集》，百花文艺出版社 2012 年版，第 100 页。原文参见 Karl Marx, "Alboin und Rosemunde", *Marx-Engels Gesamtausgabe*，Ⅰ∥1，Dietz Verlag, Berlin, 1975, S.565。

傲然挺立","缀着星星的天空依然如故"①,但实力已损,威风无存;侵略者则征服了敌手,踌躇满志,心满意足,荣归故土,举行盛宴庆祝出征凯旋,敲起锣鼓弹起琴来尽情地欢乐。这里暗喻的是,被劫掠来的罗莎蒙德正是那不屈的"白杨树",她表面"点头同意"参加宴饮,但随即"把脑袋往胸前低下,/那表情显得十分奇特,/仿佛有往事在心中牵挂"。②

这时,一个叫作赫尔米希斯的侍从出场了,他俊秀潇洒、风流倜傥,被阿尔博英钦点了来为大家助兴。他操起其拿手的琉特琴,弹唱了一首蕴含深邃的歌曲:既回忆了那温暖如春、众神眷恋的锦绣之国,"仿佛有柔软的纽带把他们联结,/是苍天那纯洁的闪光使他们向往";又叙述了国难当头的悲怆,大家"一齐把热泪流淌,/这晶莹的泪珠滋润着葡萄藤,/就有一串串葡萄生长。/紫色葡萄甜美的汁液/就是众神的眼泪酿成,/一想起罗马的崛起和衰亡,/他们禁不住泪满胸襟";当然他也称颂了阿尔博英"英勇进军","豪迈地进行了一次远航",正是他的出师无可阻挡,"众神不得不俯首投降","甘心向英雄让位,/从此这阳光灿烂的国家便遭沦亡!"③

---

① 《马克思恩格斯全集》第 1 卷,人民出版社 1995 年版,第 608 页;其他译文的版本参见《马克思诗集》,百花文艺出版社 2012 年版,第 100 页。原文参见 Karl Marx, "Alboin und Rosemunde", *Marx-Engels Gesamtausgabe*, I //1, Dietz Verlag, Berlin, 1975, S.565。

② 《马克思恩格斯全集》第 1 卷,人民出版社 1995 年版,第 609 页;其他译文的版本参见《马克思诗集》,百花文艺出版社 2012 年版,第 101 页。原文参见 Karl Marx, "Alboin und Rosemunde", *Marx-Engels Gesamtausgabe*, I //1, Dietz Verlag, Berlin, 1975, S.566。

③ 《马克思恩格斯全集》第 1 卷,人民出版社 1995 年版,第 610—611 页;其他译文的版本参见《马克思诗集》,百花文艺出版社 2012 年版,第 102-103 页。原文参见 Karl Marx, "Alboin und Rosemunde", *Marx-Engels Gesamtausgabe*, I //1, Dietz Verlag, Berlin, 1975, S.567。

战场上精明的阿尔博英似乎被胜利冲昏了头脑,眼睛虽然因激动而明亮,但却不时地透露出几分暗淡和迷茫。他并未听出赫尔米希斯的弦外之音,相反,连声称赞"唱得好!"还提议"我的歌手"举杯,"把美酒一口喝光!/……今天我让你唱个够显显风光。"① 他又关注到"我可爱的美人儿"罗莎蒙德,特地拿起一个特制的"闪着金光"的酒杯,要求其当着众人把酒喝下,还安慰她说"美酒会消解一切忧愁"。② 罗莎蒙德定睛一看,突然吓了一跳,她脸色陡变,浑身颤抖,用手敲击着高高的前额,每一根神经仿佛都被痛苦所撕裂,怒上心头:"啊!你们真是造孽,/竟用我父亲的头骨饮酒取乐!/还让女儿昧着良心/把父亲颅骨里的血浆喝干"!③ 阿尔博英对她的态度很是惊诧,用其父头骨做酒盅并非他有意为之,因为在他心目中,奎纳蒙德早已死去,那一页业已翻过,"难道我不是你的再生父亲,/难道我不是你可以倚仗的靠山?"这个女人真是太自不

---

① 《马克思恩格斯全集》第 1 卷,人民出版社 1995 年版,第 611 页;其他译文的版本参见《马克思诗集》,百花文艺出版社 2012 年版,第 103 页。原文参见 Karl Marx,"Alboin und Rosemunde",*Marx-Engels Gesamtausgabe*,Ⅰ/1,Dietz Verlag,Berlin,1975,S.567。

② 《马克思恩格斯全集》第 1 卷,人民出版社 1995 年版,第 612 页;其他译文的版本参见《马克思诗集》,百花文艺出版社 2012 年版,第 103 页。原文参见 Karl Marx,"Alboin und Rosemunde",*Marx-Engels Gesamtausgabe*,Ⅰ/1,Dietz Verlag,Berlin,1975,S.568。

③ 《马克思恩格斯全集》第 1 卷,人民出版社 1995 年版,第 612 页;其他译文的版本参见《马克思诗集》,百花文艺出版社 2012 年版,第 104 页。原文参见 Karl Marx,"Alboin und Rosemunde",*Marx-Engels Gesamtausgabe*,Ⅰ/1,Dietz Verlag,Berlin,1975,S.568。

量力了,"你要违抗我的旨意,/竟不愿举杯祝我永远康健?"① 他警告说:"我一跺脚半个地球也要发抖,/我一挥手坚硬的岩石也得低头,/而你,一个我所养活的女人,/也敢把我奚落、嘲弄!/……要么你痛快地干了这杯酒,/祝我健康和幸福,/要么这把利剑不会留情,/它立刻送你下地府!"②

至此,罗莎蒙德也不再掩饰,她坚毅地回应:"请便!你可以置我于死地,/但我决不会让你如愿,/倘若我是一个男子汉,/我会亲手结果了你这个坏蛋!"③ 阿尔博英立即恼羞成怒:"等着吧!我要立即下令,/把你父亲从新坟中掘出,/让他暴尸荒野,/任由鹰食鸦啄,电打雷劈!/我要让人杀掉你的所有女伴,/作为祭祀高贵的太阳神的供物,/如果你这个女人仍然桀骜不驯,/你自己也难逃一条死路!"④ 显然,这样生硬地直接对撞下去肯定不是办法,罗莎蒙德

---

① 《马克思恩格斯全集》第1卷,人民出版社1995年版,第612—613页;其他译文的版本参见《马克思诗集》,百花文艺出版社2012年版,第104页。原文参见 Karl Marx,"Alboin und Rosemunde", *Marx-Engels Gesamtausgabe*, I // 1, Dietz Verlag, Berlin, 1975, S.568。

② 《马克思恩格斯全集》第1卷,人民出版社1995年版,第613页;其他译文的版本参见《马克思诗集》,百花文艺出版社2012年版,第104—105页。原文参见 Karl Marx,"Alboin und Rosemunde", *Marx-Engels Gesamtausgabe*, I // 1, Dietz Verlag, Berlin, 1975, S.568/569。

③ 《马克思恩格斯全集》第1卷,人民出版社1995年版,第613页;其他译文的版本参见《马克思诗集》,百花文艺出版社2012年版,第105页。原文参见 Karl Marx,"Alboin und Rosemunde", *Marx-Engels Gesamtausgabe*, I // 1, Dietz Verlag, Berlin, 1975, S.569。

④ 《马克思恩格斯全集》第1卷,人民出版社1995年版,第614页;其他译文的版本参见《马克思诗集》,百花文艺出版社2012年版,第105页。原文参见 Karl Marx,"Alboin und Rosemunde", *Marx-Engels Gesamtausgabe*, I // 1, Dietz Verlag, Berlin, 1975, S.569。

感到，自己长期的隐忍将前功尽弃，于是"她仿佛陷入沉思"。这时，赫尔米希斯也暗暗以手示意，同时眼里流露出爱怜之情，他悄悄地提醒她说："忍着点，可别惹他发怒。"① 于是，罗莎蒙德强忍着把酒一饮而尽，全身像杨树的嫩枝一样在瑟瑟发抖。阿尔博英此时傲然地站立起来，立即把她紧紧抱在怀中。一场特殊的宴饮就这样"成功地"收场了。

自古以来，和平是民众普遍的期盼，但连绵不绝的战争却将其屡屡破坏，更有好事者还狡辩说："战争正是为了永久的和平"，这可真是颠倒黑白之论啊！与此相应，强权也一直抑制、左右着人们的情感，家庭之爱、同胞之情的天然样态经常被残酷的社会所改变。人在某种意义上可以说是一种情感性的存在物，但个人却主宰不了自己的情感，这便是人的悲剧！

阿尔博英和罗莎蒙德（1—8节）

叙事谣曲

一

勇敢的斗士阿尔博英
骑着剽悍的骏马，
这骄傲的骑手正在习武练射，
脸露喜色，英姿勃发。

臣仆们训练有素的军队

---

① 《马克思恩格斯全集》第1卷，人民出版社1995年版，第614页；其他译文的版本参见《马克思诗集》，百花文艺出版社2012年版，第105—106页。原文参见 Karl Marx,"Alboin und Rosemunde",*Marx-Engels Gesamtausgabe*, I // 1, Dietz Verlag, Berlin, 1975, S.569。

威武地跟在他后面，
墙垣默然耸立着，
空空的殿堂静穆而庄严。

将士们个个跃跃欲试，
决心为胜利和荣誉冲锋在前。
这是骑兵在作战前集结，
准备出征把敌歼。

众人高声喊道：
"率领我们去战斗，去拚杀吧！
我们要杀死杰皮迪人奎纳蒙德，
让死神降临这个国家。"

领袖微微点头把令下，
大军立即齐出发，
浩浩荡荡踏上征程，
为了荣誉不惜把鲜血抛洒。

骑兵们身跨战马，
豪情满怀军威雄壮，
明晃晃的兵器闪着寒光，
盾牌和长矛铿锵作响。

仿佛有战神出现，
把他们胸中的烈火点燃，
看来是战神在戏谑生灵，

在尘世上导演出一幕幕征战。

大地焕发出耀眼的光华，
似乎在夸耀自己养育了善战的儿男，
将士们个个目光炯炯，
眼中跳动着求胜的烈焰。

二

原野上一片阳光灿烂，
到处显露出生机盎然，
深广的山谷张开了笑脸，
景物全染上了血红的色彩。

杰皮迪人在勇猛地战斗，
为国王，也为自己的家产，
妇女们压不住满腔的愤怒，
眼睛喷射出复仇的火焰。

她们披着浓密的鬈发，
高唱着豪迈的战歌，
她们给战士们鼓舞士气，
激励他们奋勇杀敌，永不停歇。

有些人被敌箭射中，
从高大的战马上栽了下来，
他们躺在阴冷的土地上，
带着惶恐的神情离开了人间。

眼看胜利已经在望,
杰皮迪人更加勇猛地向前冲去,
骁勇的对手纷纷倒下,
长眠沙场再不会站起。

一声呐喊宛如雷鸣,
阿尔博英冲进了敌阵,
像一头狂暴的狮子,
人群中闪现着他带血的身影。

杰皮迪人见了他只好仓皇躲闪,
夜色中他频拉弓遇敌即射,
他箭无虚发大显威风,
谁稍不留神即中箭丧命。

阿尔博英仿佛有神灵相助,
千箭触身却毫发无损,
青铜铠甲抵挡着坚矢利刃,
在敌群中他如入无人之境。

三

阿尔博英左冲右杀势不可挡,
杰皮迪人难招架慌忙退避,
他杀得御林军丢盔卸甲,
然后便直取国王奎纳蒙德。

奎纳蒙德惊慌失措方寸乱，
一支利箭正穿心间，
他慢慢栽倒在地上，
一阵挣扎已属徒然。

生命之钟已经停摆，
头枕血泊神情凄惨，
胸口鲜血不断涌流，
他已魂归西天命赴黄泉。

杰皮迪人惊恐万状，
各处村镇乱作一团，
居民们拉家带口，
神情沮丧四处逃散。

妇女们跟在丈夫后面，
叫苦连天跌跌撞撞往前赶，
粗野地咒骂男人们胆小无用，
抱怨老天不睁眼。

只见一个女人穿着豪华，
站在国王的尸体旁边，
显然是高贵的血缘纽带，
使得她无法丢下亲人不管。

阿尔博英按照民间习俗，
向前割下国王的脑袋，

然后举刀把头颅劈成两半,
那女人一阵战栗不禁低声哭喊:

"但愿苍天不会把你饶恕,
让你永世不能再见白昼,
纵然是冰块也会在你手中燃烧,
美味佳肴也成为你致命的毒物。"

四

"你竟是这样一个男人,
但愿我的诅咒化作矢镞,
将你的脑袋击碎,
让你再也看不见明天的晨曦。"

"啊,原来是一个如此美貌的女子!
你已作为战俘落入我的手中,
放温柔些吧,别这么凶狠,
我阿尔博英是你的主人。"

"哼,国王刚才死在你的手里,
你又要玷污他的亲人,
我宁愿刺穿自己的胸膛,
也决不屈服于你阿尔博英。"

"哎呀,尊贵的王后,
你地位显赫,威镇百姓,
看,我甘愿听从你的旨意,

恭顺地向你献出我的忠心。"

"可你杀死了我的父亲!"
"咳!何必在此多费唇舌,
我要把你带回宫中,
战争决定了我们将命运与共。"

他战战兢兢地迅速将她抱起,
策马奔向自己的军营。
她奋力抗争拒不从命,
但是慢慢地仿佛有点回心转意。

他快马加鞭匆忙赶路,
路上遇到一个杰皮迪族村妇,
这女人露出忧伤的神情,
头发散乱她却全然不顾:

"哼,你这卑鄙的家伙,
竟如此贪欢作乐,荒淫无度,
我敢预言,这快意的收获必将成为重负,
你倒霉的日子不会太久!"

五

从那安乐逍遥的国度
阿尔博英回到自己的故乡,
那国度并未被北方所蚕食,
仍像一颗明星闪耀在大地南方。

可是，灵魂却小偷似地
离开了那个凯撒治理过的国度，
实力已损，威风无存，
只有缀着星星的天空依然如故。

众神们并没有经历过
这个大地上的腥风血雨，
但是对于白杨树傲然挺立的这片国土，
他们仍然恋恋不舍。

阿尔博英率领骠骑兵
在那里奋力征战，
他们像巨浪一往无前，
冲过了一个个暗礁和险滩。
他迅速获得了胜利，
便凯旋荣归故土，
他亲自征服了一切敌手，
如今是踌躇满志，心满意足。

在那富饶美丽的南国，
有人唱着歌弹起了齐特琴，
歌唱他怎样在激烈的战斗中
像一团烈火征服了一个女人的心。

"罗莎蒙德！今天我们举行盛宴，
庆祝出征凯旋，
敲起锣鼓弹起琴来吧，

尽情地欢乐,把激情表达!"

她悄悄地轻轻点头同意,
便把脑袋往胸前低下,
那表情显得十分奇特,
仿佛有往事在心中牵挂。

六

塞浦路斯美酒斟满一杯杯,
酒香四溢令人心醉,
它产于阳光明媚的异邦,
却成了骁勇的酒徒的战利品。

"喂!赫尔米希斯,我的侍从,
别辜负了你的俊秀潇洒、风流倜傥,
快操起你拿手的琉特琴,
为我们把战斗舞曲弹唱!"

"好吧,我的君主!"
于是小伙子大胆而骄傲地站起身来,
拿琴在手,轻轻地把琴弦拨响,
开始把一支歌曲高唱:

"那温暖如春的南国,
是众神眷恋的地方,
仿佛有柔软的纽带把他们联结,
是苍天那纯洁的闪光使他们向往。

当众神看到这个国度遭到祸殃，
他们就一齐把热泪流淌，
这晶莹的泪珠滋润着葡萄藤，
就有一串串葡萄生长。

紫色葡萄甜美的汁液
就是众神的眼泪酿成，
一想起罗马的崛起和衰亡，
他们禁不住泪满胸襟。

但是阿尔博英英勇进军，
在这里把名声传扬，
他挽狂澜排巨浪，
豪迈地进行了一次远航。

眼看阿尔博英出师无可阻挡，
众神不得不俯首投降，
他们甘心向英雄让位，
从此这阳光灿烂的国家便遭沦亡！"

七

"唱得好！我的歌手，
请举杯，把美酒一口喝光！
大家知你有海量，
今天我让你唱个够显显风光。"

阿尔博英迅速举起酒杯，

为为众人的健康一饮而尽,
那眼睛现在虽然因激动而明亮,
但透露出几分暗淡和迷茫。

"你们在我的感召下
曾经进行过浴血战斗,
今天,我请大家用我自己的酒杯,
同干庆功的美酒。

噢,我可爱的美人儿,
请答应我当着众人喝了这杯酒;
瞧!酒杯闪着金光,
美酒会消解一切忧愁。"

她突然吓了一跳,
脸色陡变,浑身颤抖,
大眼睛燃烧着烈火,
脸色惨白,怒上心头。

她用手敲击着高高的前额,
每一根神经仿佛都被痛苦所撕裂。
"啊!你们真是造孽,
竟用我父亲的头骨饮酒取乐!

还让女儿昧着良心
把父亲颅骨里的血浆喝干,
想当日我亲眼看他倒在血泊中,

心涌鲜血最终撒手人寰。"

"什么？你要违抗我的旨意，
竟不愿举杯祝我永远康健？
难道我不是你的再生父亲，
难道我不是你可以倚仗的靠山？"

八

"哈！我一跺脚半个地球也要发抖，
我一挥手坚硬的岩石也得低头，
而你，一个我所养活的女人，
也敢把我奚落、嘲弄！

你这卑劣的娼妇实在不识抬举，
须知你生长在贫寒的海滩，
你故乡的男子一见到我的影子
也要心惊胆战、魂飞魄散！

想想吧！要么你痛快地干了这杯酒，
祝我健康和幸福，
要么这把利剑不会留情，
它立刻送你下地府！"

"请便！你可以置我于死地，
但我决不会让你如愿，
倘若我是一个男子汉，
我会亲手结果了你这个坏蛋！"

"等着吧！我要立即下令
把你父亲从新坟中掘出，
让他暴尸荒野，
任由鹰食鸦啄，电打雷劈！

我要让人杀掉你的所有女伴，
作为祭祀高贵的太阳神的供物，
如果你这个女人仍然桀骜不驯，
你自己也难逃一条死路！"

她仿佛陷入沉思，
赫尔米希斯暗暗以手示意，
同时把爱怜的真情流露，
他悄悄地说："忍着点，可别惹他发怒。"

于是，她强忍着把酒一饮而尽，
而全身像杨树的嫩枝在瑟瑟发抖，
阿尔博英此时傲然站立，
立即把她紧紧抱在怀中。

八、爱将战胜强权和功利

但青年马克思并不悲观，阿尔博英和罗莎蒙德的故事还在继续，高潮部分出现在后面的结局中。

深夜，罗莎蒙德独坐在房间里，难以消解胸中的郁闷。正当她凝神苦思之时，赫尔米希斯悄悄地潜入到她身边，倾诉了自己的心思。他叙说自己当初看见罗莎蒙德被俘、诀别父老时曾潸然泪下，从此便暗暗地爱上了她，此后一直将其牵挂，总想着抚平她心中的伤痛，下定决心与她甘苦同享，患难与共。虽然自己多年跟随阿尔博英，爱其有如生命，但是罗莎蒙德现在已经成为自己的女神，比起阿尔博英来更为珍贵，自己愿为其献出一切，甚至可以拿阿尔博英的性命来证实他的真心。他特别申明，自己的这些想法绝非戏言，不是小孩子闹着玩的。他问罗莎蒙德："我若履行诺言，你能否与我共团圆？/如果我真的把他送进坟墓，/你能否像春天的朝霞对我嫣然一笑？"① 他还为罗莎蒙德描绘了以后的生活愿景：杀死阿尔博英后，"我们一起远走高飞，/到那金色的南国去共度光阴，/那里有巍

---

① 《马克思恩格斯全集》第1卷，人民出版社1995年版，第615页；其他译文的版本参见《马克思诗集》，百花文艺出版社2012年版，第106页。原文参见 Karl Marx, "Alboin und Rosemunde", *Marx-Engels Gesamtausgabe*, I // 1, Dietz Verlag, Berlin, 1975, S.570。

峨的宫殿,／就像无形的魔带把我吸引"。①

　　赫尔米希斯的这番陈述表明,他对于此事已经处心积虑多时了,聪明的罗莎蒙德自然也听出了他的最终意图和算计。她暗自斟酌,思量对策,最终做出决定,先在表面上答应他,"悄悄地向他轻轻点头"。赫尔米希斯一时觉得情况的发展全在自己的掌控中,"他拥抱她,与她热烈地亲吻",然后,悄然溜走了。此外,还有一个细节罗莎蒙德也注意到了,赫尔米希斯出门后与一个摸黑迎来的人匆忙交谈了几句,两人很快隐没在夜色里。很显然,刺杀君王不是简单的事情,很多情况下不可能由一个人完成,伙伴的配合是必须的,这也说明,赫尔米希斯已经将这件事策划得很周密了。

　　但是,阿尔博英毕竟不是等闲之辈,毋宁说,他至少有些微的警觉和预感。宴饮结束后,他回到家里,独自静卧床上。征战成功、公主臣服,尽管他觉得自己更加气宇轩昂,不可一世,但似乎愁肠百结,仍然难以纾缓,总感到思绪浩繁,心事重重。缘何至此,一时难解。他在昏昏沉沉之中不知不觉进入了梦乡。在梦中,他慨叹"天数有定不可违抗",自己又"何必生来人世上"②。如今,家国危亡全赖于一身,以前出征自己已经失去了心爱的骏马,而现在更加身单力薄,再难抵挡万千愁绪。他呼喊着赫尔米希斯的名字,称其为"我的好臂膀",让其快把那刚刚锻造好的长矛递给他,他还要继

---

　　① 《马克思恩格斯全集》第 1 卷,人民出版社 1995 年版,第 615 页;其他译文的版本参见《马克思诗集》,百花文艺出版社 2012 年版,第 106 页。原文参见 Karl Marx, "Alboin und Rosemunde", *Marx-Engels Gesamtausgabe*, Ⅰ∥1, Dietz Verlag, Berlin, 1975, S.570.

　　② 《马克思恩格斯全集》第 1 卷,人民出版社 1995 年版,第 616—617 页;其他译文的版本参见《马克思诗集》,百花文艺出版社 2012 年版,第 108 页。原文参见 Karl Marx, "Alboin und Rosemunde", *Marx-Engels Gesamtausgabe*, Ⅰ∥1, Dietz Verlag, Berlin, 1975, S.570/571.

续奔赴生死战场,与敌人决战,"转危为安,战胜绝望"。①

阿尔博英的这些梦话全被赫尔米希斯听见了,一方面,他明白阿尔博英是在做梦,天赐良机,自己可以趁机杀死他;另一方面,他又纠结了,阿尔博英在梦中尚且如此信赖自己,如何下得了手让他剑下丧命呢?这时,同伴及时地提醒了他:"切莫犹豫彷徨,/大丈夫应该刚毅果断,/只要我们挺过难关往前闯,/仁慈的上天也会给予应得的奖赏!"②他猛然醒悟:如若不赶快动手,"令人欣羡的上天赐福"将稍纵即逝。一想到"南方有胜过天国的王位",自己早"渴望到那里一显身手",于是,他不再迟疑,将一把利剑深深刺进阿尔博英的胸部。尚在梦中的阿尔博英厉声呼唤:"啊!太晚了!我已无生的希望,/赫尔米希斯,我的好弟兄,你快逃走!"③

成功弑君的赫尔米希斯跨着雄健的战马,借着夜幕的掩护,像流矢、闪电一样向罗莎蒙德的住处疾驰而去。他的如意盘算能实现吗?

这时,意外发生了。路过一个灌木丛时,他被飞来的长矛击中,虚弱地倒下。"赫尔米希斯,站住!"浓重的夜色里,一个女人走来,

---

① 《马克思恩格斯全集》第1卷,人民出版社1995年版,第617页;其他译文的版本参见《马克思诗集》,百花文艺出版社2012年版,第108页。原文参见 Karl Marx, "Alboin und Rosemunde", *Marx-Engels Gesamtausgabe*, Ⅰ//1, Dietz Verlag, Berlin, 1975, S.571.

② 《马克思恩格斯全集》第1卷,人民出版社1995年版,第617页;其他译文的版本参见《马克思诗集》,百花文艺出版社2012年版,第108页。译文有改动。原文参见 Karl Marx, "Alboin und Rosemunde", *Marx-Engels Gesamtausgabe*, Ⅰ//1, Dietz Verlag, Berlin, 1975, S.571.

③ 《马克思恩格斯全集》第1卷,人民出版社1995年版,第618页;其他译文的版本参见《马克思诗集》,百花文艺出版社2012年版,第109页。原文参见 Karl Marx, "Alboin und Rosemunde", *Marx-Engels Gesamtausgabe*, Ⅰ//1, Dietz Verlag, Berlin, 1975, S.571.

只见她两眼呆视，毫无表情，头发披散，复仇的渴望正啃啮着她的心。竟然是罗莎蒙德！赫尔米希斯压根没有想到：自己的生命也必须在今天结束，而且是断送在一个刚刚许诺过自己的女人手中！这大概就是众神惧怕的复仇或因果报应吧。伴随君王多年，他是多么渴望得到机会和权力啊！此刻他的灵魂正迫不及待地飞向南国的殿堂呢。他设想过，那里有高高的白杨树挺拔生长，婆娑的树叶迎风沙沙作响，仿佛是自己的灵魂在轻声歌唱；而今，成功仅差一步，竟然毁在一个女人身上！回到现实中，只听见罗莎蒙德战战兢兢地对他说：很抱歉我没有履行诺言，对你的爱做出报答；但高兴的是，我完成了自己的夙愿——用劫掠者的性命来供奉罹难的父亲。赫尔米希斯还想张口说话，但生命已经终结了——他是至死都幻想着自己的灵魂能够翻山越岭，漂洋过海，飞到那没药树①开花飘香的国家，特别是借助罗莎蒙德"那个部族所留下的最后的苗裔"，自己能登上梦寐以求的权力宝座！

马克思所描写的这一结局真是神来之笔！熟悉这个故事的人知道，赫尔米希斯的愿望在历史记载和传说中得到了满足，罗莎蒙德与他一起逃走，回到故国，重新成为统治者，他自己则成为新的国王。那么，马克思为什么要对最后这一情节做出如此的修改呢？有什么样的重要意义吗？马克思对故事情节的了解是来自他所选修的课程，还是他平时阅读所得，现已经无法考证清楚，但我们知道，这类题材和情节在古代人文经典和史诗性作品中却是经常出现的，"英雄配美人"已经是很多作品共同的结局。如果马克思只是如实地描述这一历史事件，按照通常悲剧的写法把这段故事演绎成"征服与复仇"的主题，把阿尔博英塑造成征战四方的英雄或者将其视为罗莎蒙德报复的唯一对象，那么这篇诗作只是一个平庸故事的再现

---

① 一种橄榄科小乔木，夏季开白花，寓意纯洁而坚强。

和一套刻板创作模式的复制,没有多少值得分析之处。但艺术从来是以思想作为支撑的,我们惊奇地发现,在马克思的笔下,阿尔博英不是一个单纯的强盗或莽汉,而是一个具有双面性格的人物,他既有英勇善战、挽狂澜于既倒的一面,更有残忍暴戾、好大喜功的一面。诗歌特别描述了他在梦中所展现的复杂的心理活动,他对赫尔米希斯的悉心培植和无限期待。这虽然未必是历史上发生过的情节,却被马克思写得曲折细腻、真实动人。

马克思对罗莎蒙德形象的塑造更是可圈可点。可以说,她是这篇诗作真正的主角,不仅疾恶如仇、爱憎分明,而且聪慧过人、见微知著,特别是她在强权的淫威下选择暂时的隐忍,而又没有被阿尔博英识破,她看出了这个战争强人的缺陷和短板;她从赫尔米希斯的表白中,既觉察到他的出现是天赐良机,自己可以借此来为父报仇,同时也敏锐地发现,赫尔米希斯与阿尔博英不过是一丘之貉——他感兴趣的仍然是强权和王位。于是,罗莎蒙德决定,既要利用他达到自己的目的,又不能让其愿望得以实现。通观全诗,罗莎蒙德并没有在每一节中都出场,但最后我们却明白了,那些不出场的情节正是为她的出场所做的必不可少的铺垫、烘托和反衬。她才是整部作品思想的集中表征,是爱战胜强权、功利意旨的表达,是全诗唯一的主角。

与历史记载和传说不同的这些描述和修改,表明了青年马克思对人性的把握所达到的深度和层次,对艺术的理解和处理所达到的水准和高度。

阿尔博英和罗莎蒙德(9—11节)

九

深夜,罗莎蒙德独坐房里,

她难以消解胸中的不平，
正当她凝神苦思之时，
身旁却响起一个人的声音：

"是啊！我爱他，有如生命，
但是你，我的女神，比他更珍贵，
我愿为你献出一切，
甚至可以拿他的生命来证实我的真心！

我决非戏言，不是小孩闹着玩，
我若履行诺言，你能否与我共团圆？
如果我真的把他送进坟墓，
你能否像春天的朝霞对我嫣然一笑？

哦，然后我们一起远走高飞，
到那金色的南国去共度光阴，
那里有巍峨的宫殿，
就像无形的魔带把我吸引。

我要把亲爱的可心人儿
紧抱在怀里离此远去，
忘记这凶残的国家，
忘记肆虐全国的这场屠杀！

自从那天看见你潸然泪下，
我便爱上了你，总把你牵挂，
我要抚平你心中的伤痛，

决心与你甘苦同享,患难与共。"

她悄悄地向他轻轻点头,
他拥抱她,与她热烈地亲吻,
赫尔米希斯得到了应得的报酬,
这位歌手从这里悄然溜走。

他刚刚离开,
就有个人摸黑走了进来,
匆忙交谈了几句,
又隐没在夜色里。

+

阿尔博英独自静卧床上,
气宇轩昂却难解百结愁肠,
思绪浩繁心事重重,
昏昏沉沉不觉入了梦乡。

"唉!我何必生来人世上,
家国危亡全赖我主张,
前次出征我失了骏马,
我已身单力薄再难抵挡!
赫尔米希斯,我的好臂膀,
天数有定不可违抗,
快给我那刚锻就的长矛,
我要奔赴生死场!

"来吧！我们要与敌人决战一场，
我手下人多势众不必慌张，
让民众同心协力齐奋起，
定能转危为安，战胜绝望。"

"噢，他在做梦！
我是否该乘机把利剑刺进他的胸膛？
他在梦中尚且如此信赖我，
难道我能谋杀他，让他剑下把命丧？"

"哎，我的赫尔米希斯，切莫犹豫彷徨，
大丈夫应该敢作敢当，
只要我们挺过难关往前闯，
仁慈的上天也会给予应得的奖赏！"

"呀！连他都在催我赶快动手，
还说起令人欣羡的上天赐福。
哈！南方有胜过天国的王位，
我们正渴望到那里一显身手！"
于是，利剑深深刺进阿尔博英的胸部，
只听见他厉声一呼：
"啊！太晚了！我已无生的希望，
赫尔米希斯，我的好弟兄，你快逃走！"

十一

跨着雄健的战马，
借着夜幕的掩护，

在制造了深重的灾祸以后,
他们就像流矢、像闪电一样疾驰而去。

"赫尔米希斯,站住!"
他突然虚弱地倒下,被长矛击中,
在浓重的夜色里,
有个可怕的女人从灌木丛中走出。

她的两眼呆视着,毫无表情,
她的头发披散周身,
复仇的渴望仿佛啃啮着她的心,
这就是那个可怜的杰皮迪族女人。

"啊!我的生命必须这样结束,
罗莎蒙德,而且是断送在你的手中!
众神必须这样处置,
他们要进行可怕的报复。

可是我的灵魂正飞向南国的殿堂,
那里有高高的白杨树挺拔生长,
婆娑的树叶迎风沙沙作响,
那是我的灵魂在轻声歌唱!"

罗莎蒙德战战兢兢地说:
"我没有对你作出什么报答,
可是为了纪念父亲遇难之夜,
女儿要用牺牲来供奉他。"

他还在张口说话,
而灵魂却伴着一缕清香的气息离开了他,
它翻山越岭,飘洋过海,
飞到那没药树开花飘香的国家。

"快来吧,我的罗莎蒙德,
现在我们正飘向那遥远的国家,
让我们带去关于你的部族的消息,
唉,那部族只有你这个最后的苗裔留下。"

九、爱的结局和意义

俗语曰:"一花独放不是春",又云:"相反才能相成"。叙事谣曲《两棵玫瑰》(Die beiden Rosen) 仍以爱拟喻表达如许深意。诗中描写了一个白发诗人,吃力地拄着手杖,漫步在行吟道上。诗心慧意,让他发现了两颗颜色完全不同的玫瑰,并为它们浑然天成的图景所感染,他又托物言志,联想到自己的心境,遂展开想象的翅膀,抒发出对人世沧桑和结局的感悟。

在柔软的苔藓地上,盛开着一朵鲜红的玫瑰,它像一团烈火一样,傲然挺立。而紧紧偎依在它身旁的是一棵洁净如雪的白色玫瑰,晶莹夺目,"仿佛闪着相思的泪光",充满了温柔和真诚。红白搭配,显得无比的和谐,美妙而动人。但时间易逝,美景不能恒常持续。首先是"红颜薄命",红玫瑰渐渐褪去颜色,为尘埃所覆盖,又遭风暴袭击,终于花落叶败而死。但这时,白玫瑰依然光彩照人,在阳光下迎风摇曳,习习絮语。它很想弥补红玫瑰逝去留下的空白,"仿佛也要燃烧起来",但勉为其难,随后它也凋谢、枯萎了。最终,两棵玫瑰被埋葬在同一座坟墓中。

这是想象出来的旁人的视角,还可以转换一下,不妨也从燕妮一方设想一下什么是爱的结局。马克思用三首十四行诗表达了他的想象:

在情感上，她无疑也有美好的憧憬，甜蜜的向往。你看，她那丰满而神奇的胸膛透露出荡漾的激情，思及恋人，她那每一根纤细的神经都在震颤，每一口温暖的气息都在急促地呼吸，如若不能相见，便禁不住热泪盈眶，绵绵无尽的相思伴随着无法排解的痛苦和惆怅。请放心！仁慈的上帝怜香惜玉，不会这么残忍、持久地折磨佳人的。它一定会委派一位般配的歌手，他深知她像金子一般辉煌的心灵，理解她炽热的心肠，会排解长夜的孤寂，回应并满足她迸发的激情和忧伤的相思，成为守护她生命的精灵。爱掺杂着痛苦，但不能夸大地说，痛苦是爱唯一的情愫，甚至反过来用痛苦来诠释爱，让痛苦沉浸于爱情之中，埋入心房。所以，志同道合、心心相印是爱的最佳境界与准则。悉心呵护真情挚爱，让悠扬的歌声和悦耳的音乐伴随庸常的人生，让生活像优美的旋律一样充实而又轻快、柔和，永远以崭新的方式茁壮成长，永葆青春，充满魅力。这是马克思的体悟，也是燕妮的期盼吧？

但是，志同道合、心心相印不过是一种美好的期盼或心愿，而现实有时是很残酷的，人世间由爱生恨、有情难酬的事也屡见不鲜。叙事谣曲《歌手的圣诞节前夜》(Des Sängers Christabend) 表达的正是这样一种情绪。

在大多数人欢享欢乐的圣诞节前夜，一个歌手却独自坐在河岸边，心潮起伏，思绪万千。汹涌澎湃的波涛把他复杂的情愫传递到遥远的天边，就像眼前这翻滚的浪花消失在瞬息万变的滔滔洪水中一样。他感到，对自己来说，青春的激情、欢乐的时光已悄然流逝，曾经熊熊燃烧的爱情之火，那些星光灿烂的甜蜜之夜，也已成为过去，充满神奇、魅力与力量的梦想更是杳无踪迹了。

但越是烟消云散的东西，在脑海里浮现得却越清晰，挡不住的记忆啊！从前在这一刻，当圣诞之夜梦幻般的帷幕降临大地的时候，年轻的心就燃起欢乐的火焰。那是上帝赐给凡人生活中无比幸福的时刻,星月从蔚蓝的高空云端给大地洒下一片清辉,人们尽情欢乐,生发出很多美妙的玄思。自然少不了迷人的爱的歌声,倾吐热切的思念,诉说心灵的渴望,吐露情感的秘密,表达崇高的追求和向往。更从遥远的天际飘来一位仙女,她可以医治歌手心灵的创伤,满足其梦寐以求的宿愿,让生活闪现出理想的光芒,将梦幻变成活生生的现实。

然而,这般美好的时光已经成为了过去。心仪的姑娘本可以把最珍贵的情感奉献给自己,可是多疑的性格却使她犹豫彷徨,难下决断,痛苦深深地折磨着她的心,纯洁而光亮的面庞也逐渐变得黯淡。爱是两个人的事,一方的态度难以成全。在这万家欢乐的圣诞节的前夜,孑然一人回首往昔,带给自己的是无限的忧愁和沉思。

这可真是"有爱的一生,无爱的结局"啊!虽然不是马克思本人的遭际和自况,但表达的何尝不是他的担心、忧虑和思考呢?

《歌之书》的最后一首同样是《致燕妮》,融回忆、梦境、理想与期盼于一体,场景恢弘、神圣,时空交错、穿越,气氛欢快、舒朗,同样是圣诞节的情景,一扫前一首所渲染的阴郁、晦暗,彰显着光明、希望。

从教堂塔顶上传来悦耳的声音,仿佛是钟的鸣响,又如天堂的歌唱,更似心灵深处的呼唤和渴望。一只凤凰从烈火中举翼飞翔,勇敢地向蓝天搏击,穿越云层时与流云一起发出和谐的鸣响,像圣乐一样婉转而悠扬,向四面八方传播、扩散。在这欢乐的喜庆气氛中,人人怀着炽热的激情,个个笑逐颜开,弹奏着铙钹和七弦琴,露出惬意的目光。

此情此景,让马克思回想起,有一年也是在圣诞之夜,他与燕妮在一起度过一段难忘的甜蜜时光。随着钟声一响,燕妮收到马克思托人送去的礼物,感到分外高兴和欢畅。当圣诞树像一个天上来客一样在一片灯火通明之中突然展现英姿的时候,她显得是那样激动和慌张。恍惚间有一只小凤凰从她那丰满的胸膛中飞出,像个爱的信使,涂着耀眼的金光,急急忙忙来到马克思面前,向他传递爱的信息,代表燕妮向他吐露衷肠。

此刻,马克思怀着不安的心情伫立凝望,禁不住心驰神往。今天的凤凰就是过去那只小凤凰的再生鸟。这真是一场奇异的梦境啊!马克思明白了,只有燕妮的目光,才能把他从迷惑、苦难中解救出来。于是,他把这些用诗歌精心编织的花环,虔诚地戴在心上人的心坎上,把这些对生活、对爱情的赞美诗,奉献给他魂牵梦萦的燕妮,让它们永久地发光。

深入到具体文本的语境中,跟随马克思的思路,解读他的这些作品,我们必须说,假如没有爱的经历,不会理解情感的丰富;假如恋爱时不进行痛彻的思考,咀嚼不到爱的诸多滋味,也领悟不出爱的复杂内涵。所幸的是,青年马克思经历了、思考了,并且留下了珍贵的记录,最终也得到了爱的回报。这些诗歌是由他的姐姐索菲娅转送的,燕妮看后"落下了悲喜交加的眼泪"[①]。她写信给马克思,说自己虽然顾虑重重,甚至感到"害怕"和"绝望",但"你现在这种带有青春狂热爱情这一点,我从一开始便知道了,还是在有人向我冷静、巧妙而理智地分析之前,我就深深地感受到了。"[②]这真是恋人间的灵犀相通之表征啊!燕妮终生都悉心地保存着这些诗集,虽然他们的女儿劳拉回忆说,"父亲并不看重那些诗歌;每次

---

① 《马克思恩格斯全集》第47卷,人民出版社2004年版,第537页。原文参见 Heinrich Marx, "Henriette Marx und und Sophie Marx", An Karl Marx (28. Dezember 1836), *Marx – Engels Gesamtausgabe*, III/1, Dietz Verlag, Berlin, 1975, S. 304。

② "Jenny von Westphalen to Marx", quoted in L. Dornemann, Jenny Marx, Berlin, 1969, p.41.

父母谈起它们,总是开怀大笑这些年轻时的荒唐行为"①,但其中所展示的激情、浪漫、迷茫、痛苦、真挚、想象和渴望难道不是弥足珍贵、永远不过时吗?"成熟时期"的马克思也并不是要对爱和情感持彻底否定的态度,而是将其纳入了一个更宽广的历史视野、更复杂的解释空间和更具体的社会环境之中。这样说来,今天阅读这些作品,不仅可以让我们了解到另一个侧面的马克思形象,而且更可以从中受到爱的感染和人性的熏陶。

两棵玫瑰

叙事谣曲

"在柔软的苔藓地上,
有一棵盛开的红艳艳的玫瑰
像一团烈火傲然挺立,
紧靠着它,另一棵玫瑰
宛如白雪般洁净,
正在迎风摇曳。"

"白玫瑰晶莹夺目,
仿佛闪着相思的泪光,
紧紧偎依在红玫瑰身旁;
这美妙动人的景色
充满温柔和真诚,
显得无限和谐,浑然天成。"

---

① "Laura Lafague to Franz Mehring", in F. Mehring, Ausdemliterarischen Nachlas von K. Marx, F. Engels, F. Lassalle, Stuttgart, 1902, I/25, S.263.

"火焰般的红玫瑰渐渐褪去颜色,
为尘埃所覆盖,
又遭风暴袭击,便花落叶败地死去,
这时,白玫瑰依然光彩照人,
奏着动听的天国之音,
在阳光中摇动着自己的腰肢。"

"它仿佛要燃烧起来,
随后也凋谢枯萎,
两棵玫瑰在一个坟墓中被埋葬。"
白发歌手唱着这支歌,
忧心忡忡地把身子
靠在他漫游用的手杖上。

歌手的圣诞节前夜
叙事谣曲

有一个歌手
坐在河岸边默默沉思,
河里浪涛汹涌、咆哮不停。
歌手看来心事重重,
他从这里向天边遥望,
他的心中思念着远方。

"就像翻滚的浪花
在瞬息万变的滔滔洪水中,
急速地飞奔而去,
欢乐的时光

也不得不这样悄悄流逝,
青春的激情也已同样匆匆消失。

熊熊燃烧的爱情之火,
星光灿烂的甜蜜之夜,
你们都已成为过去,
而神奇地把我和充满魅力的力量
联结在一起的梦想
也已烟消云散、杳无踪迹。

从前在这一天
青春的热血奔腾激荡,
相思的心潮直冲云天,
当圣诞之夜的梦幻般的帷幕
降临大地,
年轻的心就燃起了欢乐的火焰。

那时上帝赐给了凡人
无比幸福的生活,
也赐给了神奇美妙的幻想,
天神慈祥地降临人间,
从蓝色的高空云端
带来了星月的清辉一片。

那不是响起了
迷人的爱情的歌声?
它像倾吐热切的思念,

又像诉说遥远的心灵的渴望,
它在揭示天国的奥秘,
孜孜不倦地传播着崇高的追求和向往。

那不是从遥远的明亮的天际
飘来了一位仙女,
要为我医治心灵的创伤?
她满足了我梦寐以求的宿愿,
她使梦幻成了现实,
使生活闪现出理想的光芒。

啊!她本来可以
把最珍贵的感情向我奉献,
可是,怀疑却使她犹豫彷徨,
于是痛苦深深地折磨着她的心灵,
纯洁的晶莹闪亮的珠宝
也变得黯淡无光。"

致燕妮

从塔顶上传来悦耳的声音,
仿佛是钟的鸣响,
宛如遥远的天堂的歌唱,
又像是心灵的深沉呼唤和渴望。

一只凤凰已经再生,
它从烈火中振翅翱翔,
它的光泽照遍四面八方,

它的叫声就像圣乐一样婉转悠扬。

它展开翅膀
勇敢地搏击在蓝天上,
它穿越云层
与流云一起发出和谐的鸣响。

在欢乐的喜庆气氛中,
人人都怀着炽热的激情,
庄重地拿起七弦琴来弹唱,
个个笑逐颜开,露出惬意的目光。

燕妮,你一定会不安地
想起那难忘的甜蜜时光,
那时随着钟声一响,
礼物会使你分外高兴和欢畅。

当圣诞树像一个天上来客
在一片灯火通明之中
突然展现它的英姿时,
你显得那样激动异常。

难道不是有一只凤凰
从你那丰满的胸膛中飞出?
在那温柔的梦幻般的栖息处,
在那柔软的充满诗意的安乐窝中,

它甜美地小睡了一觉。
这个慈祥的守护神周身冒着火焰，
发出迷人的鸣响，
像是把爱情来颂扬。

它得到你的宠爱，
在你的心中茁壮成长，
直到它出落得光彩照人，
忐忑不安地向我吐露衷肠。

面对它那金光灿灿的丰采，
我禁不住心驰神往，如痴如狂，
我的内心顿时
燃起了爱情和希望。

就仿佛有人给我喝了迷魂汤，
让我酣然沉睡一场，
只是由于你那含情目光朝我一望，
才使我从那魔法下获得解放。

我亲爱的心上人，
请你收下这用诗歌编成的花环，
啊，把它戴在你的心坎上，
它将永远在那里闪闪发光！

《献给亲爱的父亲的诗作》解读

1837年是马克思的父亲亨利希·马克思60周岁寿辰。为表达感谢和祝贺之意，马克思匠心独运地送出了一件特别的礼物——为父亲编定的一部诗集，题名为《诗作，作为永恒之爱的轻微标记，献给我亲爱的父亲1837年生日》（*Gedichte，meinem teuren Vater zu seinem Geburtstage 1837，als schwaches Zeichen ewiger Liebe*，以下简称《献给亲爱的父亲的诗作》）。他特地从其所创作的文学作品中挑选了60首诗歌，包括叙事诗、十四行诗、抒情诗、歌剧奥维狄乌斯《哀歌》第一曲的意译（frei übersezt）、讽刺短诗和诙谐诗，还有用诗体写的"悲剧"《乌兰内姆》第一幕，此外，马克思还把讽刺小说《斯科尔皮昂和费利克所》中的个别篇章作为《附录》收入。这些作品大多数写于1837年2—4月，首次发表于1929年出版的MEGA^{1}第1部分第1卷第2分册，现完整地刊载于1975年出版的MEGA^{2}第1部分第1卷。需要说明的是，这本诗集中与《献给燕妮的诗册》里有一些作品是重复的，经对照具体情况如下：与《爱之书》第一部重复的有《人的自豪》《苍白的姑娘》《卢欣妲》和《凄惨的姑娘》,与《爱之书》第二部重复的有《致星星之歌》和《海上船夫歌》,与《歌之书》重复的有《和谐》《两个女竖琴手》和《海妖之歌》。因以上作品在前几章已经做过解读和分析,这里将不再涉及。

一、父—子关系新诠释：创造者—创造物、创造—创作

这册诗集的首篇就叫《献给父亲》（Widmung. An den Vater），由《创造》（Schöpfung）与《创作》（Dichtung）两首组成。开首便先声夺人，不同凡响，尤其是第一首。

在写给父亲的作品中，该如何描绘其形象呢？换言之，在马克思的心目中，父亲扮演着什么样的角色呢？从小深受神性教化、又浸润于人文经典熏陶之中的他，很自然地想到了创造世界的"上帝"；但不是那种高高在上、不食人间烟火的存在物，而是充满人间情怀、具有仁慈而博大的爱之力量的"人间神"。

在马克思看来，"创造"不是抽象、神秘莫测的行为，而是主体的一种活动，这个主体姑且名之为"'创造'之神"。它不在世界之外先验地存在着，而是为解决世界难题而出现的，也就是说，它的价值和意义根源于改变现实的必要性——在大千世界中，无数的生命或者懵懂地痴呆着，酣睡在自然的胸膛，或者如幽灵一般无规则地涌动，肆意地游荡。用亚里士多德的话说，这是一些未定型的"质料"，具有各种各样的局限性。正是由于世界如此茫然而混沌，所以急迫地呼唤"创造者"的出现，期待它给予世界以鲜明的形象、井然的秩序、深邃的精神和永久的灵魂。当然，世界也为"创造者"

发挥作用提供了环境和条件。环顾四周,空间无限宽广,时间紧迫而绵长,万物虔诚地仰望着"创造者"的面庞,祈盼它指点出人生的意义和方向。

那么"创造者"是如何展开"创造"活动的呢?它顺应世界的呼唤,慈父般地向万物频频点头,唤醒它们的意识,用烈火铸成万千形象,并且使其披上了文辞和诗歌的盛装。这些还不够,它还特别慧心地做到了两点:一是向宇宙普照慈爱的光芒,二是把"创造"精神赋予芸芸众生。因为人世间最难处理的关系发生在同一时代的人与人之间的交往以及不同时代的更替之中,所以"创造者"不仅要铸造人的美好形象,更要把崇高精神的种子埋入心灵深处,并且特别叮嘱人们:"我已经把慈爱注入你们的心房"。这是最珍贵的心灵之光,你们应当将其放射出去,彼此温暖、抚慰和照亮。如果人们满腔激情地迎接你们,你们也要准此热诚地启迪他们的思想,"同声相应才能发出和谐的音响,/心灵只能同心灵相互碰撞"。① "创造"的精神、爱的情怀来自创造者,这精神和情怀铸成形象便会传递出来,启迪思想,传承光大。如果人们一旦有机会回到"创造者"的身旁,那时这些人已经不再是从前那样稚嫩的形象,而是具备了创造的力量,具有了爱的涵养。据此,别人也会热切地向你们投来仰慕的眼神和爱的目光。这样,你们就能融入人们心中,而人们也将留在"创造者"心上。也就是说,这里所谓的"创造",就是赋予人和世界以精神的支撑、爱的情愫和创新的力量。

以上是"创造者—创造物"的视角,现在反过来,从"创造物

---

① 《马克思恩格斯全集》第1卷,人民出版社1995年版,第696页。原文参见 Karl Marx,"Widmung. An den Vater", *Marx-Engels Gesamtausgabe*,Ⅰ∥1,Dietz Verlag,Berlin,1975,S.623。

—创造者"的角度看,回报"创造者""创造"的则是"创造物"的"创作"。"创造物"不是永久的被动的存在,相反,它之被"创造"不仅仅是造物、塑形,更是"创造者"赋予其"创作"能力和本性。一方面,炽热的"创作"火焰,从"创造者"的胸口向"创造物"蔓延,在其心头汇集成熊熊大火。"创造者"熠熠放光的形象,宛如琴韵,用爱的双翅轻抚"创造物"的身躯。"创造"与爱,这是"创造物"最珍贵的所得,必须永久珍藏在心。另一方面,"创造物"不会永久陪伴"创造者",离开它后,"创造物"还要经风搏浪,在万里长空中飘航,上升了又下降,下降了又要更高地飞翔。"创造物"内心不停地进行着斗争,人生阅历变成痛苦和欢乐的诗章。它饱含激情,沉醉于锦绣辞章,情深意切,如痴如狂。但归根结底,它的所有这些人生作为,心中涌现出的万千形象,都是由"创造者"的心所点亮的。当它满怀柔情,舒展四肢,心满意足的时候,其实还是躺在"创造者"温暖的怀抱,共享"创造—创作"的恩惠和结局。

"创造者"—"创造物""创造"—"创作",这就是马克思对"父亲"—"儿子"关系的新诠释,将爱的情感贯穿其间,构成他当时对人生价值和意义的理解。

献给父亲

一
创造

越过那晶莹闪耀的波浪,
永恒的创造之神飞向远方;
大千世界在涌动,无数生命在激荡,

他环顾四周,永恒的空间无限宽广。
他发出唤醒万物的神奇目光,
用烈火铸成万千形象。

空间在震颤,时间在奔流,
万物虔诚地仰望着他的面庞,
波涛汹涌,天籁悠扬,
斗转星移,一片金光。
他慈父般地频频点头,
向宇宙普照慈爱的光芒。

永恒的万物感到了自己的局限,
就沉思着默默流向前方,
直到那神圣的太初思想,
披上了文辞和诗歌的盛装。
这时从远处传来雷鸣般的声响,
好像造物主的预言在空中回荡:

"群星运转,放出温馨的光芒,
世界酣睡在原始山峦的胸膛;
我的精神铸成的美好形象啊,
愿创造精神永远留在你们身上,
如果人们满腔激情地迎接你们,
你们要热诚地启迪他们的思想。

你们只能向爱敞开胸膛,

你们要永远保持永恒的力量；
我已经把慈爱注入你们的心房，
你们应当放射出我的心灵之光。
同声相应才能发出和谐的音响，
心灵只能同心灵相互碰撞。

你们的精神来自我的胸膛，
这精神铸成形象去启迪思想；
你们一旦回到造物主的身旁，
就不再是单纯的形象；
人们将热切地向你们投来爱的目光，
你们将融入人心中，而人又将留在我心上！"

二
创作

炽热的创作火焰，
从你的胸口向我蔓延，
它们在我头上汇成一片，
我把它们珍藏在心间，
你的形象熠熠放光，宛如琴韵，
你用爱的双翅轻抚我心头的火焰。

我听到那声浪，我看到那闪光，
万里长空在飘航，
升起了，又下降，
下降了，又更高地飞翔。

当内心的斗争已经停息，
我看到痛苦和欢乐变成了诗章。

我心中激动，如痴如狂，
沉醉于情深意切的锦绣辞章；
我心中涌现出万千形象，
都由你的心把他们点亮。
他们满怀柔情舒展四肢，
在创造者的怀抱里重新放光。

二、"创造"的形式:寻觅、抒泄、想象、异化

很显然,"创造"的情感不限于父子关系,甚至也不限于人与人之间,可以面对自然,也可以面对器物。马克思对此做了探讨,进一步诠释了"创造"的多种形式,诸如寻觅、抒泄、想象、异化等等,深化了对这一问题的讨论。

(一)寻觅

叙事诗《魔竖琴》(Zauberharfe)叙述的是一位歌手寻觅知音、寻找自我的经历。

歌手常常聆听琴音,习以为常的琴具和旋律使他产生了倦怠,提不起精神和兴致,心如枯井。但是有一次,从远处传来的奇异的乐曲,却弄得他忐忑不宁。他惊讶地谛听,弄不清那是什么乐声,甚至怀疑那不是人弹奏出来的曲调,而是自然界里星星的歌唱或者天空中的幽灵在哀鸣。于是,他振作精神,一跃而起,要一探究竟。歌手小心地在黑暗里探望,只见远处一轮金色的光晕在招引。待一步步走进,发现那光晕宛如一张巨网,让他的心渐渐发紧,而琴声却越来越听得分明了。循着琴声他走在纵横交错的幽径上,刚上了一级台阶又得向下走,上上下下,弄得自己也像一个幽灵在游荡。在一个地方,他停下脚步,眼前忽然大门敞开,迎面扑来悠扬的琴

声。他发现这原来是一张七弦琴发出的悦耳的曲调,但却看不见有人在弹奏。更为奇怪的是,乐曲声声,忽而高昂激越,如从悬崖上冲下的清泉,忽而又幽咽低沉,如深谷里流淌的小溪。琴为心音,这交织着痛苦和欢欣的曲调,让他深受感动。最终,他明白了,"这不是琴音,而是自己的心声",是自己的人生写照,它所表达的痛苦和呻吟,"都发自我的内心"!① 如醉如痴,热血沸腾,心灵充满了无比的悲怆,于是他索性和着乐调也放声高歌起来。这样,天地之间只充斥着音乐,甚至见不到了任何天光云影。

这首短诗有什么样的启迪意义呢?我们知道,现代乐器已经成为一种有知识体系、学科积累的门类,需要培训、学习、掌握高难度的技巧,才能进入专业领域。然而,这种方式在培养了一批又一批"乐匠"的同时,某种程度上也遗忘了艺术的本质其实在于生活、情感的独特体悟及其表达。竖琴无言,它可以演绎时尚、追求通俗,也可以倾诉个性、表达偏好,真所谓"曲高和寡""知音难觅"啊!

魔竖琴

叙事诗

歌手惊讶地谛听,
似乎远处传来的欢乐琴音
把歌手匆匆地唤醒:
"啊,我的心为何这样忐忑不宁,
那究竟是什么乐声——

---

① 《马克思恩格斯全集》第1卷,人民出版社1995年版,第699页。原文参见 Karl Marx, "Zauberharfe", *Marx-Engels Gesamtausgabe*, I // 1, Dietz Verlag, Berlin, 1975, S.624。

是星星还是幽灵在哀鸣!"

他振作精神一跃而起,
小心地把头伸进一片黑暗里,
远处一轮金色光晕在招引;
"歌手,跟着我,走上台阶再下去,
无论在空中或在黄泉,
你都摸不到一根琴弦!

歌手看见那光晕张开如巨网,
他的心儿便渐渐发紧,
而琴声却越来越听得分明;
他随着琴声踽踽前行,
走上台阶又往下,活像一个幽灵,
脚下是纵横交错的幽径。

他停下脚步,眼前忽然敞开大门,
迎面扑来了悠扬的琴声,
仿佛把他托起来继续前行;
面前金光闪闪,他看到一张七弦琴,
它奏出悦耳的曲调,似乎日夜不停,
尽管看不见有人在弹琴。

乐曲使他动情,交织着痛苦和欢欣,
忽而昂扬,忽而又变得无限深沉,
使他再不能隐瞒真情:
"这不是琴音,而是我的心声,

> 这是我的写照,我的痛苦呻吟,
> 它们都发自我的内心。"
>
> 他如醉如痴,把琴儿一把拿起,
> 琴声高昂激越,如悬崖上冲下清泉,
> 琴声幽咽低沉,如深谷里流水淙淙;
> 他放声高歌,热血沸腾,
> 无比的悲怆充满了他的心灵,
> 使他再没见外界的天光云影。

(二)抒泄

叙事诗《小提琴手》(Spielmann)表达的则是情感抒泄的另一种状态。在一般人的印象中,小提琴作为乐器的"皇后",演奏起来应该音色优美、典雅超脱且曲高和寡,演奏者也一定要文质彬彬、风度翩翩,一派绅士范儿。然而,这首诗塑造的却是别样的形象。

在并不很长的篇幅中,马克思不惜在开头和结尾用完全一样的词句来描摹主人公的外貌:淡褐色头发垂至额头,衣衫褴褛,腰挂佩剑,手拨琴弦。他拉小提琴的方式也很独特,横眉怒目,心潮汹涌,把曲子演奏得慷慨激昂,甚至让人觉得琴弓都要被拉断了。音乐能这么玩吗?面对人们的疑惑,他也承认自己情感太过充沛了,这哪里是人在拉琴,简直是波涛发出澎湃的呼叫,声如雷鸣,仿佛要冲向峭壁,溅起浪花。他自己太投入了,简直要

"拉到胸膛迸裂,双目失明,/让灵魂带着琴韵沉入幽冥的地狱!"① 有人对他说,拉琴是门必须经过严格训练才能有所成就的艺术,你能学会它多亏英明的上帝帮忙,你本该随着小提琴的声调,跃上云天,去陪伴那些灿烂的繁星,让它们和谐相处,欢舞蹁跹。孰料这样的看法却引起小提琴手很大的反弹,他完全不认同。他认定上帝是虚构的,根本不存在;即使存在,它对艺术也一窍不通,或者毫不尊重。相反,他是这样来理解艺术的:它是魔鬼,"从阴暗的地狱"跃入人的心中,使其心荡神迷、如痴如醉,人只能狂奏不歇,琴声时而低沉压抑,时而明快纯洁,直到弦上的琴弓拉得人撕心裂肺,不能自已……

马克思塑造的这一形象与长期以来把马克思主义文艺观诠释为艺术是对现实生活的忠实反映的主张是有差别的,而更多地与贝多芬所表达的"音乐应当使人类的精神爆发出火花"、舒曼将肖邦的"玛祖卡"② 称作"藏在花丛中的大炮"的思想、观念相接近。

小提琴手

小提琴手拨动琴弦,
淡褐色头发披垂额前,
腰间挂着长长的佩剑,
身穿褴褛的皱褶衣衫。

"琴手呵琴手,你为何奏得如此激昂,

---

① 参见 Karl Marx,"Spielmann",*Marx‑Engels Gesamtausgabe*,Ⅰ∥1,Dietz Verlag,Berlin,1975,S.670;《马克思恩格斯全集》第 1 卷,人民出版社 1995 年版,第 778 页。译文有改动。

② 波兰民间舞曲。

你为何横眉怒目环顾四方?
你为何热血奔流心潮汹涌?
要知道这样会拉断琴弓。"

"我哪里是拉琴,那是波涛澎湃的声音!
它冲向峭壁,浪花飞溅,声如雷鸣,
我要拉到胸膛迸裂,双目失明,
让灵魂带着琴韵沉入地狱的幽冥!"

"琴手呵,你冷嘲热讽把自己的心儿揉碎,
其实多亏英明的上帝你才把这门艺术学会,
你本该随提琴的声浪跃上云天,
去陪伴那灿烂的繁星欢舞蹁跹!"

"这是什么话!我要把血污的长剑举起,
一下子狠狠刺进你的灵魂里,
快走出这间屋子,别让我再见到你,
莫非你想拿自己的性命当儿戏?

上帝对艺术一窍不通,毫不尊重,
艺术是从阴暗的地狱跃入我的心中,
它使我心荡神迷、如痴如醉,
把这生机勃勃的艺术卖给我的是魔鬼。

魔鬼为我打着节拍,还用粉笔记下乐谱,
那是死亡进行曲,我只能狂奏不歇,
琴声时而低沉压抑,时而明快纯洁,

直到弦上的琴弓拉得我心儿碎裂。"

小提琴手拨动琴弦,
淡褐色头发披垂额前,
腰间挂着长长的佩剑,
身穿褴褛的皱褶衣衫。

(三) 想象

想象能够带来美感,面对哪怕多么平凡、常见的自然景观,如果人有一双发现美的眼睛,就会赋予其无穷的意义。《三盏灯》(drei Lichtlein)描写的是作者看到远处闪烁着的三盏灯,就把它们想象为聚集在一起的三只眼睛:一只温情地向天空瞭望,闪耀出一片深情,仿佛已看见了上帝的身影,接通了天上—人间的桥梁;另一只则望着地上的芸芸众生,倾听远方传来的琴声,默默无语却表露出兴奋的神情;最后一只则放射出闪闪金光,光芒像水一样朝四处流淌,光波流入人的心中又喷涌而出,化作繁花竞放的如荫绿树。

当然,想象也还可以不停地变换,比如,在远处熠熠齐明的这三盏灯,也可以被视为三颗闪烁的星星,不管狂风怎样怒号呼啸,它们永远放射出光明;还可以看作是人身上的三颗心灵,可以彼此漠视、孤立乃至斗争,制造自我的分裂、痛苦,但只要一个向另外两个开放、融通,彼此相容,幸福、和谐就会降临。①

---

① 《马克思恩格斯全集》第 1 卷,人民出版社 1995 年版,第 779—780 页。原文参见 Karl Marx, "Drei Lichtlein", *Marx-Engels Gesamtausgabe*, I //1, Dietz Verlag, Berlin, 1975, S.671-672。

三盏灯

远处闪烁着三盏虔敬的灯，
在一起犹如三只眼睛三颗星。
不管狂风怎样怒号呼啸，
它们永远放射出光明。

一盏灯温情地向上探寻，
直到那火光照到了天空，
眼睛里闪耀出一片深情，
好像已看见了上帝身影。

另一盏望着地上芸芸众生，
倾听远方传来的胜利琴声；
它回头来看它的两个姐妹，
默默无语却露出兴奋神情。

最后一盏放射出闪闪金光，
光芒像水一样朝四处流淌，
那光波流入它自己心中，
又喷涌而出化作满树繁花竞放。

三盏灯在远处熠熠齐明，
像三只眼睛，三颗闪烁的星星；
即使狂风在怒号呼啸，
只要一个心灵溶合另外两个，幸福就会降临。

(四) 异化

马克思用南德意志方言写成的童话诗《小人和小鼓》（Männerl und Trommerl）既有童趣，又饶有蕴涵。

同样的，在这里他也没有把小鼓儿当作一件乐器，而把它视为由小人儿造出来而又与"小人儿"一样有性格的孩子。小鼓儿被用铁圈箍紧身躯，坐在地上，寡言少语，却显得聪明伶俐。小人儿则两脚站着，站得累了倒在地上。他看到小鼓儿坐得稳稳当当，于是就大发雷霆，用手猛敲小鼓儿。小鼓儿并没有生气，相反很有涵养，乐得咚咚作响。这更激怒了小人儿，气得他双脚直跳，放开嗓门吼叫，责问小鼓儿为什么嬉笑，好像在嘲弄自己似的，简直是胡闹、可恶、荒唐。小鼓儿仍然没有说话，但小人儿逐渐明白了，小鼓儿的反应不是小鼓儿做出来的，而是与他自己有关——他敲时小鼓儿才发出声响，如果把它挂起来，那么小鼓儿就永久待在那个地方不动、不响了。再想一想，小人儿用木头造出小鼓儿，本想着小鼓儿要听话，要配合他，"我敲鼓时你得跳，我唱歌时你得叫，/我欢笑时你得哭，我跳舞时你得笑！"但被创造出来的小鼓儿也是一个存在物呀，它不再听小人儿的指挥了！念及这种状况，小人儿就更加怒气冲天，连续狠敲小鼓儿，一直把它打成稀巴烂。这样，"小鼓儿旁边不见小人儿，小人儿身边不见了小鼓儿"了。①

那么，小人儿由此释然、快乐了吗？没有！他在与自己的创造物的相处中没有学会怎样做人，最终走进了修道院，出家当了个小教徒，到那里受教化去了……

---

① 《马克思恩格斯全集》第1卷，人民出版社1995年版，第798—799页。原文参见 Karl Marx, "Männerl und Trommerl", *Marx-Engels Gesamtausgabe*, I // 1, Dietz Verlag, Berlin, 1975, S.683–684。

这恐怕是马克思最早写下的对"异化"的理解。不在少数的学者从学术史、概念史的角度认定1844年"巴黎手稿"中所阐释的这一思想来自古希腊哲学相关思想萌芽的延续、费尔巴哈的"宗教异化论"的启迪和黑格尔绝对观念"外化""对象化"的扬弃，其实更源自马克思从青少年时期就形成的现实观察、情感体悟和人性思考。

小人和小鼓
童话诗

小鼓儿不是小人儿，小人儿不是小鼓儿，
小鼓儿聪明伶俐，小人儿傻里傻气。

小鼓儿用铁圈箍紧，小人儿用两脚立地，
小人儿累得倒在地上，小鼓儿仍坐得稳稳当当。

小人儿大发雷霆把小鼓儿猛敲，
小鼓儿乐得咚咚作响，小人儿气得双脚直跳。

小人儿朝它做鬼脸，小鼓儿对他哈哈笑，
小人儿怒火中烧，放开嗓门吼叫：

"小鼓儿，嘿！小鼓儿，呸！你为什么嬉笑、胡闹！
你嘲弄我，做鬼脸，还以为我没看到！

可恶的小鼓儿，你怎能嬉皮笑脸、如此荒唐？
我敲你时你才响，我把你挂起来你就呆在那个地方！

我用木头造出你这个小鼓儿，
难道是为了让你装腔作势，好像是你把自己造就！

我敲鼓时你得跳，我唱歌时你得叫，
我欢笑时你得哭，我跳舞时你得笑！"

小人儿怒气冲冲把小鼓儿狠敲，
鼓儿给打得稀巴烂，鲜血往外冒。

小鼓儿旁边不见小人儿，小人儿身边不见了小鼓儿，
小人儿走进了修道院，出家当了小教徒儿。

三、"作者"对"作品"的言说及其命运

大学期间马克思曾花一段时间特别认真地阅读了古罗马诗人奥维狄乌斯（Ovidius）用拉丁文创作的长诗《哀歌》（Bücher der Trauer），还尝试将其意译成德文，现留存在《献给亲爱的父亲的诗作》中。但是两相对照就可以看出，这与其说是"翻译"，还不如说是"再创作"，即马克思凭借奥维狄乌斯《哀歌》的形式表达了自己的人生态度以及对世界的理解，所以这完全可以看作他自己的作品。

全诗以拟人的手法叙述了"作者"对自己创作的"作品"（"小册子""书"）的叮嘱、安慰和祝愿。

开首就说，作者该与作品分离了，催促作品立即登程，到胜利者之城去歆享欢乐。而作者由于受困于时代的雷霆，只能留在原处栖身，所以说作品此刻"正合流放者的身份"，"衣襟寒酸"地"为作者穿丧服而向着异乡远行"。作品是作者思想的记录和表达，时代、社会可以限制作者的生命，但不能禁锢他已经写出来的作品。较之于短暂的个体生命，作为思想和精神载体的作品未来的命运将更为持久，所以不要在意一时的影响和效应，"别用银光闪闪的饰物去打扮"，更不需要"选择华丽的辞藻给自己装饰"，"也别散发出雪松的芳馨"，只要忠实地"满载我的悲愁和那沉沉黑夜的烦忧"，

甚至不妨用"蓬头垢面"来应对"别人冷眼相望",乃至"羞羞答答埋名隐姓"。① 这是作者对自己的作品的"叮嘱",映现的则是一种自信。

从另外的角度看,由于作者不见容于社会而被"染上斑斑污点",甚至"脸色苍白,愁云满面","伤心得热泪长流",往往导致作品不能与作者同在,这是思想与思想家的错位,更是时代的悲剧、历史的曲折。

作品离开作者,走向远方,就开启了另一段"社会化"的征程和命运:被接受、漠视抑或否定。但不管怎样,只要它是作者当年心血所著,作者的梦想、情怀乃至"咒语和幻想"都将随它一同传播和前行。它可能进入"神圣的地方"与思想家共济一堂,寻找到知音,获得赞同和赏识;也可能路遇黑礁暗沙,被无视、藐视乃至遭到打压。当然,也许有人能慧眼识珠,只看它一眼,就回想起往日类似的情景,从而引发共鸣;也许有人会问长问短,打听作者目前的状况②,给予同情、牵挂并引为同道。

作品之被接受的程度,不是一个确定的、一成不变的事实。因为作品是一个活动的主体,也参与着阅读者理解的过程、新境遇的诠释和论证,所以,马克思叮嘱说:如果要是有人想听到更多消息,作品要轻声细语,要靠自己的逻辑和判断。"别言语不慎犯下罪,/

---

① 《马克思恩格斯全集》第 1 卷,人民出版社 1995 年版,第 706—707 页。原文参见 Karl Marx,"Erste Elegie aus den Büchern der Trauer des Ovid", *Marx-Engels Gesamtausgabe*, I // 1, Dietz Verlag, Berlin, 1975, S.628。

② 马克思不无凄楚地说:"这时你就告诉他,作者还活着,/但不是被救进天堂;/他的心脏还在跳动,/这只是人家(当局)网开一面,但并不是慈悲心肠。"

不该说的事儿就莫张嘴"①,就是说,不要逃避作者所处的环境,而沦为替别的潮流、观点辩护的手段和工具。还有的情况是,有些人会对作品恶语相讥,反复提及作者的过错,甚至把作品当作罪人的罪证来看待,这时作品要诚实,"惭愧地把目光低垂下来"。即使指责和咒骂充满了误解,惹得作品感到伤心和委屈,也得耐心去听,泰然处之。须知小瓢虫扑不灭熊熊烈火,但如果因咋咋呼呼、哗众取宠而铸成大错,就别想在思想史、文学史上蒙混过关了。当然,也会有一些好心人同情地理解作品,说些充满怜悯的话,甚至希望当局(凯撒)回心转意,多少减轻一些作者的罪名。但不管作品遇到什么样的情况,这些遭际都是对作者的回应,也算是其福分,所以都应该通过作品向人们致意,表达谢忱。

任何作品都不是尽善尽美的。它很可能会受到责备,比如认为作者的诗句不太优美、气势不够宏伟、思想不够深刻等等。这该怎么理解又如何对待呢?作品与作者之间、作者与时代之间是完全一致,还是应该有一定程度的区别呢?理性的评判者应该注意到作品产生的特定的时代背景、词句的表达方式与作者思想之间的不对应性,只要有人能提及这一方面的情形,那么对作品完美性的苛责就会得到一定程度的缓解。而就作品而言,只要是出自开阔而乐观的作者的心胸,就会充满魅力;相反,倘若其感情始终被愁云笼罩而不能得以畅快地抒泄,那么大概连诗歌之神缪斯也会感到苦恼。如果诗人头上总有利剑发出寒光,或者惨遭流放,频繁经历风暴和严霜,又怎么能不使他感到恐惧、充满忧伤呢?经历这样的苦难又怎么能让他写出美妙而热情的诗章呢?即使是荷马这样的诗才,如果

---

① 《马克思恩格斯全集》第1卷,人民出版社1995年版,第708页。原文参见 Karl Marx,"Erste Elegie aus den Büchern der Trauer des Ovid", *Marx-Engels Gesamtausgabe*, I∥1, Dietz Verlag, Berlin, 1975, S.629。

被人抛入苦海，为生存而只顾躲避眼前的危局，其才华也会被湮没的，又怎么能写出流传千古的史诗呢？所以，后来公正的评论者会根据作者所遭受的苦难来评判他所写的全部作品，如果看到其中有的篇章由小见大、举一反三，超越作者具体经历或由此可以抽象出宇宙万物变化之道，对人生有通透的观照和深邃的见地，就会为之惊叹，这样的作者及其作品就定会赢得赞誉。

  当然，也有一种可能，作品只是被独立地评判，而将它与作者分离开，因而不能获得同情性的理解。这种情况下怎么办呢？基于艺术上、思想上不够完善、纯粹和深刻而拒绝其面世和流传吗？不需要。"只管放心前去"，关键是千万不要沽名钓誉，即使读者将其扔到一旁，也别为此而羞愧难当。命运多舛的作者早就不再沉醉于幸福而温馨的怀抱，不再追求粉丝、歌手的追慕和激赏，所以，赢得人人接受和称赞，也不是作品理想和最佳的结局。社会史、思想史和文学史昭示的是，那些一帆风顺的才子佳人、俊杰硕儒自得于自己的才华横溢、意气风发，一心追逐、迷恋虚名浮华，到头来却被遗忘得一干二净。作品的命运也一样，千万不要心存幻想走上神殿，倨傲地耸入云天。凯撒建造的廊柱倒是比他本人高得多，须知这些高贵的殿堂如今根本不认识他的主人，而正是从城堡里发出的呐喊，让众人向着他的头颅劈下雷霆。历史的殿堂里住着的是众人之神，他们伟大、慈悲而温存。如果他们发出雷电风暴，连明媚的春日也能让人胆战心惊。所以，作品也要学点聪明，别再去追逐那些浮名虚荣，毫不自量地向高空翱翔，幻想流芳百世。究其实，一切要看时间和地点的转换，都必须经历严酷的检验。

  总之，作品与作者、书与人，既是一体的也必然是会分离的。在这盘根错节与分分合合之中，尽管人在天涯海角栖身、漂泊，时空上不过百年一隅，但书和作品却能代其远行，相隔茫茫万里可以交流，跨越古今也能够相通。当然，作品也可能遭逢曲解、误读、

"诠释不足"和"过度解读"乃至被冷落、漠视的命运。幸耶不幸?书似人生,哀歌一曲,参不尽、透不通。

奥维狄乌斯著
《哀歌》

第一曲
(意译)

1

小册子啊,你可以立即登程,
去那欢乐的胜利者之城;
宙斯的雷霆已把我击中,
所以我仍留在这里栖身。

2

去吧!别看你衣襟寒酸,
为作者穿丧服异乡远行;
这打扮正合流放者身分,
这正是时代风暴的命令。

3

别想穿紫红色的袍服,
忘却你周围紫罗兰的血色!
唉,既然热望已成泡影,
又何必装得幸福欢欣。

4

你要羞羞答答埋名隐姓,
也别散发出雪松的芳馨,
你那佝偻的黑色躯干,
别用银光闪闪的饰物去打扮。

5

只有喜气洋洋的作品才选择
华丽的辞藻给自己装饰;
我只要你满载我的悲愁
和那沉沉黑夜的烦忧。

6

你不妨蓬头垢面,
任别人冷眼相望,
又何必破帽遮颜,
还要用浮石砑出亮光。

7

你脸色苍白,愁云满面,
还被我染上斑斑污点,
唉!你伤心得热泪长流,
直到把你的破衣湿透。

8

走吧,我的书!代我一路致意,

再问候那神圣的地方，
我的梦将随你一同前往，
还有我的咒语和幻想。

9

也许有人只看你一眼，
就回想起往日的情景；
也许有人会问长问短，
打听那派你去的主人。

10

你就告诉他，我还活着，
但别说我已被救进天堂；
那怕我心脏还在跳动，
这只是人家网开一面，并非慈悲心肠。

11

要是有人想听到更多消息，
你要轻声细语，这要靠你自己。
当心别言语不慎犯下罪，
不该说的事儿就莫张嘴。

12

有些人会对你恶语相讥，
把我的过错重又提起，
甚至把你也当作罪人看待，
你定要惭愧地把目光低垂下来。

13

要是指责和咒骂惹你伤心，
你也得处之泰然耐心去听；
须知火焰扑不灭熊熊烈火，
铸下大错可别想欺骗蒙混。

14

但也会有一些好心人，
唉声叹气地和你谈心；
思念引起的涟涟泪水
就会蒙住他们的眼睛。

15

他们会对我表示非常同情，
轻轻地说出的话充满怜悯：
"但愿他能使凯撒回心转意，
唉，多少减轻一些他的罪名。"

16

不论是谁替我说情：
"请求上帝格外开恩！"
我都衷心地为他祷告：
"愿雷霆放过这些好人！"

17

如果神明俯允他的请求，

让我毫无遗憾地
死在众神选定的那座名城,
但愿凯撒熄灭他的雷霆!

18

当你代我如此向人致意,
你自己也会受到责备,
说是我的诗句不太优美,
又说我的气势不够宏伟。

19

但是法官们应能想起
诗句产生在什么时期;
只要有人能提上一句,
你的危险都将被除去。

20

因为诗艺的魅力种种
只能出自欢乐的心胸;
倘若感情被愁云笼罩,
连缪斯也会感到苦恼。

21

诗人的歌充满了忧伤,
诉说他如何惨遭流放,
风暴、海水和严寒使他惊惶,
这样的苦难叫他怎样歌唱!

22

不能让诗人充满恐惧终日惶惶,
要让他写出美妙热情的诗章。
可我却只能哭泣,满目凄凉,
但见头上有利剑发出寒光。

23

我所写的全部诗篇,
会使公正者为之惊叹;
他会赞扬我的作品,
也会想起我的苦难。

24

即使是荷马这样的诗才,
如果被人抛入苦海,
他的才华也会全部湮没,
只顾躲避眼前的危害。

25

我的书呀,你只管放心前去,
可千万不要沽名钓誉;
即使读者把你扔到一旁,
你也别为此羞愧难当。

26

我已不再沉醉于

幸福温馨的怀抱；
赢得称赞不是我的理想，
我也不追求歌手的奖赏。

27

回首往昔欢乐的日子，
我那时才华横溢、意气风发，
对显姓扬名深为迷恋，
一心追逐那虚名浮华。

28

若说我今日尚弹琴歌吟，
如火的诗情尚未燃尽，
我的心已深感满足，
因为毁我者正是我的歌声。

29

走吧！这是你的幸运，
代我细看那雄伟的罗马城；
我多希望受神的庇护，
能够亲自踏上征程！

30

你千万不要心存幻想，
以为能装作异乡人走进名城；
你是个销声匿迹的人，
怎能向当地百姓倾吐衷肠！

31

哪怕你没有书名和标记,
书皮颜色就已泄漏天机;
尽管你自称非我所写,
唉,仍逃不了声名狼藉!

32

你要偷偷地走进城门,
以免我的歌使你受到伤害;
我已不再唱爱情的丽词艳句,
尽管它们曾经使人神迷心醉!

33

如果因为你的字句是由我苦苦推敲,
就有人粗暴地把你扔掉,
说你这本东西不堪入目,
满纸荒唐尽是诲淫诲盗;

34

你就说:"请读一下书名,
我并不教唆人说爱谈情;
唉!那众多严厉的神明,
把我判处了重刑!"

35

别走上那座神殿,

它倨傲地耸入云天；
凯撒的廊柱比它更高，
可别让他的随从把你发现。

36

须知这些高贵的殿堂
如今不认识你的主人；
正是从那城堡里发出霹雳，
众神向我当头劈下雷霆！

37

是的，殿堂里住着众神，
他们伟大、慈悲而温存。
但如果他们发出雷电风暴，
连明媚春光也使我们胆战心惊！

38

小鸽子曾落入苍鹰的利爪，
正舔它那流血的伤口，
这时哪怕吹来一阵和风，
也会使它担惊受怕。

39

小羊羔若在狼口获得余生，
就只顾仓皇地四处逃命；
一有风吹草动就浑身打颤，
直到钻进它低矮的羊圈！

40

法松如不往太空高翔,
他至今还能够安然无恙;
如果他不是糊涂一时、年轻气盛,
就不会为驾驭金马车而把命丧。

41

我害怕宙斯愤怒的雷霆,
看见他的烈火就赶快逃命;
当电光一闪劈破天空,
总觉得他的投枪已把我击中。

42

阿吉夫人中不论是谁,
如能从卡法雷海岸陡壁遁逃,
他就再不会驾着他的帆船
乘着海潮驶向埃维亚岛。

43

我的小舟曾被风暴击沉,
再也不敢驶近那块地方;
它战战兢兢离开那恶浪险礁,
远远地驶向天涯海角。

44

所以,书啊,你要学点聪明,

做什么事都要步步为营；
别再去追逐那虚荣浮名，
众人定会对你洗耳恭听。

45

伊卡鲁斯竟毫不自量
装上翅膀向高空翱翔；
纵使他英名百世流芳，
总归已不幸葬身海疆。

46

我们究竟是勇敢地划起船桨，
还是乘着海风扬帆启航，
此事我们今后再作理论，
这要看时间和地点再拿主张。

47

如果他的前额开阔明朗，
如果他的面容温和慈祥，
如果他多年积下的愤怒
已经在沉默中隐藏；

48

如果你曾害怕得面色如土，
不敢向他走近一步——
现在就向他问候并伸出手去，
你去吧！黑暗里已有亮光透出。

49

此刻命运之神已发善心,
你出生之时就交上好运;
伤口的灼痛已渐渐减轻,
远方正传来恩赦的声音。

50

因为谁暴怒地打伤别人,
就要由谁来医治伤痕;
就如泰列夫的创伤痛楚,
只有阿基里斯本人才能消除。

51

如果你要把人救活,
当心,可别投下毒药。
"希望"!它是那样渺茫,
你害怕得辗转反侧,直到天亮!

52

盛怒已经平息——你要小心,
可别让他再发雷霆。
要是你一时糊涂把他触怒,
新的灾难又将使我灭顶。

53

也许缪斯在神殿把你接见,

那时你心中将是何等甘甜；
你可以在殿堂上扬眉吐气，
在那里创作才与美誉相联。

54

你会看见你的许多兄弟，
被排成一列依偎在一起，
记得是在暮色降临时分，
我诗兴大发把他们写成。

55

他们每个人都公开地
亮出自己骄傲的名字；
那名字在前额闪闪发亮，
犹如诗情溢采，也似希望放光。

56

有三个兄弟远远站在一边，
四周像蒙着一圈黑色轻烟，
这三卷书大谈男女风月，
从书里还听得出调笑戏谑。

57

你可要离他们远点，
要不就对之厉声痛斥，
因为这几卷书都犯下了
奥狄浦斯和泰莱贡诺斯的罪孽！

58

另外还有一部歌曲，
差一点被人付之一炬，
这本书能让你知晓
宇宙万物变形之道。

59

对变了样子的陌生人，
你要按我的嘱咐讲话，
就说我命好逢凶化吉，
落难在异乡遇到了转机。

60

回首往昔我曾痛饮幸福之杯，
从那紫红的双唇中吸取火焰；
现在众神要我受此苦难，
我整日只有以泪水洗面！

61

你用目光询问我还有什么叮嘱，
我确实还有万语千言想要倾诉，
但纤美的司时女神却不容哀求，
她们不停地摇桨，紧催时间奔流。

62

要是我请你代我转达

我的全部肺腑之言,
唉!那就千言万语也说不完,
这些行装会把你的腰板压弯。

63

路好远哪!我的书呀,你快启程,
须知我是在天涯海角栖身,
只有西徐亚人和我住在此地,
这里和内地之间却相隔茫茫万里!

四、情感样态的复杂性

在经过对父—子关系、"创造"形式和作者—作品命运的讨论后,《献给亲爱的父亲的诗作》又转换到对爱的沉思,与《献给燕妮的诗册》相对照,议题相同,但在复杂性和意境上得到了新的升华。

爱是一种情感认同,是要在对象身上寻找对自我的理解、认同和信任。然而,实际上在这个过程中很少有遂顺的时候,需要不断地磨合,也充满了猜忌、错位、误会,乃至经常把人弄得情绪极端、变化无常。叙事谣曲《渴望》(Sehnsucht)在不长的篇幅中用互相对立的表述把恋爱中的惶惑、矛盾、否定等情愫充分展现了出来。

这里刚刚"目光如炬""全身滚烫","思念之情在激荡",倏忽间又"唉声叹气""满腹忧伤","真想现在就长眠于坟场";一会儿是布满星星的暗夜,一会儿又"四周有彩虹的光芒","眼中有火焰闪亮";一会儿"有珠圆玉润的吟唱",一会儿则"空空荡荡,我的心中一片迷茫","不知有什么预兆在梦中潜藏";刚刚觉得"这里波涛翻滚",片刻又感到"这里没有波浪,这里没有火光";方才感到"这里丰收在望,/这里的爱情更加纯洁,更加高尚",马上又疑惑"恶运在鞭笞"自己,"远方有一道强光在向我闪亮,/烧得我饥渴难熬，照得我头晕目眩，/莫非我就要倒地身亡?"①

我们可以看到，在情感中，理性与非理性，客观与纯主观，逻辑与不讲逻辑，瞬息万变与天长地久……矛盾纠结、感受错位、情绪激荡，这就是恋人之间的爱、人与人之间的情，解释不清，但蕴涵无尽。

当然，情感不只发生在人与人之间，也发生在人与自然界、人与物之中。较之于写给燕妮的诗中专注于男女之情，《献给亲爱的父亲的诗作》的选材要更为宽泛，马克思思考世界的视野在扩展，叙事诗《老水怪》（Der Wassergreis）显现的意境就很不一般。

这首诗的结构很独特，与所描述的流水相映衬，四个节拍像首回旋曲，第一、四节的内容几乎完全相同，中间两节则描述了一个曲折的故事，使字面上彼此重复的第一、四节的蕴涵更加丰富，真正是回味无穷！

水在流淌，一副冰冷心肠的模样，听不见惊涛拍岸、回声震荡，它只顾潺潺而去，流向远方。这是它的常态，是一种惯性。

是什么时候出现的波峰浪谷呢？原来有个老翁坐在了河岸，他想阻止河流，甚至喝干这道小小的山溪。当星光灿烂、月亮升起时，他会随波起舞，上下翻飞。起初兴致满满，跳得意志坚决，很有力量。但渐渐地他开始显得吃力，看见水浪翻腾，就感到严寒彻骨、周身透凉，继而满脸愁云，力不从心。水浪腐蚀和啃啮他的骨头，成为杀死老翁的凶手。

最终，流水经历多次反反复复的波折后，又回复到了常态，依然是一副冰冷心肠的模样，听不见惊涛拍岸，回声震荡，它只顾潺

---

① 《马克思恩格斯全集》第 1 卷，人民出版社 1995 年版，第 700—701 页。原文参见 Karl Marx,"Sehnsucht", *Marx-Engels Gesamtausgabe*, Ⅰ//1, Dietz Verlag, Berlin,1975,S.625。

潺而去，流向远方。

这首诗以不长的篇幅把自然与人力的关系、细水长流与人生短暂的反差、人的愿望的无限与现实的局限的矛盾揭示得相当充分，显现了马克思对世界、自然与人关系理解上的进一步深化和逐渐成熟。

此外，在《献给亲爱的父亲的诗作》中，对自然之景的赞美也占有一定的比重。比如，《林中小溪》（Waldquell）描绘的就是一副自然和谐图，特别是使用将溪水拟人化的手法，更衬托出自然界的温馨、流动和恬静。作者说自己在丛林中迷失了方向，烦躁、苦闷之际，看到一道溪水，闪着银光，穿林而过。待流到悬崖边，喧响着形成瀑布，直泻而下。崖边有一簇月桂树，芬芳四溢，向小溪送去甜蜜的祝福，小溪则在月桂的芳香中欢歌而下。倏忽间又碰上了岩壁，水珠四溅，迷雾濛濛。小溪仿佛被撞昏了头一般，只得忍着苦痛，减缓流速，静静地往下俯冲，辗转奔向云海茫茫的远方。①

可以想见，看着溪水的这一系列变化，人不可能无动于衷，甚至完全可以化解掉内心的块垒和郁闷，情绪释怀，由哀致乐、转恬，进而天人一体，共同构成宇宙自然之美。

情感也发生在人与人造物之间，诸如琴手与琴之间，在高超的琴手眼里，琴已经不是物，而是自己的恋人。

有个盛装的歌手紧紧抱着一把三角琴，充满激情地拨动着琴弦。他是在给他人演奏吗？抑或是在自娱自乐？不，是在倾诉别样的情感和思考。他倾诉的对象就是眼前这把琴。而在他心目中，它并不是一把乐器，而是在"琴音里仿佛有个昂扬的魂灵"、可以交流乃至

---

① 《马克思恩格斯全集》第1卷，人民出版社1995年版，第776—777页。原文参见 Karl Marx, "Waldquell", *Marx-Engels Gesamtausgabe*, I // 1, Dietz Verlag, Berlin, 1975, S.669–670。

交心的存在物，"咏叹歌吟"，"充满火一样的激情"。① 它知晓歌手心灵的斗争，了解他磊落的胸襟，更能体察他心中的期盼和憧憬。它深深感到，当歌手用嘹亮的声音向它呼叫，拨动琴弦的并不是他自己，而是从其内心深处袅袅升起的愿望和深情，通过温馨的唇齿间吐出来的气息。

歌手情深，歌声引来了仙女，她容颜妩媚，鬈发金黄，双眸脉脉含情。让歌手心醉神迷，沉入了梦想，只剩下琴独自在吟咏。琴声时隐时现，忽沉忽起，仿佛要拨开歌手与仙女之间的云翳，让他们沐浴在星光和晨曦之中。歌手与其灵犀相通，感受着三角琴乐声的奇妙，觉得它既像喷泉飞洒着幸福的甘霖，亦如五月盛开的鲜花和大地上如茵的草丛。琴的旋律在蓝天下荡漾，分明演奏着的是活脱脱的生命。在欣喜欢悦、哭泣哀伤中，生命延续，琴音回荡。天空升起太阳，天涯海角溶进霞光之中。

更有甚者，马克思展开遐想，有时还设计了一些世间不会有的东西来透视情感，比如他创制了一个"月中人"（Mondmann）的形象，借日月不能同辉思考人生永恒的困境和矛盾。

月中人是浪漫的象征，你看他身披灿烂的星光，舒展肢体，乘风飞腾，上下翱翔，意气高昂。他也歆享着自然赐予的条件、环境和福气，在他那一头鬈发上，天上的甘露如闪光的泪珠，一滴滴飘落在草地上。花蕾绽开，芬芳四溢，有的洁白如雪，有的色泽金黄，不停地向大地诉说心中的欢悦和忧伤。

当然，月中人也并非总是如此轻松，他也有自己的苦恼、无奈和沉痛。别看他总是恬静地在微笑、招手，但内心里却藏着深深的

---

① 《马克思恩格斯全集》第 1 卷，人民出版社 1995 年版，第 795 页。原文参见 Karl Marx,"Wechselgespräch an…",*Marx-Engels Gesamtausgabe*, Ⅰ∥1, Dietz Verlag,Berlin,1975,S.681。

惆怅。他尤其想变成一道阳光,从天而降,紧紧地依偎在太阳的身上。他年复一年地等待着时机,看着一批又一批群星在远处运行、消遁,胸中充满忧悒和苍凉。他做过各种努力,使树林笼罩黑幕,期待歌声四起,云雾散尽,但当四周升起美丽的光晕的时候,太阳即将升起,也就意味着他身上的月光也将消散净尽。①

渴 望
叙事谣曲

"啊,为何你目光如炬、全身滚烫?
为何你唉声叹气、满腹忧伤?
好像黑夜在折磨你,恶运在鞭笞你,
使你在深沉的思念中如痴如狂?

告诉我那双眼睛在何方?
它们像钟声悠扬,四周有彩虹的光芒,
眼中有火焰闪亮,有珠圆玉润的吟唱,
还有夜空的星星在闪光。

我梦见过这双眼睛,
却不知有什么预兆在梦中潜藏,
我的头脑空空荡荡,我的心中一片迷茫,
我真想现在就长眠于坟场!

---

① 《马克思恩格斯全集》第1卷,人民出版社1995年版,第802—803页。原文参见 Karl Marx,"Mondmann",*Marx-Engels Gesamtausgabe*,Ⅰ//1,Dietz Verlag,Berlin,1975,S.685-686。

你为何这么胡思乱想，
何必要到那遥远的异乡！
这里波涛翻滚，这里丰收在望，
这里的爱情更加纯洁，更加高尚。

这里没有波浪，这里没火花，
远方有一道强光在向我闪亮，
烧得我饥渴难熬，照得我头晕目眩，
莫非我就要倒地身亡？"

他全身颤抖，仰望上方，
直到他两眼射出光芒；
思念之情在激荡，烈火燃烧在心房，
他终于停止呼吸倒在地上。

老水怪

叙事诗

1

水流在那边奇怪地潺潺作响，
旋涡飞转，激起层层波浪，
水在奔流，但是听不见
惊涛拍岸回声震荡。
水流有一副冰冷的心肠，
它只顾潺潺流去，流向远方。

2

是谁出现在波峰浪谷?
原来有个老翁坐在那里。
每当星光灿烂、月亮升起,
他就随波起舞、上下翻飞;
他跳得奇怪,显得吃力——
他想喝干那道小小的山溪。

3

水浪是杀死老翁的凶手,
水浪在腐蚀和啃啮他的骨头。
每当他看见水浪如此翻腾,
他就感到严寒彻骨、周身凉透,
他满脸愁云,翻飞起舞,
直到送走月夜,迎来白昼。

4

水流依然奇怪地潺潺作响,
旋涡飞转,激起层层波浪。
水在奔流,但是听不见
惊涛拍岸回声震荡。
水流有一副冰冷的心肠,
它只顾潺潺流去,流向远方。

林中小溪

我在繁花似锦的丛林中迷失了方向,

只见一道溪水穿林而过,闪着银光,
从悬崖上泻下瀑布,发出喧响,
那高处有一簇月桂送来芬芳。

月桂树看着小溪奔向远方,
月桂树看着小溪流过身旁,
溪水在月桂的芳香中欢歌高唱,
一心想汇入那云海茫茫。

溪水正要飞跃腾空,
却撞上岩壁发出阵阵轰隆,
它昏了头静静地往下俯冲,
只见那水珠四溅迷雾濛濛。

溪水就这样穿林远去,
奔流辗转,忍着死亡的苦痛,
悬崖上的月桂树发出幽香,
向小溪送去许多甜蜜的梦。

五、情感的塑造及其价值

爱是一种特殊的情愫，人人幻想爱、追求爱，但获得爱又多么艰难。如果难得的爱在获得之后却又丧失了，该是多么让人肝肠寸断、丧魂失魄、忧心如焚！火积于心会使人沉郁，甚至会让人发疯，而发疯的人以非常人能理解的方式表达着对爱的执着，这又是多么令人肃然起敬！叙事诗《疯女》（Die Wahnsinnige）描述的正是这样的情节。

一个女人总在黑夜里翩翩起舞，月光下她衣裙飘动，目光如电，嘴里还念念有词——不过她不是对人说话，而是对着蓝色的大海在絮叨和呼唤。她要送给大海一颗镶金的红宝石，那里面寄托着她沸腾的心思。过去有个英俊少年曾把这块宝石戴在她胸前，可惜的是，他如今已长眠于海底了。至此，我们可以知道，她实际上是以这样的方式来追悼恋人，而他的葬身之地就成了他的化身、她的痴爱。她呼唤道："你快过来，我要把你温柔地抱在胸怀；/给我戴上柳条编成的花环，/穿上绿中带蓝的美丽衣衫！/……我要为你唱出美妙的歌曲，/风浪一定会翻腾得很高；/我还要尽情地为你跳舞，/风声和涛声定会一起号啕！"①

---

① 《马克思恩格斯全集》第1卷，人民出版社1995年版，第724页。原文参见 Karl Marx, "Die Wahnsinnige", *Marx-Engels Gesamtausgabe*, Ⅰ // 1, Dietz Verlag, Berlin, 1975, S.637。

听着这样的言辞，一般人都会为之动情、感佩，更会为逝去的人而感到欣慰、庆幸的吧？残酷的是，女人殷殷絮语得不到回复，大海无言，更不见到她心上人的踪影，她在失望中只好把身边一棵柳树紧紧抱住，给树枝套上绿中带蓝的花环，然后用奇异的目光上下打量，看它是否漂亮，接着小心地对柳树说："请把你的翅膀借给我，／让我深深地飞入海底；／难道母亲竟没有看见，／花环把儿子打扮得多么美丽？"① 树也无言，她只能陷入更深的失望之渊。

但她绝对不会放弃，每天夜里还是一如既往地在海边走来走去，将柳树梢上都戴上花环，尽情地上下挥动手臂，翩翩起舞，如醉如痴——陶醉于自己的臆想。她就是以这样的方式爱着，无怨无悔，无止无休。

"疯"是一种精神状态，所以我们还是不要再误解它了吧。实际上疯人比正常人情感更真挚、更投入——他们是为爱而发疯的，为了爱不妥协、不谦让、不苟活，因为爱是其生命真正的支柱！

《苏醒》（Erwachen）通过曾在梦境中遐思的人苏醒后回到现实中生发出对真实处境的感受和体悟，完成了自我意识的升华。

酣然入睡，美妙的幻觉出现了：人的眼睛与天上的星辰遥遥相对，交流着爱的光芒。梦中人充满激情，欣喜若狂，闪闪发亮的目光就像七弦琴的音韵，带着朦胧的幽思遐想穿越黑夜的屏障，向着高远的星辰不断地飞翔，去接近爱的目标。然而，情绪激荡之后，又陷入了沉思。站在九天之上，放眼眺望，只见宇宙无边，一片茫茫，天体神妙莫测，空间无限宽广，时间永恒流转，群星千载万年始终明亮。面对这一切，再反观自身，人算的了什么？只是一粒原

---

① 《马克思恩格斯全集》第1卷，人民出版社1995年版，第724页。原文参见 Karl Marx, "Die Wahnsinnige", *Marx-Engels Gesamtausgabe*, I // 1, Dietz Verlag, Berlin, 1975, S.637。

子，沉落在宇宙浩瀚的海洋之中。

梦，总有要醒的时候，醒了，就回到了现状，回到了真实。而关于人在宇宙中的处境从浩气冲天到认定其不过是一粒"原子"的转变，意味着自我意识的苏醒，标志着人的自我认识的能力和水准的不断上升，而这种"上升"又意味着人的无限的主体性的"永恒的沉落"。

当激情的烈火焦灼着胸膛、内心充满光亮的时候，阴晦、隐衷和阴森之态往往会被忽略、被无视，众多精灵托扶着你，扶摇直上，放浪形骸，无拘无束。但地球总有引力，激情总要消退，处于高处的人总会向下沉落，这时，那些被隐藏起来但本属于人的东西就会再次显现存在，彰显其作用和影响。对于人来说，这是失落吗？是倒退吗？不，这正意味着人知晓了自己的全部，懂得了自己的界域和限度，在自我认识的客观、准确和到位方面，其"上升"了、成熟了。如果说是上帝创造了人，人是上帝之子，那么，看到人的自我意识不断地"上升"和成熟，作为创造者的上帝也会感到欣慰，会用颤抖的双唇亲吻它的孩子——"那是被霞光映红的／火焰般热烈的双唇／所作的永恒的亲吻。"①

《海边礁岩》（Seefels）则拟人化地塑造了一个融坚毅与苦涩、刚强与柔弱于一体的"巨石"形象。

在宽阔的水面上，耸立着一座大理石巨岩，它利齿般的峰顶直刺天空，烈焰似的目光投向远方。漂浮着朽株烂叶的浊浪不停地冲击着它，年复一年，岩石身上出现了幽深的洞窟，片片砾石俨然一个个血红的伤口，枯死的薛苔则如白发覆盖在老人额头上。但任凭

---

① 《马克思恩格斯全集》第 1 卷，人民出版社 1995 年版，第 729—730 页。原文参见 Karl Marx, "Erwachen", *Marx-Engels Gesamtausgabe*, I // 1, Dietz Verlag, Berlin, 1975, S.640。

怒潮飞旋激荡，巨岩依旧昂首挺胸，像铁柱般立在水中，傲然俯视它脚下的深渊。

然而，铁骨柔情，英雄也有悲悯的时刻。只有到深夜，从大理石的胸膛里才会传出一阵阵痛苦的呼叫。仿佛千年往事重现心头，苦涩的回忆，持久的坚守，孤独和委屈让勇士号啕大哭。

巨石如人，漫游者倘若此时路过并驻足倾听，也许会百感交集，乃至一不小心跌进那无情的波涛吧。①

当然，对于普通人来说，情感的表现方式要平淡得多，但是否就没有美感和深意呢？绝非如此！你看，夕阳西下，两人在散步。其中一个人发现自己的同伴总是遥望着西面的悬崖，而且嘴唇翕动不已，在轻声念叨着什么，于是追问其原委。同伴说："夕阳的余辉宛如烈焰，告别前还在亲吻着危岩"，太感人了！可是，太阳早上自东方升起，从中午起就照耀着悬崖，夜幕降临又渐渐沉入谷底，天天如此，"这景色又有什么新奇"的呢？②

可是同伴却在这司空见惯、日复一日的图景中看到了情感的交融、流泻和挥洒：霞光给悬崖披上了紫色的百褶衣裙，岩石宛如姑娘依依惜别一般地闭上眼睛，想把那落日残照尽收胸中。晚风轻轻地吻着她胸前的披巾，其脸上泛出红红的光艳，眼睛闪烁着温柔的光芒。在低声吟唱中，她正在为落日的脚步逼近而黯然神伤。看着这一切，同伴不禁轻声叹息，心中充满爱怜和悲伤。这样的图画和

---

① 《马克思恩格斯全集》第 1 卷，人民出版社 1995 年版，第 797—798 页。原文参见 Karl Marx,"Seefels", *Marx-Engels Gesamtausgabe*, I // 1, Dietz Verlag, Berlin, 1975, S.682-683。

② 《马克思恩格斯全集》第 1 卷，人民出版社 1995 年版，第 800 页。原文参见 Karl Marx,"Spaziergang", *Marx-Engels Gesamtausgabe*, I // 1, Dietz Verlag, Berlin, 1975, S.684。

想象吸引他也把目光投向悬崖，只见残阳如一团烈焰，仿佛姑娘在悬崖顶上朝这里频频点头。于是他不断念叨，遥祝她安康，并期待明天再见面。

马克思以这首《散步》（Spaziergang）阐释了他的"情感美学"观：美就蕴含于日常与平凡之中，而情感则在于敏感、发现和通感。

在《献给父亲生日的诗作》中仍收录了几首"献给燕妮"的诗，但就其内容来说，吟咏的情感已经不限于男女私情，而是具有更宏大的视野和更深刻的人生内涵。比如，《献给燕妮的两首歌》（Zwei Lieder an Jenny），由《寻找》（Gesucht）和《找到了》（Gefunden）组成，那么，这里意欲寻找什么？为什么要寻找？找到了什么呢？仅仅是爱吗？我们且来赏析一番。

一开头就提到"锁链""镣铐"，难道说是肉体受到关押、限制和遭受痛苦了吗？通常人总是会这样理解的。但马克思并不这样思考问题，他发现，真正的"锁链""镣铐"来自对"下有碧波万顷，上有满天繁星"的美景的留恋，来自亲人无微不至的爱恋和照顾以及由此所产生的依赖，是这些行为或习惯把自己禁锢在一个地方，沉湎于一种状况，束缚着自己强健的双脚，更妨碍着心灵的开放和自由。生活的洪流，滚滚向前，一路奔泻，却可能跌进意义空虚和价值乌有之中。于是自己要挣脱锁链，启程去寻找新世界了！去哪里呢？不是茫无目的冲撞，更不是像有的宗教所倡导的那样是绝尘离世，到彼岸去超度。但也可能处处不能遂愿，经过努力却得不到希望的结局，一如鸟儿掀动双翅向上飞腾，却撞在悬崖上无声地沉沦了。虽然眼前一片星光，但转动双眼，瞬息间也可能会陷入迷茫之中。当然，只要胸怀世界走向四方，只要在寻找中苦苦思索，"目光又一次大胆地闪耀，飞射如电"，迎候自己的就将会是金光灿烂的自由。

最终了悟到的是:"我寻求的世界应该产生于我心中",它是自己胸膛里升起的情愫向外的涌动,是自己的生命之泉化作的滔滔巨浪,是自己的灵魂的呼吸建造的漠漠苍穹。至此再次调整自己的行为,"已在你胸中发现一个世界,／又何必叫它到别处把世界寻找?"于是,自己在"远走他方后又回到故乡"。① 再一次看到以往熟悉的情景——小树牵着手翩翩起舞,五月花开,争奇斗艳,苍天碧空穹窿无限,山峰耸立在云雾之中……

这是一种从起点出发又回到起点的活动,它绝非无意义的轮回,而是生命脉动的记录,是人生建构的流程。

疯 女

叙事诗

月光下有个女人翩翩起舞,
黑夜里远远地也看得清楚;
她衣裙飘动,目光如电,
犹如金刚石在悬崖上闪烁。

"蓝色的大海,你快过来,
我要把你温柔地抱在胸怀;
给我戴上柳条编成的花环,
穿上绿中带蓝的美丽衣衫!

---

① 《马克思恩格斯全集》第1卷,人民出版社1995年版,第792—794页。原文参见 Karl Marx,"Zwei Lieder an Jenny", *Marx-Engels Gesamtausgabe*, Ⅰ∥1, Dietz Verlag,Berlin,1975,S.679-680。

我要送你一颗镶金的红宝石,
把我沸腾的心血寄托在里面,
有个英俊少年曾把它戴在胸前,
可怜他如今已在海底长眠。

我要为你唱出美妙的歌曲,
风浪一定会翻腾得很高;
我还要尽情地为你跳舞,
风声和涛声定会一起号啕!"

疯女把一棵柳树紧紧抱住,
套上绿中带蓝的爱的花环,
又用奇怪的目光上下打量,
叫柳树小心地走到一旁。

"请把你的翅膀借给我,
让我深深地飞入海底;
难道母亲竟没有看见,
花环把儿子打扮得多么美丽?"

疯女每夜这样走来走去,
绿色海边的柳树都戴上了花环;
她得意地上下挥动手臂翩翩起舞,
再没停止过她寻如醉如痴的舞步。

苏 醒

一

你的眼睛闪闪发亮,
充满激情,欣喜若狂,
这目光就像七弦琴的音韵,
起伏跌宕,宛转悠扬,
带着朦胧的幽思遐想,
穿越神圣的黑夜屏障,
向着太空不断地飞翔,
这时在高远的九天之上,
那些永恒不灭的星辰
便向你放出爱的光芒。

二

你激动地陷入沉思默想,
澎湃的心潮拍击你的胸膛,
你向永恒的宇宙放眼眺望,
只见宇宙无边,一片茫茫,
在你脚下,在你头上,
天体神妙莫测,无限宽广,
群星转动,无休无止,
千年万载永远明亮,
而你自己只是一个原子
沉落在宇宙的浩瀚海洋。

三

你的苏醒
意味着不断地上升,
你的上升
意味着永恒的沉落。

四

当你的灵魂
发出熊熊火光,
当烈火喷射进你的胸膛,
把你的心灵深处照亮,
这时,你心灵的隐衷
就被众精灵高高举起,
带着优美激越的
迷人的音响,
从灵魂的阴森深渊
腾空而出,扶摇直上。

五

你往下沉落
就意味着不断地上升,
你不断上升
就意味着那至高无上之神
用颤抖的双唇对你亲吻——
那是被霞光映红的
火焰般热烈的双唇

所作的永恒的亲吻。

海边礁岩

一座大理石巨岩耸立在水面上，
利齿般的峰顶刺破了天空，
那飘浮着朽株烂叶的浊浪，
轰然冲击着幽深的岩洞。
巨岩傲然俯视它脚下的深渊，
昂首挺胸就像铁柱立在水中。

年复一年，它思绪翻滚，
把烈焰般的目光投向远方，
年复一年，它挡住大海的巨浪，
任怒潮在它脚下飞旋激荡。
那枯死的藓苔，好像白发覆盖在老人额头，
那片片砾石，俨然一个个血红的伤口。

深夜，从大理石的胸膛里
传出了一阵阵痛苦的呼叫，
好像那千年往事重现心头，
苦涩的回忆使它大哭号啕。
漫游者如敢驻足倾听，
必将跌进那无情的波涛。

散　步

"你为什么老望着悬崖那边？
你的嘴唇在轻声说些什么？"

"夕阳的余辉就如一片烈焰,
告别前还在亲吻着危岩。"

"太阳在东方慢慢升空,
从中午起把悬崖照得一片紫红,
然后又渐渐沉入谷底,
——你说这景色又有什么新奇?"

"我曾看见霞光如烈火熊熊,
给悬崖披上了紫色的百褶衣裙。
最后她依依惜别地闭上眼睛,
想把那落日残照尽收胸中。

我们静静地走着,那巨岩在低声吟唱,
正在为落日的脚步黯然神伤,
晚风轻轻地吻着她胸前的披巾,
她的眼睛闪烁着温柔的光芒。

我轻声叹息,心中充满悲伤爱怜,
她脸上泛出红红的光艳,
我紧紧抱住她的心胸,夕阳西下,
在星星的爱抚消失不见。

是这些吸引我的目光投向悬崖那边,
是这些让我的嘴唇絮语不断,
她远远地向我挥手,那残照如一团烈焰,
在悬崖顶上朝着我频把头点。"

献给燕妮的两首歌

寻 找

歌

那天我挣脱了锁链,匆忙启程,
"你去哪里?""我要把新世界找寻!"
"这里难道还缺少田园美景,
你不见下有碧波万顷,上有满天繁星?"

"你真傻,我并不是到彼岸世界去寻找,
这里有山呼海啸,这里有雷鸣风号,
它们都在束缚我强健的双脚,
它们爱恋的问候成了我身上的镣铐。

我寻求的世界应该产生于我心中,
它在我胸膛里升起向外涌动,
我的生命之泉将化作它的滔滔巨浪,
我的灵魂的呼吸将造成它的漠漠苍穹。"

我远走他方,后来又回到故乡,
我胸怀世界走遍了四面八方;
太阳和繁星把我的世界照亮,
但随着一声霹雳,我的世界立刻沉沦消亡。

找到了

歌

为什么小树丛手牵手起舞转圈？
为什么五月花开满地争奇斗艳？
为什么苍天拱起形成碧空穹窿？
为什么山峰耸立插入云雾之中？

我轰然掀动双翅向上飞腾，
却撞在悬崖上无声地沉沦；
我的眼睛能否看见星光？
我转动双眼，眼前一片迷茫。

你，生活的洪流，就这样滚滚向前，
一路奔泻吧，让浪潮汹涌飞溅，
一旦你吃惊地跌进一片虚空乌有，
迎候你的将会是金光灿烂的自由。

我的目光又一次大胆地闪耀，
飞射如电，不胜欣喜乐陶陶，
它已在你胸中发现一个世界，
又何必叫它到别处把世界寻找？

六、情感的多种结局及其多重意蕴

那么,在历经多次磨合、磨难之后,情感最终必定会遂愿吗?未必,它有多种结局。叙事谣曲《夜恋》(Nachtliebe)把诀别、解脱、承诺和升华混合在一起了。

爱是一种很悖谬和吊诡的情感,终生厮守未必有爱,但有时为了爱却不得不选择诀别。这首诗描写的就是一位因"热烈的爱"而"受尽熬煎"的女士,决意要选择让恋人离开,为此她吞饮了毒液。但恋人并不知晓这一点,只是看到她脸色苍白,话语奇特,很是惊讶,于是紧紧地将她搂在胸间。她嘴唇颤抖地告诉他说:"我的灵魂已经贮存在你心间",成了你胸中的火焰,你就带上这些"心爱的瑰宝""青春的热血"上路吧。男人不愿独自离开,要求与她结伴同行,并劝导她说:"那大千世界歌声不绝,/正在太空中回旋运行!"女士则催促他快走,带着"我们的灵魂一起放射光芒",飞向苍穹,飞进"灿烂的群星"之中。① 他阴郁地凝望着她的双眼,在她耳旁低声细语。毒液发作,一如沉沉夜幕已经降临,再也看不见白日大

---

① 《马克思恩格斯全集》第 1 卷,人民出版社 1995 年版,第 701—702 页。原文参见 Karl Marx,"Nachtliebe",*Marx-Engels Gesamtausgabe*,I // 1,Dietz Verlag,Berlin,1975,S.625。

放光明的情景了——她停止了呼吸，在他怀中长眠了。

她是为了爱而死去的，是由爱而生发的苦楚刺痛了她，使她永远沉入无边的黑暗。虽然马克思在这里并没有更详细地介绍背景和原由，但通过这首诗他又一次完成了对爱的复杂性的诠释，比较而言，具体细节反而不那么重要了。

叙事诗《魔船》（Zauberschiff）描述的是一只既没有船帆也没有灯光的小船，却一往无前地要远涉重洋。在经历过无数的风急浪高、艰难险阻后，船上的桅杆已经破烂不堪，舵手也神色阴沉，脸颊上看不到一丝红晕，眼睛里更没有了光彩，疲惫的大脑也迟钝、发呆起来。这时，意外出现了：远处似乎隐约可见一块陆地！舵手不禁激动起来，驾驶着小船向那港湾遥望致意。不料随后海面上突然有一股大浪汹涌而来，小船被冲击着猛然撞上了岩礁。虽然没有撞碎，但摇摇晃晃，在波涛中时沉时浮。更要命的是，紧接着又一道海浪涌来，舵手也受了重创，殷红的鲜血流了出来。他的心猛烈地抽搐、狂跳着，神色更加阴沉，预知到事情可能不妙。空中风雷和海水生物如鬼魂一般，一片呼叫，海浪把小船狂猛地向前抛去。虽然转瞬之间海面突然又波平如镜，但小船却在浪涛的亲吻中沉入了海底。①

功亏一篑，这是遗憾，也是宿命。马克思将这首诗起名为Zauberschiff，寓意深焉。

叙事诗《拐奔》（die Entführung）又回到男女爱情上，描述的是一位骑士要带着美丽的姑娘私奔。

夜色茫茫之中，四周一片寂然。骑士出现在姑娘家铁门旁，姑娘站在楼上向外张望，不知道自己怎么才能下得楼来而又不被厅堂

---

① 《马克思恩格斯全集》第1卷，人民出版社1995年版，第801—802页。原文参见 Karl Marx, "Zauberschiff", *Marx-Engels Gesamtausgabe*, I // 1, Dietz Verlag, Berlin, 1975, S.685.

里的人发现。骑士为她准备了一条长绳,将其中一头抛给她,让她用绳子系紧身子,然后顺着绳子滑下来,这样他们便可逃走了。姑娘听清了他的主意,但顾虑这样逃跑就像小偷一样,于是嘴上嘟囔:"为了情人什么样的事都可以干?!"① 骑士告诉她,这只是把本属于自己的东西("爱")带走,怎么是小偷呢?而且我们也并不孤独,"影子会一路跳舞给我们作伴!"② 这时姑娘又说自己好像有点头晕,往下望一望都感到害怕,竟不能走近楼台。骑士尖锐地指陈她"是下不了决心",而自己为了爱则宁愿献出生命,劝告她不必害怕,不要自己吓唬自己,刚才的意念只不过是一场虚惊。至此,姑娘虽然也觉得这样跳下楼去逃走"实在危险",但一想到如果不如此就只能在梦中日夜思念亲爱的人了,特别是时间已不容许她再拖延和耽搁了,于是她心里默默地向亲人、向自己久居的厅堂做了告别,毅然抓住绳子向地面滑去。

不料,可怕的事情发生了!离地面还差一半的时候,她突然眼睛模糊,脸色惨白,再也没有力气了,双手松开了绳子,一下就摔倒了地上——"掉进了死神的胸怀"。此时她的意识还清醒,祈求骑士再拥抱她一回,她要在他的怀里幸福地离去,要在他的亲吻中停止呼吸,"然后沉落在毁灭的甜蜜黑暗里!"骑士颤抖着抱住姑娘,把她贴近自己灼热的胸膛。就在两颗心一起跳动的时候,他突然意识到自己的死期也快到了。于是当姑娘向他诀别的时候,他请她

---

① 《马克思恩格斯全集》第1卷,人民出版社1995年版,第781页。译文有改动。原文参见 Karl Marx,"Die Entführung", *Marx-Engels Gesamtausgabe*, I // 1, Dietz Verlag, Berlin, 1975, S.672。

② 《马克思恩格斯全集》第1卷,人民出版社1995年版,第781页。原文参见 Karl Marx,"Die Entführung", *Marx-Engels Gesamtausgabe*, I // 1, Dietz Verlag, Berlin, 1975, S.672。

"且慢,且慢,让我跟你一起走向远方!"① 果不其然,这时他们的头顶上电光闪起,就像永恒的火焰一样,一对情人被雷电击中,拥抱着倒在了地上,停止了呼吸。

私奔遭遇失败,雷电成全了他们——虽然在现实中没能厮守在一起,但死后灵魂长相守。这是爱的超越和胜利,当然也是爱的无奈和凄楚。

但是,这样的结局绝不能成为人们放弃追寻情感和思考的理由,明知如此艰难而又难以掌控和预测,但绝对不能因此而放弃,这是人的使命、责任和追求。

《献给亲爱的父亲的诗作》中收入了《致燕妮的十四行诗(终曲)》(Schluß-Sonett an Jenny),它与《爱之书》第一部最后那四首同名十四行诗②是同时写作的,但很显然感情要更超脱一些。马克思告诉燕妮,尽管也担心得不到她爱的回应,但自己还是很愉快的,因为心海里拍击着最后的银色波浪,用离别之歌来结束这组诗,而坚信只有燕妮的吟咏才能配得上这样的诗篇,才能使爱的涛声更加雄壮、高昂。他乐观地预计,岁月的波涛不停地流逝,穿过许许多多人生的巉岩陡壁,流过片片情的树林、道道爱的瀑布,终将在自己的女神那里找到完美的归宿和价值。所以,自己要抛开心中的痛苦,摆脱种种束缚和压力,大胆地披上象征爱的火红色、宽大的外衣,胸怀一颗晶莹透亮而自豪的心,迈着坚定的步伐走进广阔的

---

① 《马克思恩格斯全集》第 1 卷,人民出版社 1995 年版,第 781—782 页。原文参见 Karl Marx,"Die Entführung",*Marx-Engels Gesamtausgabe*,Ⅰ∥1,Dietz Verlag,Berlin,1975,S.672-673。

② 《马克思恩格斯全集》第 1 卷,人民出版社 1995 年版,第 537—540 页。原文参见 Karl Marx,"Schluß Sonette. An Jennyan,Buch der Liebe. Erster Teil",*Marx-Engels Gesamtausgabe*,Ⅰ∥1,Dietz Verlag,Berlin,1975,S.519-520。

天地，坚信"美好梦想会变成生活的常青之树！"①

本册诗集的最后是两首"颂歌"（Dithyrambe）。其中一首《夜思》（Nachtgedanken）把思想拟人化，马克思设想，假如思想依托于"乌云"之上，如雄鹰般强劲地扇动翅膀，在天空中飘飞，甚至传出霹雳之声，喷出阵阵火光。这时它诚然会显得凝重、超脱，似乎可以抛却一切诟骂、诅咒，充满无畏的激情，掀起阵阵浪潮，冲击天上的神宫。然而，乌云不会持久，天公稍作伎俩，驮伏其上的东西就会痛苦地叫嚣着烟消云散，消失于苍穹或摔落到地上。② 马克思这样的分析意在使我们领悟到相反的结论：思想只有扎根大地，依托土壤，才能生长、发展、延续和壮大。

另一首《梦境》（Traumbild）描摹的是马克思的期望。梦幻尽管虚无缥缈，但还是希望在其中出现芬芳美丽的图景，用自己的一缕缕鬈发，编织成圆形花环，在如墨的潮水中挥洒心血，在风声激荡中歌唱爱情。爱会向八方延伸，发出闪闪金光，即使狭小的房屋也因此会变得明亮而宽敞。他将鬈发编织的花环轻柔地戴在自己挚爱的仙女身上，激情澎湃地唱出的歌声在周围回荡着。灯光摇曳，映出一轮太阳，周遭空间瞬间会倒塌，自己就能拔地而起，变成勇士，身高如塔，目光庄严，威风凛凛。心在激动地狂跳，痛苦会化作山峰，自己先是扑倒在地上，然后抬起头来，骄傲而又豪放地对

---

① 《马克思恩格斯全集》第1卷，人民出版社1995年版，第794页。译文有改动。原文参见 Karl Marx, "Schluß - Sonett an Jenny", *Marx - Engels Gesamtausgabe*, I//1, Dietz Verlag, Berlin, 1975, S.680-681。

② 参看 Karl Marx, Dithyrambe/Nachtgedanken, *Marx-Engels Gesamtausgabe*, I//1, Dietz Verlag, Berlin, 1975, S.686-687；《马克思恩格斯全集》第1卷，人民出版社1995年版，第804页。

着太阳引吭高歌。①

夜　恋

叙事谣曲

他紧紧地把她搂在胸间，
阴郁地凝望着她的双眼：
"热烈的爱使你受尽熬煎，
你是在颤抖，颤抖在我唇边？"

"你已经饮下了我的灵魂，
它成了你胸中的火焰，
发光吧，我心爱的瑰宝，
发光吧，那青春的热血！"

"心爱的人儿，你脸色苍白，
你的话那样奇妙，令我吃惊，
你看，那大千世界歌声不绝，
正在太空中回旋运行！"

"走吧，亲爱的人儿，走吧，
灿烂的群星啊，闪射出炽烈的火光，
飞吧，往上飞吧，飞向穹苍，
让我们的灵魂一起放射光芒！"

---

① 《马克思恩格斯全集》第1卷，人民出版社1995年版，第805—806页。原文参见 Karl Marx,"Dithyrambe/Traumbild", *Marx-Engels Gesamtausgabe*, I∥1, Dietz Verlag, Berlin, 1975, S.687。

他在她耳旁低声细语，
茫然地环顾他的四边，
目光中迸出片片烈焰，
烧得他眼睛失去神采。

"亲爱的人儿，你把毒液吞饮，
你就得和我结伴同行，
沉沉夜幕早已经降临，
再不见白日大放光明！"

他紧紧地把她搂在胸间，
她已停止呼吸在他怀中长眠，
内心深处的痛苦刺透了她，
她永远不会再睁开双眼。

魔 船

叙事谣曲

小船一往无前远涉重洋，
既没有船帆也没有灯光；
月光流泻在一片波涛上，
船上的桅杆已饱经风霜。

那掌舵的水手神色阴沉，
脸颊上看不到一丝红晕，
疲惫的脑子已迟钝发呆，
那双眼睛里也毫无光彩。

海面上一片汹涌浪潮，
小船儿猛然撞上岩礁；
它摇摇晃晃，却没有撞碎，
它时沉时浮，隐现于波涛。

突然涌来了海浪一道，
殷红的鲜血在波涛上闪耀；
舵手的心猛地抽搐狂跳，
他已知事情凶多吉少。

空中和水下一片呼叫，
鬼魂们狂喊要把仇报，
舵手的神色更加阴沉，
海浪把小船猛向前抛。

小船似乎看见了远方的陆地，
它深情地向那港湾遥望致意。
突然间那一片海面波平如镜，
小船在浪涛亲吻中沉入海底。

拐 奔
叙事诗

骑士站在铁门旁，
美丽的姑娘向外望，
"亲爱的骑士，我怎么才能下楼去？"
四周寂然无声，一片夜色茫茫。

"请接住我抛的一条长绳，
那可是得救的可靠保证，
你在上面先把绳子系紧，
顺绳子滑下来便可逃奔。"

"唉，骑士，唉，骑士，我这样逃跑像个小偷，
骑士哪，为了情人我竟什么都干！"
"亲爱的，你只是把本属自己的东西带走，
我们快跑，影子会一路跳舞给我们作伴！"

"骑士哪，我往下望一望都害怕，
我好像有点头晕，竟不能向它走近！"
"你是下不了决心，可你瞧，我愿献出生命，
你不必害怕，这只是一场虚惊！"

"唉，骑士，你这样做实在危险，
可我在金色的梦幻中日夜把你思念！
亲爱的厅堂啊，我向你们告别，
我的脚步声你们再不能听见。"

"我已经许身于一个更崇高的力量，
那就祝大家晚安，亲爱的厅堂！"
时间已不容许再拖延和磋商，
她抓住绳子，滑向地上。

离地面还差一半，

她突然眼睛模糊，脸色惨白，
可怜的人儿再没有力气，双手只好松开，
一下子掉进了死神的胸怀。

"骑士哪，你再拥抱我一回，
然后我就在你怀里幸福地离去，
让我就在你的亲吻中断气，
然后沉落在毁灭的甜蜜黑暗里！"

骑士颤抖着抱住那姑娘，
把她贴近自己灼热的胸膛；
就在两颗心一起跳动的时候，
他突然感到已面临死亡。

"别了，我亲爱的，别了，我的情郎！"
"且慢，且慢，让我跟你一起走向远方！"
他们的头顶上闪起电光，就像永恒的火焰一样，
一对情人停止了呼吸，拥抱着倒在地上。

致燕妮的十四行诗（终曲）

燕妮，有件事我还要向你诉说：
我愉快地用离别之歌结束这组诗章，
因为我心海拍击着最后的银色波浪，
只有你来吟咏才能使涛声雄壮高昂。

那岁月的波涛不停地流逝，
勇敢地穿过许多巉岩陡壁，

流过片片树林和道道瀑布,
终将在你心中找到完美的归宿。

大胆地披上火红色的宽大外衣,
胸怀一颗晶莹透亮而自豪的心,
我威严地摆脱种种束缚和压力,
迈出坚定的步伐走进广阔天地,
在你面前我抛开了心中的痛苦,
让美好梦想变成生活的常青之树!

夜 思
颂歌

看,天上有一片乌云在飘飞,
如雄鹰轰然扇动着强劲的翅膀,
云中传出声声霹雳,喷出阵阵火光,
清早起就隆隆翻滚着夜间的思想。

那思想迸出道道电光,雄伟凝重,
把一切诟骂诅咒都抛向天穹,
那无畏的眼睛里血如泉涌,
阵阵浪潮正冲击着天上的神宫。

天公在他那宽阔安详的额头两旁,
悄悄地把一个个火炬点旺;
火炮在轰鸣,宇宙深处仍是亘古黑暗,
那乌云痛苦地大叫一声摔落到地上。

梦 境
颂歌

我想用虚无缥缈的梦幻,
悄悄地织成芳香四溢的图景,
我要用自己的一缕缕鬈发,
编成一个个浑圆的环形;
我要在黑夜的潮水中喷洒心血,
从幻梦的波涛里抽出烈焰熊熊的图景。

这图景如波浪起伏飘行,
在风声激荡中歌唱爱情。

它会向八方伸展,发出闪闪金光,
狭小的房屋会变得宏伟宽敞;
我的鬈发就像那黑色波浪,
轻柔地萦绕在天仙身上;
我的热血发出珠圆玉润的音响,
在如花似玉的天仙身边荡漾。

灯光摇曳,映出了一个太阳,
心潮澎湃,震撼着整个穹苍。

四周的空间一齐震颤倒塌,
我拔地而起变成勇士,身高如塔;
我在黑夜里目光庄严、威风凛凛,
那铺天盖地的风暴是我的琴音,

惊雷如歌，使我的心激动狂跳，
我心中的爱将化作太阳，痛苦将化作崇山峻岭；

我将自豪而谦逊地扑倒在地上，
我将骄傲而又豪放地引吭歌唱。

《献给亲爱的父亲的诗作》解读（续）

　　《献给亲爱的父亲的诗作》超越"献给燕妮的诗册"的地方更在于，马克思由爱情上升到对人性的反思，且用很大的篇幅展示了其中多种负面的样态，诸如忌妒、算计、狠毒、平庸、无所事事等，并以德国国民性为例对此进行了深刻的剖析。这是马克思后来社会批判的萌芽和起源。

一、人性之恶的展示及其后果分析

（一）推举不出的"花中之王"

花儿之中推举不出国王，于是不得已只好选择花之外的东西——比如人——来充当。对此，人自然是乐意的，但花儿们却很不服气，执意阻止其成功，这样花与人之间就产生了龃龉、矛盾、算计和对抗，最终使选王之事告吹，而且人亡花损，两败俱伤。幻想叙事诗（Phantastische Ballade）《花中之王》（Blumenkönig）叙述的这个故事意味深长，其梗概梳理如下：

花儿们选择的是一个"小人儿"，揶揄他说：你在人中属于小字辈，可想当花中之王？其实花儿们这不过是一种场面上的问询，压根不想把此事办成。于是，它们确立了一个"小人儿"不可能完成的任务：如果你有此抱负，就用你的鲜血把我们染得通红吧——它们很清楚，如果真能如此，人是会死的。但非常渴望成王的"小人儿"回应说，他已经具备了这样的条件：你们这些花儿娇艳欲滴，或者鲜亮，或者皎白，而那些颜色就是我鲜血染成的，换句话说，你们已将我的血液喝光了，所以不是你们选择我来当花中之王，而是你们把我的王位还给我，让我在花萼中享受、统治你们。

花儿们自然不能认同他的狡辩，于是想出一条理由：我们的颜色如此浅白，而你的血却是这样鲜红，彼此很不一样，你要让我们相信你，就让我们看看你那颗深藏着的心到底是什么成色。既然你想当花中之王，就该掏出心来，让它在阳光下闪亮。"小人儿"明白，他的心脏怦怦跳动，才使他身体健壮、双眼炯炯有神，如果把心掏出来，不但会使自己目光变得昏沉，而且会把性命都搭进去。

　　就在他犹豫的时候，花儿们又说话了：既然你不想把心掏出来，那我们要主动了，大家一起跳进你的胸膛，零距离接近你，如果我们看到阳光下你的血的颜色与我们一样，就由你来当我们众花之王！"小人儿"算计着，思量它们至多只撕开自己的胸膛一下，而只要不捧出完整的心脏，就不至于有生命的危险，于是装着要舍弃生命的模样，颤抖着说，你们瞧吧。他还煞有介事地叮嘱道：你们看后要把心送还给我，/同时一定还得给我花的王冠和权杖！① 花儿们知其诡计多谋，说：不行呀，阳光下的小人儿，你还是不配当众花之王，因为鲜血只有永远流淌着才能看出它是否殷红，所以我们要看的是你那颗深藏着的心，让它马上在阳光下发光吧。

　　"小人儿"知道上当了，他斗不过存心不想让他当王的花儿们的智力，也懊悔自己对于权力的觊觎之心、贪婪之念、非分之想和自作聪明。他不忍心再看自己撕开的胸膛，于是抠下了双眼，开始用手在地上挖掘，最终挖出一个幽深的墓穴，然后他静静地躺进里面——自己把自己埋葬了。

---

　　① 参见《马克思恩格斯全集》第 1 卷，人民出版社 1995 年版，第 727 页。译文有改动。原文参见 Karl Marx, "Blumenkönig", *Marx-Engels Gesamtausgabe*, I //1, Dietz Verlag, Berlin, 1975, S.639。

花中之王

幻想叙事诗

1

"喂,阳光下的小人儿呀,
你可想当花中之王?
如果你有此抱负,
就用你的鲜血把我们染得通红!"

2

"花儿们鲜亮,花儿们苍白,
已将我的血液喝光。
把我的王国给我吧,
让我在花萼中,在花萼中沉醉。"

3

"小小的人儿啊,你的血这样鲜红,
也让我们看看你那颗深藏的心,
既然你想当花中之王,
就该让心儿在阳光中闪亮!"

4

"我的心呀,它在怦怦跳动,
它使我双眼炯炯有神,
我可绝不能把心儿给你们,
那会使我的眼光变得昏沉。"

5

"小小的人儿啊，我们大家
一起跳进你的胸膛，
让你的心在阳光下闪光吧，
该由你来当我们众花之王！"

6

小人儿在颤抖，小人儿在思量，
一把撕开自己血红的胸膛，
"你们瞧啊，你们已把心送给了我，
你们还得给我王冠和权杖！"

7

"阳光下的小人儿啊，
你不配当众花之王，
因为你不能使殷红的鲜血永远流淌，
而我们要那颗深藏的心马上发光。"

8

小人儿抠下双眼，
开始用手在地上挖掘；
他挖出一个幽深的墓穴，
静静地躺到里面把自己埋葬。

（二）绝望者的复仇

人生在世，大多数人的生活忧喜参半、顺逆交加。虽有处处遂顺者、老走背字者，但为数极少。那么，让我们设想一下，这两种人最后的结局和心态会是怎样的？在马克思看来，处处遂顺者，如果是志得意满、陶醉于自己的幸运和成功，进而表面摆出一副同情和怜悯的样子，背后奚落和耻笑别人的不成功乃至失败，那么他是浅薄的、无聊的甚至是幼稚的，并不值得人们去羡慕、追求和模仿，相反，倒是他们本人该被奚落和耻笑。所谓遂顺、成功云云，像时尚和潮流，评判的标准很快就会变更，不会永远是一个状态。而一个老走背字的人，孜孜追求却四处碰壁，志存高远却一无所成，屡屡失败又心有不甘，他最终该如何应对呢？一种是偃旗息鼓、认命无为，还有一种则是走向极端，寻求报复，做"最后的疯狂"。《绝望者的祈祷》（Des Verzweiflenden Gebet）描述的就是后一种情形。

绝望者的心理是这样的：自己一生命运多蹇，只能归咎于神灵在作怪，是它把一切都夺走，使自己身体遭受磨难、心灵丧失自由。上帝拥有大千世界，自己却一无所有，这样留给自己的只有一条路可走，那就是复仇！真是心高气盛者，复仇者瞄准的对象都不是一般的人（他是不屑与芸芸众生作对的），而是命运之神、创世始祖以及他自己——"我要高傲地对我自己进行报复，/也要把矛头对准那高踞在上的造物主"①。这可能就是气急败坏者的另类思维、特异之处吧。

怎么报复呢？平常的打打杀杀吗？伺机暗算、陷害吗？不！这太"人性化"、太小儿科、太缺乏想象力了。绝望者要建造一个寒气逼人的堡垒，里面有宝座直插霄汉，砌成城垣的特殊材料则是世上

---

① 《马克思恩格斯全集》第 1 卷，人民出版社 1995 年版，第 730 页。陈玢、陈玉刚的译本没有把第一句翻译出来。原文参见 Karl Marx, "Des Verzweiflenden Gebet", *Marx-Engels Gesamtausgabe*, I // 1, Dietz Verlag, Berlin, 1975, S.641。

绝对没有的"恐怖",而统帅堡垒的将领叫"痛苦"和"灾难"！这样的设施建成后,谁如果抬起常人的眼睛朝它瞥一眼,就会让其面如死灰、抱头鼠窜。当然,复仇者自己也逃不掉了,他周身会蒙上死神的气息,最终只好自挖坟墓,把自己的幸福和未来埋葬掉。这种堡垒不只是惩戒普通人,更会戏弄、嘲笑神。那至高无上的神过去不是无所不能、摧枯拉朽、为所欲为吗？现在不行了,即使它从由钢铁铸就的高大的神殿上发出雷霆霹雳,把绝望者的堡垒夷为平地,但随着时间的流逝这些堡垒还会重新建起来。"倒塌—恢复",上帝陷入了魔咒,万能成为笑柄,循环使其成为小丑。而对于复仇者来说,看上帝的笑话,何快如之！

绝望者的祈祷

"如果有个神灵把我的一切夺走,
使我遭到诅咒,失去自由,
他拥有大千世界,我却一无所有！
我只有一条路可走,那就是复仇！"

"我要高傲地对我自己进行报复,
也要把矛头对准那高踞在上的造物主,
尽管我的力量微不足道,
反正我的善行得不到一点善报！"

"我要为自己造一个宝座,
它寒气逼人,直插霄汉。
我要用世上所无的恐怖砌成它的城垣,
三军统帅应该是痛苦和灾难！"

"谁抬起常人的眼睛朝它仰望,
就让他面如死灰、一声不响往回逃跑,
让他周身蒙上死神的气息,
让他自挖坟墓把幸福埋掉。"

"即使那至高无上的神
从高高的铁铸神殿发出雷霆霹雳。
把我的城墙厅堂夷为平地,
永恒的时间仍将会为我重新建起。"

(三)无法拯救的灵魂

既然人在世间表现得如此丑恶、猥琐和不堪,那么其灵魂能否真正得到拯救呢?诙谐诗(Scherz)《末日审判》(Weltgericht)讨论的正是这样一个问题。

生活死气沉沉、麻木无赖,很多人浸润其中,浑然不知,更有甚者居然还很满足地唱着赞歌,但敏感的马克思心中对此却充满了疑虑。这样的生活能否得到改变或有一个了断?或许,这就是生活的常态,生命即无意义,人生本身没有价值。执着追求、苦中作乐、游戏人生等做法,态度不同,选择有异,但实无高下,都有合理性,更有局限性。难道只有当生命终结、纷争停息、痛苦不再的时候,人才能到达最后的归宿?但仔细想想,实际上也并不一定就该如此,人是世界上唯一不随肉体的死亡而终结的存在物,在人身上,无限与有限、精神与生命、灵魂与肉体既可以同在,也可以分离。这是人的矛盾,也是人的特点。

然而，马克思同样不看好那种超脱有限性的无限性、超脱现实生命的精神、离开肉体的灵魂的命运。据说，只有上帝才是无限的、完美的、永恒的，只有上帝才是人的精神的归宿，是一直处于漂泊、忐忑之中的人们灵魂的安托之所。这就是说，作为肉体与灵魂结合的人，在肉体死亡后，灵魂会独自踏上朝圣之旅，带着崇高的敬意把虔诚的赞歌献给上帝。然而，问题的关键在于，这样就可以改变人的命运吗？认真思考最终会发现，通往上帝殿堂的道路同样漫长，人走在这迈向完美之境的台阶上，如临深渊，心惊胆战，只因对上帝的崇拜占据了全部灵魂，"再也不知道什么是人的欢乐和伤心"了。① 尤其需要考虑到的是，在上帝那儿只有一个天堂，已经被死后升天的魂灵住满了，同人间一样，落在最后的都是些羸弱的"老太婆们"，她们是那样干瘪、瘦小，轻盈得仿佛刮一阵风就将其可以吹跑。光阴夺去了她们的性命，掩埋她们的坟墓上堆满瓦砾和污泥，而其灵魂又接近不了上帝，于是心急上火，只得顿足、乱跳，阻塞道路。而后来者呢，又只能与其为伍，或者更排在之后。但毕竟年轻，又不甘心于如此，于是他们就只能放肆地干扰先辈，以高分贝的嗓音将对上帝的赞美诗唱得响彻云霄。远远的，上帝听见这阵阵狂呼乱叫，又见眼前秩序大乱，气得两眼直冒火星，只好叫来天使之长迦伯列（Gabriel），命令他去抓住这些爱吵闹的捣蛋鬼，将其一下子驱逐到更加遥远的地方。这就是上帝追随者的命运和结局，是上帝对其的"末日审判"！

从以上的故事可以看出，对灵魂命运和结局的担忧，既反映出马克思这时已经隐隐约约产生了对人的肉体/灵魂二重化的质疑，又

---

① 《马克思恩格斯全集》第 1 卷，人民出版社 1995 年版，第 732 页。原文参见 Karl Marx,"Weltgericht", *Marx-Engels Gesamtausgabe*, I //1, Dietz Verlag, Berlin, 1975, S.642。

表明他还没有完全走出这一思路。正是基于此，他才说：也许"这一切不过是梦中的想象"，他还提醒那些信奉上帝的"善良的人们"，"不要为此而发怒"，虽说灵魂没有得到超度全是因为人自己捣乱、作恶的缘故，可谓"咎由自取"，但这不会成为上帝拒绝、抛弃人的理由，"因为梦中作的孽总不能算作罪状"。①

末日审判

诙谐诗

啊！面对死气沉沉的生活，
耳听颂扬神明的歌唱，
我毛骨悚然不寒而栗，
心中充满了恐怖惊惶。

因为当人间万事突然终结，
当一切力量的纷争都已停息，
当我们不再感到生活的痛苦，
当我们到达最后的归宿，

我们应该赞美永恒的上帝，
把虔诚的赞歌唱个不停；
我们只顾对上帝表示崇敬，
再也不知道什么是欢乐和伤心。

---

① 《马克思恩格斯全集》第1卷，人民出版社1995年版，第733页。原文参见 Karl Marx, "Weltgericht", *Marx-Engels Gesamtausgabe*, I // 1, Dietz Verlag, Berlin, 1975, S.642。

啊，面对这通向完美境界的台阶，
我竟如临深渊退缩不前，
如果死神向我发出召唤，
会把我吓得心惊胆战。

上帝那儿只有一个天堂。
可那里已经住满升天的魂灵。
我在那里只得和老太婆们为伍，
光阴的利齿夺去了她们的性命。

坟墓里埋着她们的尸体。
坟墓上堆满瓦砾和污泥，
她们那光怪陆离的鬼魂
正在欢蹦乱跳，狂舞嬉戏。

她们都是那样干瘪瘦小，
轻盈得一阵风就可吹跑，
生前即使紧紧束住身腰，
也决不会如此纤细苗条。

可我对她们的盛会却放肆地干扰，
我把赞美诗唱得响彻云霄，
上帝听见我狂呼乱叫，
气得他两眼火星直冒。

他一招手叫来了迦伯列，

就是那身材修长的天使长，
此人抓住我这爱吵闹的捣蛋鬼，
一下子就把我驱逐到远方。

请注意！这一切不过是梦中的想象，
我梦见帝国的末日审判已经开场，
善良的人们，请不要为此发怒，
因为梦中作的孽总不能算作罪状。

二、德国国民性中的弱点罗列

《献给亲爱的父亲的诗作》更可贵之处在于深入展开了对德国国民性格的讨论,这首先出现在组诗《讽刺短诗集》(Epigramme)中。我们来一一分析。

(一)大言欺世却懦于行动

第一首描述的是德国人面对环境变化时的奇特表现。他们平常总是习惯于坐在舒适的安乐椅上,一副古板的样子,神情麻木,一声不响,故作沉思状。他们可以把自己与外界完全隔开,完全不受其影响和左右。比如,即使身处恶劣的自然环境中,天上阴云密布,四周风暴肆虐,雷声隆隆,闪电狂舞,他们似乎也不会有什么触动,而是表现得始终心态平静,安详泰然。他们绝然不想到,更不会行动起来与自然起舞、斗争和决战。

当然,这也不是他们唯一的表情。那么,什么时候会转换呢?只要天空升起太阳,暴雨停歇,和风开始轻轻吹拂,他们就会站起来,大声高呼。接着就开始想入非非,说不准还会写一本书,书名就叫《灾患已告消除》,要对事情本身寻根问底一番,比如说,他们会质疑这桩事是否"对头"、合乎不合乎"理性"、天公的玩笑开得是不是太离奇。最后,还得上升到"规律性的总结""形而上的启迪":万事万物都是有规则的、有因果关系的,"先得有个头,而后才能有脚"!①

真是一副以大言欺世却懦于行动的性格!貌似高深,其实像儿童一般幼稚,到处在寻找腐烂发霉、过时的东西,本该好好地为现在做点事情,但却整天虚妄地"既忧天来又愁地"。而实际上,"天地本是按自己惯常的轨道运行,/波浪仍在安然地拍击着礁岩峭壁"。② 人啊!你何以对之?何以自处?幻想乎?行动乎?这些情形既考察着你,也检视着你!

讽刺短诗集

一

德意志人各自坐在安乐椅上,
神情麻木,一声不响。
四周的风暴在肆虐逞狂,
天上阴云密布,黯淡无光,
雷声隆隆,闪电似银蛇狂舞,
他们的脑海里却风平浪静,十分安详。
但只要天空升起了太阳,
暴雨停歇,和风轻轻荡漾,
他们就站起来高呼,

---

① 《马克思恩格斯全集》第 1 卷,人民出版社 1995 年版,第 734 页。原文参见 Karl Marx, "Epigramme", *Marx-Engels Gesamtausgabe*, I∥1, Dietz Verlag, Berlin, 1975, S.643。

② 《马克思恩格斯全集》第 1 卷,人民出版社 1995 年版,第 735 页。原文参见 Karl Marx, "Epigramme", *Marx-Engels Gesamtausgabe*, I∥1, Dietz Verlag, Berlin, 1975, S.643。

还写下一本书:《灾患已告消除》。
他们开始想入非非,
要对事情寻根问底;
他们说:"这桩事干得不对头,
天公的玩笑开得太离奇;
宇宙万物得有规有矩、井井有条,
先得有个头,而后才能有脚。"
他们像儿童般乱忙一气,
到处在寻找腐烂发霉的东西。
他们本该好好地为现在做点事情,
大可不必去既忧天来又愁地。
天地本是按自己惯常的轨道运行,
波浪仍在安然地拍击着礁岩峭壁。

(二)"在思想的海洋里沉浮"

黑格尔哲学是德国国民性最完整的体现和表达,马克思写了四首讽刺短诗来剖析。

像黑格尔这样的哲人,性格上自然是很自负的。他自谓长久地漂游在汹涌的思想海洋里,一直在探求世界的真谛,最终发现了自认为最崇高的智慧,也领会了这种智慧深邃的奥秘,所以他感觉自己就像神一样,无与伦比。但又觉得,人毕竟与神又是有区别的,所以他总是要"披上晦暗的外衣"。在思想的海洋里沉浮,他最看重、感到最艰难的工作是寻找表达的语言,而一旦找到,他就会紧抓到底。

当然,世界上的哲人——智慧者绝不仅仅只有黑格尔一个,对于这一方面他还算是有点自知之明。他发现,自己找到的这些语言——对世界的理解和描述，不仅没有使其澄明、清晰，而是更加错杂纷纭，一片迷茫。而作为一个哲学家，自己绝不会、也不可能束缚每个人的思维和想象，于是，他放弃了对世界的真实性的了解和把握，认定没有客观、没有共识，每个人爱怎么理解就怎么理解，完全可以按照自己的愿望，正像瀑布从悬崖上直泄而下发出自然的轰鸣和喧响。但一个诗人却可以由此展开无限的遐思，甚至觉得从中可以听出心中姑娘倾吐的情话和衷肠。总之，人怎么想就怎么认识，有所感触便可以变成思想，这样，每个人都可以啜饮到这杯智慧的"玉液琼浆"。当然，思虑至最后，黑格尔也感到了自己的工作的虚无和虚妄——自命要"给诸位揭示一切"，但实际上什么真实的东西都讲不出来！

二
黑格尔
讽刺短诗

1

因为我发现了最崇高的智慧，领会了它深邃的奥秘，
我就像神那样无与伦比，像神那样披上晦暗的外衣，
我曾长久地探求真谛，漂游在汹涌的思想海洋里，
在那儿我找到了表达的语言，就紧抓到底。

2

我教授的语言已变得错杂纷纭、一片迷茫，
每个人爱怎么理解，完全可以按照他自己的愿望。
我的语言至少绝不会束缚每个人的想象，
因为正像一个诗人可以从悬崖的瀑布的喧响
听出心上的姑娘倾吐的情话和衷肠，

他可以怎么想，就怎么认识，有所感触，便变成思想，
所以每个人都可以啜饮这智慧的玉液琼浆，
我给诸位揭示一切，因为我实际上什么都没有讲！

（三）"与现实联系得过分紧密"

以上两首讽刺短诗中的内容，马克思是以黑格尔的口吻["我"（ich）]来叙述的，把一代哲人的志向与现实、追求与说教、期许与自嘲等方面揭示得入木三分，淋漓尽致。但人们对于以下两首诗蕴含的意义的理解就存在歧义了。一首仍以"我"（ich）的方式来谈论问题，另一首则是"我们"（wir）的陈述。

这两首诗篇幅都很短，第三首是："康德和费希特喜欢在太空遨游，/寻找一个遥远的未知国度；/而我只求能真正领悟/在街头巷尾遇到的日常事物！"① 在很多马克思主义哲学史研究论著和传记中，人们基本上都是单独地抽象出来解读这首短诗的意思的，结果导致它被视为马克思本人的自况，并且认为这里蕴涵着他以后思想变革的大致方向和意旨，乃至是其转向现实世界、通向唯物主义的初始表证。而如果按照前后一致、上下连贯的原则，那么就可以知道，这首诗中的"我"无疑仍然是指"黑格尔"，这首诗是马克思对黑格尔哲学另一种极端主张的嘲讽。黑格尔发现康德和费希特的哲学远离尘世生活，把人们的希望寄托在"一个遥远的未知国度"，而遗忘了现实世界，鄙视"街头巷尾遇到的日常事物"，于是开始致力于实现思想的"变革"和转向。当然，对此他也曾经作过非常明确的表达："哲学是认识具体事物发展的科学"，"哲学与它的时代是不

---

① 《马克思恩格斯全集》第 1 卷，人民出版社 1995 年版，第 736 页。原文参见 Karl Marx,"Epigramme/Hegel",*Marx-Engels Gesamtausgabe*, I // 1, Dietz Verlag, Berlin, 1975, S.644。

可分的……哲学并不站在它的时代之外，它就是对它的时代的实质的知识。"① 所以，诚如戴维·麦克莱伦所说，如果我们把这首诗"当成马克思本人的话，那么这段话的意义就会完全被误解。像前一节一样，它是'黑格尔'自己所讲的主观浪漫主义，是被马克思所批判的，因为它与每日的现实联系得过分紧密了。马克思诗的整个的主题是要对黑格尔作这样一个显而易见的批评"②。

那么，接下来的问题是，第四首诗中的"我们"指的是谁？还是"黑格尔们"吗？我们看看这首诗表达的是什么："请原谅我们这些短小诗篇，/如果我们唱的调子惹人讨厌；/我们已把黑格尔的学说潜心钻研，/却还无法领略他的美学观点。"③ 显然这是带有结论性质的陈述，这里的"我们"代表的只能是"马克思们"。当然，这种角色的转换显得有点突兀和缺少过渡，但有一点是比较明确的，即马克思开始从理解世界的思维方式的角度来梳理从康德到费希特再到黑格尔哲学的变迁，认识到了黑格尔思想的意旨与局限，进而引发了他对德国国民性的特征与时代的关系的思考，这也预示着马克思本人思想探索的拓展和深化。

3

康德和费希特喜欢在太空遨游，
　　寻找一个遥远的未知国度；

---

① 黑格尔：《哲学史讲演录》第 1 卷，商务印书馆 1987 年版，第 32、56 页。

② 戴维·麦克莱伦：《马克思传》，中国人民大学出版社 2006 年版，第 27 页。

③ 《马克思恩格斯全集》第 1 卷，人民出版社 1995 年版，第 736 页。原文参见 Karl Marx, "Epigramme/Hegel", *Marx-Engels Gesamtausgabe*, I // 1, Dietz Verlag, Berlin, 1975, S.644。

而我只求能真正领悟

在街头巷尾遇到的日常事物!

4

请原谅我们这些短小诗篇,

如果我们唱的调子惹人讨厌;

我们已把黑格尔的学说潜心钻研,

却还无法领略他的美学观点。

(四) 喜好编造和传播离奇得提不上台面的谣言

谈及德国人思维方式的可笑,马克思还谈到一件往事。1813年10月16—19日由俄国、普鲁士、奥地利和瑞典组成的第六次反法同盟联军同法国军队在莱比锡进行会战,联军取得胜利。可笑的是,酣战刚刚消停,在普鲁士街头巷尾却传播着一条趣闻——不关乎德国可以借此摆脱拿破仑统治,更不关乎实现国家的统一并进而建立起进步的社会制度,而是一则离奇得提不上台面的谣言:"世人很快就会长出三只脚!"[①] 最终,这种多少人津津乐道但显然属于子虚乌有的传言令德国人自己都开始感到害臊和羞愧:好家伙,怎么一下子出了么多怪事呢?[②]

那么,借此他们成熟起来、目光远大起来、挺身行动了吗?没

[①] 《马克思恩格斯全集》第1卷,人民出版社1995年版,第736页。原文参见 Karl Marx,"Epigramme",*Marx-Engels Gesamtausgabe*,Ⅰ//1,Dietz Verlag,Berlin,1975,S.644。

[②] 参见《马克思恩格斯全集》第1卷,人民出版社1995年版,第737页。译文有改动。原文参见 Karl Marx,Epigramme,*Marx-Engels Gesamtausgabe*,Ⅰ//1,Dietz Verlag,Berlin,1975,S.645。

有！不思进取的德国人想到的却是：应该安静下来，搜罗类似这样离奇的故事来编一本书，担保会有很多买主，定会成为一本畅销的热门书！真是难以寄予厚望啊！民族、国家振兴之际，他们不懂得在对法国人的胜利中体味和理解解放的意义，把握战争带来的契机，更昧于以实际行动去实现国家的自由和统一，却编造各种混乱的、稀奇古怪的东西，至多是杜撰一些空谈理想的乌托邦思想。这是一个没有出息的民族，这是一群没有出息的人，只沉浸于过去、习惯和理念之中，拒斥新潮、变革和行动，你就是把星星摘下来送给他们，他们也不会感到惊异、欣喜和好奇，而是惯用固有的内心标准和尺度予以评判，有时嫌星光太暗，有时又嫌星光太亮，有时嫌阳光刺眼，有时又嫌太阳运行的轨迹过于漫长——这就是活在过去、畏惧潮流的德国人！有这样的思维方式统治着国民，德国之落后、停滞也就不足为奇了。

三

有一次德意志人启程出征，
竟取得了民族大会战的奇胜。
当那番热闹刚刚消停，
街头巷尾便传出一条趣闻：
"到处都发生了神奇的预兆——
世人很快就会长出三只脚！"
这消息马上使人感到非常烦恼，
人们开始为自己感到害臊：
"好家伙，一下子出了那么多事情！
现在人们应该重新安守本分。
别的事儿不妨全编入书本，
担保这些书会成为畅销的热门。"

四

若是把星星摘下来送给他们,
他们有时嫌星光太暗,有时又嫌星光太亮,
有时嫌太阳的光芒太刺眼,
有时又嫌它要走的路程太漫长。

三、性格弱点导致的德国众生相

马克思用一组讽刺短诗从各个生活场景来反省德国人的生活境况。

(一)穷极无聊

《维也纳猴子戏团在柏林》(Wiener Affentheater in Berlin)一开头就先声夺人,说在柏林街头,看到人们都拼命往一个地方拥,去干什么呢?难道是在缪斯掌管的地方喜剧之神塔尔玛①(Talma)要登场了?才不是呢。这是在柏林,而不是在雅典;这是在现代,而不是处于古希腊时期。同样是喜剧演出,但主角已经不是女神,而是猴子,人们不再喜欢真刀真枪,而是要看野兽耍把戏。以往看剧,为剧情、人物命运感动,现在则"惹出了麻烦":有位小姐闭着眼,吓得低声细语,最终竟晕了过去,倒在猴子的怀里……②要问的是:一群猴子"怎么竟有如此的魔力"让人仿佛"感到有一股磁力"吸引他们去观看?人们啊,时代进步了,怎么你们的审美趣味反而倒

---

① 古希腊神话中缪斯女神的九个组合之一,司喜剧,在节庆或谐剧中演出。

② 《马克思恩格斯全集》第1卷,人民出版社1995年版,第783—784页。原文参见 Karl Marx,"Wiener Affentheater in Berlin",*Marx-Engels Gesamtausgabe*,Ⅰ//1,Dietz Verlag,Berlin,1975,S.673-674。

退了呢？

　　个人生活中这种无聊之事也经常发生。在柏林的日子，马克思于房间伏案学习、写作之余，常常踱步至阳台放松。他宿舍的对面是一所黄色的房子，里面住着一家人，丈夫是个矮个子，但比较敦实，妻子则是高身材，却干瘪得实在吓人。更可怕的是，这个女邻居还喜欢经常往他这边张望，鬼鬼祟祟的，有时真叫人无法忍受。这天，马克思写得有点笔滞了，刚走到窗口，就见这个女人又往这边瞄，真是让他扫兴——"为了使想象力不致枯竭，／我只好放下窗帘。"① 为此他如实地写了短诗《致对面的女邻居》（Meiner Nachbarin jenseits）以记录这段生活细节和经历。

维也纳猴子戏团在柏林

一

"告诉我，为什么人们都拼命拥向那里？
准是塔尔玛要登场，在缪斯女神掌管的地方！"
我说朋友，人们不喜欢真刀真枪，
这是喜剧—— 全由猴子上场。

二

我一声不响坐在那里，
观看着野兽在耍把戏，
演员们真是本性难移，
本应该把尿撒向墙壁……

---

　　① 《马克思恩格斯全集》第 1 卷，人民出版社 1995 年版，第 788 页。原文参见 Karl Marx, "Meiner Nachbarin jenseits", *Marx - Engels Gesamtausgabe*, I // 1, Dietz Verlag, Berlin, 1975, S.676。

突然有人抓住我的大衣：
"想想看，这玩意儿惹出了麻烦，
有位小姐竟晕了过去，
倒在那丑猴子的怀里，
她闭着眼，吓得低声细语，
啊，这情景多么扣人心弦，
啊，这是多么和谐，多么令人陶醉，
猴儿进入了我的心扉，
我感到有一股磁力将我吸引，
那猴儿演的就是我，真叫我欢喜，
啊，你说，你怎么竟有如此的魔力，
使我呼吸困难，两眼发黑。"

（二）附庸风雅

《骑士格鲁克的〈阿尔米达〉》（Armida von Ritter Gluck）以夸张的手法讲述了一个韵味无穷的故事。

一般说来，穷人是看不起歌剧因而很少去剧场的，因为去那里可不只是仅仅看戏而已，那是一种身份和地位的表征，你得穿着得体、精致和保暖，还得有绅士的做派和风度。一个穷人有一次看到广告报上预告要在豪华的剧院演出德国歌剧作曲家克里斯托弗·威利巴尔德·冯·格鲁克（Christoph Willibald von Gluck, 1714—1787）的作品《阿尔米达》，于是突发奇想，决定自己也破费去剧场行乐一场，享受一番。他穿好衣服，走进戏院，在第一排的包厢里坐下。谁知正值冬天，剧场里却没有暖气，把他冻得够呛。有位服务生小姐看到他奇异的神态，起了疑心，于是走到他面前，要他把戏单拿起来以便验票。他冻得哆里哆嗦，低声说："我的手冻得够呛！"小姐问他："你为何不戴上手套呢？"其实，他仅有的钱都买了这一身劣质的单层燕尾服了，哪里想到买御寒的其他行装呢。但为了不暴露其真实身份，他回答小姐说："因为戴上手套我就心慌！"表面上总算蒙混过关了。但在剧场待的时间一长，他前胸后背一片冰凉，愈发感到发冷了。服务生请他把围巾围好，他实在忍不住了，发起牢骚来："大厅怎么不生火呢！"服务生揶揄他说："这芭蕾舞难道还不美妙？"意思是说，你是看不懂歌剧的，如果能够入戏，激烈的剧情感染了你、激动了你，你哪里能感到冷呢。他实在忍不住了，嘟囔着抱怨广告报真是害人。这时，随着剧情达到高潮，剧场中人们欢乐的声浪淹没了他的嘀咕声，服务生则在一旁冷笑着说："这家伙真是大傻瓜！"① 原来，服务生心里早预料到他的身份，是故意让他行乐、享受不成，反而受罪、难堪，说不准还得大病一场呢。马克思用这样反讽的叙述透露了现代社会的阶层分化和不同处境。

骑士格鲁克的《阿尔米达》

一

有一次我决定享受一番，
不惜破费去行乐一场，
灯光下我忙把燕尾服穿好，
走进戏院落座在第一排包厢。
啊，上帝！我感到大失所望，
我第一次把自己痛骂一场。
有位小姐要我把戏单举在她眼前，

---

① 《马克思恩格斯全集》第1卷，人民出版社1995年版，第784—785页。原文参见 Karl Marx,"Armida von Ritter Gluck", *Marx-Engels Gesamtausgabe*, I //1, Dietz Verlag, Berlin, 1975, S.674。

我低声说:"我的手冻得够呛!"
她却问:"你为何不戴上手套?"
我说:"因为戴上手套我就心慌!"
这时我感到前胸后背一片冰凉,
她请我把围巾好好围上,
我对她说:"大厅里没有生火,
使我作呕的生肉腥味充满剧场!"
她叫道:"这芭蕾舞难道还不美妙?"
"天哪,"我说,"广告报上哪有什么可读的文章!"

二

此时声浪大起淹没了我的话,
她冷笑着说:"这家伙真是大傻瓜!"

(三) 昧于规矩

还有一首《雇佣契约》(Verdingung),是只有四行的一则对话。说的是有个有钱的太太要找一个女仆,双方在一起商量好了价钱、工时、具体要求等细节,最后太太象征性地对女仆说,你还有什么要求,请尽管讲明吧。孰料,女仆说,别的事都已清楚了,但和它们相比,还有一件事情十分重要,您得答应我,就是为了不因为我来您家工作而冷淡我的家人,每月请他们到您这里来一次,喝喝茶、谈谈心。① 她可真是天生的"平等论者"啊,没有雇主与仆人的等

---

① 《马克思恩格斯全集》第1卷,人民出版社1995年版,第785页。原文参见 Karl Marx, "Verdingung", *Marx-Engels Gesamtausgabe*, I // 1, Dietz Verlag, Berlin, 1975, S.675。

级差别,也压根不把自己当成外人!这种不懂规矩、身份、职责的人都处都有。

还有一种人,马克思称之为"多愁善感的人"(Sentimentale Seelen),其实是无聊至极的人。你看,他们一会儿会为屠夫宰杀小牛、牛犊哞哞惨叫死去而号啕大哭,一会儿又因发现公狗不留胡子、小毛驴居然"说话"这样离奇的细节而放声大笑。喜怒无常,喜怒的缘由和起因无常,思考和行为的逻辑无常。

雇佣契约

太太:你说,你还有什么条件?尽管讲明!
女仆:别的事都已清楚,有一样十分要紧,
　　　为了不冷淡我家里的人,
　　　每月请他们到这里来一次喝茶谈心。

多愁善感的人们

他们号啕大哭!唉,屠夫竟宰了小牛!
起初牛犊还哞哞叫,现在终于垂下了头!
他们又放声大笑!天哪,这真是胡闹,
自然界太离奇!公狗不把胡子留!
你们高喊些什么,难道此事有来由?
我们听说,巴兰的小毛驴儿居然说话开了口!

(四)附炎趋势

有个女孩对自己的生活境况不满意,所以特别急切地渴望摆脱这种局面,但又不想付出艰辛的努力,于是急中生智想出了一个主意:给德高望重的"成功人士"歌德写信,无中生有地说歌德以前曾对她满怀深情，而现在却极为冷落，威胁歌德必须倾力帮助她，否则就会将此事公布于众，使其名誉受损甚至声名狼藉。

好在歌德没有理会她，她也就无计可施了，但她并不甘心。大人物不入其彀，她就退而求其次，再找猎物。有一次她到了剧院，佯装去看戏，遇到一个风度翩翩、穿制服的男人，马上就"着了迷"。她含笑地迎上去，告诉他说自己有个心愿，想把长满卷发的脑袋靠在他身上，而且充满了强烈的渴望。穿制服的人压根没有想到会有这样的艳遇，很惊讶，也暗自窃喜，于是回答说，你想做什么就做什么吧。女孩知其要上钩了，甜腻腻地称其为"我的小老鼠"，不过，末了一句想稳住此人的话却暴露了她的现实身份和经济地位——"我的头上没有长虱子！"[①]

马克思称其为"时髦的浪漫主义"（Neumodische Romantik）行为。

时髦的浪漫主义

你们知道，有个女孩给歌德写了封信，
无中生有地说歌德对她怀有深情，
有一次她到剧院去看戏，
对一个穿制服的人着了迷。
女孩含笑看着他，突然开了腔：
"先生，蓓蒂娜有个心愿。
她想把长满卷发的脑袋靠在你身上，
此刻她心中充满了强烈的渴望。"

[①] 《马克思恩格斯全集》第1卷，人民出版社1995年版，第786页。原文参见 Karl Marx,"Neumodische Romantik", *Marx-Engels Gesamtausgabe*, I // 1, Dietz Verlag, Berlin, 1975, S.675。

穿制服的干巴巴地回答道:
"蓓蒂娜想做什么就做什么!"
她说:"好,你知道,我的小老鼠,
我的头上没有长虱子!"

(五)思维单一

弗·奎德诺(F. Quednow)是特里尔行政区官员和建筑工程顾问,1830—1836年任特里尔地方工业学校学监期间专横跋扈,影响很坏,而像他这样的人在当时的德国并不少见,也是德国国民性之一种体现吧。为此马克思写了一首短诗来对其进行嘲讽。

这种人总喜欢把自己当作"真理的太阳"(Sonne der Wahrheit),仿佛能普照万物,统摄四方。在其心目中,世界沐浴在他的阳光下,呈现出同一种色彩、同一种格调。他弄不清楚万物的差别、色调的斑斓,举凡世间辉煌的灯火、闪亮的星星、美丽的霞光缤纷千色,更不用说内心的深邃、皮肤的白皙和心灵的慈祥了。对于这样的人,该说什么好呢?只能告诉他:太阳确实可以在大地上洒满阳光,但同样有一条真理需要铭记:"太阳也会把阴影投在地上。"①

任何人都有两面性,即使是一名骑士、一个英雄也不会例外,短章《给一个骑士英雄画像》(Auf einen Ritterheroen)描述的正是这样的情形。一个"总把英雄和骑士集于一身"②的人,不论他走

---

① 《马克思恩格斯全集》第1卷,人民出版社1995年版,第787页。原文参见Karl Marx,"An die Sonne der Wahrheit",*Marx-Engels Gesamtausgabe*,Ⅰ//1,Dietz Verlag,Berlin,1975,S.676。

② 《马克思恩格斯全集》第1卷,人民出版社1995年版,第787页。原文参见Karl Marx,"Auf einen Ritterheroen",*Marx-Engels Gesamtausgabe*,Ⅰ//1,Dietz Verlag,Berlin,1975,S.676。

到哪儿都受到人们的尊崇，他也得意忘形，白天到处奔走，追赶时髦，大发宏论。但谁能想到，他夜里却被臭虫咬得血痕斑斑，狼狈至极，尴尬不已。

世界上最好的东西也有界域和局限。列举一例，数学当然是很重要的，但如果认为数学家的智慧和方法可以解释一切，那就不仅是可笑的，也是比较危险的。比如说，数学家会认为，符号可以表达一切，如果 a 是情妇，则情郎就是 b，那么，只要把 a 加 b 放在同一行里，他们就准是一对情人了！在数学家们看来，人的理智也就是一道简单的算术题，如果上帝是"点"，与其相异的人就可能是个"圆锥体"，圆锥当然是可以"倒立"，那么人就可以"不用屁股坐地"了！数学家们还设想用线条丈量"世界"，那么，作为世界重要组成部分的"精神"如何丈量呢？所以他们"从来搞不清楚什么是精神"。数学家们还试图按照公式用字母运算来解决各种复杂关系，但假如这样来理解世界，即认为用 a 和 b 的运算就能解决任何关系（纠纷），那么现代社会的"法庭就变得不值分文"了。①

这就是数学之弊，但认真想想，哪个领域、哪个行业没有这样的陷阱呢？囿于一隅而妄自尊大，是多么可笑且复可悲！

致真理的太阳

（弗·奎德诺）

灯火的辉煌，星星的闪亮，
内心的深邃，美丽的霞光，
白晰的皮肤，心灵的慈祥——

---

① 《马克思恩格斯全集》第 1 卷，人民出版社 1995 年版，第 788—789 页。原文参见 Karl Marx,"Mathematikerweisheit", *Marx-Engels Gesamtausgabe*, I // 1, Dietz Verlag, Berlin, 1975, S.677。

你从来都把这一切弄得不清不楚,
因此你把自己当作真理,像太阳一样普照四方,
就像每个新娘都有一个新郎。
你尽可自称为太阳的真理,
可惜,真理却是:太阳也会把阴影投在地上。

给一个骑士英雄画像

不论你在哪儿碰到他这个人,
他总把英雄和骑士集于一身,
白天他赶时髦对舞蹈大发宏论,
夜里却被古老的臭虫咬出斑斑血痕。

数学家的智慧

一

我们已用符号表示一切,
我们的理智变成了一道简单的算术题,
如果上帝是点,他便同圆柱体相异,
如果你们倒立,那就不是屁股坐地。

二

如果 a 是情妇,则情郎就是 b,
对此我敢用脑袋来做抵,

只要把 a 加 b 放在同一行里，
它们准是一对情人无疑。

三

他们用线条丈量世界，
但从来搞不清楚什么是精神，
既然用 a 和 b 能解决任何纠纷，
那法庭就变得不值分文。

（六）冷酷无情

马克思特别写了一组关于医生的讽刺诗。

《致医生们》（An die Mediziner）描绘了那些冷酷无情的、可恶的"市侩庸医"，在他们眼里，病人"不过是一堆骸骨"，只要用氢气把他们的血液变温，再按一按脉搏，发现心脏还在跳动，那么就认为一切都没有问题了，病人就可以舒舒服服地活下去了。如果病人还想要点药，以便回家后煎服以调养身体，那么，大自然"每朵花都能派上用场"，这些医生会把采集来的这些花草熬成浓浓的药汤，然后再高价卖给病人服用。

马克思还特别琢磨、描摹了这些医生内心的想法、算计和图谋，甚至不惜加上心理学、形而上学、人类学、伦理学这些大的学科分类和思维角度来夸大讽刺效果。

这些医生对于人的精神病患基本上束手无策，于是就编造一些荒诞至极的理由来敷衍病人。比如，有的病人精神萎靡，睡眠不佳，医生就说是因为晚饭吃得太饱了——"谁晚上饱吃一顿团子加面条，/他夜里就难免受恶梦的困扰。"①

他们还会把"形而上"的精神做"形而下"的解释，说世上从来就没有过什么精神，牛有吗？没有精神，它不也能生存吗？这"就是一个明证"，所以关于精神、灵魂的侈谈纯属是骗人的，我们在动物的胃里从来没有发现过这种东西，要是人能知道它们在哪里，他们随便就可以拿一颗丸药把它们赶出去，让那些精神、灵魂像滚滚潮水，一下子就从人们的身体里泻出来，甚至还会故意卖弄地从"人类学"上引证："须知我们现有的文化/本来起源于灌肠催泻的高招"。②

既然是医生，当然要有药品了，但这样的庸医只知道一些油膏之类的东西，所以不惜编造这些东西的神奇功效，说自古以来，凡是有耐力的人，都习惯于在肚皮上抹上一些这种东西，不管穿堂风多么厉害，这些油膏都能保证病人不会伤风感冒！

他们虽然名为医生，有时会拿一些人人知晓的常识来应付病人的质询，比如，告诉人在旅途中要多穿几件衣裳，这样出了汗就不会马上着凉；还告诫人遭逢特殊状况千万别意气用事，慷慨激昂，那样做势必会气大伤身，害及胃肠；遇到大火可别向着着火处随便张望，以防止火星四散，把眼睛灼伤；用水勾兑酒精要注意比例适当，而咖啡里不要忘了加奶；甚至如果有人不想活了，"想去冥府观光"，那么就告诉人们不要忘了派人来请他们，因为他们可以帮助这

---

① 《马克思恩格斯全集》第1卷，人民出版社1995年版，第790页。原文参见 Karl Marx,"Mediziner-Psychologie", *Marx-Engels Gesamtausgabe*, Ⅰ//1, Dietz Verlag, Berlin, 1975, S.678。

② 《马克思恩格斯全集》第1卷，人民出版社1995年版，第790—791页。原文参见 Karl Marx, "Mediziner-Metaphysik/Anthropologie", *Marx-Engels Gesamtausgabe*, Ⅰ//1, Dietz Verlag, Berlin, 1975, S.678。

样的人实现其未实现的愿望！①

马克思描述的是德国 19 世纪 30 年代的情形吗？怎么在 21 世纪的中国依然存在甚至于今更烈了呢？

致医生们

你们这帮市侩庸医实在可恶！
世界在你们看来不过是一堆骸骨。
只要你们用氢气把血液变凉，
再一按脉搏，发现它已经跳动正常，
你们就认为一切都已没有问题，
病人就可以舒舒服服地活下去。
你们说上帝有个聪明的头脑，
对解剖学的造诣也很高超，
所以每朵花都能派上用场，
只要你们把它熬成浓浓的药汤。

医生的心理学

谁晚上饱吃一顿团子加面条，
他夜里就难免受恶梦的困扰。

医生的形而上学

从来就没有过什么精神，
连牛也能生存，就是一个明证。

---

① 《马克思恩格斯全集》第 1 卷，人民出版社 1995 年版，第 792 页。原文参见 Karl Marx, "Mediziner‐Ethik", *Marx‐Engels Gesamtausgabe*, Ⅰ∥1, Dietz Verlag, Berlin, 1975, S.679。

关于灵魂的侈谈纯属骗人，
我们从未发现它在胃里藏身；
要是我们知道它在哪里，
随便拿一颗丸药就可把它赶出去，
于是那些鬼魂就会像滚滚潮水，
一下子泻出了人们的身体。

医生的人类学

凡是有耐力的人，
都习惯于在肚皮上抹上油膏，
不管穿堂风多么厉害，
也不能使他们伤风感冒！
如果坚持节制饮食，
也同样能达到保健的目标，
须知我们现有的文化
本来起源于灌肠催泻的高招。

医生的伦理学

旅途上要多穿几件衣裳，
出了汗才不会有损健康；
要注意千万别慷慨激昂，
那样做势必会伤害胃肠；
可别向着火处随便张望，
要防止火焰把眼睛灼伤；
水和酒须掺兑比例适当，
咖啡里要加奶不可遗忘；
倘若你定想去冥府观光，
切莫忘派人请我们帮忙。

四、在面向现实与超越庸常之间

我们看到，在对德国国民性的批判中，马克思特别注重一点，就是认为他们始终"在思想的海洋里沉浮"。那么，现在我们甄别一下，这是不是意味着这时马克思的思想已经完全转向所谓"现实"了呢？并非如此。除了上述对黑格尔哲学的嘲讽，我们再来看他对"青年德意志"以及其他文学派别的评论。

"青年德意志"这一文学思潮出现于19世纪30年代后期，一批激进的作家特别关注政治问题、主张以文学为工具面向现实，据此发起了一次思想上的清算，重点是重新评价曾经在德国文学史上如日中天的歌德、席勒的文学倾向和观念。他们认为，席勒傲世出尘，过于清高，不懂人情，死板严肃，不会逗人发笑，净卖弄些雷鸣、电闪之类的辞藻，普通人该干的日常活儿他却干不了，全没有市井坊间那般的诙谐情调。至于歌德，在他们看来，其作品的格调更是过于高雅，只看重维纳斯式的美貌，眼里根本没有衣衫褴褛的穷人。尽管他塑造的形象原型有的也来自生活底层，但他却把人性刻画得高飞入云，赋予各种事物以过分崇高的外形，但实际上它们并没有内在的灵魂。当然，两相比较而言，"青年德意志"认为，席勒稍合人们的胃口，至少在其作品的字里行间，人们可以读到其思想，"虽然看不透有什么深刻的含义，/

但人们毕竟能说：它们确实印在书上"。①

诗歌与现实的关系确是一个亘古常新的问题，"青年德意志"的作家们关注，马克思也是如此。但从马克思的评论中可以看出，他并不完全认同他们的观点。也就是说，诗歌当然要面向现实、反映普通人的生活，但它还应该有超现实的一面，即具有超越庸常、追求崇高、提升精神境界的功能和价值。从这个意义上讲，歌德和席勒的"贵族气派"自然也是必要的。

除了"青年德意志"之外，当时反歌德思想的主要代表还有新教路德派牧师约·弗·威·普斯特库亨-格兰佐（Johann Friedrich Wilhelm Pustkuchen-Glazow）。1812 年歌德的长篇小说《威廉·迈斯特的漫游时代》问世，差不多同一时期，普斯特库亨就模仿这部小说写了一些讽刺作品，其中有一本匿名出版的书与歌德这部小说的标题完全一样，故被人称为"假冒的《漫游时代》"。普斯特库亨站在宗教虔诚主义的立场上指责歌德小说中的主人公威廉·迈斯特"不过是糟糕的，不像样子的，放纵的近代的代表，而不是原来意义上的德意志代表"②，进而否定了歌德的整部作品。普斯特库亨的书在当时引起了很多人的共鸣，一时间诽谤歌德的文章如洪水涌来。为此，歌德曾多次予以反击。马克思于 1836 年转入柏林大学后接触到普斯特库亨的作品，于是写下了这首名为《普斯特库亨（假冒的〈漫游时代〉）》（Pustkuchen.（falschen Wanderjahren））的讽刺诗。

作为一个牧师，普斯特库亨自然是从宗教的立场来评骘作家及其作品的。与歌德相比，他认为席勒在这方面还算是差强人意的，

---

① 《马克思恩格斯全集》第 1 卷，人民出版社 1995 年版，第 738 页。原文参见 Karl Marx,"Epigramme", *Marx-Engels Gesamtausgabe*, I // 1, Dietz Verlag, Berlin, 1975, S.645.

② 转引自《马克思恩格斯全集》第 1 卷，人民出版社 1995 年版，第 1045 页，注 214。

但他感到遗憾的是，席勒本人并没有认真揣摩过《圣经》的妙谛。比如，《钟之歌》在他看来倒是一首好诗，但可惜里面也没有"复活"的故事，甚至没有提到耶稣基督。什么文学作品都以是否与宗教相关联来衡量和评判，在马克思看来，这是一种多么外行、外在的评论！按照普斯特库亨的这一标准，以"三十年战争"（1618—1648年）为题材、反映民族统一的要求的剧本《华伦斯坦》里大概还应该加上大卫获胜和非利士人战败的事例，才算是卓绝的作品，至于历史是否真实、时空是否错位就不需考虑了。

普斯特库亨也按照他褊狭的标准来评论歌德。他认为歌德只知道描写人性，却不用宗教伦理道德来选材，其作品中有时也有美妙的东西，可惜他忘记了一句特别重要的声明："那本是上帝创造的。"① 为此，普斯特库亨建议他学一学路德的教义问答方式，然后再根据教义进行写作。普斯特库亨对歌德被人们捧得如此之高也很不满意，认为"这样的做法实在离奇"，他质问：歌德的哪篇作品可用来宣扬教义？从宗教的角度看，他有什么真才实学？阅读其作品的农民和教师能从中能学到一些什么东西？实际上，神在他身上并没有打上什么印记，他什么也解答不了，哪怕是一道小学算术题，更奢谈不到人生的终极关怀了！

大家知道，歌德最重要的作品是《浮士德》，但普斯特库亨认为这么一个重要的题材却被歌德糟蹋了。按照他的叙述，浮士德本是一条赌棍，生活放纵，债台高筑；而在精神层面，他没有信仰，拒绝上帝的保佑而宁愿落得个可悲下场，劫数难逃。这种身心俱累的痛苦，使浮士德诚惶诚恐，既感到现实的绝望，又有死后下地狱的

---

① 《马克思恩格斯全集》第1卷，人民出版社1995年版，第740页。原文参见 Karl Marx,"Epigramme",*Marx-Engels Gesamtausgabe*, I // 1, Dietz Verlag, Berlin,1975,S.646。

焦虑，这才促使他对生和死认真地做了一番思考，想起了知与行的关系以及分离、毁灭之道。但思考没有结果，浮士德仍是一个心无所寄的人，经常信口开河，在复活节也敢想入非非，说的话又隐晦难解，常常令人莫名其妙。这就是整个浮士德故事的原貌，普斯特库亨感到不解乃至愤懑的是，歌德花毕生精力精心创作这一作品，但没有对故事加以修饰，也没有说明生活债务是怎样使人走上邪道、谁若失信于人和上帝其灵魂就得不到拯救宽饶的道理。退一步说，不谈精神超度，而用现实规则来衡量，歌德写的这一剧本也不合情理，编造的情节因缺乏常识而让人感到蹊跷：一个债台高筑的人没有还清债务可以只身潜逃吗？难道警察可以对他如此宽饶而不把他关进监牢吗？

但在歌德笔下，浮士德却是另一番状态：他只为自己活着，欠债累累但感到开心；他玩世不恭，敢于怀疑上帝和自然，甚至恶作剧地认为经常与崇高作对、与上帝为敌就会感到高兴。这样的人，竟然让傻丫头玛甘泪（Grethe）一往情深，却没有规劝他弃邪归正、警告他作孽过多会落入魔鬼掌心，上帝的末日审判很快就要降临到他头上。亡羊补牢，未为迟也。马克思模仿普斯特库亨的思路，给歌德出了一个主意，说《威廉·迈斯特的学习时代》① 第 6 册《优美的灵魂的自白》部分"倒还可以派派用场"②，不过先得给玛甘泪带上眼镜，穿上修女服装，并且首先定调和申明："上帝创造之物完

---

① 在中世纪，欧洲手工业者的成长往往要经历三个阶段：学习时代、漫游时代和为师时代。即首先学习基本知识和专业技术，学习期满后再漫游各地扩大见闻，最后等自己的技术达到熟练的程度之后就招收学徒、为人师傅。歌德试图通过小说《威廉·迈斯特》来描述主人翁这样的人生经历，但他只写出两个时代，即"学习时代"和"漫游时代"。

② 普斯特库亨在书中曾多次引用这一册的内容。

美无比"!①

最后，马克思对普斯特库亨与歌德的这段思想纠葛做了总结，以《关于废话大师的最后一首讽刺短诗》为题奉劝普斯特库亨："你还是去好好揉面，制作你的糕点吧"②，这样庶几还可以充当一下面包师的帮手。在德语中，普斯特库亨（Pustkuchen）由 pust（意为"吹气""喘气"）和 Kuchen（意为"蛋糕""糕点"）两个词构成。1836 年歌德的诗作《歌德与普斯特库亨》作为其遗著首次发表，诗中借用普斯特库亨姓名的文字组成对其进行嘲讽，马克思这里显然是沿袭了歌德的方式。没有人要求普斯特库亨对歌德进行深入的研究，如果他连"制作糕点"这样生活中简单的手艺都学不会，又有什么资格品评歌德这位"天才的文章圣手"的作品、甚而还幻想自己也成为这样的"圣手"呢？从中也可以看出，从歌德到普斯特库亨，德国文学和思想界的品位、水准在倒退，而不懂得敬畏、大言不惭和不自量力的狂妄性格却在膨胀。

可以说，对德国国民性的反思也是马克思一生思考的主要议题之一，较之于后来基于哲学和政治经济学层面的揭示和分析，虽然这里的讨论还停留于感性和义愤的层次，但自觉进入和选择这一领域进行探究，已经标志着一个不俗的开端。

---

① 《马克思恩格斯全集》第 1 卷，人民出版社 1995 年版，第 742 页。原文参见 Karl Marx,"Epigramme", *Marx-Engels Gesamtausgabe*, I / 1, Dietz Verlag, Berlin, 1975, S.648。

② 《马克思恩格斯全集》第 1 卷，人民出版社 1995 年版，第 742 页。原文参见 Karl Marx, Epigramme, *Marx-Engels Gesamtausgabe*, I / 1, Dietz Verlag, Berlin, 1975, S.648。

讽刺短诗

六

他们说歌德的格调实在过于高雅，
他爱看维纳斯而不爱看衣衫褴褛的人；
他虽然好好儿地从生活底层入手，
却把人逼得高高地飞入云层，
他赋予各种事物以过分崇高的外形，
因此它们全没有内在的灵魂。
倒是席勒比较合人们的胃口，
诗行里可以读到他的思想，
虽然看不透有什么深刻含义，
但人们毕竟能说：它们确实印在书上。

八

普斯特库亨

（假冒的《漫游时代》）

1

他认为诗人席勒还算可以，
遗憾的是他没有认真揣摩圣经的妙谛！
他的《钟》倒是一首好诗，
可惜里面没有复活的故事，
也没有提到耶稣基督
怎样骑着小毛驴进了城池。
他还该在《华伦斯坦》一剧里

加上大卫获胜和非利士人战败的事例。

2

据说歌德实在叫女人们讨厌，
因为他的书不适合给老太婆念。
他只知道描写人的本性，
却不用伦理道德来遮掩。
他本该学一学路德的教义问答，
而后再根据教义写他的诗篇。
歌德有时也能想出一点美妙的东西，
可惜他忘记说："那本是上帝创造的。"

3

把歌德如此高高捧起，
这样的做法实在离奇，
他的整个动机多么卑鄙。
哪篇作品可用来宣扬教义？
请问他有什么真才实学，
好让农民和教师学到一些东西？
可见众神没有在他身上打上天才的印记，
他什么也解答不了，哪怕一道小学算术题！

4

听着，下面是整个浮士德故事的原貌，
而诗人却把它胡编乱造；
本来浮士德债台高筑，
他生活放纵，还是赌棍一条；

上帝的保佑他从来不要，
宁愿落得个可悲下场，劫数难逃；
所以他后来才诚惶诚恐，
既怕下地狱，又感到绝望的苦恼，
这时候他才对生和死作一番思考，
想起了知和行以及毁灭之道。
但在这方面他竟信口开河，
他的话隐晦难解，令人莫名其妙。
难道诗人就不能对这个故事加以修饰，
再说清：债务怎样使人走上邪道？
难道不能说一说：谁若失信于人，
他的灵魂就得不到拯救宽饶？

5

浮士德既然胆敢在复活节胡思乱想，
还用得着先把自己投入魔鬼的手掌？
因为谁要敢在这样的节日想入非非。
下地狱遭浩劫是他应得的下场！

6

再说剧本也不合情理，有点蹊跷：
警察难道能够对他如此宽饶？
他们难道不会把他关进监牢？
须知他没有还清债务就只身潜逃！

7

浮士德只有作孽才感到高兴，

他只是为自己才活得开心；
他竟敢怀疑上帝和宇宙，
忘了摩西也曾赞颂他们。
傻丫头玛甘泪竟对他一往情深，
而没有规劝他弃邪归正：
告诉他已经落入魔鬼掌心，
末日审判很快就要来临。

8

《优美的灵魂》倒还可以派派用场，
不过先得给她带上眼镜，穿上修女服装。
"上帝创造之物完美无比"——
真正的诗人应这样开始他的篇章。

关于废话大师的最后一首讽刺短诗

你还是去好好揉面，制作你的糕点吧
这样你还可以充当面包师的帮手。
有谁会对你提出要求，
让你对歌德进行深入的研究？
他连你这套手艺都没有学会，
怎么会成为天才的文章圣手？

索菲娅纪念册和笔记本中的作品解读

除了《爱之书》第一、第二部、《歌之书》以及《献给亲爱的父亲的诗作》,马克思创作的诗歌还有一些保存在他的姐姐索菲娅的一本纪念册(Gedichte aus den Jahren 1835 und 1836. Zusammengestellt von Sophie Marx)和一本笔记本里(Gedichte. Aus einem Notizbuch von Sophie Marx),这也可以说是他早期诗集的第五本和第六本,但创作的时间却是最早的,大约写于1833—1836年间。索菲娅是弟弟的知音,早在马克思有意识地将自己的诗作结集成册保存或馈赠他人之前,她就悉心地做了抄录。纪念册和笔记本里的诗作中有26首没有收在马克思本人亲自编定的其他四本诗册里,这里我们一一梳理和分析这些作品的具体内容。

一、为什么父母之爱会带来痛苦？

爱的滋味，咀嚼起来真可以说是蕴涵无尽，而且对象不同，爱的方式也应该不同。如果混同或者替换了，会造成适得其反的效果，不仅享受不到爱的温暖，而且会带来痛苦。

（一）母女之爱与情人之情

叙事诗《女儿》（Die Tochter）表达的是，母亲视女儿为"我的心肝""我的宝贝"，宁愿让她温柔婉顺地依偎着在身旁，每天看着她、呵护着她，生怕因她的离开而失去她。然而，留在母亲身边的女儿却并不因此就感到快乐。从她垂落到双肩的蓬乱的鬈发，紧锁的双眉，长吁短叹的神情，如鲠在喉却难以启齿、欲说还休的样子，就可以看出她胸中隐藏着无限的心事和忧伤。缘何致此？原来她歆享着过多的母爱，却缺失了异性的情感！"只要胸中漾起一片温馨，／只要那愁云笼罩的心灵，／欣然遇上了自己的知音，／满腔悲痛就会如烟散尽。"①

---

① 《马克思恩格斯全集》第 1 卷，人民出版社 1995 年版，第 839 页。原文参见 Karl Marx, "Die Tochter", *Marx-Engels Gesamtausgabe*, I // 1, Dietz Verlag, Berlin, 1975, S.712。

母爱是无私的，女儿不快乐母亲自然也难以释怀。在母亲一再追问下，女儿终于睁大眼睛，一口气倾诉出心中的块垒。原来在很久以前一个阴冷昏沉的夜晚，母亲把她的恋人赶出了家门。在她的心目中，他心地纯洁，纤尘不染，而且把她奉为女神。然而母亲却从世俗的角度考量，不能认同和容忍这段情感，于是他只好怀着爱的痛苦和悲愤，离开恋人而远走他乡。如今母亲早已不记得这桩往事，而是按照自己的意图来谋划女儿的未来，但谁知女儿不仅一直未能忘却旧爱，更有甚者，心绪早随他而去，伴随着狂风恶浪，四处飘荡，并且总是担忧"置身于汹涌的狂涛巨浪"的他"心中的火焰已化作寒霜"。虽然她坚信他对自己的爱不会改变，但凄惨的是，他只能"在太空中把我寻访"。岁月悠长，往后自己该怎么办呢？"难道要我在这儿徜徉，／沉醉于玫瑰的芬芳，／却让他孤苦伶仃，／远走天涯飘泊流浪？"① 女儿内心忧惧、惊惶，话越说越忧伤，最后她只能徒然地朝天空举起双手，向着漠漠重霄、浩浩玉宇，要将一片衷情寄给远在虚无缥缈中的恋人，终因气绝而扑倒在地。

母亲凝神向女儿望去，此刻她在想些什么呢？谁能否认她对女儿的爱的真挚和热烈呢？然而，她不懂得，爱的方式是有讲究的，爱不是靠守护、靠禁锢，况且母女之爱也不能替代情人之爱，对女儿最好的爱，恰恰是让她离开自己，放手让她去寻找自己的爱。爱不需要回报，女儿好，不是对自己好，而是她自己的生活好、感情好，于是自己也就因此而好。假如因自己的考量而强将其留在身边，母爱浓浓以其他方面爱的缺失为前提或条件，那么守着老母度日的

---

① 《马克思恩格斯全集》第 1 卷，人民出版社 1995 年版，第 840 页。原文参见 Karl Marx, "Die Tochter", *Marx-Engels Gesamtausgabe*, I//1, Dietz Verlag, Berlin, 1975, S.713。

女儿不仅绽放不出芳华,甚至会做出极端的事来,出现事与愿违的结局。由爱生恨,这不是思维和逻辑的矛盾,而是人的情感的错位和异化,古今中外,这样的例子不胜枚举。

"爱美之心,人皆有之",但却不能"逻辑加项"地延伸出"爱美人之心,人皆有之"。究其实,这与作为爱的对象的"美人"的个体情形有关。爱是两个主体之间的对等、呼应关系,是双向的交流、回馈,而不可能是单向度的施与、付出和攫取。两首十四行诗《赠给骄傲的美人》(Der stolzen Schönen)分别描述了两种类型的"美人"以及面对她们时"我"截然不同的态度。

一类美人自恃美貌,倨傲自大,孤芳自赏,看重和追逐权势,在其眼里和心目中,别人就应该无条件地为其魅力所倾倒,心甘情愿地为她效劳。对于这样的人,该说什么好呢?或许其颜容现在是美的,但铁定地"将来皱纹会无情地布满面庞";此刻她对待他人是高傲的、俯视的、鄙夷的,但从另一方面也说明,她本人根本不值得他人去怀想、更不会主动闯进过别人的梦乡而令其热血激荡。人们会见证时间如何摧残她的美貌,讥笑她是怎样由不可一世的神态转换为孤独得"泪水默默流淌"。年轻时爱神在她身上找不到位置,等好不容易得以光顾的时候,却只能栖息在她渐趋老去的面颊上;这时她也会慨叹和追问吧:何谓"美"?"美"为何?

而另一类美人呢,不仅昳丽无比,更重要的是心中蕴藏着深深的柔情,热情大方,有天然的亲和力,还演奏着"欢乐和忠贞的爱情乐章",以此来感染着男人的心,令其心驰神往。这样的人,岁月无法催她衰老,青春像新蕾初放般地长驻,其魅力也会持久地保存。假如她在云端微笑翱翔,指引男人飞向云天和霞光,男人定会陶醉地越过山谷、陵墓,甘愿永远伴随这样的女神高翔。当然,爱不是轻易就可获得的,但"只要得到她朱唇一吻,/我就算进入了仙境和天堂"①。

女 儿
叙事诗

女儿偎依在母亲身边,
温柔婉顺、默默无言,
一绺绺蓬乱的鬈发,
从头上垂落到双肩。

心涛不断拍击荡漾,
一双眼睛熠熠闪亮,
长吁短叹如泣如诉,
美丽的面颊泛出红光。

"啊,女儿,我的心肝,
啊,女儿,我的宝贝,
别把心事在胸中隐藏,
快对我说出你的忧伤。"

露水沾湿花朵,
玫瑰的色泽就更加鲜亮,
月亮隐入云中,

---

① 《马克思恩格斯全集》第 1 卷,人民出版社 1995 年版,第 842 页。原文参见 Karl Marx,"Der stolzen Schönen", *Marx-Engels Gesamtausgabe*, Ⅰ∥1, Dietz Verlag, Berlin, 1975, S.714。

玫瑰就溢出一缕缕幽香。

只要胸中漾起一片温馨，
只要那愁云笼罩的心灵，
欣然遇上了自己的知音，
满腔悲痛就会如烟散尽。

女儿拢起鬓边秀发，
双眉紧锁连连摇头，
满腔话语如鲠在喉，
难以启齿欲说还休。

"我要吐出苦水，
倾诉心中惆怅，
我的思绪纷乱如麻，
心如刀割累累创伤。"

她终于睁大眼睛，
凝视自己的母亲，
她一口气儿倾诉
心中的一片痴情：

"那个夜晚阴冷昏沉，
是你把他赶出家门，
他心地纯洁不染纤尘，
把我奉为心中的女神。

怀着爱情的痛苦和悲愤,
他离乡背井走向远方,
置身于汹涌的狂涛巨浪,
心中的火焰已化作寒霜。

如今只有狂风恶浪,
伴随着他四处飘荡,
如今他可以爱我,
在太空中把我寻访。

难道要我在这儿徜徉,
沉醉于玫瑰的芬芳,
却让他孤苦伶仃,
远走天涯飘泊流浪?"

话儿越说越忧伤,
语声铿锵正高昂,
母亲凝神向她望,
内心忧惧又惊惶。

女儿气绝扑倒在地,
仍朝天空把手举起,
向着漠漠重霄玉宇,
要将一片衷情遥寄。

赠给骄傲的美人

十四行诗两首

一

请不要对我如此倨傲,
我没有为你的魅力倾倒,
也没有聆听你祈求权力的祷告,
我永远不能也不愿为你效劳。

我从未觉得你值得怀想,
你从未闯进过我的梦乡。
我的热血从未为你激荡,
我讥笑你总是孤芳自赏。

你的眼睛不久便会黯淡无光,
那闪电与烈焰深藏的地方
将会有泪水默默流淌。
如今爱神憩息在你的面颊上,
将来皱纹会无情地布满面庞,
你将不再跳舞而去祷告上苍。

二

那个美人使我心驰神往,
她青春长驻永远像新蕾初放,
岁月无法催她衰老,
她的魅力地久天长;

她心中有柔情深深蕴藏，
有优美的天籁自由回荡，
还有欢乐和忠贞的爱情乐章，
那热情会使男人的心坚强如钢。

美人在云端微笑翱翔，
指引我飞向云天和霞光，
我陶醉地越过山谷、陵墓，
愿伴随女神永远高翔。
只要得到她朱唇一吻，
我就算进入了仙境和天堂。

（二）如何表达对父亲的爱

1836年父亲60岁诞辰时，马克思亲自编订了诗集《献给亲爱的父亲的诗作》以表达对父亲的敬意和祝福，但有一首同名组诗（Widmung mehrerer Gedichte zu Vaters Geburtstag）却没有收进去，好在姐姐将其抄录下来了。

这组诗描述了在父亲诞辰日到来之际，马克思的所思所感。静静的夜晚，他独自默坐在远离故乡的柏林大学校园，想起父亲，心底便荡漾起温馨、兴奋的激情。他感到，父亲的优点在于，坚韧刚毅，爱憎分明，能"使魑魅魍魉闻风丧胆、瑟缩不停"，能"让邪恶势力俯首屈膝、战战兢兢"①，作为律师的他代表着正义的力量，

---

① 《马克思恩格斯全集》第1卷，人民出版社1995年版，第844页。原文参见 Karl Marx,"Widmung mehrerer Gedichte zu Vaters Geburtstag",*Marx-Engels Gesamtausgabe*, I∥1,Dietz Verlag,Berlin,1975,S.715。

急流勇进，把生命之河谱成优美的旋律和乐章。

　　人们往往有这样的感受，越是感情充沛、情绪激动，越不知道该如何表达，而此刻的马克思也是如此。虽然想起父亲的高风亮节、道德文章，特别是对自己的悉心呵护和培养，就难以抑止泪水不断流淌，心海总会泛起思想的波浪，感恩之情在心中荡漾，但此刻却偏偏想不到用什么样准确的言语来倾诉，也难以放开歌喉来欢唱。情感表达确实构成一个问题，诚如马克思所踌躇的："该怎样表示我的崇敬，／怎样描述我对他的一片深情？"①

　　恍惚间，艺术之神缪斯唱着歌来到他身旁，歌声低回婉转，迷人动听。于是马克思就向她请教：如何将从心底迸发的对父亲的炽热深情讴歌出来。缪斯用幽婉的语调轻轻对他讲：不要言语，也不必歌唱，因为情感不是耳畔的音响，只有用行动、用努力谱成乐章，才能证明自己不愧为父亲的好儿子。父亲以高尚的情操树立了榜样，自己只有身体力行，才能表达对他的挚爱，才能回报他的培养。至此，马克思终于找到了表情达意的方式：送给父亲最好的礼物，不是言辞、不是颂歌，而是行动和作为。

　　在经历了上述一番思考后，意犹未尽，马克思又做了一点补充，谈的仍是言语有限但情感无限。他感到，言语如水，可以一泻千里，但不能化作纽带把心灵连在一起，只有人心中的真情才是其行为的根基。对于父亲，马克思真正是怀着满腔的挚爱之情，凝结成为一颗虔敬之心，借助这些诗篇诉说那难以言状的怀想和思念。相信父亲心中也会深深理解，他为何献上这些诗章，因为他心底的灵感之火是由父亲拨亮的，而这深情的诗行就是对父爱的报偿。

---

　　① 《马克思恩格斯全集》第 1 卷，人民出版社 1995 年版，第 844 页。原文参见 Karl Marx,"Widmung mehrerer Gedichte zu Vaters Geburtstag", *Marx-Engels Gesamtausgabe*, Ⅰ∥1,Dietz Verlag,Berlin,1975,S.715。

父亲诞辰献诗。1836年
献给你

一

我独自默坐,万分欣幸,
心底荡漾着兴奋的激情,
缪斯唱着歌来到我身边,
歌声低回婉转、迷人动听。

"哦,缪斯,我曾请你教我学习歌吟,
以便去讴歌我对一个人的炽热深情,
这个人就是我亲爱的父亲,
我对他的呼唤是从心底迸发的声音。

他把生命谱成优美的乐音,
他坚韧刚毅、急流勇进,
使魑魅魍魉闻风丧胆、瑟缩不停,
让邪恶势力俯首屈膝、战战兢兢。
可是啊!我该怎样表示我的崇敬,
怎样描述我对他的一片深情?"

二

"虽然泪水不断流淌,
虽然纯洁的声音在心中荡漾,
我却难以放开歌喉,
表达神灵赐予的欣喜欢畅。

欢乐之情在周身激荡,
心海泛起思想的波浪,
胸膛起伏,眼睛闪光,
却偏偏没有言语表达情意深长!"

缪斯用幽婉的语调轻轻对我讲:
"不要言语,不必歌唱,
那一切不过是耳畔的音响。
要用行动谱成乐章,证明你不愧为他的儿郎,
你身体力行情操高尚,
那就表达了你挚爱的衷肠。"

写在诗成之后

我知道,言语并不能将人们牵制,
我们心中的真情才是行为的根基。
言语如水可以一泻千里,
它不能化作纽带把心灵连在一起。

但我们仍要怀着恭敬的赤子之心,
为崇高的伟人建筑一座殿堂,
我们在那里树立起他的形象,
以便把我们的挚爱之情全部献上。

我们可以在广漠的天宇向他致敬,
也可以建筑殿堂将他奉为神明,
应当允许满腔的挚爱之情,
凝结成为一颗虔敬之心。

因此我写下这些诗篇，
恭敬地呈献在你的面前，
诗中蕴含着深深的情意，
诉说那难以言状的怀想思念。

你心中定会深深理解，
我为何献上这些诗章，
我心底的灵感之火是你拨亮，
这深情的诗行就是对你的报偿。

二、为什么渴望爱的人却在无爱之中？

古往今来，众多的宗教教义告诫世俗中人，不能放纵心灵，而要恪守戒律、约束自我，这样，肉体死亡后不死的灵魂才能进入天堂、享受永恒。然而，青年马克思发出这样的质难和疑问："天堂和灵魂与我何干，／昏暗的永恒有何用途？"① 人心中隐藏的苦楚靠上帝和时间根本无法消除，还不如痛痛快快地倾吐一下自己的心曲，哪怕事后懊悔或者招致讥消，也要说出心中的痛苦和快乐。把欢乐汲入心田，即便让人陶醉一次，然后听凭它随着激浪消逝，也决不愿意看到虚无缥缈的永恒使欢乐变成悲怆，以至于使人生失去奇光异彩，只剩下一片苍凉。人生在世总要拼搏、斗争，虽然绵绵无尽的痛苦正是根源于此，但这才是现实的人生历程的记录，总比被幻觉无休止地拘牵、空虚而惆怅的境遇要更真实。

从逻辑上明白了这一点，那么该如何转换为行为、度过人生呢？难道还要让心灵恪守那"高远"的信念、感受那沉重如山的分量吗？在蔑视现世、看淡人性的教化面前我们到底应该憎恨人间还是仇视

---

① 《马克思恩格斯全集》第 1 卷，人民出版社 1995 年版，第 850 页。原文参见 Karl Marx,"Wunsch",*Marx-Engels Gesamtausgabe*, I∥1, Dietz Verlag, Berlin, 1975, S.719。

天堂呢？马克思决绝地表达了自己的"愿望"："我不要你们那永恒之乡，/不要你们的庞大天国"，因为"它们是那么虚妄"；信教者"可以尽心侍奉上帝，/……可以对他顶礼膜拜，/却无法使我同他和解！"① ——让痛苦、争斗、热情和想象伴着每个个体生命化作尘埃一起消亡，让真实的泪水把人间冷暖从蓝天洒到地上。

叙事诗《盲女》（Die Blinde）将一个盲女凄楚的感受和结局描摹得入木三分，感人肺腑。

在一座倾斜的危房里，盲女一个人枯坐斗室，面容憔悴，忧伤万分，心底不禁发出深沉的幽怨。别人都得到了众神赏赐，可以喜迎红色艳阳，欣赏金色霞光，品味人生欢乐，而唯独自己是全然不同的境况：翳障遮住了目光，光明无法穿透进来，生活的道路也被挡住了。自己像一个伫立在荒凉的海滩上的弃儿，得不到上帝的眷顾，无法返回故乡，永远被骗走了欢乐。人总是这样，眼睛无光，耳朵就特别好使，但好使的耳朵带给自己的却是更大的忧伤。耳畔浪涛汹涌激荡，狂风怒吼震撼着胸膛，愈加感觉面前天昏地暗，暗礁突起，整个大海乃至世界都要毁灭、爆炸了。这是何等的凄楚啊！"苍天只给了我严冬的凄凉，/却永远不赐予我春暖花香。"② 眼盲造就了自己的敏感，凭触觉能感知外在的粗暴，拼死反抗尚可抵御、击退它们，但神灵造成的人生苦果自己却永远都抛弃不掉。

对于人来说，有一双明亮而犀利的眼睛是多么重要！它可以顾盼四周，看穿世界，识别美丑，升华万物。然而这一切却永远与自

---

① 《马克思恩格斯全集》第 1 卷，人民出版社 1995 年版，第 851—852 页。原文参见 Karl Marx, "Wunsch", *Marx-Engels Gesamtausgabe*, I // 1, Dietz Verlag, Berlin, 1975, S.719-720。

② 《马克思恩格斯全集》第 1 卷，人民出版社 1995 年版，第 853 页。原文参见 Karl Marx, "Die Blinde", *Marx-Engels Gesamtausgabe*, I // 1, Dietz Verlag, Berlin, 1975, S.720。

己无缘，经常感到情感在胸中激荡，但却不会转换为形象呈现在眼前。悠悠岁月多么漫长，郁积于胸膛的多少感受无法抒泄，只能口中不断地啜嚅、咀嚼，声声长吁短叹饱含的是对美好事物的向往以及无法实现愿望的伤感。更关键的是爱情的缺失。生活在黑暗之中，看不见太阳的光明，又得不到爱情的温馨，意味着永远陷入受人厌弃的窘境，成了被上帝抛弃的牺牲品。而自己正是这样，眼前的光明永久地被夜幕所遮挡，结局是，"哪里有爱情和力量／使心潮汹涌激荡，／哪里有崇高情感充满胸膛，／哪里有美在自由翱翔，／我就无权在那里驻足"。一个健全的男人决不会向自己表达爱意和崇敬，至多只是表示一点同情，所以自己永远成不了男人的所爱和慰藉，"神灵没有给我聊以自慰的眼泪，／他徒然使我内心充满渴望之情。"上帝牢牢地控制着自己的命运，即必须"承受生活的重担……却无法感受生活的温馨！"①

　　长期在忧郁中度日，盲女渐渐感到虚弱的躯体快支撑不住了，倾诉心中块垒的歌声也已经停歇，生命的活力即将消耗殆尽，自己已经奄奄一息了。或许是回光返照，她偶尔仰头对着天空，"听见"云彩移动、和风轻轻。突然，和谐的天籁之声在耳畔响起，从未有过的芬芳在四周荡漾。斗室瞬时流光溢彩，周围鲜花怒放。恍惚间，一个男人穿着轻柔的衣裳，含情脉脉地向她走来。他眼波流盼，闪动着幸福之光，圣洁的躯体周围的一圈圈光晕像微波一样轻轻荡漾。他来到盲女的坐椅边，轻轻抚摸着她的睫毛。她顿时产生了一种从未有过的美妙的感觉，只得紧紧压住胸口，让心儿不要跳得太厉害了。她抬起眼睛，竟然看到眼前一片光华。这真是苍天有眼啊！让

---

　　① 《马克思恩格斯全集》第1卷，人民出版社1995年版，第854—855页。原文参见 Karl Marx,"Die Blinde",*Marx-Engels Gesamtausgabe*, Ⅰ∥1, Dietz Verlag, Berlin,1975,S.721。

盲人也一睹蔚蓝的天空，灿烂的阳光，纵览广袤的大地，万物的经脉。如果说，壮丽的景色使她陶醉、倾倒，那么，她心仪的男人伟岸的形象更让她心潮起伏，如此匀称的身材，这样迷人的外表，她很久以来内心思慕的形象，在他身上体现得这般美好！这时，最后一片云彩在远方消逝，灼热的强光在她眼前一闪而过。盲女追随着瑰丽的光芒而去，灵魂升向穹苍——她融进天体之声，汇入精灵的合唱。

至此，我们明白了，以上的情形只不过是这个凄惨、可怜但内心世界却极其丰富的女人临终前一种卑微的期盼和向往，场景拉回到现实中，真实的状况却是：她独居的危房屋顶轰然倒塌，瓦砾将她彻底埋葬了……

愿　望

愿我能将濒死的灵魂
沉入那毁灭的汪洋，
痛快地倾吐自己的心曲，
倾吐心中的痛苦和幻想！

风势渐缓，狂飙敛迹，
心中的火焰却永远燃烧，
阴暗的幽灵在心中呼号，
似乎在懊悔又像在讥诮。

你们希望天门敞开，
让紫红色的天堂展现出来，
希望我们的心灵永不放纵，
禁锢在内心的戒律之中。

天堂和灵魂与我何干,
昏暗的永恒有何用途?
我心中隐藏的苦楚
上帝和时间无法消除。

我把欢乐汲入心田,
它来去迅捷快如闪电,
我听凭它随着激浪消逝,
决不愿将它留在心间。

欢乐只会让人陶醉一次,
永恒将使欢乐变成悲怆,
此后它便失去异彩奇光,
昔日情景只剩下一片苍凉。

那绵绵无尽的痛苦,
总是同愁云和黑纱共存,
因为鬼使神差,
人们在世上都要拚搏斗争。

难道我还要把复仇之念
注入已经破碎的心田,
让幻觉和痛苦
无休止地把我拘牵?

难道让幻觉和痛苦的旋涡把我卷走，
使我心碎肠断空虚惆怅？
难道让心中的炽热火焰
被卷进大千世界的汹涌海洋？

难道心灵应该恪守这个信念，
去感受它那沉重如山的分量？
难道面对诅咒和疯狂
不应憎恨人间而应仇视天堂？

我不要你们那永恒之乡，
不要你们的庞大王国，它是那么虚妄，
在毁灭的宽大怀抱里，
死神的气息正轻拂我的面庞。

你们可以尽心侍奉上帝，
你们正是从他那里飞旋而来，
你们可以对他顶礼膜拜，
却无法使我同他和解！

让痛苦、争斗、热情和想象
伴我化作尘埃一起消亡，
让两行热泪把绵绵遗恨
从蓝天洒到地上。

盲 女

叙事诗

她坐在幽暗斗室,
独居倾斜的危房,
痛苦使面容憔悴,
心中郁结着忧伤。
这时心底发出深沉的回响,
仿佛幽灵在梦中兴风作浪。

你们喜迎红色艳阳,
你们欣赏金色霞光,
你们品味人生欢乐,
你们得到众神厚赏。
众神对我却从来没有眷顾,
他们骗去了我的欢乐时光。

光明无法透过翳障,
翳障遮住我的目光,
它像庞然怪兽一样,
把生活的道路阻挡,
我永远伫立在荒凉的海滩,
却没有浪涛载我返回故乡。

耳听浪涛汹涌激荡,
狂风怒吼震我胸膛,

我感觉到暗礁突起,
整个大海咆哮如狂。
苍天只给了我严冬的凄凉,
却永远不赐予我春暖花香。

我凭触觉就能感知粗暴,
我这尘俗之手使它无法遁逃,
而神灵造成的人生苦果
我却永远都不能抛掉。
只有目光才能识别美的事物,
只有目光会使热情冲天燃烧。

这目光升华万物独具魅力,
这目光神采四溢流转如泉,
这目光穿透广阔的世界,
然而它却永远与我无缘。
我感觉到它在我胸中激荡,
但它不会让形象呈现在我眼前。

啊,悠悠岁月多么漫长,
多少话语郁积于胸膛,
暴烈的守护神一旦迫近,
那些话语就寂然离开心房。
胸中只发出长吁短叹,
声声饱含对美好万物的感伤。

一个可爱的丈夫
决不会向我祈求爱情,
也不会对我表示崇敬,
让我成为他的屏障和慰藉,
神灵没有给我聊以自慰的眼泪,
他徒然使我内心充满渴望之情。

我脱离了宇宙万物,
万物犹如空虚阴影,
我不得不丧失爱情,
丧失这神奇的佳境!
我必须承受生活的重担,
却无法感受生活的温馨!

哪里有爱情和力量
使心潮汹涌激荡,
哪里有崇高情感充满胸膛,
哪里有美在自由翱翔,
我就无权在那里驻足,
因为光明已经被夜幕遮挡。

谁得不到爱情的温馨,
谁看不见太阳的光明,
谁生活在黑暗之中,
谁陷入受人厌弃的窘境,
他就成了上帝震怒的牺牲品,

上帝牢牢地控制着他的命运。

如今我的歌声已经消歇，
如今我已经奄奄一息，
从我心中迸出的话语
如今正直冲九霄云天。
我虚弱的躯体将从此毁灭，
生活又会向别人进行报复。

仿佛胸中的生机
已在歌声中消耗殆尽，
仿佛更崇高的目标
已经植入忧郁的心灵，
她仰头对着天空谛听，
听云彩移动、和风轻轻。

和谐的天体之声
突然在她耳畔回响，
人间未有的芬芳
在她四周荡漾。
她的斗室溢彩流光，
鲜花在她周围盛开怒放。

一个人穿着轻柔的衣裳，
含情脉脉走向她的身旁，
这个人眼波流盼，

闪动着天堂的幸福之光,
他那圣洁的躯体周围,
一圈圈光晕像微波轻漾。

他飘然来到她的坐椅前边,
轻轻抚摸她的睫毛。
黑暗的镣铐当即粉碎,
她顿觉眼前如此美妙;
她紧压胸口,让心儿不要狂跳,
她抬起眼睛,只见一片光华普照。

她欢呼这苍天之眼,
天眼睁开向她欢笑,
她在微风中伫立,
上帝的威力她已感到。
她看到蓝色天空明朗灿烂,
她可以把万物纵览细瞧。

壮丽的景色使她倾倒,
伟岸的形象使她涌起心潮,
他的身材如此匀称,
又有如此迷人的仪表。
她内心思慕的形象,
在他身上体现得如此美好。

歌声不再飞扬,

最后一片云彩消逝在远方,
她不再顾念宇宙沧桑,
眼前闪过灼热的强光。
她当即追随这瑰丽的光芒,
大地再也不能把她阻挡。
躯体急速退让,
灵魂升向穹苍,
她融进天体之声,
汇入精灵的合唱。

三、为什么权倾一时的人也无法掌控情感？

世界上的事情充满诡谲和悖论。对于情感来说，更是如此。多少享有无上权力的人却左右、掌控不了情感。这是为什么呢？

（一）帝王无爱？

叙事诗《里齐奥，玛丽·斯图亚特的歌手》（Rizio, Sänger der Maria Stuart）通过未必真实的故事情节，表达了马克思对爱与社会地位之间复杂关系的理解。

诗中所提及的玛丽·斯图亚特（Maria Stuart）可能指的苏格兰女王玛丽一世（1542—1587年），她的一生充满悲剧色彩，也因此成为苏格兰君主中最有名的一位。我们且看她的故事是如何展开的。

古往今来，帝王无数，每逢欢乐之时或者大型活动之际，总少不了要有歌舞来助兴，以烘托氛围，彰显荣耀。在这种情形下，由于帝王只愿欣赏欢乐之歌，而不想听悲戚的吟唱，所以歌手就只能装出欣喜的模样，即使是内心充满忧伤，也要强颜欢笑，"快乐"地欢唱。因为他只是一个为宫廷献艺的"演员"、俯首听命于帝王的臣仆，绝不能用歌声来表达其真实的内心世界，坦陈心底的悲凉，诸如阴郁、痛苦、痴情、凄怆等情绪必须深深地隐藏起来，或者演出之后离开宫廷到荒郊野外再倾泻满腔的哀伤，宣泄情感上的悲凉。

而王者呢，高高在上，视其为草芥、工具、"戏子"，至多只是一个只有一种情感、"与欢乐比翼高翔"的歌手。地位的悬殊，决定了他们之间无法进行平等的观照和情感的交流，否则，就是违反常规，大逆不道。

但是马克思在这首叙事诗中的处理却很耐人寻味：一方面他反其意而行之，叙述了作为歌手的里齐奥与女王玛丽·斯图亚特之间特殊的境遇，另一方面又通过凄惨的结局表明常规难以改变的宿命和悲剧。

起初，里齐奥站在玛丽座前，并没有什么非分之想，能为女王演唱，他自然也感到无上的荣幸。尽管喜形于色的面庞、神采飞扬的模样，难以完全掩饰其内心真正的忧伤，但他还是强忍下来，不露神色，满怀着虔敬之情，准备下跪，然后再为女王歌唱。孰料，撑不住气的倒是美丽的女王，她看着歌手，心中无法再保持平静和安详了。尽管她也希望像以往一样只是通过歌手富有魅力的歌喉欣赏一下歌乐，好让情绪和感觉充满春光，而不是听那些悲戚的哀叹和吟唱，但她隐隐约约觉察到，里齐奥偶尔显露出的焦虑、恓惶，表明他心里一定怀有深深的渴念，甚至充满哀痛和悲伤。

这时，威严的女王变得像个怀春的少女，脸上神采奕奕，双颊泛出红光，周身呈现出天仙般的韵致，风姿就像情感充溢着心房的女神一样。她一边保持着威严的形象，一边又发出温和的责备和嗔怪。敏感的歌手自然感受到了，他已忘记臣仆、戏子、演员的身份，心海里也涌起激情的波浪。仿佛面对着的是心爱的恋人，已经得到他心驰神往的爱的回报，不禁沉醉起来，默然地享受起此刻幸福的时光。他那可怜的心太投入了，以至于灼热的双唇也滚烫起来，于是激动地拨响琴弦，琴声如火花在迸射，铿锵的乐声响彻了整个宫廷。恍惚间他觉得自己是解放了，而且是心灵上彻底的解放。于是他开始狂放不羁，意气高昂，一任青春的激情肆意涌出胸膛，宛如浪涛从崖边倾泻下来,湍急的狂澜轰然震响,没有力量能把他束缚住,没有绳索能将他捆绑起来。激越的琴音伴随着他的歌喉,炽热的歌声愈发雄浑嘹亮。他歌唱自己年轻的心,坦陈这颗心为爱而进行过怎样的搏斗和较量,倾诉无爱的生活中内心感到的迷茫和凄楚,更唱出对面前的这个女人——挚爱的女性而不是女王——如烈火般燃烧着的痴情和渴望。灵犀相应,女人也心领神会了,毅然卸下女王的矜持和庄重,轻轻地将头颅转向一旁,听凭感情的眼泪夺眶而出,默默流淌下来……

但是,即使权倾一时的女王,在情感上也是不自由的,她绝不能为所欲为、爱其所爱。既然她的身份是帝王,那么其生活也必须服从于江山社稷的稳定、国家权力的行使和运转。这时宫门突然被打开,粗暴的吼声震撼着殿堂,武器发出巨大的响声。那些保卫她的武士们窃听到上述一幕,再也忍不住了,果断地出手,呐喊着要快点逮住歌手。一见如此架势,女王也禁不住一阵惊惶,但她看到深陷情感深渊的里齐奥拿着古琴,泰然伫立在丹墀之上,自己也就安然了些许,起身走到他的身旁,喝令卫士们:"歌手在这里受我保护,/看谁敢对他舞刀弄枪!"① 爱使人强大,特别令她惊讶且感动的是,里齐奥比自己更为镇定自若,挺身而出,逼迫武士们纷纷退向门槛,一个个威武不再,相反都感到了恐惧。

这是一个对世事异常明了的歌手,他知道是自己的胆大妄为"犯忌"了,而且是天大的禁忌,所以,即使他俩一时感到的"胜利"乃至女王无上的权力也改变不了事情最后的结局。知道自己生命即将结束,他索性毅然走向女王,大胆地倾吐衷肠,做出明确的

---

① 《马克思恩格斯全集》第 1 卷,人民出版社 1995 年版,第 862 页。原文参见 Karl Marx,"Rizio, Sänger der Maria Stuart", *Marx-Engels Gesamtausgabe*, I // 1, Dietz Verlag, Berlin, 1975, S.726。

表白,称自己甘愿舍命来毅然补偿对她的爱,即使在人世不能遂愿,到天国也要情意深长。他指天向女王起誓,要把爱情永远留存在心房,虽然自己即将命归泉壤,绵绵情意却要地久天长。听着这感人的表白,女王再次洒下了热泪,她向英武的歌手注目凝望。两颗心灵息息相通,脉脉深情汇成了情感的热浪。

这时,军刀再次铿锵作响起来,无数佩剑闪烁着寒光逼近他们。只见歌手威武不屈,气宇轩昂地把胸前的饰物扔在地上,挺身冲向刀光剑影,冰冷的霜刃刺进了他滚热的胸膛。已奄奄一息的里齐奥,凝眸注视着自己的女王,口中轻声呼唤着"胜利",灵魂则飞向杳渺的穹苍了。

在位20余年的玛丽·斯图亚特,阅人无数,给她唱过歌的人也不计其数,但里齐奥是她唯一的"歌手"。卓越的歌,不是一种普通的、平常的声调和音响,而是情感的倾诉、心的表达和吟咏,是爱的旋律和节奏,是歌手与听者感情沟通的桥梁。知音难觅,绕梁不绝。在悬殊的社会等级和现实面前,两人的爱情失败了,但爱之歌、情之音却永久地回响着。

里齐奥,玛丽·斯图亚特的歌手

叙事诗

里齐奥站在玛丽座前,
面对这位美丽的女王,
满怀着虔敬准备下跪,
感到获得了无上荣光。

他那喜形于色的面庞,
往常总显得神采飞扬,
而今他装出欣喜模样,

是为了掩饰内心忧伤。

美丽的女王看着歌手,
心中无法再保持安详:
"你心里一定怀有渴望,
这渴望使你焦虑悒惶!

你的歌喉有无穷魅力,
能给人带来无限春光,
我只愿欣赏欢乐之歌,
不想听到悲戚的吟唱!

快乐的歌手应当欢唱,
让他的女友神怡心旷,
即使他心中哀痛欲绝,
也要用豪情抑制悲伤!"

女王的声音荡气回肠,
歌手也感到激情满腔,
聆听此声谁都会喜爱,
因为它是心灵在震响。

"人们的心地纯洁高尚,
那才会永远达观开朗,
他们的眼睛清晰明亮,
永远没有阴郁的光芒。

我面对着尊贵的女王，
本来永远都不敢歌唱，
是歌神让我放开歌喉，
歌声高亢在云中回荡。

无论歌手在什么地方，
是山林还是华丽殿堂，
欢乐都同他形影不离，
歌手与欢乐比翼高翔。

但痛苦他却必须深藏，
心灵充满痴情与凄怆，
他只能来到荒郊野外，
对狂风倾泻满腔哀伤。

请不要让我说出隐衷，
请让我高歌使你欢畅，
请女王不要对我下令，
命我坦陈心底的悲凉。

歌手虽然是你的臣仆，
但也要像你自尊自强，
当然他作为普通百姓，
理应俯首听命于女王。"

玛丽的双颊泛出红光，
崇高的情感充溢心房，

一边发出温和的责备,
一边保持威严的形象。
玛丽的脸上神采奕奕,
人世难寻这绝色女郎,
周身呈现出天仙韵致,
那丰姿就像女神一样。

歌手此刻已心驰神往,
默然享受这幸福时光,
可怜的心儿已经陶醉,
青春的双唇灼热滚烫。

他激动地把琴弦拨响,
心海涌起热情的波浪,
琴声琤琤如火花迸射,
音调铿锵响遍了殿堂。

没有力量能把他束缚,
没有绳索能把他捆绑,
他狂放不羁意气高昂,
让青春激情涌出胸膛。

宛如浪涛从崖边泻下,
湍急的狂澜轰然震响,
琴音激越伴随着歌唱,
热情的歌声雄浑嘹亮。

他唱出对女王的痴情,
痴情如火燃烧着心房,
女王的眼泪夺眶而出,
随后将头颅转向一旁。

他歌唱自己年轻的心,
怎样进行着搏斗较量,
痴情的烈火无法扑灭,
他心中感到一片迷茫。

武士们早在四周窃听,
这时候宫门突然大敞,
在这极其庄严的地方,
武器猛然击出了巨响。

"快点把这个歌手逮住!"
粗暴的吼声震撼殿堂;
歌手拿着自己的古琴,
泰然伫立在丹墀之上。

女王禁不住一阵惊惶,
起身走到歌手的身旁;
"歌手在这里受我保护,
看谁敢对他舞刀弄枪!"

可是歌手却挺身而出,
使女王感到惊讶异常,

武士们纷纷退向门槛,
一个个感到万分恐慌。

"我冒昧向你倾吐衷肠,
我甘愿舍命来作补偿,
在此地这是大胆狂妄,
在天国这却是情意深长。

我向你女王指天起誓,
我将把爱情永留心房,
虽然我即将命归泉壤,
绵绵情意却地久天长。"

女王洒下了热泪两行,
向英武少年注目凝望,
两颗心灵已息息相通,
脉脉深情正汇成热浪。

刹那间忽闻军刀铿锵,
无数佩剑闪烁着寒光,
然而歌手却勇敢伫立,
他威武不屈气宇轩昂。

他挺身冲向剑影刀光,
把胸前饰物扔在地上,
只见冰冷的利剑霜刃,
刺进歌手滚热的胸膛。

> 歌手此时已奄奄一息，
> 依然凝眸注视着女王，
> 口中轻声呼唤着"胜利"，
> 灵魂飞向杳渺的穹苍。

（二）衡量歌手的标准

"歌为心声"，而心总是悲欣交集，如果没有切身的体悟、充分的感受，那么歌只是一种噪音，不仅难以沁人肺腑，引人动情，甚至反而徒惹人腻味、厌烦。因此，衡量歌手的标准、决定演唱效果的，不是技巧和训练，而是对人性的理解、情感的把握和投入。叙事诗《歌手们》（Die Sänger）就对比了两个歌手不同的效果。

其中的一位"似乎是位罕见的奇才"，家境优裕，从没受过什么苦难，周围还有一群玩伴，骄矜自负，得意扬扬，对于世间各种事物，总要评论一番。他喜欢唱歌，不为表达感情，而纯粹是一种炫耀，"炫耀他的言词、声调和财宝"，而他的伙伴，也习惯于倾听他引吭高唱，偶尔给予一阵掌声，以表示对他的赞赏。由此，他更以为自己的歌唱得真的不错，五光十色的幻象在心中荡漾，越发得意忘形，而真情则全被掩盖、稀释了。

而另一位则是个孤独的少年，似乎长年在自然界中流浪，经常身披绿色柳条，头戴月桂花冠，轻轻拨动琴弦，用纯真的深情弹唱。贫困像影子一样伴随着他，使他见过了太多的世态炎凉和生离死别，所以，他的歌声中又掺杂着很多人生的沧桑和感慨。没有人认真听过他的演唱，更没有得到过应和与喝彩，他只为自己而唱，为人生的不易而歌。

有一次，一个国王因王后去世而不胜忧伤，苦闷难耐。年轻的侍从遂邀请"骄傲的歌手""超群绝伦的英才"及其同伴进宫来演唱。他们带着金色的七弦琴，还佩戴着许多装饰品来到国王跟前。国王告诉他们说自己心情不悦，"你们若能为我解忧"，"让歌声飞进我的心头"，"便是我的良朋挚友"。歌手们躬身致敬，然后便不顾一切像以往一样昂首唱起来。为了讨好国王，他特别选择群星拱卫着太阳的主题和曲调，盛赞圣明的君王的伟大。但是，尽管这些歌手唱得非常激昂，国王却只是投来冷漠的目光，最后抱怨说："这歌声对我有何裨益，/我不爱听这讴歌颂扬，/你们不了解我的渴念，/你们是在嘲弄国王。/这金色七弦琴有何用场，/它并不能消除我的忧伤，/徒有一身华贵的装饰，/只发出冷漠平淡的音响。"① 歌手们无言以对，神色惊惶，只得停止了演唱。

这时，侍从带来那个孤独、忧郁的少年，仍然是身披柳条、头戴花冠，一席与辉煌的宫廷不搭调的打扮。可不一样的是，他并未进门就信口唱起来，见着国王也并未请安，而是静静凝望着，若有所思的样子。最终他领悟到国王的心境，这引发了他的悲伤，至此他才晓得，即便是享有无上权力者不也有如同他一样的苦楚吗？他低头看着地上，滚滚泪珠流淌下来。于是，轻轻地拨动琴弦，深情地弹唱起来。琴声清脆而悠扬，歌声中洋溢着人生的欢乐和忧伤、遂顺和磨难。而他身披绿色柳条的身影，在歌声的映衬下，像一尊纯洁的塑像。少年的歌打动了国王，他向少年走去，将其紧紧抱住并紧贴在胸膛上，像对待自己亲生的儿子一样。末了，国王要把珍珠、宝石馈赠给他，但少年断然拒绝了，决绝地离开了殿堂。

---

① 《马克思恩格斯全集》第 1 卷, 人民出版社 1995 年版, 第 870—871 页。原文参见 Karl Marx,"Die Sänger", *Marx-Engels Gesamtausgabe*, I //1, Dietz Verlag, Berlin, 1975, S.731。

这里关键的问题是：那位富家子弟明白了为什么自己竭尽赞美之词也没有赢得国王青睐的原因了吗？而这位在感情上得到疏解和满足的国王明白了为什么终日在穷困中度过的少年歌手要拒绝自己的馈赠吗？

歌手们
叙事诗

从前有过一群伙伴，
骄矜自负得意扬扬，
对于世间种种事物，
他们总要评论一场。

其中有那么一个人物，
似乎是位罕见的奇才，
他看来喜欢歌唱，
以展示耀眼的丰采。

然而这纯粹是炫耀，
炫耀他的言词、声调和财宝，
他心中没有激情，
歌声也并不美妙。

他的其他伙伴，
倾听他引吭高唱，
偶而响起一阵掌声，
对他表示由衷赞赏。

五光十色的幻象
在他的心中荡漾,
他越发得意忘形,
真情全然被埋葬。

国王的年轻侍从,
来到他们的近旁,
他是贵族的后裔,
身穿绸缎衣裳。

"既然你们是骄傲的歌手,
是超群绝伦的英才,
你们就切莫延迟,
国王要你们快进宫来。"

"我们是骄傲的歌手,
技艺超群盖世无双,
既然国王要召见我们,
我们当然决不延宕。"

他们便跟随着这少年,
少年昂首阔步走在前,
他们带着金色七弦琴,
还佩戴着许多装饰品。

他们走到国王跟前,
国王正痛苦不堪,

他心里不胜忧伤,
因为王后已离开人间。

"你们要了解我的心意,
让歌声飞进我的心头,
你们若能为我解忧,
便是我的良朋挚友。"

歌手们躬身致敬,
然后便昂首歌唱,
讴歌群星拱卫太阳,
赞颂圣明的君王。

有个歌手最激昂,
歌唱星星和月亮,
国王对此并不欣赏,
只是投来冷漠的目光。

"这歌声对我有何裨益,
我不爱听这讴歌颂扬,
你们不了解我的渴念,
你们是在嘲弄国王。

这金色七弦琴有何用场,
它并不能消除我的忧伤,
徒有一身华贵的装饰,
只发出冷漠平淡的音响。"

歌手无言以对神色惊惶，
心底受到强烈震荡，
从他们那苍白的唇边，
再也听不到歌声传扬。

这时侍从带来一个少年，
走近歌手们的身旁，
少年身披绿色柳条，
月桂花冠戴在头上。

他朝君王静静凝望，
君王的命运使他悲伤，
他低头看着地上，
泪珠滚滚往下流淌。

他身披绿色的柳条，
像一尊纯洁的塑像，
他轻轻地拨动琴弦，
用纯真的深情弹唱。

琴声清脆悠扬，
洋溢着欢乐和忧伤，
国王向他走去，
把他紧贴在自己的胸膛。

国王把他紧紧抱住，

像对待亲生儿子一样,
刚想馈赠珍珠宝石,
少年却已离开殿堂。

(三) 爱能否起死回生?

古希腊悲剧总喜欢把战争与爱情联系起来,用战争的残酷与爱的温暖相互对照、映衬和烘托,在离别与相聚之间显现和张扬爱的珍贵、煎熬和力量。马克思得其神髓,《两个王室子女》(Die zwei Königskinder) 借用的是个老套的故事,在艺术上也并不算出色,但所要表达的对爱的渴望却很真挚而可贵。

一位王子要去遥远的国度征战了,这意味着他必须离开自己心爱的人儿,甚至是要与其诀别。与爱厮守与建功立业之间总是矛盾的,在这里虽然有恋人陪伴,也能聆听歌手的吟唱,但总感到壮志未酬,因而十分孤独和怅惘。崇高的理想、美妙的梦境使其心驰神往,每念及于此,他就觉得再也不能延误宝贵的时光,再也不能久居在这狭小而贫瘠的故乡了。他必须亲眼去外面看一看大千世界,投身于火热的生活之中,燃起青春的激情,到动乱的远方征战以便伸张正义、除暴安良。想到此,他的去意更加坚决。但在启程之前,他还是决定去看看恋人,并把爱情的信物——一枚戒指送到她手上。

侠胆柔情。坚强的骑士在战场上是骁勇的猛将,在恋人身边却像柔顺的男孩,一想到两人从此就要别离了,禁不住流下一串串眼泪。恋人看到骑士突然出现在眼前,简直不相信自己的目光。她见骑士全身披挂着盔甲,什么都明白了,一时间心慌意乱,感到痛断肝肠。她知道他的固执、果敢和倔强,内心有时对此也很惊叹和佩服,所以此刻也未对骑士这次的决断说什么。

王子拿出戒指，深表歉意地送给自己"亲爱的女王"，说礼物虽然简朴，但出自能工巧匠之手，是自己爱的象征，价值无量。如果她不收下这枚戒指，自己即便驰骋疆场，因为放心不下她，也不能专注地去建功立业。她从王子手中接过戒指，温柔、羞怯地亲吻着，眼泪不禁夺眶而出，为了掩饰，她只好将脸转向一旁。无独有偶，灵犀相通。她也早事先准备好送他一件礼物了，却是一副锁链！"锁链轻轻却又重若千钧"，意在锁住他的心房，使他即便远征永远也不能挣脱情网。两人再一次互相凝望着，最后，骑士踏上征程，奔向远方。

　　别后骑士一直杳无音讯。时光漫漫，多少年后，她终于成为真正的女王，为参加国家庆典来到殿堂之上，远方战事遂顺，但美中不足的是，她的骑士却没有出现在现场。是业已为国捐躯、战死疆场，还是背信弃义、不愿前来践约，把亲人遗忘了呢？就在她内心嘀咕的时候，由远而近一阵喧嚷，殿堂大门突然敞开，浪潮般涌进了一群人。卫兵们用担架抬着骑士，坚定地走向女王。她定睛一看，骑士已经没有了过去的风采，满头银发，面无血色，形容枯槁。多少年的等待，她心中无数次设想过重逢的场景，却压根也没有想到是如此的情形！女王禁不住扑向他，含情脉脉地凝视着，把他紧紧搂在怀抱，说如果他不能恢复成以往的模样，自己情愿一死了之。谁知此刻幻境出现了：骑士感动于故人如此这般情意绵长，霍然坐起来说道："你的深情救了我一条性命。"[①]——这便是爱的神功，爱的奇迹！

　　[①]《马克思恩格斯全集》第 1 卷，人民出版社 1995 年版，第 872—876 页。原文参见 Karl Marx,"Die zwei Königskinder", *Marx-Engels Gesamtausgabe*, Ⅰ∥1, Dietz Verlag, Berlin, 1975, S.732-734。

两个王室子女

一位王子主意已定,
要去遥远的异国他乡,
行前他想向心爱的人儿
倾吐爱慕的衷肠。
于是他跃马扬鞭急急启程,
要把爱情的信物送到她手上。

她坐在紫红色的椅子上,
面带微笑,神采飞扬,
她有意将一副锁链
锁住他的心房。
锁链轻轻却又重若千钧,
使他永远不能挣脱情网。

高贵的骑士越走越近,
一串串泪珠在脸上流淌,
战场上他是骁勇的猛将,
在恋人身边却像柔顺的儿郎,
他用靴刺猛踢坐骑,
马蹄声在女王耳际回荡。

骑士突然在她跟前出现,
她简直不相信自己的目光,
骑士像全身披挂的天神,
眼睛闪烁着火焰的光芒;

"亲爱的骑士,什么风把你刮来?"
于是心底琴弦拨出了音响。

"我再也不能久居此地
不能留在这狭小贫瘠的故乡,
神灵燃起我的激情,
催我出征奔向远方。
我必须投身于火热的生活,
去伸张正义,除暴安良。

我必须亲眼看一看世界,
而在这里却只能聆听歌手的吟唱,
所以每当歌手轻柔地拨动琴弦,
我总感到十分孤独和怅惘。
那美妙的梦境使我心驰神往,
促使我不再延误宝贵的时光。"

骑士讲出这番话,
女王望着他,意乱心慌,
虽然她感到痛断肝肠,
但仍然惊叹他勇敢刚强,
她对他的决断未加褒贬,
她知道他固执、果敢而又倔强。

"可是我不能这样离你而去,
我亲爱的女王,
如果你不收下这枚戒指,

我就不能为建功立业去驰骋疆场，
这戒指出自能工巧匠之手，
它虽然简朴，却象征爱情，价值无量。"

她从他手中接过戒指，
温柔、羞怯地把它亲吻，
这时眼泪夺眶而出，
她只好将脸转向一旁。
两人再一次互相凝望，
骑士便踏上险途奔向远方。

女王熬过漫长的时光，
为参加庆典来到殿堂，
万事齐备却美中不足，
她的忠诚骑士没有到场。
"难道他永远不愿前来践约，
难道他已背信弃义，把亲人遗忘？"

这时响起一阵喧嚷，
由远而近传到门旁，
殿堂大门突然敞开，
涌进的人群如潮似浪，
人们毫无拘束走向女王，
用沉郁的声音齐声歌唱。

"请女士和先生们闪过一旁，
我们带来了新娘挚爱的情郎，

大家不妨瞻仰他的形象，
正是这个男子要和她配对成双。
我们永生永世为他效劳，
我们矢志忠于这威武的猛将。"

他们用担架抬来骑士，
骑士已没有昔日风貌，
满头飞雪银发苍苍，
面无血色形容枯槁，
侍从见状纷纷惊退，
只有女王扑向他的怀抱。

她脉脉含情对他凝视，
把他紧紧搂在怀抱：
"啊，如果我的气息能使你复苏，
我情愿一死命归阴曹！"
骑士探明心迹霍然坐起：
"你的深情救了我性命一条。"

四、为什么小鸟会比雄鹰更自由？

现实生活中的情感、自由与强弱无关，与大小无关。马克思用拟人化的方式通过对比小鸟与雄鹰、人与暴风雨之间的优劣对此进行了讨论。

（一）小鸟与雄鹰

小鸟与雄鹰相比，无论是在现实生活中还是在文学作品中，人们自然是赞美雄鹰的多，因为小鸟太常见、太普通了，以至于到了可以忽略、无视的地步。但《召唤》（Zuruf）却反其道而行之，贬鹰而唤鸟，并且陈述了自己的理由，具有很深刻的寓意。

诗的开头就直抒胸臆，呼唤在空中飞翔的小鸟儿"飞下来，／飞到我的手上来"。小鸟是人世间最常见的一种动物，与人类和谐相处，平等相待，千啼万啭的鸟鸣应和着大地的声音，春来冬往的迁徙顺应着自然的节奏。它们生存的范围总是靠近大地，很少向无垠的苍穹高飞，因为接近太阳的天空是一片火热的云海，很容易灼伤小鸟的双翼。

比较而言，雄鹰则要高傲得多，它们不安分于栖息在大地之上，而是要急迫地拍击着强健的翅膀，越过河谷、山丘，在空中翱翔，幻想像阿波罗那样驾驭着骏马飞驰奔突在九霄之上。云海苍茫,哪里都不是雄鹰的家乡,所以只要有可能,它们就要穿过风暴、热浪,在高空自由飞翔。它们雄心勃勃,伴随着雷电之神,要震慑奥林匹斯山上的层峦叠嶂。但是,天空中的动物也要靠大地的哺育和滋养,所以搏击于高空的雄鹰还是不得不返回来寻找食物。它们会残酷地猛啄猎物的尸体,使其在它们的爪牙下觳觫、颤悠和振荡。吃饱之后,它们又将目光扫向空中,如闪电一样飞向烈焰腾起的苍穹。

　　该怎么评判小鸟与雄鹰的差别呢?我们注意到,是小鸟的和善,衬托出雄鹰的刚烈;是小鸟的平凡,显现出雄鹰的高傲。然而,小鸟自有其优长之处,雄鹰也会存在盲区和短项。栖息于大地之上,才可以看到天空繁星的闪亮和云霞的壮观,而钻入云层的后果是只能看到一片苍茫。当大地复苏,无垠的新绿铺展在柔软的草地上,处处春光明媚的时候,当玫瑰竞放,原野上洋溢着馥郁的芬芳的时节,是小鸟充当了报春鸟,唤醒大地深处萌动着的生命的力量,让地面呈现出蓬勃的生机和一派欣欣向荣的气象。但雄鹰却无从感知这一切,更不能奢望由它们来宣告春的消息,因为大地在其心目中只是猎物场,它们更向往的是天空的高远与浩瀚,而且积健为雄的结果使其喉咙的功能衰退了,它们不会婉转地歌唱,长期处于骄阳的光芒照耀下,也让它们近乎双目失明,眼前始终是混沌和迷茫。更为重要的是,为了崇高的"使命",为了获得更多的荣光,高傲的雄鹰"不知道什么是爱情的力量",它们失去了歌声与欢畅,"找不到爱情与春光"。因为爱意味着平等、亲和、付出,只有从心底发出爱的声音,才能低回婉转而又悠扬,它能使心灵感到快慰,更会使他者觉得欢欣舒畅,而从雄鹰的心底却不会传来这种声音,它们只知道一味地去追求超脱人间、虚无缥缈的理想。

　　正因为如此,诗的最后一节,马克思又重复了开头的"召唤":"小鸟儿!飞下来,/飞到我的手上来"。既然小鸟注定"不能成为鹰隼，/你的天赋是啼鸣歌唱"，所以索性安定下来，切莫急切地要"飞向浮云飘飞的天上，/飞向那辽阔广漠的远方"。①

召 唤

小鸟儿！飞下来，
飞到我的手上来，
千啼万啭为我歌唱，
唤来春风吹拂胸怀，
当心不要灼伤双翼，
天空是一片火热的云海。

骄傲的雄鹰
拍击着强健的翅膀，
越过河谷山丘，
在空中神奇地翱翔，
阿波罗在那里驾驭骏马，
飞驰奔突在九霄之上。

群鸟的恐怖和忧伤，
使雄鹰赢得胜利的荣光，
但它在云中起舞时，
却永远也看不到
那繁星的闪亮

---

① 《马克思恩格斯全集》第 1 卷，人民出版社 1995 年版，第 867 页。原文参见 Karl Marx,"Zuruf", *Marx-Engels Gesamtausgabe*, I ∥ 1, Dietz Verlag, Berlin, 1975, S.729。

和云霞的辉煌。

云海苍茫，
那里是雄鹰的家乡，
它穿过风暴和热浪，
在那里自由飞翔，
那里的雷电之神，
震撼着奥林波斯山的层峦叠嶂。

带着神的命令，
穿过云天茫茫，
轻狂的鹰迅猛矫捷，
一往无前飞旋翱翔，
它猛啄猎物的尸体，
尸体在它爪下颤悠振荡。

但当大地昭苏，
处处是明媚春光；
当玫瑰竞放，
原野洋溢着馥郁的芬芳；
当一片新绿
铺展在柔软的沼泽地上；

当大地深处
萌动生命的力量，
当那蓬蓬勃勃的生机
带来欣欣向荣的气象，

雄鹰却无法宣告春的消息,
因为它不会歌唱。

雄鹰能获得更多的荣光,
它就像闪电划过穹苍,
它将自己的目光
扫向烈焰腾起的地方,
但它根本不知道
什么是爱情的力量。

啊,那骄阳的光芒,
使它双目失明、一片迷茫,
高傲的雄鹰
再也找不到爱情与春光,
为了崇高的使命,
它失去了歌声与欢畅。

心底发出的歌唱
低回婉转而又悠扬,
它使心灵感到快慰,
它使人们欢欣舒畅,
而从雄鹰的心底
却不会传来这种歌唱。

所以你切莫急速飞翔,
可爱的小鸟儿,
切莫飞向浮云飘飞的天上,

> 飞向那辽阔广漠的地方,
> 你不能成为鹰隼,
> 你的天赋是啼鸣歌唱。
>
> 小鸟儿!飞下来,
> 飞到我的手上来,
> 千啼万啭为我歌唱,
> 唤来春风吹拂胸怀,
> 当心不要灼伤双翼,
> 天空是一片火热的云海。

(二) 人与暴风雨

人们都向往自由,但自由的获得又是多么艰难!这与社会境况、历史传统和现实遭际相关,更与自由争取者自身的客观条件、主观愿望、意志、毅力等相连。《暴风雨之歌》(Sturmlied)讨论的就是后一方面的情况。

一方面,躯体之累、心灵之困妨碍人去争取自由。在这一点上,人的情况还不如自然界中的风雷与狂飙。由于无躯无体,无论是人类还是山丘,都无法将其羁留,而它们却可以席卷宇宙,大声宣泄愤恨,尽情诉说哀愁乃至发出诅咒,可以向苍穹挑战,进行殊死的决斗,可以让熊熊烈火将层层云雾烧透。而人呢?方寸之心柔弱而渺小,衰朽之躯的拖累使其不能为所欲为,种种生活上的束缚使其不能彻底超脱现实。这些都增加了争取自由的难度。

另一方面,炽热的情感、坚强的意志和无止境的追求又成为人争取自由的内在动因。自然的风雷可以把崇山峻岭推倒,将苍茫大地横扫,然而它们就像无常性的孩子,忽而从天而降,倏忽间又转向远方，没有积累，没有方向，也就没有未来。而那些喑哑空洞的低吟和蛮横猛烈的呼啸，更像婴儿在咿呀学语，怎么能让人听出歌声般的悠扬和温馨呢？从这一点上说，它们也是微不足道的，根本不配"暴风雨"的称号。而人呢，越是现实窘迫，越有寻求改变的急切渴望，无限的辛酸痛苦在心间涌起波涛，激发起满腔激情，发誓要打碎一切镣铐，让心中的烈焰燃烧成冲天的熊熊大火。特别由于人是思考的动物，总要寻根究底，质问上帝和世人：世道为何是这样的境况和面貌？他更要追究责任，感受芸芸众生内心的力量和激愤，让他们在沉沦时能仰天长啸，表达真实的愤恨和悲伤，进而为改变这一切而共同进行斗争。①

自由是马克思毕生思考的主题，它不是抽象的概念和目标，而是从不自由的现实走向自由的过程，这里的探究虽然还很肤浅和太过"拟人化"，但从中也不难看出马克思以后思想发展的苗头和方向。

暴风雨之歌

试问风雷与狂飙，
难道你们不能更猛地呼啸，
去把崇山峻岭推倒，
再将苍茫大地横扫？

无论是人类还是山丘，
都无法将你们羁留，

---

① 《马克思恩格斯全集》第 1 卷，人民出版社 1995 年版，第 876—879 页。原文参见 Karl Marx,"Sturmlied", *Marx-Engels Gesamtausgabe*, I // 1, Dietz Verlag, Berlin,1975,S.734-735。

你们没有衰朽的躯体之累，
你们的心灵有充分的自由。

你们可以席卷宇宙，
可以冲向宇宙的心脏尽情诅咒，
大声宣泄你们的愤恨，
大声诉说你们的哀愁！

你们可以向苍穹挑战，
进行一场殊死的决斗，
让熊熊燃烧的烈火
把层层云雾烧透！

可是你们的歌声并不悠扬，
就像孩子在咿呀学唱，
歌声低沉从天而降，
又匆匆传向大地的远方。

我从不谛听你们的歌声，
也从不怀着急切的心情
渴望听到你们的声音，
因为那只是喑哑空洞的低吟。

千百道障碍把我束缚，
衰朽之躯束缚我的灵魂，
茫茫苍天束缚我的思想，

人间生活束缚我的周身。

我的方寸之心
是那样柔弱渺小,
一旦受到电击,
灵魂便要出窍。

然而它永远炽热,
不断激起心潮,
无限的辛酸痛苦
在这里汹涌咆哮。

只要我心底涌起波涛,
那巨响定会把你们压倒,
你们是那样微不足道,
根本不配暴风雨的称号。

我将打碎一切镣铐,
让心中烈焰冲天燃烧,
燃成一片熊熊大火,
满腔激情将世界拥抱。

我将质问上帝和世人,
我要追究他们的责任,
我在自己的痛斥声中
感受到内心的力量和激愤。

倾塌下来吧,苍穹,
我愿和你一起沉沦,
在芸芸众生之中,
我依然如故,不改初衷。

苍天轰然崩塌,
我用手按住胸膛,
在沉沦时仰天长啸,
表达我的愤恨和悲伤。

五、为什么情感与生命不可得兼？

追求情感是人的本能，但情感遂愿却不是很容易的事，有时极端的情况会发生，即情感与生命不可得兼。这也是人的困惑之一，为什么会如此呢？马克思对此也有考察和分析。

（一）为爱而付出和牺牲

叙事谣曲《老人》（Der Greis）以不长的篇幅，把一个老人数十年间把儿子培养成一个担当道义、具有牺牲精神的爱国者的历程描写得非常自然而完整。这里当然有情、有爱，但已经不是狭隘的男女私情、肌肤之恋，而是忧国之忧、正义之爱、父子之情。

场景始终没有离开海边。六首短诗，每两首为一个时间段。

当儿子还是一个孩子的时候，父亲就带着他来到海边，迎着海风长久地枯坐着，沉思默想，头颅纹丝不动，目光眺望着远方，显得庄重而又安详。儿子很聪慧、灵敏，本来父亲带他来海边，看阳光照亮水面，听波涛欢笑歌唱，两人应该愉快欢畅的，但他从父亲默默无言的神情中，分明感觉到有一股深沉的情愫蕴藏在其内心。儿子焦虑地凝望着父亲，父亲的不悦引得他也情不自禁地流下了眼泪，询问父亲为何如此忧虑？是什么使他愁肠百结、忧心如焚？老人抬起双眼望着满头金发的孩童，对他说："现在我还不能对你细讲,/因为时机还没有成熟,/到时候你自己便应领悟,/什么是痛苦和义务。"①

过了若干年,儿子已经长成健壮的青年。他们又来到海边。老人久久地端详着儿子的面庞,仿佛永远看不够他的模样。他让儿子紧靠着自己的胸膛,眼里闪动着庄严的光芒。他告诉儿子,在我们的国土上,横行四方的那些人不是我们的人,而是侵略者。当年他们带着锁链和刀剑,劈波斩浪,野蛮地侵入了我们的故乡。长夜漫漫,一片迷茫,我们的人民忍受的时间太长了,现在要奋起反抗。你可以一显身手,明天就要奔赴战场。老人神态安详,微风吹拂着他满头如霜的白发,他指着汹涌的波浪,仿佛那里蕴藏着他心灵搏斗的力量。孩子把父亲的话语铭刻在心,像一团火一样燃烧不熄。落日的海边是一幅美丽的剪影:老人伫立在大海之滨,儿子依偎在他的身旁,他们脸色红润,心中激情似火。

"儿子已经出征,/他何时重返故乡?"② 战争持续数年,老人牵肠挂肚,忧心如焚。一日午夜时分,他又坐在海边,目光庄重而又安详。他从海滨朝着浩瀚的大海眺望,期盼惊涛骇浪中有船只开来。是他让自己的儿子为正义而奔赴战场,去勇敢地同入侵者作战的。战事至今,是不是也该结束了?果不其然,一阵欢呼声忽然从远处传来,昭告大家,入侵者已被消灭,国家获得了解放。一只战船从远处劈波斩浪,渐渐安然地驶到海岸。他看到儿子头戴月桂花环,身上带着累累创伤,但登陆时仍满腔激情,英姿勃勃,神态威严。

---

① 《马克思恩格斯全集》第 1 卷,人民出版社 1995 年版,第 881 页。原文参见 Karl Marx,"Der Greis", *Marx-Engels Gesamtausgabe*, I ∥ 1, Dietz Verlag, Berlin,1975,S.737。

② 《马克思恩格斯全集》第 1 卷,人民出版社 1995 年版,第 883 页。原文参见 Karl Marx,"Der Greis", *Marx-Engels Gesamtausgabe*, I ∥ 1, Dietz Verlag, Berlin,1975,S.738。

他默默走向父亲，老人激动地紧紧搂住儿子，感到无比幸福，久久不愿松开。

夙愿已偿，老人的自然生命也到了尽头，灵魂飞向天宇，他将躯体永久地留在了其毕生牵挂的故乡。

老 人
叙事谣曲六首

一

一个老人带着孩子，
坐在海边沉思默想，
目光庄重而又安详，
迎着海风眺望远方。

深沉的激情
震撼着他的心灵，
但他的头颅纹丝不动，
默默无言没有半点声音。

儿子心情激动，
焦虑地把父亲凝望，
他情不自禁
流下热泪两行。

"哦，我的父亲，
你听波涛在欢笑歌唱，
你看阳光把海水照亮，

你自己也应该愉快欢畅。"

二

老人抬起双眼
望着满头金发的孩童；
老人额上有深深的皱纹，
老人眼里有波光闪动。

"面对祭祀的香火，
我怎能愉快欢畅？
在心灵搏斗的战场，
我只能沉浸于忧伤。"

孩子向老人发问：
"你能不能向我讲明，
是什么使你愁肠百结，
是什么让你忧心如焚？"

"现在我还不能对你细讲，
因为时机还没有成熟，
到时候你自己便应领悟
什么是痛苦和义务。"

三

老人久久端详
儿子的面庞，
仿佛他永远看不够儿子的模样，

他让儿子紧靠着自己的胸膛。

他神态安详,
指着汹涌的波浪,
仿佛那里蕴藏着珍宝,
蕴藏着他心灵搏斗的力量。

然后他又恢复原样,
重新闪动忧郁的目光,
只有那微风喁喁低语,
吹拂着他满头白发如霜。

孩子感到万分惊奇,
然而父亲这番话语
却铭刻在他的心底,
像一团火燃烧不熄。

四

老人伫立在大海之滨,
儿子依偎在他的身旁,
他们的心中激情似火,
眼里闪动庄严的光芒。

"当压迫者尚未侵入之时,
我们遵从主的安排,
就像流水按照主的意志,
碧波荡漾自由自在。

压迫者带着锁链和刀剑,
野蛮地侵入我们的故乡,
他们劈波斩浪,
他们横行四方。

长夜漫漫一片迷茫,
人民再次奋起反抗,
如今你可以一显身手,
奔赴明天战斗的疆场。"

五

午夜时分,
老人坐在海边,
目光庄重而又安详,
仿佛闪耀着太阳的光芒。

他从海滨
朝着浩瀚的大海眺望,
看那惊涛骇浪里
有没有船只开航。

那汹涌奔腾的巨浪,
载着他幸福的期望,
儿子已经出征,
他何时重返故乡?

是他让自己的儿子
为正义而奔赴战场,
勇敢地同入侵者较量,
把枷锁一扫而光。

六

一阵胜利的欢呼,
忽然在远处震响:
"入侵者已被消灭,
国家获得了解放。"

船只劈波斩浪,
安然驶回海岸近旁,
儿子登陆时英姿勃勃,
神态威严激情满腔。

他头上戴着月桂花环,
他身上带着流血的创伤,
他默默走向父亲,
青春的激情在心中激荡。

老人感到无比幸福,
紧搂着儿子久久不放,
随后他的灵魂就飞向天宇,
只将躯体留在故乡。

（二）爱中产生的幻觉和执念

作为情感的爱是很折磨人的，在爱中产生幻觉和执念，古往今来，都不是奇事。在有的人身上，有时甚至会离奇到与现实不容的地步：在人世上生存，却是在无爱中度日；而要想得到爱，就得离开人世。叙事诗《莱茵河女神》（Die Göttin des Rheins）叙述的就是这样一位少年的幻觉和选择。

少年来到莱茵河畔，清新凉爽的环境，和风荡漾、波浪奔流的景致，并没有让他心旷神怡。他不留恋如锦似绣的风光，也不羡慕世俗的潮流和时尚，反而斜倚在河边，发出声声长叹，眼里噙着泪水，神情充满焦虑，甚至有不祥的预感。他显然不是无情之人，为什么会这样呢？

原来，在现实生活中，情感上的不幸和挫折使他认定，她的女神并不在人间，而是居住在大海深处。而在那波涛澎湃的王国，她就是主宰一切的女王。她纯洁而超凡，尘世间的女人绝对没有她那般的韵致。所以他来到河水滔滔的莱茵河畔，特别想一睹她的风姿，并且想探明她对自己是否也有真意。但是，渐渐地，天空出现了晚霞，太阳要落山了，阳光慢慢隐去，他却始终不见女神的踪影，于是脉搏越跳越快，额头灼热滚烫，眼睛里闪出强烈的光芒，一直盯着海上飞溅的浪花和滚滚波涛，但徒劳而无望。他只得用低沉的声音发问："难道上帝不愿给我这份殊荣？/难道我永远都不配/在水晶宫里见到她的芳容？"①

这时，在波涛深处，响起微风絮语般的声响，刹那间风平浪静，

---

① 《马克思恩格斯全集》第 1 卷，人民出版社 1995 年版，第 886 页。原文参见 Karl Marx, "Die Göttin des Rheins", *Marx-Engels Gesamtausgabe*, I // 1, Dietz Verlag, Berlin, 1975, S.740。

少年禁不住一阵惊慌——他听到了女神的声音！"年轻人，请听我的忠告，/快快返回你的家乡，/你可以听见我的声音，/但不能见到我的模样。"这盼望已久的、迷人的气息和声音，深深震撼了他，胸中充满无尽的渴念，激起难以平息的巨浪。他不想听从女神的劝说返回故乡，而是恳求"请让我看你一眼，/看看你那端庄、秀美的面庞"。① 女神警告他，如果见到其容颜，那么"你再也见不到明天了"。少年则决绝地义无反顾。于是她出现在波峰浪谷之中，在他眼里显得愈发纯洁、崇高而气度雍容。但最后，她隐没在浪花里，他的影踪也随之消逝了。

面对这种情形，我们除了感佩爱的纯洁、专一和执著，还能说什么呢？

莱茵河女神

叙事诗

莱茵河畔清风荡漾，
一个少年走到河旁，
他的目光是那样严肃，
他默默凝视河里的波浪。

河水清新凉爽，
却没有使他欢欣舒畅，
波浪热情奔流，
却没有使他神怡心旷。

---

① 《马克思恩格斯全集》第 1 卷，人民出版社 1995 年版，第 888 页。原文参见 Karl Marx, "Die Göttin des Rheins", *Marx-Engels Gesamtausgabe*, Ⅰ//1, Dietz Verlag, Berlin, 1975, S.741。

他斜倚在莱茵河旁，
让声声长叹发自胸腔，
英俊的眼睛热泪盈眶，
充满焦虑预感到不祥。

眼中闪烁着渴望的火焰，
目光扫视着大河的波浪，
少年周身热血沸腾，
仿佛有烈火燃烧在胸膛。

太阳按照上帝旨意，
渐渐落山隐去光芒，
天空出现晚霞一片，
少年脸上泛起了红光。

他的脉搏越跳越快，
他的额头灼热滚烫，
一双眼睛清澈明亮，
闪出两道智慧的光芒。

他用低沉的声音发问：
"难道上帝不愿给我这份殊荣？
难道我永远都不配
在水晶宫里见到她的芳容？

啊，只要听见风在呼啸，

只要看见河水滔滔,
我就禁不住忧心忡忡,
去倾听那滚滚波涛!

我不留恋美如锦绣的风光,
我不羡慕五彩缤纷的衣裳,
我对此永远不会产生热望,
这一切不会使我欣喜欢畅。

滚滚潮水和绚丽的波光,
你们当然要展现自己的形象,
你们的浪花飞溅起舞,
你们的沉默意味深长;

在碧波深处,
居住着一位女神,
在这个波涛澎湃的王国,
她就是主宰一切的女王。

她是纯洁、超凡的神灵,
尘世间绝没有她那种韵致,
我必须探明她的真意,
我想要一睹她的丰姿。

啊,我永远身不由己,
想要走到她的身旁,
锁链锁不住我的心房,

可是一切努力都徒劳无望！

不尽波涛向我告别，
发出喧声流向远方，
所以我总是怀着抑郁的心情，
离开这条欢乐的大江！"

少年孤独彷徨，
身披皎洁的月光，
莱茵河的流水
映照着他那苍白的面庞。

这时在波涛深处，
响起微风絮语般的声响，
刹那间风平浪静，
少年禁不住一阵惊慌。

"年轻人，请听我的忠告，
快快返回你的家乡，
你可以听见我的声音，
但不能见到我的模样。"

这迷人的气息和音响
深深震撼他的心房，
他胸中充满无尽的渴念，
难以平息情感的巨浪。

"女神，我无法依从你的愿望，
我不愿返回故乡，
请让我看你一眼，
看看你那端庄、秀美的面庞。"

"我不得不答应你的恳求，
尊贵的大地之子，
啊，你再也见不到明天！"
于是他见到了她的容颜。

她出现在波峰浪谷之中，
纯洁、崇高、气度雍容，
然后她又在浪花里隐没，
他也随着消逝了影踪。

（三）美的本质是"和谐"抑或"崇高"？

歌德与席勒为近代德国思想文化领域的"双子星座"。1805年5月席勒不幸逝世，歌德为此痛苦万分地说："我失去了席勒，也失去了我生命的另一半。"1832年3月歌德去世前留下遗言，要将其与席勒安葬在一起。马克思对两人的友谊和各自的思想都有比较深的了解和把握，于是通过四首十四行诗 [Schiller（2 Sonette）und Goethe（2 Sonette）] 以拟喻的方式概述了他们对情感和美的理解，并甄别了他们之间的差异及其缘由。

席勒在美学上主张"和谐美"。怎么能体现这一观点和意向呢？马克思设置了这样一幅场景：一位来自仙境的少年，降临到人间。在低矮的土房上，他手中放射出电光，静穆的表情显现出其内心蕴含着深邃的思想。但是,独木不成林,他也不是高高在上的救世主,随其而来的还有一群美丽而快乐的女神,伴着欢乐的弹唱翩翩起舞,步履轻盈而流畅,少年心灵的光辉和亲和的举止则使她们感到温暖和舒畅。和谐的场面充满喜悦和欢乐,大地洒满阳光,清越的乐声四处回荡。少女们又到树丛中采摘鲜花,编成花环戴在少年的头上。他们一起用圆润的嗓音歌唱世界的精神,将欢乐传向宇宙的四面八方。看到这样的氛围,恐怕连苍天也会向人间投下羡慕的目光。世上有很多偏见,譬如,认为深刻与冷峻相伴、轻松与浅薄为伍。而在这则寓言中,少年轻柔地用花环把生活同纯洁的热情和神圣的追求紧紧关联在一起了,他把目光投向哪里,便让形式与思想融合在哪里,认定生活、歌唱和快乐就是美德,而"美"必定与"和谐"相依,就像藤蔓绕树一样,时光可以飞逝而青春却会久长,欢乐必将来临,痛苦则会遁向远方。①

较之席勒,歌德则有另外一种视角和境界,美学观上看重和主张"崇高"。在马克思的笔下,阐述歌德的思想时不再描摹少年意象,而是让"魔术师"出场。他来自巍峨的层峦叠嶂(真正的"崇高"),鬓发如银,气宇轩昂,超尘拔俗,有着无穷的魅力。随行而来并在其周围回转的,已经不再是纯洁的女神,而是神奇的精灵。他也不再与神共舞,而是莞尔一笑眺望着远方,笑看众生熙来攘往。他心如明镜,凝重而安详,含笑面对众生的现实处境和梦想。随后,他以炽热的情怀拨动琴弦,琴音时而清朗时而沉郁,气度恢宏,声含永恒,旋律如同天宇间运转的太阳。他不愿把天堂迁往人间,而是要让人间之火烛照着天堂。别指望他和众生一起共鸣,同悲叹,

---

① 参看 Karl Marx, "Schiller (2 Sonette) ", *Marx-Engels Gesamtausgabe*, I // 1, Dietz Verlag, Berlin, 1975, S.716—717;《马克思恩格斯全集》第 1 卷,人民出版社 1995 年版,第 846—847 页。

齐感动，因为后者只知道眼前，只看重感性，满足于怡然自得、其乐融融，只想着遂顺、光明，而忘却了艰险、灰暗，预料不到"浊浪正向我们汹涌"。只有"魔术师"料事如神，才居安思危，让黑暗隐遁，引导人们绕过暗礁，趋近光明，迈向瑰丽之境。①

席 勒

十四行诗两首

一

我看见一个来自仙境的少年，
降临到人间的低矮土房，
手中放射出天际闪电的神光，
静穆的表情显出渊深的思想。
美丽快乐的女神围着他起舞，
轻盈的舞步伴着欢乐的弹唱，
他心灵的光辉使女神温暖舒畅，
连苍天也向人间垂下羡慕的目光。

少年把目光投向哪个地方，
他便在那里融合形式与思想，
"美"必定与"崇高"相依，就像藤蔓绕树一样，
欢乐必将来临，痛苦定会遁向远方。
生活、歌唱和快乐将成为美德，
时光飞逝而青春却地久天长。

---

① 参看 Karl Marx,"Goethe(2 Sonette)", *Marx-Engels Gesamtausgabe*, I // 1, Dietz Verlag, Berlin, 1975, S.717–718;《马克思恩格斯全集》第 1 卷，人民出版社 1995 年版，第 848—849 页。

二

喜悦和欢乐涌出他的胸膛，
这欢乐传向宇宙的四面八方，
用圆润之音把世界精神歌唱，
又欢欣鼓舞地跃入天堂。
于是大地便洒满阳光，
清越的乐声便处处回荡，
心灵听到乐声便振奋昂扬，
随着歌声的翅膀向光明之神飞翔；

少女们在树丛中采摘鲜花，
编成花环戴在那少年的头上，
她们的情意随着泪水流淌。
少年亲吻鲜花，花儿纯洁芬芳，
他轻柔地用这个花环
把生活同纯洁热情和神圣追求紧紧连上。

歌 德
十四行诗两首

一

魔术师来自巍峨的层峦叠嶂，
他鬓发如银，气宇轩昂，
神奇的精灵在他周围回翔，
漾起清风吹拂他的面庞。
他莞尔一笑眺望远方，

笑看众生熙来攘往，
他心如明镜，凝重安详，
含笑面对众生的梦想。

随后他毅然把琴弦拨响，
琴声像天宇间运转的太阳，
仿佛那光华四射的诸神
潜藏在琴里把神曲吟唱。
他不愿把天堂迁往人间，
他要让人间之火烛照天堂。

二

天使从世界精神中诞生，
他们超尘拔俗魅力无穷，
尘世的人类虽不高大，
但也诞生于造物主的火焰之中，
因此他以炽热情怀把琴弦拨动，
琴声含有永恒的内容，
那乐音时而清朗时而沉郁，
但始终因纯洁之美而气度恢宏。

别指望他和你们一起悲叹、感动，
诸神只会怡然自得、其乐融融，
只顾拓展他们的光明境界，
而想不到浊浪正向我们汹涌。
只要迈向他那瑰丽的境界，
光明就近在咫尺，黑暗就隐遁无踪。

六、自然界与社会怎样制约和促进情感?

情感从来不是个体之间的事,它受制于自然界,更受困于社会。当然,自然界和社会也会促成和提升情感。所以,探究它们之间的关系就成为很必要的事情了。

(一) 美好的事物首先存在于自然界

"人总是把美好的事物追寻"(Der Mensch jagt ewig dem Schönen nach)。美好的事物当然会存在于人与人之间,存在于社会关系之中,但首先存在于自然界。《浪花》(Der Schaum)描述了一幅天籁、纯净的自然之境及其对人的启迪。

涧水从高高的山崖上潺潺而下,溅起晶莹闪亮的水花,涓涓细流又汇成大潮,奔涌着冲击到石头上,激起一层层如雪的波浪。波浪再向下倾注,形成的瀑布如同挂在峭壁上的屏风,浪花飞溅,水星洁净如晶,在太阳光的照耀下,清清的潭水愈发波光粼粼。

这样的环境,对于在尘世间竟日算计、龃龉、矛盾、纷争、仇恨、追求的人来说,真是一种涤荡、清洁和洗浴!久蒙污垢,在洁白的波光面前不免眩晕。与其憋足了勇气要与人争胜斗强,哪如索性纵情山水,在花的海洋里沐浴,在耀眼的雪浪中翻滚?回归自然,对人而言,是身的放松、心的教育,吸引人的是一种超凡的力量。在深潭中凝视浪花,内心会感到无比的奇妙,真正达到心醉神迷之境；相形之下，那些内心的嘟哝、嘲笑和算计，是多么不值得一提。山谷里清风徐来，沁人心脾，用浪花洗濯眼睛和面庞，在纯净、洁白中，人真正会神清气爽、怡然自得！"勇敢地潜入这一片碧浪"吧，眼睛会清澈明亮，心灵会得到抚慰和安顿。天上彩云飘荡，磅礴雄壮，地上落英缤纷，芳香四溢，面对这旖旎的风光，慧心而善于反思的人会激动、心醉，甚至禁不住热泪盈眶。①

阅读这首《浪花》，耳际仿佛在回响着"班得瑞"（Bandari）②演奏的《初雪》《安妮的仙境》等旋律。这些文字是马克思思想"幼稚""不成熟"的佐证吗？可惜的是，毕生总是以笔墨记录其观察和思考的马克思，在以后的岁月中很少再留下这样的描述，这于他而言，得耶？失耶？

马克思还以三首十四行诗借"星星"（Die Sterne）来思考宇宙、人生。

满天星宿，各就其位，互不碰撞，按照固定的轨道、特有的节奏在不停地运转。但这样中规中矩的运动，是多么单调而了无变化啊，何异于静止、类似于死寂！彼此之间没有关联和交流，更无冲击和转换，数量再多也缺乏生气，在漠漠长空中显得多么孤独而苍凉！

据说，天人相应，那么，地上人群的命运也如天上的星星吗？生老病死，世代更迭，如果没有真正的嬗变、进化和发展，时间再久也枉然！所幸的是，人有情感，面对美好的事物，胸中会涌起爱和欢乐。历代都不缺少温柔而崇高的心灵，人们清纯的眼睛、盈盈

---

① 参看 Karl Marx, "Der Schaum", *Marx-Engels Gesamtausgabe*, I // 1, Dietz Verlag, Berlin, 1975, S.741-743；《马克思恩格斯全集》第 1 卷，人民出版社 1995 年版，第 889—892 页。

② 瑞士音乐公司 Audio Video Communications AG（简称 AVC）旗下的一个音乐团体，作品以环境音乐为主，亦有一些改编自欧美乡村音乐的乐曲。

的泪水比蓝天更明净，比旭日更光明，比宇宙更宽广。

再回到星空。运行于轨道的星星，自己并不发亮，但它们没有陷入黑暗的深渊或者导致盲目的冲撞，因为太阳从寥廓的玉宇重霄将炽热的光芒射向群星，使冷漠的星空充满亮色和温暖，万有引力更使它们各不相交的运行轨道整体上呈现出一种复杂而关联的结构，这样，光阴荏苒、流逝如潮的时间由此也就有了意义。太阳是主宰苍穹的精灵，一如情感是主宰人世的上帝，天上和人间都可以被塑造成纯洁而光明的形象。

星星知人心。在星光下思考人生，理解心灵的功能和愿望，体悟孤寂、爱情和忧伤。发自心灵的呼唤不是欺骗，心灵的声音也不是幻象。心声本是天使为我们编织的云锦霓裳，它从爱情之星的金色宝座上站起，凭借那纯洁、智慧的光晕，怀着无限深情照耀着人的倩影、奋斗和辉煌。①

浪　花

涧水从石上潺潺流下，
溅起晶莹闪亮的水花，
涓涓细流汇成了大潮，
一层层雪浪奔涌喧哗。

波浪轰然向下倾注，
瀑布如同峭壁的挂屏，
浪花飞溅洁如水晶，

---

① 《马克思恩格斯全集》第1卷，人民出版社1995年版，第896—898页。原文参见 Karl Marx, "Die Sterne", *Marx-Engels Gesamtausgabe*, Ⅰ//1, Dietz Verlag, Berlin, 1975, S.746-747。

聚成清潭波光粼粼。

那洁白的波光令人眩晕,
它吸引我跃下陡峭的山岭,
我愿在花的海洋里沐浴,
我愿在耀眼的雪浪中翻滚。

这愿望使我心潮激荡,
吸引我的是一种超凡的力量,
我从高耸的山崖纵身跳下,
我无法抑制强烈的欲望。

一个同伴曾和我站在一道,
我的动机他永远无法知晓,
他一味地嘟哝、嘲笑,
却阻挡不住我往下跳跃。

我在深潭中凝视浪花,
内心感到无比奇妙,
我心醉神迷无法自制,
美妙的享受达到了高潮。

"浪花闪烁着纯净、洁白的光芒,
犹如天空行云,轻轻飘荡,
我多么激动,多么惬意,
只觉得耀眼的浪花把我高高托起。

我从未见过这么瑰丽的景象，
我从未见过这么汹涌的巨浪，
山谷里清风徐来沁人心脾，
真令人怡然自得神清气爽！

我心旷神怡飘飘欲仙，
仿佛乘风遨游于碧霄，
这奇景用丹青无法画描，
它就像天上的云锦一样美妙。"

我再也抑制不住心头的欢畅，
我用浪花洗濯我的眼睛和面庞，
我让浪花冲向我激动起伏的胸膛，
我勇敢地潜入这一片碧浪。

我的眼睛顿时清澈明亮，
我重新浮到波涛汹涌的水上，
可是啊！方才这儿还是一片美景，
如今却成了水沫飘流的地方。

于是我禁不住热泪盈眶：
"方才你眼前还是一片旖旎风光，
它清新秀丽而又磅礴雄壮，
就像是落英缤纷、芳香四溢、彩云飘荡。

可是啊！这景象无法抚慰我的心灵，
这颗心要探寻巨浪的内蕴，

要在珍珠般的浪花中完全沉浸，
可是这浪花终究会无踪无影！"

人总是把美好的事物追寻，
以为自己的请求诸神定会慨允，
所以他甘愿跳下深渊，
可是他只会毁灭那幅纤巧的图景！

星 星
十四行诗三首

一

我怀着渴念仰望满天星光，
"难道她已经永远离开这个地方？
须知在这里她曾留下深刻美好的印象，
她胸中曾涌起爱情和欢乐的海浪！
星星啊，如果你们受制于上帝的力量，
漠漠长空就会显得一片荒凉，
你们只知道运行于永恒的轨道，
却不管一个温柔、崇高的心灵从此消亡！

这心灵同上帝十分相近，
对上帝十分虔敬而又敏于感应，
在上帝面前，还有什么可以取代这颗心灵？
那清纯的眼睛泪水盈盈，
难道它不比蓝天更加明净，
难道它不比旭日更加光明？"

二

"星星啊,你们能否祈祷,能否感到,
当光阴荏苒流逝如潮,
是谁从寥廓的玉宇重霄
将炽热的光芒向群星普照?

不,冷漠的星星,你们总是静静地运行于轨道,
你们没有心,不会激动地认出他的品貌,
你们没有唇,不会深情地向他发出呼号,
而正是他的祥光向群星闪耀。

你们自己并不发亮,
你们的清辉本是星空的精灵放出的光芒,
精灵们永远主宰着穹苍,
在太空轻轻地起舞回翔,
它们不再受尘世权力的阻挡,
可以把自己塑造成更纯洁的形象。"

三

我在星光下激情满腔,
不知如何解释心灵的愿望,
那心灵充满爱情和忧伤,
澎湃的心潮几乎要冲出胸膛。

然而心灵的呼唤决不是欺骗,
心灵的声音也决不是幻象,

它不会徒然在我们胸中激起巨浪;
那心声本是天使为我们编织的云锦霓裳。

啊!我看见那心灵也在对我闪烁,
那闪光映照着心爱的人,
她从爱情之星的金色宝座上站起,
欣喜地对他表示热烈欢迎,
我凭借那纯洁的、智慧的光晕,
怀着无限深情认出了她的倩影。

(二)在社会中被"塑造"的人生

人有主体性吗?在漫漫历史长河中,在复杂的现实环境中,在人自身的身体状态与社会角色中,人实际上是很被动的,什么样外在的因素都在"积极地"发表"意见",乃至实际地参与到对人的培育、教导、"塑造"之中。叙事诗《恩格尔伯特·克林霍尔茨》(Engelbert Klingholz)以离奇的情节,以融神话、传说、历史与现实于一体的方式对此进行了讨论,饶有趣味。

首先是时间的"销蚀"和"改铸"。任何美丽的幻想都会被时光带走,哪怕是当时多么冲天的火焰经岁月过滤必然会失去光芒,即使是那些历史巨人虽然没有在历史长河中完全湮没,但也会在辗转流传中改头换面,甚至弄得面目全非。这首诗的主人公恩格尔伯特作为一个萨克森人,本是当年德国骑士中的一员战将,一生戎马倥偬,驰骋疆场,但却经常被绘成现代德国人的画像,让他"竟穿上了合身的柏林时装"。① 时光扭曲了他的容貌，更毁坏了他英姿勃勃的形象，让他变成了一副阴森可怕的模样。这样的例子古今中外比比皆是。

其次是年高德劭者的"训导"和"规劝"。故事描述一位从"神秘的印度"来的白发苍苍的僧人，来到一棵树下休息，但因这棵树只有光秃的枝干，而没有绿荫婆娑，所以他很生气，用手杖敲打树木。树木发出沉闷、空洞的声响，忽然从中冒出一个小人儿，相貌、模样都有点离奇古怪。僧人似乎一时间找到了发挥其作为"人生导师"作用的地方，不再顾及自己的疲惫劳顿，语调严肃而又慈祥地称人家为"儿子"，说有些话要事先讲明，"这涉及你的为人和品行"。②

怎么训导的呢？第一，由于你生来相貌丑陋，所以不要有非分之想，要知足，不可抱怨和牢骚满腹。第二，人们不会争相向你亲近，所以你得主动向人们献殷勤。第三，正如木乃伊僵硬冰冷，只有在深深的墓穴里才能保存，如果你不愿马上失去生命而要生存下去，你就得用油膏涂抹周身，学会伪装。什么是你的"油膏"呢？由于任何人只要理智正常，都会把你划入群氓一类人，所以你切莫等人仔细端详，一开始就要声称"我是贵族""我和王储的志趣相当"。第四，必要时你要介入各种争执，设法攫夺所有花朵结出的果实，即使一时捞不到实惠，但也会博得一个坚强不屈的美名，这将有利于你的生活。第五，行事要隐晦而不可处处张扬，最好就像蜗

---

① 《马克思恩格斯全集》第1卷，人民出版社1995年版，第900页。原文参见 Karl Marx, "Engelbert Klingholz", *Marx-Engels Gesamtausgabe*, I // 1, Dietz Verlag, Berlin, 1975, S.748。

② 《马克思恩格斯全集》第1卷，人民出版社1995年版，第902页。原文参见 Karl Marx, "Engelbert Klingholz", *Marx-Engels Gesamtausgabe*, I // 1, Dietz Verlag, Berlin, 1975, S.749。

牛蜿蜒爬行一样，即使别人目光突然落在你身上，也要让人以为你没有逼近他的身旁，他不会有什么危险，然后你就可以向一切人迅速进逼了。第六，你没有迷人的魅力，也没有高超的智慧和过人的胆量，这样，人人见了你都不会退避三舍，这也可以算是你的一种"荣光"和"优势"。第七，女人不会怜爱地向你闪动眼波，谁一见你的尊容都要赶紧躲藏，所以你可以去周游八方，凭愚顽天性到处闯荡，但你不可能缔结美满姻缘，别人也不会同你情深谊长。如此通透而客观的估量和分析，充满智慧的规劝和选择，苦口婆心的谋划和指导，特别是其中透露和显现的精明、狡黠、机智和伎俩，似僧实俗，貌仙实庸，把一个东方"哲人"的人生"睿智"和现实算计表达得入木三分，淋漓尽致。

最后是自然、现实的境遇、机缘和逼迫。老僧考虑得够周全的了，但他也只是说说而已，"话音刚落便无影无踪"了。剩下来的就该这位年轻人来面对和选择了。其他都不再赘述，就以最后一条而论吧，即使是相貌丑陋者，年轻气盛，情欲勃发，谁能泯灭他这一方面的自然功能和现实渴求呢？他人的劝导不行，即便他听从这些规劝尽力压抑，但最终心中的欲望和情爱仍像烈火一样熊熊燃烧。天上的爱神对待世人是公平的，不会根据丑陋或者美貌而决定丘比特之箭指向的目标。她向下界猛射一箭，中箭的年轻人顿觉浑身灼热滚烫——他一下子坠入了情网。爱美之心人皆有之，虽然有老僧相当中肯、现实的规劝，但年轻人还是自然而然地钟情于天仙般美貌的女郎。栗色鬈发垂肩，眼睛清纯柔和，风姿绰约，舞步轻盈，妩媚动人，这是天地合力造就的丽质，是上帝最慷慨的馈赠。但爱则爱矣，残酷的是，她不属于自己。既为姑娘的魅力所震撼，但现实又让他感到深深的绝望，猝然倒下，身体扭曲，神色惊惶，而周围则是一片夜色茫茫。

诗的最后给了我们一点暖色。在年轻人倒下的同时，猛然爆发出一声震响：印度老僧又出现了！他一方面告诉本是在荒原上用朽木造就的年轻人现在该是其魂归泉壤的时候了，另一方面又说这一趟旅程并非没有意义，"你能对天使倾心向往，/那就说明你的第一颗果实已经飘香。"① 朽木有过结出果实的经历，这就是漫长的历程中一段最有生命价值的体现，弥足珍贵。

恩格尔伯特·克林霍尔茨

叙事诗

古老的岁月已经逝去，
带走了那时的美丽幻想，
那时冲天燃烧的熊熊火焰
也早已失去了耀眼的光芒。
只有一个人没有从历史中湮没，
没有消失于时间长河的巨浪。

这个人在古老的王国显赫辉煌，
他就像一堆腐朽、飘移的废墟一样，
他那光秃的脑袋显得苍白，
四周却映照着朝霞和火光。
可是光线并不能使他的头颅生辉，
因为这头颅永远无法感受火焰的光芒。

他就是萨克森人恩格尔伯特，

---

① 《马克思恩格斯全集》第 1 卷，人民出版社 1995 年版，第 907 页。原文参见 Karl Marx,"Engelbert Klingholz", *Marx-Engels Gesamtausgabe*, Ⅰ∥1, Dietz Verlag, Berlin, 1975, S.752。

是德国骑士中的一员战将,
他一生戎马倥偬驰骋疆场,
不愧为常胜将军的后辈儿郎。
可是一旦被绘成现代的小小画像,
他竟穿上了合身的柏林时装。

时光扭曲了他的面庞,
毁坏了他英姿勃勃的形象,
岁月残忍地磨损销蚀,
使他变成了这副阴森可怕的模样。
他看上去活像美杜莎,
连命运女神见了也会惊惶。

他嘴里嘟嘟囔囔,
不断发出可怕的音响,
这声音仿佛从阴曹地府传来,
向着阳光灿烂的人间飘荡。
如今且听他讲讲自己的故事,
看这个神秘人物来自何方。

他低声说道,从前在一片树林里,
有一棵树长在偏僻荒凉的地方,
一天从神秘的印度来了一位僧人,
他神通广大、白发苍苍,
他默默地坐在那棵树旁,
让疲劳的躯体重新积聚力量。

这棵树没有绿荫婆娑，
没有开花也没有结果；
其他树木都叶茂花繁，
这棵树却只有光秃的枝干。
僧人一跃而起怒火中烧，
对丑陋的枯树厉声喝道：

你这可恨的僵死的朽木，
竟不能让我得到半点阴凉，
我要让你遭到厄运，
成为世人讥笑的对象。
我要让你变成人，露出狰狞的形象，
人人见了你都急忙躲避、万分惊慌。

僧人用手杖敲打树木，
树木发出沉闷、空洞的声响，
树身里忽然冒出一个德国骑士，
仿佛从坟墓里钻出来见到天光。
僧人虽然严肃而又激动，
可还是忍不住露出了笑容。

骑士从树身里蹦跳出来，
那模样实在是离奇古怪，
他一个劲儿挺胸凸肚，
那讨厌的神气令人无法忍耐。
他轻声说："你是我最可爱的人，
你将永远与我共享荣耀光彩。"

僧人点头向他赠言,
语调严肃而又慈祥:
"现在你将离开这个地方,
到另一个天地去漫游闯荡。
儿子,有些话我得事先讲明,
这涉及你的为人和品行。

你生来就有古怪的相貌,
你要知足,不可满腹牢骚,
迄今还没有一个艺术家
在一根朽木上如此细刻精雕。
你过去何等卑贱,我给你的已经不少:
粗胳臂肌肉丰满,厚脸皮不知害臊。

"你的脑袋我没法遮盖,
因为你原本就没一片树叶,
你脑袋上的几根毫毛,
是我用神奇的力量重新创造。
这样你就可以光着脑袋在人前出现,
免得人们心怀疑虑莫名其妙。

你的脑子里没有深刻的思想,
就像树穴一样空空荡荡,
那儿栖息过熊罴豺狼,
那里曾是虫豸繁衍的地方。
所以我在你额上钻了个小孔,
因为人必须往脑子里吸收思想。

我让你能够使用语言,
这巨大的恩赐来自上苍。
为了让你永远不忘
狂风暴雨怎样扫过你的身旁,
我让你常常嘶哑低语,
就像蛀空的枝干发出喀嚓喀嚓的声响。

儿子,既然你腹中空空,
这嗓音就会使你得益不少,
因为你嘶哑的声音会把大家吓跑,
所以没有人敢同你斗嘴争吵。
每逢你头脑空空张口结舌,
你就可以使出这神奇的一招。

可是记住:只有法术才能使你继续生存,
因为只有法术才使你获得新生,
正如那木乃伊僵硬冰冷,
只有在深深的墓穴里才能保存;
如果你不愿永远失去生命,
你就得用油膏涂抹周身。

人们不会争相向你亲近,
你得主动向人们献殷勤,
你要介入各种争执,
设法攫夺所有花朵结出的果实。
虽然你永远捞不到实惠,
但是会博得坚强不屈的美名。

任何人只要理智正常,
都会把你划入群氓一帮,
所以你切莫等人仔细端详,
一开始就要声称'我是贵族',不必彷徨,
'我和王储的志趣相当,
也喜欢拥有更多的田庄。'

你行事要隐晦而不可张扬,
就像蜗牛蜿蜒爬行一样,
即使别人目光突然落在你身上,
也要让人以为你没有逼近他的身旁。
然后你可以向一切人迅速进逼,
他们虽然愠怒,但会对你容忍见谅。

你没有迷人的魅力,
也没有高超的智慧和过人的胆量,
可是人人见了你都退避三舍,
这也可以算是一种小小的荣光。
女人不会怜爱地向你闪动眼波,
谁一见你的尊容都要赶紧躲藏。

现在你可以去周游八方,
凭你的愚顽天性到处闯荡,
你不可能缔结美满姻缘,
别人也不会同你谊深情长,
现在我要给你一千一百个银币,
你可以在柏林度过一年时光。"

神奇的老僧语调郑重,
话音刚落便无影无踪;
剩下这位年轻的英雄,
心中的情爱像烈火熊熊。
至于他的所作所为,
似乎不值得在这里加以歌颂。

且说爱神刚用过午餐,
便凝神把目光投向人间,
那里出现了一个丑陋的大汉,
忌恨之情充满他那蜡黄的脸蛋。
爱神忍不住哈哈大笑,
这响当当的木头实在令人喷饭。

"这家伙看来十分狂妄,
他顾盼自雄趾高气扬,
可是我的利箭他无法阻挡,
不管他的筋骨是多么坚强。"
爱神向下界猛射一箭,
那中箭的可怜虫顿觉浑身灼热滚烫。

他一下子堕入了情网,
他钟情于一个天仙般的女郎,
女郎的栗色鬈发垂在肩上,
眼睛里闪耀着清纯柔和的光芒。
这目光映照着美好的心灵,
这心灵迸射出渴念和生命的火光。

她舞步轻盈激起微风阵阵,
她风姿绰约妩媚动人,
周围百花盛开把她映衬,
这是上帝最慷慨的馈赠。
天地合力造就了她的丽质,
使她天姿秀逸美艳绝伦。

这巨大的魅力震撼他的心房,
他猝然倒下感到深深的绝望,
他身体扭曲神色惊惶,
周围只见一片夜色茫茫。
这时他猛然听到一声震响,
原来是印度老僧走进了厅堂:

"我在荒原用朽木造就了你,
我是否该把你送回那个地方?
你的生命过去沉睡于荒野,
我是否该让你魂归泉壤?
不,既然你能对天使倾心向往,
那就说明你的第一颗果实已经飘香。"

(三) 社会怎样制约情感?

由于社会关系的复杂性和保障自己利益的考量,使人在相处中不敢发出真实的声音,往往口是心非,甚至颠倒黑白。马克思最后通过几首短诗讽刺了这一现象。

《平和》(Die Ruhe) 指陈人性中矛盾的状态: 性格平和、做事稳当而无锋芒的人容易获得赞扬，而到处慷慨激昂地演讲的人实际是为了掩饰自己贫乏得"像死水一样"的思想。

正常的"心—物"关系该是怎样？心灵之美与美的寄托物的关系又是如何？《心灵之花》（Die Geistesblüthe）讽刺了这一关系上主—客颠倒的观点。有的人认为一束鲜花之所以是圣洁的，是因为它主宰着人的心灵，而马克思的看法相反，是圣洁的心灵在花身上找到了寄托，所以他不无讽喻地建议说：珍惜花吧，否则她会凋零、枯槁的。

这一时期马克思在学习之余，看了很多演出。当然，并不完全是穷极无聊地虚度年华，观剧之余也引发了他一些思考，所以留下了几首短诗来表达自己的感受。

《歌剧》（Die Oper）通过流行剧种的变迁，感叹当代审美品位的衰退。比如，现在不会有人去演悲剧了，因为剧本难写，对演员的要求也极高，他（她）必须全身心地体悟，投入角色的情感、处境和选择中，这样排练的时间也会延长，付出很多，成本较大，但最终还不一定得到观众的理解和认可。如果很长时间排不出一出悲剧，演员都无法挣到口粮，放弃是必然的。但相反的情况是，歌剧（相当于现在流行的肥皂剧、情景喜剧）倒可以大演特演，人们不会用挑剔的眼光要求和评判它，因而也不会受到尖刻的攻击，而演起来又不费劲，看后大家哈哈一乐，尽管不会引发事后更深入的思考，但不也有利于心情的愉悦吗？

比如，歌剧《汉斯·海林》（Hans Heiling），让崇高的神灵到人间来走一遭，本来想激发人们的求知欲望和追求勇气的，但它却像世俗无赖一样优游、嬉戏了一番，原先的意旨早已云散烟消，抛却到爪哇国去了，除了笑声，什么也不曾留下。但你还不能对其提出批评，只能罔顾左右而言他，言不由衷地说一声：这场戏的"舞台灯光很好"。歌剧《青铜马》（Das eherne Pferd）更是提不起来，马克思只好反讽地说："剧里有一个场面，/使我特别感动、欢畅"①，因为当时舞台上没有演员，呈现的只是空空荡荡！

表演艺术为何会堕落到这种地步呢？在古代，并没有这样的歌剧，但古人却动用音乐、诗句、歌声等各种手段来表情达意；或者用音乐作为诗章，如果言语无法表达就改用歌唱；如果歌声无法引起共鸣，再用言语表述思想。这样既保证了三者可以各自发挥其独立的功能，又避免了它们各自的局限性，使它们之间可以围绕主题相互补充，相互支撑，从而使多种艺术手段得到完整的运用。抚今追昔，人类社会的物质条件大大进步了，但为什么人们对艺术的理解、艺术手段的应用反而不如从前了呢？马克思的时代是如此，现在亦复如是。

艺术之外，还有文学。马克思评述了两种特殊的类型，即"不道德的"（unmoralische）文学和"神秘的"（mystische）文学。如同谈论艺术一样，马克思这里也是就品位和主题而言的。他认为这两类文学样式，一个同魔鬼逗笑打趣，低级庸俗，另一个则戏弄上帝，消解崇高。二者有亲缘关系，都是从同一个源泉奔泻流淌出来的，是文学洪流中的一汪"浊水"，只要它们存在，文学之流就永远不会变得清澈、明亮。

当然，艺术、文学不管层次如何，终究是"太超世"了，再回到现实中，我们看看"厌世者"（Der Misanthrop）吧。他们总是贬损人的价值，因为他们曾置身于人生的底层，了解各种人的生活境况，窥见过各种行为背后的奥秘，了解人们不同的特质，更看出了人性中的弱点。因此，"厌世者"人生态度和观点的形成也

---

① 《马克思恩格斯全集》第 1 卷，人民出版社 1995 年版，第 909 页。原文参见 Karl Marx, "Das eherne Pferd", *Marx‑Engels Gesamtausgabe*, Ⅰ∥1, Dietz Verlag, Berlin, 1975, S.754。

是多少有点依据和理由的,甚至可以说他们对人性的描述也"完全正确",但人类由此就注定要沉沦下去吗?如果答案不完全是这样,那要靠谁来救赎呢?人是不是只能在自然界中才能得到安慰或者获得自在呢?在社会中就不可以吗?不是的,只不过更为艰难、更容易失败罢了。

平　和

我必须对你大加赞扬,
赞扬你做事平和稳当。
你的话虽然慷慨激昂,
但思想却像死水一样。

心灵之花

他呼唤:"你们要珍惜这圣洁的鲜花,
它是主宰心灵的一朵盛开的奇葩。"
我建议你们听从这个劝告,
否则那朵花会凋零枯槁。

歌　剧

1

现在不会有人去演悲剧,
演悲剧的人无法挣到口粮;
歌剧倒可以大演特演,
人们不会受到攻击——还可以确保健康。

2

古人虽然没有见识过歌剧,
却用音乐作为他们的诗章;
只要言语无法表达情感,
他们就必定放声歌唱,
如果凭歌声无法交往,
他们便用言语表述思想。

歌剧《汉斯·海林》

神灵到人间来走一遭,
优游嬉戏于生活的波涛,
求知欲望和勇气早已云散烟消,
但你不能批评,只能说"舞台灯光很好"。

歌剧《青铜马》

歌剧里有一个场面,
使我特别感动、欢畅,
这样的场面多多益善;
因为当时舞台上空空荡荡。

厌世者

你总是贬损人们的价值,
完全正确,因为你了解他们的特质,
你曾置身于幽深的渊底,
除了你没有人窥见那里的奥秘。

（四）人只有在社会中成功才是真正的成功

马克思绝不是一个逃避社会的人，而且他认为，人只有在社会中成功才是真正的成功。在《幻象》（Die Erscheinung）中，他追问："那心灵中升起的晨曦/就永远不能同生活、同义务/同理性的炽热光焰/融合为一个整体"吗？① 难道人怀着急切的热望，充满焦虑和惊惶的时候，就只好焦渴地转向自然景致，只能坐享现成而不能去求索、抗争、取胜、创造吗？"心造的幻象"是，社会与自然两分，尘世与天堂隔绝。粗野的尘世中，生活贫乏而凄凉，精神则怯懦而彷徨，所以似乎要想追求纯洁和崇高，就得君临云端，沉浸于悠扬的乐音之中。但事实上并非如此，对立者统一，就像天上有阴云才能映现出霞光，它们"亲密无间像兄弟一样"。人也要让两种对抗的思想同时共存于心间，如果只是单一性思维，用一种极端的思想压制另一种异类的思想，两种思想便会无休止地龃龉、较量。但如果二者相辅相成、互相驳难又互相依存、互相支撑，最终才能化解分歧，达到水乳交融的地步，这样人就可以享受人生的丰富性从而感到无比的欢畅了。心灵躁动不安，转向、回避、逃遁都不能解决问题，只要勇敢面对、沉入、探求，攀登知识的阶梯，保持独立的思考，"奏起爱的乐章"，一切黑暗、迷惘、失望必将悄然消亡。

正如本章开始所指出的，以上所解读的诗歌没有被马克思收入他所编定的诗集中。为什么不收入呢？现在没有留存下他非常明确的解释和说明的文字。也许艺术手法不成熟、表达方面有缺陷、主题和意旨有重复……这些都可能是原由，但通过以上的对其内容的

---

① 《马克思恩格斯全集》第1卷，人民出版社1995年版，第892页。原文参见 Karl Marx,"Die Erscheinung", *Marx-Engels Gesamtausgabe*, I // 1, Dietz Verlag,Berlin,1975,S.743。

详细分析，我们发现，最主要的是他对情感和爱的错位和矛盾的困惑。举凡为什么父母之爱会带来痛苦？为什么渴望爱的人却在无爱之中？为什么权倾一时的人也无法掌控情感？为什么小鸟会比雄鹰更自由？为什么情感与生命不可得兼？自然界与社会怎样制约和促进情感？如此等等，莫不如此。这其中诚然也有一些他比较正面的看法，但更多的是疑虑和不解。这也促使马克思进行自我反思，情感作为一种理解世界、把握人性的方式确实有必要性，但更有其局限性，而超越这种局限需要一种更为客观、理性、全面、深入和总体性的思维方式——哲学。

幻　象

既然上帝和天堂浑然一体，
难道当人们哀叹悲泣之时，
那心灵中升起的晨曦
就永远不能同生活、同义务、
同理性的炽热光焰
融合为一个整体？

难道我永远应当
焦渴地面对暮色苍茫，
怀着急切的热望，
充满焦虑和惊惶？
难道这就是我生命的全部意蕴，
难道我就不能去求索，而只能坐享？

为什么在我的胸中，
出现那样强烈的愿望，

它奔腾澎湃宛如海浪,
又像天国的乐音阵阵悠扬?
如果这一切不过是心造的幻象,
那就让热泪尽情流淌。

每逢我怡然自得,
神游于崇高的境界,
每逢我高瞻远瞩,
屏弃美丽的幻象,
我便听见一个声音在心中震响:
"你攀登知识阶梯到底怀有什么愿望?

你用粗野的尘世脚步
亵渎这座殿堂,
快享受甜蜜的乐趣去吧,
请不要继续在这里徜徉!
在这里你只会沉入深渊,
只会感到迷惘失望!

别去追求纯洁和崇高,
快放弃那好高骛远的目标,
别去探索自我和宇宙,
也不必奋力拼搏壮志凌霄。
你的那颗心,它另有所图,
你还是避开这烈火燃烧的境界为好!"

这时一个光彩照人的形象,

从云端降临我的身旁,
她的话像甘泉汩汩流淌,
话语中充满神秘的力量:
"为什么要让精神如此怯懦彷徨,
为什么要让生活如此贫乏凄凉?

你看天上的阴云和霞光,
亲密无间像兄弟一样,
你也要让两种对抗的思想
同时共存于你的心房,
如果你压制一种思想的呼唤,
两种思想便会无休止地较量。

你要让心灵愉快地遐想,
你要把理智交付给上苍,
如果两种情感发生矛盾,
那就由我来把龃龉扫光!
如果二者水乳交融,
你就可以享受人生、无比欢畅。

你的心灵早已同我相识,
常常向我奏起爱的乐章,
你的心灵躁动不安,
常常逃遁到我的胸膛。
只要你依照我的意旨保持独立,
一切黑暗势力必将悄然消亡。"

剧 本

《乌兰内姆》解读

在表征马克思思想起源的文学作品中，诗歌占了绝大部分，但在《献给亲爱的父亲的诗作》中，有两部作品的文体形式很特殊，一部是剧本《乌兰内姆》（Oulanem），另一部是作为"附录"的小说《斯考尔皮昂和费利克斯》片段。《乌兰内姆》的故事情节无可考证，但其中无疑有在西方流传很广的"浮士德形象"的痕迹，所涉及和讨论的人生议题重大却无解，所以马克思自己标明这是一出"悲剧"（Trauerspiel）。相形之下，戴维·麦克莱伦称其为"幽默惊险剧本"①，而又没有对这一判断做出具体论证，表明他未必真正到位地理解了这一作品。尽管马克思后来也倾向于认为这部作品是"不成功"②的，但如果仔细地研读文本，我们的思考或许就不会被这一简单的评价和定性所束缚和左

---

① 戴维·麦克莱伦：《马克思传》，中国人民大学出版社2006年版，第26页。
② 1837年11月马克思在写给父亲的信中，认为这部作品是"不成功的幻想剧本"。马克思：《致亨利希·马克思信》，见《马克思恩格斯全集》第47卷，人民出版社2004年版，第12页。

右。相反，一方面我们可以从中感受到马克思受欧洲人文经典和浪漫派思潮的强烈影响，另一方面又可以发现其中无疑也包括了他自己对人性、心理、爱情、仇恨和永恒等问题的独特理解。正是这些构成了他思想起源期的真实状态，也奠定了其以后思想走向的人文底蕴。

现在流传下来的《乌兰内姆》手稿是完整的一幕剧，由四场戏组成。尽管其中出场的人物只有德国旅行家乌兰内姆、其少年旅伴卢钦多（Lucindo）、意大利某山城私人客栈老板佩尔蒂尼（Pertini）、同城少女贝娅特里瑟（Beatrice）和其未婚夫维林（Wierin）五个人①，但他们的关系却很复杂，故事情节也较为繁复。更为重要的是，在层层展开的情节背后，作者的寓意究竟为何？令人颇费思量。尤其难处理的是，这些复杂的关系、事件和细节只是通过人物对话和独白透露出来的，马克思并没有明确、条理和完整地叙述过，这就使我们如果不深入文本之中认真研读、梳理和琢磨，往往只会一头雾水，不明底里。正是考虑到这一点，本章一反哲学著述写作的通常方式，特以文学性的笔法重构《乌兰内姆》的故事情节，在具体细节的铺陈中一一辨别马克思的思路和用意，并在此基础上做出概括和分析。还需要说明的是，在马克思的手稿中，第一场是序幕，第二、四场故事紧密衔接，第三场插入的内容很突兀，可能是他想使剧情节奏舒缓一下或者对比的效果更为鲜明。因此，本章的解读就按照第一场—第二场—第四场—第三场的顺序来进行。

---

① 马克思在该剧《人物表》中所列出的贝娅特里瑟父亲阿尔万德（Alwander）、修道士波尔托（Porto）在手稿中并没有出场，也没有过任何交代。

一、偶然相逢中产生的离奇动机

第一场篇幅很短,着重介绍背景和主要人物。德国旅行家乌兰内姆与其少年旅伴卢钦多到意大利某山城游览。因城里大的旅社已经住满,他们来到一个普通市民的家门前。主人佩尔蒂尼"异常热情"地接待了他们,声称愿意租给他们住房,而且"完全是出于对你们的友情",而"决不是讨好逢迎"。① 一个陌生人,能如此以礼相待,真让乌兰内姆等受宠若惊。但佩尔蒂尼却装得若无其事:"哪里,哪里,这样恭谨待客是理所当然的!"② 于是,乌兰内姆也就不客气了,说他们打算在此多待些日子,而佩尔蒂尼的回答更是语出惊人:"哪一天你们感到不够愉快,也就是我自己少活了一天!"③

---

① 《马克思恩格斯全集》第1卷,人民出版社1995年版,第745页。原文参见 Karl Marx,"Oulanem", *Marx‐Engels Gesamtausgabe*, I // 1, Dietz Verlag, Berlin,1975,S.650。

② 《马克思恩格斯全集》第1卷,人民出版社1995年版,第745页。原文参见 Karl Marx,"Oulanem", *Marx‐Engels Gesamtausgabe*, I // 1, Dietz Verlag, Berlin,1975,S.650。

③ 《马克思恩格斯全集》第1卷,人民出版社1995年版,第745页。原文参见 Karl Marx,"Oulanem", *Marx‐Engels Gesamtausgabe*, I // 1, Dietz Verlag, Berlin,1975,S.650。

这样，在达成口头意向后，他就吩咐小厮，领客人们上楼进各自的房间休息去了。

应该说，故事情节至此，也没有什么特别之处，虽然说佩尔蒂尼的态度和话语都稍微"有点过"，但对于一个招揽生意的私人客栈老板来说，也不能算太出格，所以并没有引起乌兰内姆和卢钦多的任何"警觉"。然而，他们走后，只剩下佩尔蒂尼独自一人时，他先是"四下环顾"了一下，继而通过大段的独白将其曲折的心理展示出来——一个工于心计、老谋深算而又性格乖觉的形象便呈现在我们面前了。

实际上，佩尔蒂尼并不是一般只懂得算计眼前生意的小市民，他对乌兰内姆等人的"热情"是刻意做出来的。他也算得上是曾经沧海的人了，但内心一直"活在过去"，更在乎的或者说始终不能释怀的是历史上的那些或大或小的恩怨。虽然他今天是"偶合"遭遇乌兰内姆，但这一天却是他很早就期盼的！原来，这里有一段尘封的往事。他与这个乌兰内姆之间早就相识，甚至可以说过去彼此非常了解。他们之间发生过龃龉，有过不快，而且他对此一直耿耿于怀。所以，当他今天猛然发现，这个听起来"像死人一样"的叫乌兰内姆的"卑鄙"的人竟然还活着，过往的情景便像空气般清澈地重又浮上心田，昔日曾经立下的与其算账的誓言又一次清晰地响在耳边，于是旧怨转化为新仇，计策已定，他决定有所行动、彻底复仇了！

背景了解至此，真是让人慨叹命运的诡谲。按理说，人是命运的主体，但这个主体却是多么窝囊啊！他根本决定不了命运，更不要奢望他"像摆布玩偶一样摆布命运"；相反，命运戏人，俨然上苍（上帝）宰制着人生。因此，对于人来说，还是别同上苍（上帝）

玩弄小聪明吧——"腐烂的腰间"怎么可以"镞出天上的星星"?!①

悲剧《乌兰内姆》的几场

人物表

乌兰内姆——德国旅行家。

卢钦多——他的旅伴。

佩尔蒂尼——意大利某山城市民。

阿尔万德——同一城市的市民。

贝娅特里瑟——他的养女。

维林。

波尔托——修道士。

剧情发生在佩尔蒂尼、阿尔万德两人家里和家门前以及山上。

第一幕

某山城

第一场

一条街道。乌兰内姆和卢钦多。佩尔蒂尼站在自己家门前。

佩尔蒂尼 先生们！全城都云集着异乡的游客，大家慕名而来，就为了饱览这一带的奇迹胜景。长话短说：敬请你们光临

---

① 《马克思恩格斯全集》第1卷，人民出版社1995年版，第746页。原文参见 Karl Marx, "Oulanem", *Marx-Engels Gesamtausgabe*, I // 1, Dietz Verlag, Berlin, 1975, S.651.

寒舍——因为城里的旅社已经住满来宾。我当尽微薄之力愿租给你们住房，这完全是出于对你们的友情，相信吧，这决不是讨好逢迎。

乌兰内姆　谢谢你，陌生人，你对我们如此以礼相待，真使人受宠若惊。

佩尔蒂尼　哪里，哪里，这样恭谨待客是理所当然的！

乌兰内姆　我们打算在这里多呆些时候！

佩尔蒂尼　哪一天你们感到不够愉快，也就是我自己少活了一天。

乌兰内姆　我再次道谢了。

佩尔蒂尼　（叫小厮。）嗳，堂倌！领老爷们上楼进大厅，他们经过徒步跋涉，要各自在房间里稍事休息，该换下沉重的旅途行装。

乌兰内姆　我们走啦，待会儿就回到你这里来。（乌兰内姆和卢钦多随小厮下。）

佩尔蒂尼　（独自一人。警觉地四下环顾。）对，就是他，天哪，就是他，这一天终于来临！我忘却不了这个老朋友，就像我的良心不会忘记我；好吧，现在我就来换换良心……对，他变成了这样，这是他，就是乌兰内姆！我的良心，但愿此事不会对不住你。你日夜守在我的床边，与我一同入睡，一同起床——我的眼睛则不然，伙计，我和他是相识呀！而我知道的还不止这些，还有别人在这里，他们的名字都叫乌兰内姆，乌兰内姆！这名字听起来像死人，但当它卑鄙的主人还活着，就这样叫下去好了。等等！我有办法了，那情景重又浮上心田，像空气那样清澈，像我的骨头那样坚硬，他的誓言还清晰地响在我耳边。我有办法了，我得让他找到它！我的计策已定，计划的核心它的生命——就是你乌兰内姆本人，你莫非想像摆布玩偶一样摆布命运？想同上帝玩弄你的小聪明？想从你那腐烂的腰间镞出天上星星？我的小神仙儿，还是求上帝保佑你别演这个角色，且慢，乖乖地等着我的提示吧！

（卢钦多上。）

二、通过思维的导引实现"复仇"

第二场的设计匠心独运,作为佩尔蒂尼最看重的对手乌兰内姆并没有出场,而是让他的小旅伴、佩尔蒂尼并不认识的卢钦多来与其对戏。这样的安排提供了一个很方便的场合:如若是面对老相识,佩尔蒂尼还可能因碍于情面或多重考量会有所顾忌甚至伪饰,以至于不能率性以对,畅所欲言,任意臧否;而对于一个完全陌生的人、一个毛头小子则就又另当别论了。我们且看他的表现吧。

卢钦多刚出场时,佩尔蒂尼还装得很"客气"地称其为"少爷",询问他"怎么是你孤单一人?"① 卢钦多的回答引出了佩尔蒂尼渴望谈到的人物乌兰内姆:他抱怨自己的老年旅伴对这里的东西不感兴趣,好像"无论什么都屡见不鲜",所以宁愿待在屋里,而自己则是由于受"好奇心驱使"才出来逛逛的。这正中佩尔蒂尼的下怀,他顺着卢钦多的话悻悻地表达对"那个老爷子"的不满:"原来如此!"不曾想,卢钦多却并不认同佩尔蒂尼的态度,他只是对乌兰内姆不出屋活动小有微词而已,相反,他之所以与乌兰内姆一起

---

① 《马克思恩格斯全集》第 1 卷,人民出版社 1995 年版,第 747 页。原文参见 Karl Marx, "Oulanem", *Marx-Engels Gesamtausgabe*, Ⅰ // 1, Dietz Verlag, Berlin, 1975, S.651。

来异邦旅游，只是出于对他的崇拜，认为他是世上少有的"杰出的人"："如果我的心灵的最深处/怀有一个强烈的愿望，/哪怕是一个令人齿冷的渴念——/那就是——称他为父亲，当他的儿子。"① 在卢钦多看来，乌兰内姆具有一种男性深邃而热烈的气质，一个能容下整个世界的胸怀。所以他毫不犹豫地用"不，不"来反驳佩尔蒂尼对老人的不满。

也算阅人无数的佩尔蒂尼深知，如果青年人能用这样的口吻如此热情地赞颂一个老人，那就意味着他确实是"充满了高尚情愫"的。但是佩尔蒂尼不甘心自己的怨气找不到出口，自己的宿敌竟不被人所唾弃，所以他对卢钦多说："我想斗胆地问一声，你了解那位先生吗？"并且还捎带地揶揄了一句"看样子你同他已经心心相印"② 了。这明显带有怀疑乃至嘲讽意味的话惹得卢钦多很不愉快，特别是"看样子"的说法。因为在他看来，所谓"看样子"的意思表明那不过只是一种"幻觉和假象"，而对一个只要与其接触过总会赢得高度赞赏的人产生质疑，"莫非你是仇恨人类之徒"，意即你是要挑战人们普遍的共识吗？佩尔蒂尼还试图辩解说，我也是一个人呀，而我并不持与你们相同的看法。还没等他解释完，卢钦多就激愤起来了——我们刚来的时候，看到你对异乡人是那么友好，在我的理解中，一个能对漫游者友好相待的人决不是心胸狭隘之徒；你不是问我是否了解乌兰内姆老人吗？我告诉你，我们的关系源自一种特殊的因缘，自从我有记忆以来，我们就认识了，他胸中的智慧

---

① 《马克思恩格斯全集》第1卷，人民出版社1995年版，第747页。原文参见 Karl Marx, "Oulanem", *Marx-Engels Gesamtausgabe*, Ⅰ∥1, Dietz Verlag, Berlin, 1975, S.651。

② 《马克思恩格斯全集》第1卷，人民出版社1995年版，第748页。原文参见 Karl Marx, "Oulanem", *Marx-Engels Gesamtausgabe*, Ⅰ∥1, Dietz Verlag, Berlin, 1975, S.652。

之光犹如熊熊的火炬照亮了我的心田,仿佛是善良的光明之神把我精心地挑选出来作为其终身的心路伙伴,就是说,我们之间在心灵深处已经紧紧联结在一起了。然而,在佩尔蒂尼看来,卢钦多的这番解释"听来颇为浪漫,但不过是空话",虽然可以借以回避对其质疑的答复,但并不能真正说服他,乃至于卢钦多要向他"发誓",于是,他径直回敬道:"你发什么誓呢?"①

实际上,对于人与人的关系来说,其实是不太可能存在所谓"忘年交"的:老人永远不会、有时候也没有必要把他内心的隐秘全部告诉小孩。果然,佩尔蒂尼期待的效果产生了,姜还是老的辣,他的话让卢钦多内心也嘀咕起来,仔细一想,他感到确实有些疑惑:他知道乌兰内姆内心深藏着秘密,但迄今为止,自己还不知道它是什么,只知道"它每时每刻都在鸣响"。这种情形使他蓦然悟出:"我自己也不了解自己。"② 检点自身,他发现自己其实是一个至少在心境上孤独、离群的人。比如,即使是可怜之人,也会洋洋得意地夸耀自己的家族,在心里悉心保留着那最细微、最难忘的往事,并会为此而充满自豪;但自己却不能,或者没有这样的时刻——人们管自己叫卢钦多,可与叫作"一台绞架"或"一棵树"有什么分别呢?

狡猾的佩尔蒂尼自然看出卢钦多内心的犹疑乃至张皇,明白现在的状况与刚开始已经不一样了。但他还是故意打岔,假惺惺地问

---

① 《马克思恩格斯全集》第 1 卷,人民出版社 1995 年版,第 748—479 页。原文参见 Karl Marx,"Oulanem", *Marx-Engels Gesamtausgabe*, Ⅰ∥1, Dietz Verlag, Berlin, 1975, S.652。

② 《马克思恩格斯全集》第 1 卷,人民出版社 1995 年版,第 749 页。原文参见 Karl Marx,"Oulanem", *Marx-Engels Gesamtausgabe*, Ⅰ∥1, Dietz Verlag, Berlin, 1975, S.652。

卢钦多想要什么、想怎么样，并且提议"还是我给你出主意吧！"①谁料他的这种态度让卢钦多很生气，"严肃地"警告他"别净说这些空洞无聊的话啦，/要知道我的胸膛在沸腾！""沸腾"当然是源于矛盾、冲突和煎熬，佩尔蒂尼明白这一点，于是就趁火浇油："让它沸腾吧……/直到闹够了为止！"这惹恼了卢钦多，质问他："这是什么意思？""没有什么意思！"佩尔蒂尼贬人不对人，而是现身说法，谈论起自己。他告诉卢钦多，自己不过是一个小小的客栈老板，夜寐晨起，每日老老实实地数着钟点混日子，一直等到自然生命结束，"末日审判的来临"。到那时自己与其他芸芸众生一样，会聆听上帝和天使宣读自己平生所犯罪行的清单，然后根据罪愆而确定被安置的去向，遭受神拳的排击——以鉴别自己是属于羔羊还是恶狼。②

佩尔蒂尼在这里其实是正话反说，抑他捧己，意指自己虽然生活平庸，职业普通，也有过错甚至犯过罪孽，以至于死后可能会受到上帝的惩罚，但毕竟还是上帝之子，归属正宗，有谱系、有家族。相比较而言，乌兰内姆和卢钦多都属另册，没有资格见到上帝——而在当时，还有比这处境更悲催、地位更卑微的人吗？你们见不到上帝，而我可以见到，所以对于你们来说，自然生命的结束就意味着死亡，而我是要进入天堂的，所以我比你们要高，也理应由我来引导你们、评骘你们、主宰你们！这就是佩尔蒂尼心里的盘算和逻辑。

---

① 《马克思恩格斯全集》第1卷，人民出版社1995年版，第749页。原文参见 Karl Marx, "Oulanem", *Marx - Engels Gesamtausgabe*, Ⅰ∥1, Dietz Verlag, Berlin, 1975, S.653。

② 参看 Karl Marx, Oulanem, *Marx-Engels Gesamtausgabe*, Ⅰ∥1, Dietz Verlag, Berlin, 1975, S.653；《马克思恩格斯全集》第1卷，人民出版社1995年版，第749—750页。

卢钦多自然不懂得佩尔蒂尼的逻辑，顺着他的话接茬，也就进入了他的圈套。卢钦多说：上帝和天使叫不到我，因为我没有名字。佩尔蒂尼很高兴听到他说这样的话，至此他更明确地说出这样的观点：我这样一个小客栈老板，想法平庸，思考简单，连我都知晓，谁要是不知道家谱而发现自己混在别的家庭中，那他就是个"杂种"。对于这样的人来说，上帝就是其家谱的制定者，入不了这样的谱系，就是被上帝抛弃的人，而被上帝抛弃的人实际上不是人！指着一个人说其不是人而是"杂种"，还有比这更鄙视人的吗？

"杂种"一词刚一出口，彻底惹火了卢钦多。他凛然告诉佩尔蒂尼：你可以把太阳想成是黑的，把月亮想成是扁的，太阳和月亮决不会因此而向你射箭，但是你若说某人是"杂种"，他会要你命的！佩尔蒂尼则故技重施，反话正说，声称"杂种们"才是值得"夸奖"的，他们往往生气勃勃，精力充沛，总是在茁壮成长，甚至还春风得意，青云直上，因为他们是在纵情欢乐中诞生的，而不是在奴性的结合中、在枯燥沉闷的氛围中孕育的。"杂种"对于婚姻来说就像一部讽刺性作品，其作者就是人的天性；而婚姻呢，他更为阴毒地将其比喻为一个"在安乐椅上正襟危坐的妇人"，刚才与人淫乱时的放荡和欢愉已经消失得无踪无影，现在她戴上帽子和各种首饰，面容枯槁、惨淡，脚旁放着一张干瘪的羊皮纸，上面胡乱写着冒牌的神父们亵渎神灵的肮脏词句，前面是教堂冷清清的厅堂，背后是一群打打闹闹的乌合之众。①

佩尔蒂尼这简直是"用干枯的魔掌"将火把扔进了卢钦多的胸膛，引得他果然"冒起火来"。他又一次警告佩尔蒂尼，别以为自己

---

① 《马克思恩格斯全集》第1卷，人民出版社1995年版，第751页。原文参见 Karl Marx, "Oulanem", *Marx-Engels Gesamtausgabe*, I // 1, Dietz Verlag, Berlin, 1975, S.653-654。

是在跟一个小孩做儿戏,在往小孩的头上投扔骰子。不,他这是在玩弄冒失轻率的把戏。卢钦多估计佩尔蒂尼很快就要露出本来的嘴脸,于是就提醒他,假如他说出的是"蛇蝎心肠里才有的东西",是对卢钦多及其旅伴乌兰内姆作为"人"的"猜疑和嘲弄",那么卢钦多一定会将这些恶毒之语统统"扔回到你喉咙里,/你就得吞下你自己的毒汁"。①

卢钦多的说法让佩尔蒂尼仿佛觉得眼前是在演绎一出靡菲斯特斐勒司(Mephistopheles)与浮士德(Faust)式的"约定的故事"②,他才不受其引诱和束缚呢。他本是要复仇和清算对手的,所以决不能让卢钦多占了主动,于是他断然表示拒绝:"你要怎样就怎样好了,/我要在你这笨蛋的眼睛里揉沙子!"卢钦多毫不相让:"还是把沙子揉到你自己的眼睛里去吧,/别把火吹得太猛,/熊熊的烈火会把你自己烧成灰烬!"佩尔蒂尼也不甘示弱,说卢钦多是要嘴皮子,是放空话,火是卢钦多先"冒"起来的,"只会烧掉你一个人!"卢钦多则对此"无所谓":"让它烧吧!"如果自己引火烧身,那么会用年轻人有力的双臂把佩尔蒂尼抱住,像钳子那样拼命夹住他的胸膛,然后让他先跌进黑沉沉的深渊,还会笑眯眯地、轻声对他说:下去吧,朋友!佩尔蒂尼讥讽其"想象力看来真丰富","是个梦想家",卢钦多就告诉他自己这样激愤的原委:你才初次见到我们,并不了解我们,却对我又是讽刺又是辱骂,我能不这样吗?为了对等,你得给我赔罪,而我要雪耻、消除流毒——

---

① 《马克思恩格斯全集》第 1 卷,人民出版社 1995 年版,第 752 页。原文参见 Karl Marx,"Oulanem",*Marx-Engels Gesamtausgabe*,Ⅰ∥1,Dietz Verlag,Berlin,1975,S.654。

② 靡菲斯特斐勒司,亦译"默菲斯托菲里斯""梅菲斯特"等,歌德歌剧作品《浮士德》中与浮士德签订契约者、引诱其堕落的恶魔,自述"我是永远否定的精灵""是总想作恶,却总行了善的那种力量的一部分"。

咱们要进行一场决斗，演一出悲剧："我们现在就走，地点、方式、用枪还是用剑随你便！"①

在佩尔蒂尼眼里，卢钦多愈发像一个幼稚的学生，"大约你从哪个古老的悲剧里/抽出了这么一个结尾来念给老师听过吧？""得了吧！"与年轻人决斗？他才不接招呢。但卢钦多不依不饶，骂其"胆小鬼""无赖"，还声称要把这几个字刻在他脸上，要到大街上去大喊大叫，要在大庭广众之下揍他一顿。佩尔蒂尼的火至此也被拱起来、"冒起来"了，于是威胁卢钦多："你再说一遍，我要你再说一遍！"卢钦多勇往直前："如果你高兴，我可以重复一千遍，/叫你直冒肝火，/叫你的两只眼睛血流如注。/是的，再说一遍，再说一遍，你是个无赖，胆小鬼！"②

面对这样的"愣头青"，老谋深算的佩尔蒂尼决定先"服软"："好吧，咱们谈谈"吧，不过还是提醒卢钦多要"注意！有一个把我们两人连在一起的地方，/这就是地狱，不是我的而是你的地狱！"年轻人则自信得很："干吗在这里罗嗦？咱们的纷争/可以当场解决，然后你可以逃往地狱，/告诉那里的魔鬼：是我把你打发去的！"佩尔蒂尼还想拖延时间："我还有一句话！"卢钦多打断他："没什么说的，说话有啥用？/我不听你的，你的话一文不值，/你爱怎么装模作样都可以，/反正我没有看见。去拿枪来，让枪来说话。"佩尔蒂尼也打断他，告诫他：别这么气壮如牛，别太孩子气！两人进行决斗，有两个条件需要具备，一是决斗者之间应该对等，不能差别

---

① 《马克思恩格斯全集》第1卷，人民出版社1995年版，第753页。原文参见 Karl Marx,"Oulanem", *Marx‐Engels Gesamtausgabe*, Ⅰ//1, Dietz Verlag, Berlin,1975,S.655。

② 《马克思恩格斯全集》第1卷，人民出版社1995年版，第754页。原文参见 Karl Marx,"Oulanem", *Marx‐Engels Gesamtausgabe*, Ⅰ//1, Dietz Verlag, Berlin,1975,S.655。

太大,二是决斗前要拿出担保和抵押。可他觉得他俩的情况并不符合这些条件。等级、地位太不相同,毋宁说是天差地别,"我能像你反对我一样反对吗?/我知道我是谁,可你呢,你知道你是什么吗?"诚如卢钦多也承认的,他对自己都不了解,现在还什么都不是,可以说一文不值,一事无成,他能有什么东西可以拿来作抵押呢?啥也没有!"你不过是一块从月亮上掉下来的石头,/有人在上面划出了一个词……它念作'卢钦多'。"卢钦多想押下这张空头票据来赢得佩尔蒂尼的赌注,而在佩尔蒂尼看来,他要么像小偷一样偷走人家的荣誉来作担保,要么拿人家的血来做颜料、当刷笔"随意涂抹"。最后,佩尔蒂尼以一个长者的身份居高临下地奉劝卢钦多:"别这样,……你先得有名字、荣誉和性命,/我才肯拿我的名字、荣誉和性命跟你打赌!""我才不敢拿我自己所具有的这一切/来跟你这块空空的牌子决斗呢!"①

佩尔蒂尼真是老奸巨猾,他压根不愿意决斗,只想通过一番言辞就制服对手,摆脱困境。连卢钦多都看出来了:"你那个鬼脑袋想得可真妙哇,/账算得真精。"② 但卢钦多不可能再次陷入其逻辑和圈套了,他警告佩尔蒂尼"别打错了算盘",自己一定要与其决斗,要像嘲弄一条疯狗一样嘲弄他,要他当众出丑,让女人、男人、孩子以及每个人都知道,或者按"存在"一词的一般意义讲,他是一个不折不扣的"胆小鬼"!

佩尔蒂尼又施伎俩,他先是引诱卢钦多说要给他起一个反映其

---

① 参见《马克思恩格斯全集》第 1 卷,人民出版社 1995 年版,第 754—755 页。译文有改动。原文参见 Karl Marx, "Oulanem", *Marx - Engels Gesamtausgabe*, I // 1, Dietz Verlag, Berlin, 1975, S.656。

② 《马克思恩格斯全集》第 1 卷,人民出版社 1995 年版,第 755 页。原文参见 Karl Marx, "Oulanem", *Marx - Engels Gesamtausgabe*, I // 1, Dietz Verlag, Berlin, 1975, S.656。

实际情况和理想的体面的名字，遭到卢钦多的嘲笑和拒绝："你刚见到我，以前从未见过我"，怎么知道我的情况呢？况且仅凭眼睛是判断不出什么来的，因为眼睛见到的，只是一种骗局，只能是对我们摆脱不了的永久歪曲和嘲弄。佩尔蒂尼则认为自己曾经饱览人世沧桑，所以不容易受第一眼的欺骗，而且自己也不是今天才初次见到卢钦多。"如果要是我们以前曾经相识，那又将如何呢？"卢钦多自然不信，佩尔蒂尼告诉他，有那么一个奇怪的诗人，就像一头智慧的、善于明断是非、城府很深的"瞎眼母牛"，时时产生稀奇古怪的念头，能看出不同时段的生活的逻辑关联，并且将其陈述出来编成押韵的诗篇。卢钦多还是不相信，说这大概是"偶合"，你骗不了我！而佩尔蒂尼则告诉他，所谓"偶合"不过是哲学家在理性不管用而又要借理性来摆脱困境时才说的托词，使用"偶合"来解释是藐视智者的判断，比如，世界上没有第二个人的名字叫作"乌兰内姆"，"我这样称呼他"，也是偶合吗？

佩尔蒂尼竟然知道自己旅伴的名字！这是卢钦多万万没有想到的，他不得不惊呼："天哪！"并且请他当着上帝的面说，是怎么认识乌兰内姆的。佩尔蒂尼却摆起谱来："你知道小孩子什么时候受夸奖？在他闷声不响的时候。"卢钦多愈发讨厌起佩尔蒂尼这样的做派，但还是恳求告诉其原委。佩尔蒂尼知道自己胜利了，便执意不告诉他真相，并且卖起乖来：你不是叫我胆小鬼吗？要知道胆小鬼是微不足道的，对胆小鬼没有什么好恳求的。这更把卢钦多气得够呛："既然你想摘掉胆小鬼这顶帽子，/你就该开始动手！"佩尔蒂尼知道卢钦多不可能决斗了，因为他已经底气不足、心绪不宁了，于是开始调戏他："我们决斗吧，像你现在这样，我站好了，/你对我够好的了！我要决斗了。"卢钦多终于泄气了，这样下去局面是无法挽救的了。但他嘴上还是不服软，指责佩尔蒂尼心肠如同铁石，无法打动，心灵因搞惯了讥笑讽刺，已经干枯，发出臭气，像吞服灵药似的吞下了毒汁。"你这浅薄的笨蛋,枉费心机!"事情还没完,他要去把上帝唤来,让佩尔蒂尼当着上帝的面,站在上帝面前,额对额,眼对眼,看他怎么向上帝交代?"那时你会如同一个吓破了胆的孩子。"①

可笑的卢钦多急忙下去,又旋即返回,刚才还申言不信上帝,现在他能召唤到什么上帝呢?佩尔蒂尼进一步嘲弄他,说"现在有个更大的计谋来拯救"他,既然找不着上帝,那么让他找乌兰内姆,"向他忏悔你的罪过,请求他饶恕!/向他流几滴泪,吻吻他的手,/给自己剪一根请罪的枝条!"卢钦多说:你是在逼我吗?"就算是逼你,一切都合乎道德伦理。/一切都像孩子的启蒙课本里写的那样合乎道德伦理。"佩尔蒂尼还颠倒黑白地说:"你对我只怀敌意和报复之心,/要知道,我可不那么坏,我只是生性率直而已。"②单纯而善良的卢钦多相信了他,只是说:尽管如此,我也决不会说我喜欢你,像朋友那样尊重你,但是过去的事儿就让它永远被忘记吧,就作为一场令人生厌的噩梦,犹如一切幻觉那样转瞬即逝,我会把它抛到九霄云外。

仅仅消除了卢钦多的敌意,佩尔蒂尼并不满足,于是就引诱他跟着自己走。先许诺要带着他去游山玩水——"我带你到幽静的地方去,/让你看各种风景,让你看巉岩间的深渊,/那里有火山喷发后形成的湖泊,/那里有静静的微波在山岩环抱中轻轻地荡漾,/那里的岁月在无声地流逝……"还没等他说完,卢钦多就急不可耐了,

---

① 《马克思恩格斯全集》第1卷,人民出版社1995年版,第757—758页。原文参见 Karl Marx,"Oulanem",*Marx-Engels Gesamtausgabe*,I // 1,Dietz Verlag,Berlin,1975,S.657。

② 《马克思恩格斯全集》第1卷,人民出版社1995年版,第759页。原文参见 Karl Marx,"Oulanem",*Marx-Engels Gesamtausgabe*,I // 1,Dietz Verlag,Berlin,1975,S.658。

说美丽的自然景观确实使人心醉神迷，流连忘返，也能激起自己胸中的波涛，但实际上算不了什么，跟自己也就没有什么关系，关键是自己现在终于找到了人生向导，"快领我到你想去的地方去，快去目的地。/别迟疑，别顾虑"，"随便什么地方，我都跟你寸步不离，/只要此路通向目的地，你在前引路吧！"①

这样，佩尔蒂尼虽然没有直接面对对手乌兰内姆，而是把卢钦多看作是对手的化身，他以如此的方式完成了自己长期以来心理所渴望的复仇。我们再简单地回顾一下他是如何一步步实现这一点的：先是非议对手乌兰内姆—引发卢钦多的不满和自我疑惑—提出古怪的"杂种论"—引发卢钦愤怒以至于想与其决斗—借口条件不对等拒绝决斗—借助曲解的"偶合论"出其不意地说出对手乌兰内姆的名字—卢钦多不仅放弃决斗，而且心甘情愿地跟着他走。复仇成功，此刻，佩尔蒂尼是快何如之！

第二场

佩尔蒂尼，卢钦多。

佩尔蒂尼　怎么是你孤单一人，我的少爷？
卢　钦　多　是好奇心驱使我来到这里，而对于老人来说，无论什么都屡见不鲜！
佩尔蒂尼　原来如此！你那个老爷子！
卢　钦　多　不，不。如果我的心灵的最深处怀有一个强烈的愿望，哪怕是一个令人齿冷的渴念——那就是——称他为父亲，

---

① 《马克思恩格斯全集》第 1 卷，人民出版社 1995 年版，第 761 页。原文参见 Karl Marx, "Oulanem", *Marx-Engels Gesamtausgabe*, I // 1, Dietz Verlag, Berlin, 1975, S.660。

当他的儿子，因为他具有一种男性的深邃而热烈的气质，一个能容下整个世界的胸怀，而那颗心又洋溢着众神的温暖——除非结识了他，否则你很难想象，世上竟有这样杰出的人。

佩尔蒂尼　当青年人那张暖气袭人的嘴如此热情地赞颂老人时，那话语实在委婉动听，充满了高尚情愫，就像一段圣经经文，又像女人苏珊娜的故事，还有浪子回头的轶闻；但是我想斗胆问一声，你了解那位先生吗？看样子你同他已经心心相印。

卢钦多　什么"看样子"？所谓"看样子"只是幻觉和假象。莫非你是仇恨人类之徒？

佩尔蒂尼　不，至少我是个人。

卢钦多　如果我冒犯了你，请你原谅！你对异乡人很友好。一个能对漫游者友好相待的人决不是心胸狭隘之徒！但你想得到答复，我应该回答你——使我跟他结合的是一种特殊的因缘，它已在我们心灵的深处把我们俩联结在一起，他胸中的智慧之光犹如熊熊的火炬照亮了我们的心田。仿佛有善良的、向往光明的精灵把我们精心地挑选出来作为终身的伙伴。自从我有记忆以来，老早老早就认识了他。但我们如何相遇，我发誓，我不得而知。

佩尔蒂尼　这听来颇为浪漫，但这些不过是空话，我亲爱的少爷，是可以借以回避答复的空话。

卢钦多　我向你发誓。

佩尔蒂尼　你发什么誓呢，少爷？

卢钦多　我不了解他，但我毕竟还知道：他有个秘密深藏在心里，此时此刻，我还不该知道是什么秘密，但它每时每刻都在鸣响，你看，我自己也不了解自己。

佩尔蒂尼　嗯，这可糟糕。

卢　钦　多　我是如此孤单，如此离群！即使是最可怜的人，当他扬扬得意地夸耀自己的家族，当他在忠诚的心里悉心保留着那最细微的往事，他也会为此而充满自豪，但我却不能，人们管我叫卢钦多，也可以把我叫作绞架或一棵树！

佩尔蒂尼　你想要什么？想跟绞架结交？甚至结亲，嗯？还是我给你出主意吧！

卢　钦　多　（严肃地）别净说这些空洞无聊的话啦，要知道我的胸膛在沸腾！

佩尔蒂尼　让它沸腾吧，朋友，直到闹够了为止！

卢　钦　多　（惊问）这是什么意思？

佩尔蒂尼　什么意思？没有什么意思！瞧，我不过是一个小小的客栈老板，老老实实地数着钟点混日子，夜晚入睡，天明起身，然后再把时辰数，直到把早晨数尽，时钟停摆为止，到那时只好让蛆虫转动钟上的指针，一直等到末日审判的来临，那时耶稣基督和迦伯列天使将用怒气冲冲的号角宣读我们罪行的长长的清单，把我们安置在右边或者左边，并用神的拳头来检验我们的表皮——以鉴别我们是羔羊还是恶狼！

卢　钦　多　他叫不到我，因为我没有名字！

佩尔蒂尼　这就好了，听到你说这话，我很高兴！但因为我是个小客栈老板，脑袋里只有平庸的想法，思考问题就像你抓石头和沙子一样简单：因为在我看来，谁要是不知道自己的家谱而发现自己混在别的家庭中——他就是杂种！

卢　钦　多　伙计！伙计！你说什么？你可以把太阳想成是黑的，把月亮想成是扁的，太阳和月亮决不会因此而向你射箭，但是告诉你，你说那种话会要你命的！

佩尔蒂尼	可爱的朋友,不要对我如此信口开河,胡说八道,相信我,我不是害了神经痉挛症!确实,杂种往往生气勃勃,精力充沛,不错,他们总是茁壮成长,甚至还春风得意,青云直上,好像他们知道,他们是在纵情欢乐中诞生的,而不是奴性的结合在枯燥沉闷中孕育了他们!你看,这样的杂种就像讽刺作品,其作者就是人的天性,而婚姻则像在安乐椅上正襟危坐的妇人,她戴上帽子和各种首饰,把愁苦的面容弄得奇形怪状,她脚旁放着一张干瘪的羊皮纸,纸上胡乱写着神父们亵渎神灵的肮脏词句,前景是教堂冷清清的厅堂,背后是一群打打闹闹的乌合之众。因此,我正该夸奖杂种们!
卢钦多	(冒起火来)够啦,够啦!伙计,这是什么意思?你是在指什么?说清楚!当着上帝的面,我也有话要说!其实我何必问你?一切不正一清二楚地展现在我面前,地狱不正在向我狞笑,在我眼前爬上来的岂不正是干瘪的骷髅,这骷髅不正盯着我,嘴里念着恐吓的咒语?可是你听着——你用那干枯的魔掌将火把扔进了我的胸膛,你这家伙,没那么便宜,相信我,没那么便宜。别以为你是在跟一个小孩做儿戏,在往小孩的头上气势汹汹地投扔骰子。不,你是在跟我玩弄冒失轻率的把戏,现在,你记住,我们是游戏同伴,你这样快就露出了真实嘴脸,快说出你那蛇蝎心肠里的全部东西,只要这些是猜疑和嘲弄,我将统统扔回到你喉咙里,你就得吞下你自己的毒汁,而后我再跟你做游戏,现在你就说,我要你说!
佩尔蒂尼	你要我说?你想的是浮士德和靡菲斯特斐勒司的故事,你大概已深深沉浸在那个故事里了,你瞧吧,我表示拒

　　　　　　绝，你要怎样就怎样好了，我要在你这笨蛋的眼睛里揉沙子！

卢钦多　　还是把沙子揉到你自己的眼睛里去吧，别把火吹得太猛，熊熊的烈火会把你自己烧成灰烬！

佩尔蒂尼　这是耍嘴皮子，是空话，火只会烧掉你一个人！

卢钦多　　我自己？我自己？让它烧吧！对我来说是无所谓的，但我会用年轻人有力的双臂把你抱住，像钳子那样拼命地夹住你的胸膛，在我们面前会裂出一道黑沉沉的深渊，你先跌进去，而后我笑咪咪地跟着你，还会轻声对你说：下去吧，一起来，朋友！

佩尔蒂尼　你的想象力看来真丰富，这辈子你梦想过不少东西吧？

卢钦多　　你说对了，我是个梦想家，是梦想家！我从你这个无知的人身上能了解到什么？你才初次见到我们，只是见到我们，并不了解我们，却对我又是讽刺又是辱骂。我还等什么？还能对你有什么指望？再没有什么了，但是倒有件事要你办到——你得给我赔罪，雪耻，消除流毒。圈子是你划出来的——两个人它装不下，你用得上跳跃的本事了，还是让命运之神随便抽出哪一根签吧！

佩尔蒂尼　大约你从哪个古老的悲剧里抽出了这么一个结尾来念给老师听过吧？

卢钦多　　对，我们是在一起演悲剧。我们现在就走，地点、方式、用枪还是用剑随你便！

佩尔蒂尼　什么时候？哪儿都可以，随便什么时候？得了吧！

卢钦多　　嘿！胆小鬼才鹦鹉学舌取笑我——但我要把胆小鬼这几个字刻在你脸上，这话我要拿到大街上去大喊大叫，要在大庭广众之下揍你一顿，如果你敢不跟我走，还敢用陈词滥调开玩笑。我气得心头的血都凝固了。闲话少说，你走也罢不走也罢——对你的判决已经宣布了，胆小鬼，无赖！

佩尔蒂尼 （冒起火来）你再说一遍，我要你再说一遍，你这小子！

卢钦多 如果你高兴，我可以重复一千遍，叫你直冒肝火，叫你的两只眼睛血流如注。是的，再说一遍，再说一遍，你是个无赖，胆小鬼！

佩尔蒂尼 好吧，咱们谈了，我要你注意！有一个把我们两人连在一起的地方，这就是地狱，不是我的而是你的地狱！

卢钦多 干吗在这里罗嗦？咱们的纷争可以当场解决，然后你可以逃往地狱，告诉那里的魔鬼：是我把你打发去的！

佩尔蒂尼 我还有一句话！

卢钦多 没什么说的，说话有啥用？我不听你的，你的话一文不值，你爱怎么装模作样都可以，反正我没有看见。去拿枪来，让枪来说话，我把整个的心——如果它还没有碎，都放进枪膛里……然后……

佩尔蒂尼 （打断他）别这么气壮如牛，小子，别太孩子气！你能有什么东西可以拿来作抵押？啥也没有！你不过是一块从月亮上掉下来的石头，有人在上面划出了一个词，你看到了这个词，它念作"卢钦多"。我才不敢拿我自己，拿我的荣誉、性命和一切来跟这块空空的牌子打赌。难道你想拿我的血来做画家的颜料，想拿我当刷笔那样随意涂抹？不，我们的等级地位太不相同，实在是天差地远，我像你反对我一样反对你，我知道我是谁，可你呢，你知道你是什么东西？你连自己也不知道，你一文不值，一事无成，你那个杂种的胸膛里从未燃起过荣誉之火，你倒想像小偷一样拿我的荣誉来给我作担保？你想押下你那张空头票据来赢我的十足的赌注，我的朋友？别这样，现在你还什么都不是，你先得有名字、荣誉和性命，我才肯拿我的名字、荣誉和性命跟你打赌！

卢钦多 好家伙！你想用这些话来摆脱困境，胆小鬼，你那个鬼脑袋想得可真妙哇，账算得真精，不是吗，胆小鬼？你别打错了算盘，我要把你的如意算盘一笔勾销，换上"胆小鬼"这个词，我要像嘲弄一头疯狗一样嘲弄你，我要你出丑，要你当众出丑，然后你可以去跟女人、男人、孩子以及每个人去讲，去说清楚：我叫卢钦多，还是不叫卢钦多，让人们这样叫我，也可以叫我别的，我就这个样吧，也可以是另一个样的，按"存在"一词的一般意义讲，没有我也好，有我也无妨，但你也只能是你这个样子——一个胆小鬼！

佩尔蒂尼 行了，好极啦！你看，如果我给你一个名字，你听着，一个名字，那会怎么样？

卢钦多 你自己没有名字，还能给我名字？你刚见到我，以前从未见过我，况且眼睛见到的——只是一种骗局，是我们摆脱不了的永久嘲弄，我们看到了，就是这么回事！

佩尔蒂尼 好吧，可如果有人懂得的比见到的多呢？

卢钦多 那不会是你，你看来看去只看见你自己，一个无赖！

佩尔蒂尼 这是实话，可我不容易受第一眼的欺骗，你要知道，我也不是今天才初次见到你！相信我吧，我的眼睛曾经饱览人世沧桑。要是我们曾相识呢？又将如何呢？

卢钦多 我不信！

佩尔蒂尼 不是吗？有那么一个奇怪的诗人，就像一头善于审美的、心情阴郁的瞎眼母牛，他时时产生稀奇古怪的念头，想把生活也编成押韵的诗篇，万一他自己的生平也是编造的呢？

卢钦多　哈！这大概是偶合，你骗不了我！

佩尔蒂尼　偶合！这是哲学家在理性不管用而又要借理性来摆脱困境时才说的话。偶合——说得轻巧；只有两个音节，可名字也是偶合：任何一个没有别的名字的人都可以叫作乌兰内姆，因此，如果我这样称呼他，也就是偶合了！

卢钦多　你认识他吗？天哪，请说吧，当着上帝的面！

佩尔蒂尼　你知道小孩子什么时候受夸奖？在他闷声不响的时候。

卢钦多　我真讨厌向你请求——伙计，但我还是要凭着你珍惜的一切向你恳求。

佩尔蒂尼　珍惜什么？难道我在用硬币作交易？你是了解胆小鬼的，对胆小鬼是没有什么好恳求的。

卢钦多　好吧，既然你想摘掉胆小鬼这顶帽子，你就该开始动手！

佩尔蒂尼　我们决斗吧，像你现在这样，我站好了，你对我够好的了！我要决斗了。

卢钦多　嘿！你别逼我去走极端，别逼到不可收拾、一切都完蛋的地步！

佩尔蒂尼　咱们就来尝尝极端的味儿吧，让命运之神随便抽出哪一根签来！

卢钦多　啊！这样看来是无法挽救了？你的心肠如同铁石，无法打动，你的心灵因搞惯了讥笑讽刺，已经干枯，发出臭气，它像吞服灵药似的吞下毒汁。你还在微笑，伙计，现在也许到了最后一刻，到了你的最后一刻，抓紧时间吧，把它铭记在心里，片刻之后你就要站在法官面前，所以你最后的，最后的一桩正经事儿就是扯断生命的罪恶的长锁链。只要说一个字，像以太那样轻飘，轻轻地呼出一口气！

佩尔蒂尼 这是偶合，可爱的朋友！我甚至连自己都相信偶合了，相信我！

卢 钦 多 枉费心机！一切、一切，是的，你等等，浅薄的笨蛋，事情还没了，没了，当着上帝的面。你那锐利的目光又把人蒙骗，我把它唤来，站在它面前，额对额，眼对眼地站着，如同一个吓破了胆的孩子，你再抓不着我了，走吧，走吧，无赖，让我走！（急下。）

佩尔蒂尼 现在有个更大的计谋来拯救你了，孩子，相信我，佩尔蒂尼是不会忘记的。（喊叫）喂，喂，卢钦多，看在上帝的面上，来吧！（卢钦多返回来。）

卢 钦 多 有什么事，怎么还不走！

佩尔蒂尼 好啦，真讲义气，去告诉那位可尊敬的老先生，说我们吵架了。说你曾要求我决斗，但过于客气，你过于客气，你是虔诚的孩子！去向他忏悔你的罪过，请求他饶恕！向他流几滴泪，吻吻他的手，给自己剪一根请罪的枝条！

卢 钦 多 你是在逼我？

佩尔蒂尼 就算是逼你，一切都合乎道德伦理。一切都像孩子的启蒙课本里写的那样合乎道德伦理。你相信上帝吗？

卢 钦 多 伙计，难道要我向你忏悔？

佩尔蒂尼 你就不要我向你忏悔吗？那好吧，我甘心情愿，你告诉我，你相信上帝吗？

卢 钦 多 这跟你有什么关系？

佩尔蒂尼 这一套现在不时兴啦，因此我非常想听听你的！

卢钦多　　我不像大家信神那样信上帝，可是我像了解自己那样了解上帝。

佩尔蒂尼　这个咱们下回兴致更高时再谈，你怎么信上帝，对我都无所谓，但既然你信上帝，好，那你就对着上帝向我发个誓！

卢钦多　　什么？向你发誓？

佩尔蒂尼　你要发誓做到守口如瓶，决不走漏半点风声！

卢钦多　　我在上帝面前发誓！

佩尔蒂尼　你对我只怀敌意和报复之心，要知道，我可不那么坏，我只是生性率直而已。

卢钦多　　上帝可鉴，我决不会向你立下誓言，说我喜欢你，像朋友那样尊重你，我不能，也不可以向你发这个誓，但是过去的事儿就让它永远被忘记，就作为一场令人生厌的噩梦，犹如一切梦幻那样转瞬即逝，我将把它抛到九霄云外，这一点我可以对着神灵向你发誓。是神灵创造了乾坤，他的目光所到之处，万物将成为永恒。我发了誓，现在该你回报我的誓言了！

佩尔蒂尼　咱们走——我带你到幽静的地方去，让你看各种风景，让你看巉岩间的深渊，那里有火山喷发后形成的湖泊，那里有静静的微波在山岩环抱中轻轻地荡漾，那里的岁月在无声地流逝——当暴风雨停息，那时就——

卢钦多　　什么？石头、港湾、蛆虫、淤泥？到处都有耸立的峭壁、巉岩，到处都有泉水淙淙流去，那至高无上的力量多点少点跟我有什么关系？各处确有神秘的地方，使我们心醉神迷，流连忘返，你看，它多诱人，激起了我胸中的波涛，甚至会崩裂我的胸膛，——这算得了什么？是胡闹！快领我到你想去的地方去，快去目的地。别迟疑，别顾虑，走吧！

佩尔蒂尼　先要等迅雷停息，让闪电荡涤心胸，所以我先带你到一个地方，我担心你一到那里就不肯离去。

卢　钦　多　随便什么地方，我都跟你寸步不离，只要此路通向目的地，你在前引路吧！

佩尔蒂尼　真是多疑！

（两人下。）

三、通过情感纠葛完成"征服"

剧本第四场承接着第二场的故事来推进情节。

卢钦多还是太嫩了,佩尔蒂尼带他去的不是什么幽静的地方,更不是要带他去领略湖光山色、优美风景,而是将他掺和进一场情感纠葛,一个由佩尔蒂尼操控、搅局的情感故事当中。看着情人之间、情敌之间相互猜测、试探、倾诉、纠结、痛苦、指责乃至决斗,佩尔蒂尼不无得意地导演着这场戏。能引发人激动、玩弄人情感,他便无限地畅快——他觉得自己不仅实现了复仇,而且彻底完成了征服。

我们来看故事的进展。

佩尔蒂尼带着卢钦多来到一个叫阿尔万德(Alwande)的家门口,卢钦多感到狐疑,于是问他带自己到这里来干嘛,佩尔蒂尼索性告诉他是来看一个女人,一个温柔的女人,目的不是结识她,更不是与她交心,而是嘲弄一下她,当逗引到她产生了缠绵的情义时,"咱们就走!"[①] 卢钦多也很"形而下",他觉得佩尔蒂尼这是要带自

[①] 《马克思恩格斯全集》第 1 卷,人民出版社 1995 年版,第 764 页。原文参见 Karl Marx, "Oulanem", *Marx - Engels Gesamtausgabe*, I // 1, Dietz Verlag, Berlin, 1975, S.662。

己来找娼妓的,于是告诉佩尔蒂尼:现在我生活重担在肩,胸中有如浪潮般起伏,哪有闲暇放荡风流?这个时候你怎么能带我来找这种女人呢?佩尔蒂尼看出了他根本不明白自己的设计和用心,就嘲笑他"太年轻":你急什么呀?什么娼妓?你看看眼前这座房子,难道它像是妓女住的地方吗?你以为我会为你做这样下流的安排吗?这儿很有趣,你尽管进去,进去了就能看到你想知道的东西。卢钦多还在嘟囔,说自己看出这是一场骗局,尽管佩尔蒂尼把它编造得蹩脚、笨拙,姑且自己就只听他这一回吧。于是他们进入了屋内,来到一间布置得时髦、雅致的房间。

一位名叫贝娅特里瑟的女子正坐在沙发上,旁边放着一把吉他,可以看出她的教养、内涵和品位。佩尔蒂尼向贝娅特里瑟介绍说卢钦多是一位年轻的旅游者,一位有教养的先生,并且还是他的远亲。贝娅特里瑟则象征性地表示欢迎他光临。谁知涉世不深的卢钦多先兀自被贝娅特里瑟的美貌和魅力所吸引了,顷刻间"血液沸腾""心醉神迷",语无伦次地说自己找不出词句、语言来表达"惊异的心情"。贝娅特里瑟自然感谢他的夸赞,但也尖刻地指出:"不是因为冷酷的老天爷/真给了我什么魅力,/因为说话的是你的舌头,不是你的真心。"[1]但卢钦多却是真心的,是用心在说话,胸襟里柔情脉脉,话语如热情的旋律,吐出的每个词儿像蓝天般清晰,更像天国一样广阔无际。他觉得,有了爱的生活光芒四射,到处都充满温存的思念与和谐,并发誓,自己千言万语呼唤的只是贝娅特里瑟的名字。

这时,佩尔蒂尼来打圆场、解围了,他让贝娅特里瑟别见怪,

---

[1] 《马克思恩格斯全集》第1卷,人民出版社1995年版,第765页。原文参见 Karl Marx,"Oulanem", *Marx-Engels Gesamtausgabe*, I // 1, Dietz Verlag, Berlin,1975,S.662。

说卢钦多是个德国人——这个国度的人，不论到哪里，都"喜欢乱抛音乐旋律和心中真情"①。不料贝娅特里瑟倒是能接受，她说自己对德国人有好感，因为她也有德国血统，并为此而感到自豪。她招呼卢钦多坐到沙发上来。她的态度令卢钦多措手不及。先前是他显得有点轻佻，现在唤醒了人家的好感，他却又有些后悔了，感到不好进一步应对，于是催促佩尔蒂尼一起离开，否则自己应付不了场面，"就会完蛋"了。而这正中佩尔蒂尼的下怀，诡计多端的他一方面叮嘱卢钦多"别再挖空心思说奉承话了"，另一方面又对贝娅特里瑟说自己要赶快去给卢钦多办点别的事儿，于是想借故离开——他要撂挑子了！

不知所措的卢钦多至此才明白，佩尔蒂尼是在"耍弄"自己——要看自己的笑话。佩尔蒂尼假惺惺地劝卢钦多别生气、别紧张，表示贝娅特里瑟小姐信任自己。他说在回来之前卢钦多可以在她这里再待一会儿，同时告诫卢钦多要谨慎些，"你是外地来客，不能胡来"。贝娅特里瑟对卢钦多的态度也很困惑，问他难道会以为自己要把他从这个使任何人都感到宾至如归的房子里撵出去吗？卢钦多稍微稳定了一下张皇的情绪，又一次盛赞贝娅特里瑟的善良、话说得天使般的委婉动听，"心有所感，嘴唇就会颤动，/就如微风的翅膀轻轻地拂动时，/风神琴就会发出和鸣"，这些都令他倾倒，让他无法遏制激情，于是忘乎所以，说出了本该隐藏在心中的话，但又感到自惭形秽，特请贝娅特里瑟原谅。贝娅特里瑟则很坦荡，说自己愿宽恕这番"甜言蜜语"，但又毫不留情地指责卢钦多"善于把毒药裹上甜美的糖衣"。卢钦多又感到手足无措了，不知道该怎么办。逃走

---

① 《马克思恩格斯全集》第 1 卷，人民出版社 1995 年版，第 766 页。原文参见 Karl Marx, "Oulanem", *Marx-Engels Gesamtausgabe*, Ⅰ//1, Dietz Verlag, Berlin, 1975, S.663。

还是留下？他没有了主意。谁知狡猾的佩尔蒂尼并不帮忙，他刚才就想溜号，现在决定按原先的谋划行动了，于是他一面说"我得走啦"，可别让我这老头子来把好事破坏了，少男少女相见，就"让他去博得她的青睐"，另一方面又酸溜溜地告诫卢钦多："味道好吃，消化可不易。"①

只剩下贝娅特里瑟和卢钦多了。贝娅特里瑟说：要我再一次请你坐下吗？卢钦多是直肠子："如果你愿意，我很乐意在你身旁坐下！"二人毕竟还很生疏，尴尬之际，贝娅特里瑟嘀咕出一句："佩尔蒂尼这个朋友的脾气常有些古怪！"卢钦多以为她是指佩尔蒂尼古怪呢，于是附和说："的确古怪！古怪透了！"又问起她与佩尔蒂尼的关系："你了解他吗？"贝娅特里瑟介绍说：他是自己家的常客，是个忠实的朋友，对自己也一直十分友好，可是不知道为什么，贝娅特里瑟总觉得他令人难以忍受，性格粗鲁，说话又阴阳怪气，老是鬼鬼祟祟，"从他的心灵里往往跑出怪诞的幽灵"，似乎他心里总是琢磨着阴暗的东西，不敢把那些东西呈现在光天化日之下，这些让贝娅特里瑟感到很讨厌。当然，她也告诉卢钦多"这只是猜测，／我这样冒昧地给你讲心里话可不太好，／因为这毕竟是猜疑，而猜疑是条蝮蛇呀！"②

卢钦多则觉得，贝娅特里瑟对自己能说出心里话，是对自己的信任，而现在她又觉得这"不太好"，是"在后悔对我的信任"吗？贝娅特里瑟解释说：如果这是关于我自己的秘密，又当别论，可是

---

① 《马克思恩格斯全集》第 1 卷，人民出版社 1995 年版，第 767—768 页。原文参见 Karl Marx,"Oulanem", *Marx-Engels Gesamtausgabe*, Ⅰ∥1, Dietz Verlag, Berlin, 1975, S.664。

② 《马克思恩格斯全集》第 1 卷，人民出版社 1995 年版，第 769 页。原文参见 Karl Marx,"Oulanem", *Marx-Engels Gesamtausgabe*, Ⅰ∥1, Dietz Verlag, Berlin, 1975, S.665。

现在议论的是别人,背后非议人,就似乎显得有点不太厚道了。信任是相互的,我说出了自己的心里话,是基于我对你的信任,那么你拿出什么来博得我的信任呢?还没有等卢钦多回答,她就自我释然了:即使我把自己知道的事全告诉你,也没什么不好,因为这事我对谁讲都可以,我知道的全是大家都知道的。贝娅特里瑟的这些自况表明,她是一个心胸坦荡、光明磊落的人。卢钦多自然也感受到了,爱的情愫更加油然而生,不禁激动地喊她为"天使!可爱的人儿哪!"①

贝娅特里瑟哪里受得了他这么热辣的感情、这么急迫的表达,遂追问他讲这种话是什么意思,怎么可以如此快地"从一件事转到另一件事"?卢钦多索性大胆倾诉起来,告诉贝娅特里瑟,是时候了,他决定赶快将爱付诸行动,不再把它隐藏在心,不再拖延时间,因为延误每一瞬间都会导致机会的丧失。他说自己也觉得怪得离奇,以前从未见过贝娅特里瑟,但为什么竟是一见如故,自己也说不清楚,仿佛在内心隐藏多年的那些幻想的乐章,现在突然变成了一个活生生的温馨的美人,仿佛有一条看不见的红线早就把他们连在一起,而此时此刻他俩如果想结合就可以梦想成真。

善良的贝娅特里瑟经卢钦多这么一说,也似乎感同身受:他毕竟是自己素不相识的异乡人,可自己为什么不把他当外人呢?"想必有一些阴森森的神怪暗中作梗,/在相逢前就把我们拆散离分,/但愿另一些善良之神想出甜美的幻影,/用魔法把我们千里一线牵

---

① 《马克思恩格斯全集》第 1 卷,人民出版社 1995 年版,第 770 页。原文参见 Karl Marx, "Oulanem", *Marx - Engels Gesamtausgabe*, I // 1, Dietz Verlag, Berlin,1975,S.665。

引。"① 但爱不是那么容易的,他告诉卢钦多:"黑色云烟中迸发不出最强烈的闪电雷鸣",异乡人之间的爱就更难遂愿。听闻此言,卢钦多的爱心更切,看着既长得俊俏又能看透人心的贝娅特里瑟,他索性明确表白:"我已经无法抵挡你那动人心魄的魅力",他解释自己大胆示爱并不是轻率之举,更不是对贝娅特里瑟没有敬重之心,只是因为情感积郁、胸膛憋闷、神经难忍,催逼着自己,使他失态、激动,"受不了啦",要么让他赶快离开这儿,离开贝娅特里瑟,那时世界就会沉入深渊;要么大声地一口气说出来:"上帝可鉴,我爱你,贝娅特里瑟,/贝娅特里瑟和爱情不能分……/我至死都将怀着这片痴情!"②

  冷静的贝娅特里瑟请他控制情绪,"别说吧,这些话无济于事"。因为它们听着"像诗句一样虚无缥缈",如果你刚一表白,我便马上回应,现在你就赢得了我的心,可热情一过,你肯定不会再敬重我了,你会把我看成一个轻易得手、很快就委身事人的姑娘,这种女人世上成千上万,屡见不鲜。只要这样的念头一旦在你心上闪现,自己就会丧失爱情和尊严。到那时,我的心对于你将一文不值,而我自己也一定会痛心地责备自己。卢钦多则秉直相告,他还从未产生过如此的爱情,贝娅特里瑟基于世俗习见、对等交易原则而做出的判断嘲弄了他纯洁的心,只有可鄙的商人才去反复掂量、精心算计、谨小慎微以牟取更多的盈利,而爱情绝不遵循这样的规则。在他心目中,贝娅特里瑟心胸博大而宽容,能将宇宙万物融为一体。

---

  ① 《马克思恩格斯全集》第 1 卷,人民出版社 1995 年版,第 770 页。原文参见 Karl Marx,"Oulanem",*Marx-Engels Gesamtausgabe*,I // 1,Dietz Verlag,Berlin,1975,S.665。
  ② 《马克思恩格斯全集》第 1 卷,人民出版社 1995 年版,第 771 页。原文参见 Karl Marx,"Oulanem",*Marx-Engels Gesamtausgabe*,I // 1,Dietz Verlag,Berlin,1975,S.666。

热恋的人别无所求，别无希冀，试想想，什么能把人们维系在一起？什么又让人们互相憎恨？只有爱情才能使人们难舍难离，功利追求则导致人们感情疏离、隔膜和背叛。爱是从人的心灵深处迸发出来的一朵火花，只要另一朵加入，共同燃起，一起来祝福，爱情就能光芒闪耀。多虑的贝娅特里瑟一方面被深深感染了："难道我还要忸怩作态？我应当鼓足勇气，/让两股爱情之火高高地燃烧在一起。"另一方面她又忧心忡忡、思绪万千，"仿佛欢乐中加进了痛苦，/仿佛妖魔鬼怪在暗地伸出毒舌嘲弄我们，/在维系我们的纽带中搀进了咝咝声！"① 卢钦多指出她的这种担心，源于从身边消逝的旧生活的惯性，只有坚定地告别它，再也不让其卷土重来，"你才能成为我的人"。

至此，贝娅特里瑟索性向卢钦多坦白，告诉他其父亲本想将她许配给一个自己不仅不爱反而仇恨的人，但与此同时她似乎预感到要发生什么，于是决定事后再向卢钦多细说分明，就问他住在哪里，想催促他先走，然后再派人捎信给他。这时他才发现自己还不知道卢钦多的名字。当他告诉她的时候，她抑制不住情感呻吟起来："卢钦多，可爱的名字，/听起来多么甜美——我的卢钦多，/是我的世界，我的上帝，我的心肝，我的一切。"卢钦多也马上呼应起来："贝娅特里瑟，你自己就是一切，/你甚至高于一切，你是贝娅特里瑟。"② 情难自已，他热烈地把她搂在怀里。

这时，门突然被打开了，贝娅特里瑟担心的事情发生了——被

---

① 《马克思恩格斯全集》第 1 卷，人民出版社 1995 年版，第 772 页。原文参见 Karl Marx, "Oulanem", *Marx - Engels Gesamtausgabe*, I ∥ 1, Dietz Verlag, Berlin, 1975, S.666。

② 《马克思恩格斯全集》第 1 卷，人民出版社 1995 年版，第 773 页。原文参见 Karl Marx, "Oulanem", *Marx - Engels Gesamtausgabe*, I ∥ 1, Dietz Verlag, Berlin, 1975, S.667。

父亲许配而她所仇恨的维林出现在门口！他怒不可遏地指责贝娅特里瑟是条"毒蛇"，"像大理石那样冷酷无情，假装正经"。卢钦多自然不认识他，问他这话是什么意思、来这里干什么，还不忘挖苦了他一句："我发誓，我还从来没见到过比你更漂亮的猴子呢。"维林则回敬自己的"冤家对头"："亏你有副人形，却叫人恶心，/轻狂自负的恶棍，/一张只配擦笔尖的废纸，/活像滑稽戏里的小丑。"① 两个男人气急败坏，对骂起来，正在难解难分、要去决斗的时候，失踪多时的佩尔蒂尼上场了。

原来这一切都是佩尔蒂尼操控的！他先把卢钦多引荐给贝娅特里瑟，知道他俩会渐生情感，他就去维林处告发，然后引起他的妒意和仇视——佩尔蒂尼要以此证明自己不仅实现了复仇，而且征服了对手。尽管到目前为止他除了第一天外，他再也没有见过他真正的宿敌乌兰内姆，但他觉得其旅伴也可以，只要能让其出丑、难堪，他就感到满足了。

但是，佩尔蒂尼还不能马上就将这层窗户纸捅破，于是故意装着不明就里，指责大家："嚷嚷些啥？你们是在大街上吗？"又呵斥维林"别呱呱叫，乌鸦，小心我堵住你的喉咙！"这时，卢钦多看到被突发场面弄得震惊的贝娅特里瑟昏倒了，顾不上再理会情敌维林，慌忙喊起来，俯身去看她、吻她，并搂住、抱她起来。维林见此就更气愤了，要向他扑过去。佩尔蒂尼却拦住了维林："乌鸦朋友，你过来，我有句话要对你说！"贝娅特里瑟用微弱的声音发出谶言："卢钦多，我的卢钦多，/我在得到你之前就已经失去了你，我的心肝！"卢钦多安慰她："别怕，我的天使，你什么也不会失去。/这个

---

① 《马克思恩格斯全集》第 1 卷，人民出版社 1995 年版，第 773 页。原文参见 Karl Marx, "Oulanem", *Marx - Engels Gesamtausgabe*, I // 1, Dietz Verlag, Berlin, 1975, S.667。

家伙我马上就叫他老实安静。"看她情况有所缓和，卢钦多遂将她抱到沙发上，让她先歇会儿，并表达要进行决斗的决心："事不宜迟。/哪能容那龌龊家伙来弄脏这块圣地。"这时受了佩尔蒂尼怂恿的维林也在催促了："快走，咱们算账去！"卢钦多看了自己"心爱的姑娘"贝娅特里瑟，请她放心，祝她平安，但又疑虑爱"为何这么痛苦？"离别之际，贝娅特里瑟也祝卢钦多平安，但又深深地长叹："我的心早已预感到会有不幸！"而长于算计的老江湖佩尔蒂尼说："走，我也去。/两人决斗要有个证人，这是新的风气！"①

该剧意味深长地至此幕落了，留下无限的空间让我们去想象和评判。

第四场

阿尔万德的家，开头在家门口。

卢钦多，佩尔蒂尼。

卢 钦 多　带我到这里来干吗？

佩 尔 蒂 尼　来看一个温柔的女人，如此而已；你且稍等，待她用缠绵的旋律把安宁吹进你的心里——那时咱们就走！

卢 钦 多　伙计，什么？你带我来找娼妓？在这样的时刻：当整个生活的重担落在我肩上，要把我压得粉身碎骨，当我的胸中有如浪潮起伏，恨不得疯狂地把自己消灭，一呼一吸都将招致千百次死亡的时刻，这个时候你还带我来找女人！

---

① 《马克思恩格斯全集》第 1 卷，人民出版社 1995 年版，第 775 页。原文参见 Karl Marx, "Oulanem", *Marx - Engels Gesamtausgabe*, I // 1, Dietz Verlag, Berlin, 1975, S.668。

佩尔蒂尼　　哈，年轻人，你急什么，干吗净说些死呀火呀的？什么娼妓？我知道得一清二楚，你看看这座房子！难道它像是妓女住的地方吗？你以为我想为你而扮演施舍一切的神仙角色，把白日当路灯来用吗？这儿很有趣，尽管进去，也许你能听到你想知道的东西！

卢　钦　多　我看出这是一场骗局，但你把它编造得蹩脚笨拙，你已在我手心里，却想溜之大吉，我只听你这一回，你该庆幸，要是你再拖拖拉拉就要你的命！（他们进入屋内，幕下，另一帷幕被拉上去。一间布置得时髦雅致的房间。贝娅特里瑟坐在沙发上，旁边放着一把吉他。卢钦多、佩尔蒂尼、贝娅特里瑟。）

佩尔蒂尼　　贝娅特里瑟，我给你介绍一位年轻的旅游者，一位有教养的先生，他跟我还是个远亲！

贝娅特里瑟　（对卢钦多）欢迎你光临！

卢　钦　多　请原谅！我找不出词句，找不出语言来表达我的惊异的心情。你如此美貌真是倾国倾城，使人血液沸腾，使人心醉神迷。

贝娅特里瑟　不敢当，年轻的先生！你的情绪很好。我感谢你的好情绪，不是因为冷酷的老天爷真给了我什么魅力，因为说话的是你的舌头，不是你的真心。

卢　钦　多　噢，如果我的心能说话，能够倾吐你所深深注入的一切，我的话语就会变成热情如火的旋律，我吐出的每个词儿都会永恒不灭，每个词儿都会像蓝天，像广阔无际的天国，在那里，生活中的一切思想都光芒四射，到处都充满着温存的思念与和谐；我的胸襟里柔情脉脉地怀着整个宇宙，吐露出来的是美丽的太空之光，因为千言万语呼唤的只是你的名字！

佩尔蒂尼　　你别见怪，小姐，我告诉你，他是德国人，不论到哪里，他都喜欢乱抛音乐旋律和心中真情。

贝娅特里瑟　啊，德国人！我对德国人有好感，我自己也以有德国血统而自豪，请坐到这里来，德国人先生！（给他指着沙发上的座位。）

卢　钦　多　谢谢，小姐！（轻声地对佩尔蒂尼）走吧！现在还来得及，要不我会完蛋。

贝娅特里瑟　（不好意思地）我的话说得太多了！（卢钦多想开口，佩尔蒂尼抢在他前面。）

佩尔蒂尼　　哈！别再挖空心思说奉承话了！贝娅特里瑟，实在没有什么事，只是我要给这位先生赶快去办点事儿。

卢　钦　多　（不知所措，轻声地）什么，佩尔蒂尼？天哪，你在耍弄我！

佩尔蒂尼　　（大声地）你别这么生气，别这么紧张！这位小姐相信我的话，不是吗，对吧，贝娅特里瑟，在我回来之前他可以再待一会儿；你要谨慎些，你是外地来客，不能胡来。

贝娅特里瑟　先生，难道我这样接待你，会使你误解，以为我会把你，我的老朋友佩尔蒂尼的朋友，又是外地来客，从我们这个使任何人都感到宾至如归的房子里撵出去吗？别讲奉承话，但是要公道！

卢　钦　多　天哪！你的善良使我倾倒！只有天使才说得这样委婉动听，如果那无法遏制的激情使我自惭形秽，忘乎所以，嘴唇说出了本该隐藏在心中的话，就请原谅。但你看一眼那纯净的天空，它从那彩云飘动的蔚蓝高处向下界微笑，你看那在柔和的光辉中荡漾的色彩，忽而布满阴影，忽而大放光明，如仙乐轻柔地溶化在一起，又像一幅图画充满勃勃生机：你倒沉默试试看，你的嘴唇能不能默不作声，你做不到，因为迷人的魔力使你忘形，唉，还有什么理智！也忘了谨慎小心，心有所感，嘴唇就会颤动，就如微风的翅膀轻轻地拂动时，风神琴就会发出和鸣。

贝娅特里瑟　我的先生，我愿宽恕这甜言蜜语，你善于把毒药裹上甜美的糖衣。

卢　钦　多　（轻声地对佩尔蒂尼）可恶的无赖，不过还是个乖巧的滑头，我怎么办呢？逃走，天哪，我得走啦！

佩尔蒂尼　（大声地）他还总忘不掉我事先不让他开口说话，他早就想出了一套美丽动听的话，可是我使他手足无措，就这样吧，贝娅特里瑟可能会以为，你把这套奇思怪想赠给了她，这套宏论很长，比得上德国的滑稽戏，味道好吃，消化可不易。我走啦！

卢　钦　多　（轻声地），嗨，这家伙！

佩尔蒂尼　（大声地）想一想那种叫作心心相印的东西：它从胃里出来很快就钻进心窝里。我马上回来，很快就把你带走，这温柔乡大概已使你难舍难离！（独白）我得走啦，让老头子来把好事破坏；而这个家伙，就让他去博得她的青睐。（佩尔蒂尼下，卢钦多不知所措。）

贝娅特里瑟　要我再一次请你坐下吗？

卢　钦　多　如果你愿意，我很乐意在你身旁坐下！（坐下。）

贝娅特里瑟　佩尔蒂尼这个朋友的脾气常有些古怪！

卢　钦　多　是的，古怪！真古怪！的确古怪！古怪透了！（停顿一会儿。）对不起，小姐，你很尊重他吗？

贝娅特里瑟　他是我家的常客，是个忠实的朋友，他对我一直十分友好，可是不知道为什么，总觉得他令人难以忍受，他往往很粗鲁，说话阴阳怪气，请原谅，他是你的朋友，但从他的心灵里往往跑出怪诞的幽灵，说实话，这一点使我讨厌，好像他正在心里琢磨着阴暗的东西，他鬼鬼祟祟，不敢把那些东西呈现在光天化日之下，而那些东西比他嘴上说出来的更坏，也许比他心里盘算的更坏。但这只是猜测，我这样冒昧地给你讲心里话可不太好，因为这毕竟是猜疑，而猜疑是条蝮蛇呀！

卢钦多　你在后悔对我的信任，小姐？

贝娅特里瑟　如果这是关于我自己的秘密，又当别论——可是，唉！我说到哪里去了？你拿出什么来博得我的信任？不过，如果我把自己知道的事全告诉你，也没什么不好，因为这事我对谁讲都可以，我知道的全是大家都知道的。

卢钦多　啊，大家！你当然指的是一切人啰？

贝娅特里瑟　也包括你，不是吗？

卢钦多　啊，天使！可爱的人儿哪！

贝娅特里瑟　先生，你叫我害怕，你在这里讲这种话是什么意思？你这么快地从一件事转到另一件事！

卢钦多　我应当赶快行动，是时候了，干吗要拖延？延误每一瞬间都会导致毁灭。我能把这事隐藏在心？——这真怪，怪得离奇，我以前从未见过你，我自己也说不清楚，我们竟是一见如故，仿佛在我内心隐藏的那些幻想的乐章，现在突然变成了一个活生生的温馨的美人，仿佛有一条看不见的红线早就把我们连在一起，而此时此刻这一结合成了现实！

贝娅特里瑟　对此我有同感，我不能把你当外人，可是你毕竟是我素不相识的异乡人，想必有一些阴森森的神怪暗中作梗，在相逢前就把我们拆散离分，但愿另一些善良之

　　　　　　神想出甜美的幻影，用魔法把我们千里一线牵引，不过，到那时要更加小心，黑色云烟中迸发不出最强烈的闪电雷鸣！

卢　钦　多　　你这个能一眼看透人心的俊俏哲人，上帝哪，我已经无法抵挡你那动人心魄的魅力，你别看我这么大胆地向你表示爱慕之情，就认为我对你没有敬重之心，我的胸膛憋闷，神经已难熬忍，我受不了啦，我很快就将离去，我要离去，离开这儿，离开你，离你远行，那时，世界呀，统统沉入深渊，沉下去吧。请原谅，我的宝贝，请原谅那时间的流逝，是它催逼着我，使人失态激动。上帝可鉴，我爱你，贝娅特里瑟，贝娅特里瑟和爱情不能分，我只能一口气说出它们，我至死都将怀着这片痴情！

贝娅特里瑟　　唉，别说吧，这些话无济于事。真的，你听着，这些话都像诗句一样虚无缥缈，如果你现在就赢得我的心，你肯定不会再敬重我，你会把我看成一个很快就委身事人的姑娘，这种女人真是成千上万，屡见不鲜。这念头一旦在你心上闪现，我就会丧失爱情和尊严。我的心呀，那时对于你将一文不值，而我——我一定会痛心地责备自己。

卢　钦　多　　善解人意、热情可爱的姑娘啊，但愿你能看到我的心，我从未爱过，我发誓，还从未有过爱情，而你，你的指责嘲弄了我的心，让那可鄙的商人去反复掂量，精心算计，他谨小慎微，以牟取更多的盈利，可是爱情能将宇宙万物融为一体，热恋的人们别无所求，别无希冀，试想想，什么把人们维系在一起，什么让人们互相憎恨？只有爱情如同公开的魔法，使人们难舍难离。爱是从生命深处迸发出来的一朵火花,但愿它就在此时闪耀光芒,因为此刻另一个生命正面临着抉择,她的爱情之火很快就会燃起,她很快就会一起来祝福爱情。

贝娅特里瑟 难道我还要忸怩作态?我应当鼓足勇气,让两股爱情之火高高地燃烧在一起。可是我,忧心忡忡,思绪万千,仿佛欢乐中加进了痛苦,仿佛妖魔鬼怪在暗地伸出毒舌嘲弄我们,在维系我们的纽带中搀进了咝咝声!

卢　钦　多 那是一股你所不知道的火焰,是旧的生活已从我们身边消逝,让我们再听一次它的告别之声,它从此再也不敢卷土重来,可是,贝娅特里瑟,你怎样才能成为我的人?

贝娅特里瑟 父亲想把我许配一个人,倘若我能仇恨人,我就恨他我随即定会向你细说分明。你住在哪里,我心上的朋友?

卢　钦　多 在佩尔蒂尼家里。

贝娅特里瑟 我派人捎个信儿去,但是你的名字,我相信,一定会像星辰运行之声一样动所!

卢　钦　多 (严肃地)我叫卢钦多!

贝娅特里瑟 卢钦多,可爱的名字,听起来多么甜美——我的卢钦多,是我的世界,我的上帝,我的心肝,我的一切。

卢　钦　多 贝娅特里瑟,你自己就是一切,你甚至高于一切,你是贝娅特里瑟。(他热烈地把她搂在怀里,门突然打开,维林上。)

维　　林 好啊!你这条毒蛇,好啊,贝娅特里瑟,你像大理石那样冷酷无情,假装正经,哈!

卢 钦 多　这是什么意思？你来这里干什么？我发誓，我还从来没见到过比你更漂亮的猴子呢。

维　　林　该死的小子！该是什么意思就是什么意思，我们现在说清楚，你就是我的冤家对头！亏你有副人形，却叫人恶心，轻狂自负的恶棍，一张只配擦笔尖的废纸，活像滑稽戏里的小丑。

卢 钦 多　我已经说过，你是一只地道的猴子！在这里破口大骂，你要感到害羞，你这副好斗的架势，就像街头巷尾专为一个画面配上殴打音响的手摇风琴，它很快就派得上用场啦。

维　　林　等会儿，马上就跟你算账，你这小子！这、这、这……气得我全身冰凉。贝娅特里瑟，我现在就把这个淫棍收拾掉！

卢 钦 多　住嘴！恶棍，我跟你走，要去就去！（佩尔蒂尼上。）

佩尔蒂尼　这里嚷嚷些啥？你们是在大街上吗？（对维林）别呱呱叫，乌鸦，小心我堵住你的喉咙！（独白）我正是找对了人，这个小伙子我的话他没有完全听懂！（贝娅特里瑟昏了过去。）

卢 钦 多　来人哪，啊，她昏倒啦！天哪！（俯身看她。）清醒过来吧，我的甜蜜的天使！你说话呀！（吻她。）你觉得热吗？她睁开眼睛啦，呼吸啦！怎么这样啦，贝娅特里瑟？怎么啦？你要急死我吗，我能忍心看你这样吗？（他将她搂住，抱起来。维林要向他扑过去，佩尔蒂尼拦住维林。）

佩尔蒂尼　乌鸦朋友，你过来，我有句话要对你说！

贝娅特里瑟　（微弱的声音）卢钦多，我的卢钦多，我在得到你之

　　　　　　　前就已经失去了你，我的心肝！

卢　钦　多　别怕，我的天使，你什么也不会失去。这个家伙我马上就叫他老实安静。（将她抱到沙发上。）在这里歇会儿，事不宜迟。哪能容那龌龊家伙来弄脏这块圣地。

维　　　林　快走，咱们算账去！

佩尔蒂尼　走，我也去。两人决斗要有个证人，这是新的风气！

卢　钦　多　请放心，我心爱的姑娘，为何这么痛苦？

贝娅特里瑟　祝你平安。

卢　钦　多　祝你平安，我的天使。

贝娅特里瑟　（深深地长叹）我的心早已预感到会有不幸！

四、人性矛盾和人生"悲剧"

表面看来,剧终时贝娅特里瑟仍在痛苦中,而卢钦多与维林决斗的结局未卜,唯一的胜利者、得意者似乎就是佩尔蒂尼了。然而,现在让我们回到第三场剧情,在对比中对他的行为、谋划做出评价。

在剧本的第二、四场中,佩尔蒂尼与卢钦多对话、纠缠和斗智,但很明显他心目中真正的对手却不是卢钦多,而是不出场的乌兰内姆。诚如前面曾指出过的,这是马克思匠心独运的设计。那么,到第三场,这一对真正的对手是不是该直接面对面了呢?仍不。第三场的人物只有一个,就是乌兰内姆;内容则由他大段的独白所构成,抒发了他对人的问题的思考。马克思始终把两个对手分离开来,让其分别活动、表演和陈述,对比的效果就更为鲜明而突出了。

在佩尔蒂尼家的大厅,乌兰内姆独自坐在书桌前写作,上面零乱地放着一些纸张。这是怎样的一个人呢?连以他为对手的佩尔蒂尼都不是普通的客栈老板,而是一个煞费苦心地琢磨和计虑人与人关系的人(尽管这些思考和计虑充满了小市民的功利心、小家子气),那么,沉潜于对人的问题和人生历程的思索就该是他工作的题中应有之意了。然而,他是佩尔蒂尼所想象的那种对手吗?他属于"形而上"的哲学家吗?不是。积长年思索,现在他有了初步的答案和思路,因此很激动,于是索性站了起来,在地上踱来踱去,然后又把两手交叉在胸前，考虑该怎样陈述和表达自己的思想。他的看法大致如下：

追求永恒是人类最愚蠢的行为，它把一代又一代人拖入无休无止的痛苦，结局是一个个生命无法言喻地、神秘地死去，每个个体都成了它嘲弄的对象，成了听凭它摆布的钟表，如同被上好了弦一样去充当报告时辰的傻瓜。人活着，不是因为自己觉得活着有意思、活得愉悦，而只是因为世上总要有所生，于是自己也就只好为生而生；人们死去，不是带着自己毕生的努力和业绩寿终正寝，而只是因为世上总要有所死，于是到时不得不死。无声无息的痛苦悲伤笼罩着世界，百草忍受践踏，石头化为齑粉，还有那鸟儿，"找不到歌儿来哀诉/是什么妨碍它展翅高翔"①。为了永恒，为了证明自己的行为具有所谓永恒的价值和意义，宇宙万物陷入了盲目的争端和斗争，而且要在争吵中把自己的生命彻底耗尽。

这样的生活还要继续下去吗？难道还要把自己拴在这艘燃着熊熊烈火的叫作"永恒"的巨轮上，随着"永恒"的循环和节奏来欢舞蹁跹吗？不！就是在其之外发现一个深渊，也要毫不犹豫地纵身跳进去，要把这追求着虚无缥缈的"永恒"的世界彻底摧毁。世界将在觉醒了的人们的诅咒声中粉碎，然后沉没于巨大的虚无之中，完全消失而不复存在。如果不能做出这样新的抉择，生活还会在追求永恒的长河中滚滚向前，人们为创世者唱着哀歌，而其眉宇之间流露的却是不屑与讥笑。

被放逐的心灵终于可以放肆地诅咒了！人们长期以来被捆绑在"存在""永恒"这样的大理石上，被世世代代地束缚着，胆战心

---

① 《马克思恩格斯全集》第 1 卷，人民出版社 1995 年版，第 762 页。原文参见 Karl Marx, "Oulanem", *Marx-Engels Gesamtausgabe*, I // 1, Dietz Verlag, Berlin, 1975, S.660。

惊,直到被碾成齑粉,化为乌有。世界冷酷无情,而我们这些上帝的猿猴们还在辛辛苦苦用充满爱心的胸膛来温暖这条毒蛇,让它长成巨大无比的躯体,低下头来把我们咬上一口!生活的浪涛永远在喧腾,冲入我们的耳际,令人厌倦,直到把我们的希望完全耗尽。现在我们既然已经觉醒,就要赶快去"捣毁那谎言编造出来的一切,/以诅咒来结束诅咒所造成的一切"①。

整理清楚思路,乌兰内姆坐到桌前,开始写一篇关于人生的檄文,我们姑且叫它《诅咒永恒》吧。

对比乌兰内姆的思考和自白,佩尔蒂尼那样的小算计、小恩怨与这些想法之间有多么巨大的错位啊!相形之下,他之"复仇""征服"是多么功利、无趣乃至无聊,格局是多么狭小,境界是多么低下!他费尽心思要清算对手,但他找错了仇人;他要在心理上制服对方,而对方压根不是他要制服的对象。这是多么荒诞的事情!而我们的人生难道不是由一件又一件如此荒诞、臆造的事连缀起来的吗?体悟人生、理解人性,至此,我们大体应该知道,自鸣为有自我意识的人,生活在世上自然有其目的,目的达不到时感到苦恼,但目的达到了又怎么样呢?不反省目的本身,而是沉湎于此、焦注于此,人生不也很单调而凄惨吗?芸芸众生,生活在同一时空境地,但又充满了心理上的隔膜、臆测和误解;人为"万物之灵",但人又是一种实现不了自己的目的、永远不能使自己满足的存在物:这些是人性的矛盾和人生的"悲剧"。

这或许是马克思这部"不成功的"作品给予我们的启迪。

---

① 《马克思恩格斯全集》第1卷,人民出版社1995年版,第763页。原文参见 Karl Marx, "Oulanem", *Marx-Engels Gesamtausgabe*, I // 1, Dietz Verlag, Berlin, 1975, S.661。

第三场

佩尔蒂尼家的大厅。乌兰内姆独自坐在桌前写字。桌上零乱地放着一些纸张。他很快地站了起来,来回踱来踱去,突然停住,把两手交叉在胸前。

乌兰内姆 一切都在毁灭!时光正在流逝,司时女神屹立不动,而侏儒的建筑却在崩塌!我即将把永恒紧紧地抱在怀里,并且大声呐喊,用人类无情的咒语把它诅咒。啊永恒!它意味着无休无止的痛苦,它意味着无法言喻的神秘的死亡,它是创造出来让我们忍受嘲弄的可鄙的作品,而我们不过是听凭摆布的钟表,上好了弦去充当报告时辰的傻瓜。我们活着,只因世上总要有所生,我们死去,只因世上总要有所死!有一种东西必须有,而世界上现在缺少它,那就是无声无息的痛苦悲伤,它将笼罩世界,用心灵的巨大力量使世界灭亡,死神将变得十分活跃,穿着鞋袜到处奔跑,百草将忍受苦难,石头将悄然化为齑粉,还有那鸟儿,找不到歌儿来哀诉是什么妨碍它展翅高翔,宇宙万物陷入了盲目的争端和斗争,为了要自己摆脱自己,要在争吵中把自己耗尽——所有这一切现在都站立起来,而且有一双腿,还有一个承受生活的厄运的胸膛!啊,难道我要把自己拴在烈火熊熊的巨轮上,随着永恒的循环来欢舞蹁跹?如果我能在此境之外发现一个会吞没一切的深渊,我就要纵身跳进去,我要把深渊和我之间的世界摧毁!世界将在漫长的诅咒下粉碎,我的双臂紧抱住这严酷的存在,它就在拥抱着我时悄然逝去,然后沉没于虚无之中,完全消失而不复存在——

大概这就是生活！如果不是这样，它就将在永恒的长河中滚滚向前，它为创世者唱着哀歌，眉宇之上却是讥笑啊！太阳能把讥笑烧掉？被放逐的心灵在放肆地诅咒！眼睛由于看到了毁灭而闪烁着欢快恶毒的光芒，莫非眼光能撵走这把一切都拴在一起的沉闷的世界？我们永远遭受捆绑，胆战心惊，被碾成齑粉，化为乌有，我们被捆绑在"存"的这一块大理石上，被永生永世地捆绑着，永生永世！世界包容这一切，它滚滚向前，为自己高唱着挽歌，而我们，我们这些冷酷的上帝的猿猴们还在辛辛苦苦用充满爱心的胸膛来温暖那条毒蛇，让它长成巨大无比的躯体，低下头来把我们咬上一口！那令人厌倦的浪涛永远在喧腾，冲入我们的耳朵，直到把这种厌恶完全耗尽，现在大势已定，要赶快把一切准备就绪，捣毁那谎言编造出来的一切，以诅咒来结束诅咒所造成的一切。（坐到桌前，写字。）

小 说

《斯考尔皮昂和费利克斯》解读

  如果说《乌兰内姆》作为一个剧本，纯粹由对话和独白构成的结构通过悉心解读尚可把握其情节和思想，那么，在《献给亲爱的父亲的诗作》中作为"附录"收入的小说《斯考尔皮昂和费利克斯》片段则是一部相当晦涩、难懂但意旨显然更为复杂的文本。这些文学作品因其文体形式、探究议题和思想内容与后来的《黑格尔法哲学批判》、"巴黎手稿"、《德意志意识形态》《共产党宣言》《资本论》等有比较大的差别，因而很少被研究者所关注。然而，从思想形成史的视角通过对其内容的一一检视和详尽解读，我感到，它们决不是马克思著述中的"另类"或者"异数"，而是其思想起源状态的表征、思维方式和人生变迁历程的记录，后来的发展与其之间有很重要的承续、转换和超越关系；而在我们长期以来所理解和熟悉的马克思主义理论体系中哪有这一层面内容的呈现啊！鉴于这种情形，本章拟认真梳理迄今为止国内外还没有研究者触及过的这部极其难懂的小说的内容及其逻辑，并结合我对现代派文学的肤浅理解，讨论马克思这部作品的艺术和思想价值。

《斯考尔皮昂和费利克斯》(Scorpion und Felix) 是马克思受英国作家劳伦斯·斯特恩 (Laurence Sterne) 的《善第传》(Tristram Shandy,亦译为"项狄")的感染,于"兴奋之中突发奇想而成的急就章节"①。《善第传》的全名是《特里斯屈兰·善第的生平与见解》,是感伤主义文学②的鼻祖斯特恩的代表作之一。这是一部闻名世界的奇书,书中绝大部分篇幅虽然是善第讲述别人特别是其父亲和叔叔的生平与见解,但在写法上完全打破了传统的按照事件发生的时间先后进行明晰的叙述的模式,真可以说是"东一榔头,西一棒槌",而且情节极度离奇而令人难以把握。这在当时是史无前例的写法。该书出版后即引起轰动;一百多年后,现代派小说兴起,有评论者更尊《善第传》为这一文学派别的开先河之作,认为它直接启迪或者影响了诸如普鲁斯特、乔伊斯、卡夫卡、伍尔夫、纳博科夫、卡尔维诺等文学巨匠的创作;20世纪后期,《善第传》还是文学研究者挖掘不尽的宝藏。有文献表明,马克思学生时代曾经着迷于这本小说,不仅模仿其写法创作了小说《斯考尔皮昂和费利克斯》,在随后其思想发展的"《莱茵报》时期"所撰写的《评普鲁士

---

① 弗朗西斯·惠恩:《马克思〈资本论〉传》,中央编译出版社 2009 年版,第 17—18 页。

② "感伤主义(Empfindsamkeit)"是 18 世纪 60 年代至 80 年代末起源于英国的一股文学潮流,因斯特恩的小说《在法国和意大利的感伤旅行》而得名,它改变了传统小说以情节为基础、遵循着因果规律结构现实生活的做法,开辟了一种以心理为载体掺和外部现实世界的投影的叙事方式。歌德的《少年维特之烦恼》被认为是德国感伤主义的顶峰之作。

最近的书报检查令》中还引用了这本书第 1 卷第 11 章的话①；而在西方影响很大的《马克思〈资本论〉传》的作者弗朗西斯·惠恩（Francis Wheen）更认为，三十年以后，马克思在《资本论》中"找到了一个主题可以让他模仿斯特恩所开创的那种松散而不连贯的风格。如同《善第传》一样，《资本论》充满了悖论和假设，深奥的解说和怪诞的傻话，断裂的叙述和奇妙的怪事"②。这种说法当然稍显夸张，我们不妨通过对文本内容的细致考察对此做出判断。

---

① 参看马克思：《评普鲁士最近的书报检查令》，《马克思恩格斯全集》第 1 卷，人民出版社 1995 年版，第 112 页。
② 弗朗西斯·惠恩：《马克思〈资本论〉传》，中央编译出版社 2009 年版，第 76 页。

一、人的处境：微不足道与绝不安分

按照小说通常的写法，作者本人是忌讳经常出场、大量发表议论的，但在《斯考尔皮昂和费利克斯》中，"我"却随时会出现，而且所提问题突兀，思路奇绝，观点另类，不连贯、非逻辑、反常规，怎么古怪怎么来。比如在第 10 章①中，"我"莫名其妙地提出要证明一个奇怪的问题：**一笔二十五塔勒的款项该属于谁**？对此，"我"提出一个超凡脱俗的看法：这些钱是没有主人的！理由是：凡人不能享有这笔钱，因为只有统治天宇的最高权威才能囊括整个宇宙万物，自然也就可以囊括这二十五塔勒了；而这个最高权威就是上帝，它有一双由白天和黑夜、太阳和星星、崇山峻岭和浩瀚沙漠编织而成的巨大的翅膀，煽动起来的声音既像和谐的乐音，又像喧响的瀑布，借助这张翅膀上帝轻轻掠过凡人之手够不到的地方，因而也就将刚才提到的这二十五塔勒掠走了。这似乎在告诫那些在现实生活中斤斤计较、工于心计的人，所有的费心和操劳其实都是徒劳和虚妄；在宇宙、时空、自然之中，人是多么微不足道！

但问题在于，卑微的人并不因此就安分下来，接受命运的摆布。

---

① 现在留存下来的《斯考尔皮昂和费利克斯》手稿中首先出现的就是第 10 章。

于是作者接着让主人公斯考尔皮昂出场了。这是一个风华正茂的年轻人，受炽热感情的支配，一把将他认为是仙女的女厨师格累特（Grethe）紧紧抱在怀里。但紧接着，作者并没有延续故事的进展，而是谈论起一个更加匪夷所思的观点："仙女们都是长着胡子的"！拿格累特来说，在斯考尔皮昂眼里，她不像孱弱、娇小的小姐，而是如一个威武的战士，脸上长着漂亮的颊须和髭须，柔软的鬈发蓬松地贴在下巴上，脸盘像盛着清汤的平底碟子，优美的下巴则如空旷大海中有一块礁岩巍然耸立于其上，"神气活现，峥嵘穿空"。① 这种模样会引起众神的不安，也令世人震惊。但读者仔细琢磨，发现这不过是一场梦幻，做梦的其实就是格累特本人。事实上她很丑陋，面肤上密布着柔细的皱纹，仿佛上帝在上面栽培出一片莽莽的麦茬。为什么作者要将她描述成这样呢？因为如果她长得美丽了，就会挑逗人去犯罪，其贞操也不能受到保护；如同玫瑰花总是受到刺的保护，丑陋的容貌则不会让世人注意她、认出她，这样她也就不会遭受磨难而葬身情火了。

第12章②是模仿莎士比亚剧本《理查三世》中的句式"来一匹马，来一匹马，拿我的王国换匹马"书写的，格累特说出了自己的心里话："来一个男人，来一个男人，把我本人换个男人。"③

第16章则引用了《新约全书·约翰福音》中"道成肉身"的

---

① 《马克思恩格斯全集》第1卷，人民出版社1995年版，第808页。原文参见 Karl Marx,"Scorpion und Felix", *Marx-Engels Gesamtausgabe*, I // 1, Dietz Verlag, Berlin, 1975, S.689。

② 本文是按照现在留存下来的马克思手稿的顺序解读的，在第10章之后并没有第11章。

③ 《马克思恩格斯全集》第1卷，人民出版社1995年版，第808—809页。原文参见 Karl Marx,"Scorpion und Felix", *Marx-Engels Gesamtausgabe*, I // 1, Dietz Verlag, Berlin, 1975, S.689。

说法:"太初有道,道与上帝同在,道就是上帝。道成了肉体,住在我们中间,我们也见过他的荣光。"而在作者看来,这不过是天真无邪的妙想!可怜的格累特竟然也是这么认为的,其特殊之处在于,她认定"道"是长在大腿里的,正如莎士比亚笔下的瑟息替斯认为哀杰克斯把内脏装在脑袋里、把智慧装在肚子里一样。而她把大腿看成是"道"的象征性表现,认为这是大腿的荣光,所以,就决定将它好好洗一洗了。

第19章继续描述格累特,说她有一对蓝色的大眼睛,水汪汪的,仿佛只要火一挨近,就会化成一股灰蒙蒙的蒸汽腾起,眼神里流露出一种痴情的、自怨自艾的贞洁。人们总说:眼睛是灵魂的窗户,意指二者的一致性。但作者却反其道而行之,认为两眼一片蔚蓝者的灵魂显示出的只不过是一个"蓝色染匠"(Blaufärber)——在德语中,这个词也可以理解为"撒谎者"。

而作者匠心独运地认为,棕色的眼睛才是最"理想的",这样的眼睛呈现的色彩虽然有些黯淡,但却是一个无边无际、才智充溢的世界,它向上迸发出灵魂的电光,两道目光交替传出的音响,宛如歌德笔下的《迷娘之歌》①,呈现出一个遥远、温柔、光明的境地,那里居住着上帝,不仅富有,而且善于沉思,一方面沉湎于自我的存在,欣赏自己的深邃和无限的可能,但另一方面上帝也有困境,也会遭受无限性之痛苦。这才是这双棕色的眼睛真正的神韵,背后则是一个悦耳的、深奥的、热情的存在物。

总之,现象与本质是不对应的,人们可以喜爱展现在面前的万木葱茏的世界,但更应该感受那不可见却宏伟高尚、光芒四射的思

---

① 歌德笔下的迷娘是一位迷人的意大利姑娘,年幼时被吉卜赛人拐走成为流浪艺人,青年学生威廉解救了她,《迷娘之歌》(Liedder Mignon)倾诉出她对威廉的感激和对意大利故土的思念。歌德此作写于1783年,后收入其小说《威廉·迈斯特的学习时代》第三卷第一章。

想；轻盈的身影在人面前翩翩起舞，设若沉湎于此、着了魔似的，最终必然招致痛苦的状态，因为美丽、优雅、欢乐的女神会渐渐退缩、隐藏起来。

幽默小说
《斯考尔皮昂和费利克斯》

片　断

第一部

第10章

　　接下来，正如我们在上一章中所承诺的，要证明上述这笔二十五塔勒的款项是属于主上帝他个人的。

　　这些钱是没主人的！啊，这种想法真是超凡脱俗：凡人的权力不能享有这笔钱，只有那统治天宇的最高权力，才能囊括整个宇宙，自然也就囊括了上述这二十五塔勒；这个最高权力用自己的翅膀——这翅膀是由白天和黑夜、太阳和星星、崇山峻岭和浩瀚沙漠编织而成的，这翅膀发出的声音既像和谐的乐音，又像瀑布的喧响——轻轻掠过凡人的手够不到的地方，而也掠过刚才提到的这二十五塔勒，还有……但我说不下去了，我内心深处感到激动，我端详着天地万物、自己的内心和上述这二十五塔勒（这三个词包含着一个多么了不起的实体啊！它们无所不在，它们发出的声响宛如仙乐，它们使人想起末日审判和国库），因为——斯考尔皮昂被他朋友费利克斯的故事所激动，为费利克斯的火热的语调所引诱，受身上那股风华正茂的年轻人的感情所支配，他一把紧抱在怀里的正是女厨师格累特，他预感到她就是仙女。

　　由此我得出结论，仙女们都是长着胡子的，因为玛格达莱娜-

格累特不同于忏悔的抹大拉的马利亚，而是像一个威武的战士，脸上长着漂亮的颊须和髭须。柔软的鬈发蓬松地贴在造型优美的下巴上，下巴像空旷大海中的一块礁岩——不过人们老远就可以看到它——巍然耸立在她那个像盛着清汤的平底碟儿的脸盘上，神气活现，峥嵘穿空，引起众神不安，使得世人震惊。

大概幻想的女神梦见过一个虬髯蓬茸的美女，女神黯然魂销于她那令人心醉的宽宽的脸盘儿之中；当她醒过来时，原来做梦的就是格累特本人；可怕的是，仿佛她就是巴比伦的大淫妇、约翰启示录和上帝的愤怒；仿佛上帝在她那密布柔细波纹的面皮上栽培出一片莽莽麦茬，为的是使她的美丽不致去挑逗人犯罪，使她的贞操能受到保护，正如玫瑰花受到刺的保护一样，以便世人能认出她而不致因她而葬身情火。

第 12 章

"来一匹马，来一匹马，拿我的王国换匹马"——理查三世说。

"来一个男人，来一个男人，把我本人换个男人"——格累特说。

第 16 章

"太初有道，道与上帝同在，道就是上帝。道成了肉体，住在我们中间，我们也见过他的荣光。"

天真无邪的妙想！但是联想把格累特带得更远，她认定道是长在大腿里的，正如莎士比亚笔下的瑟息替斯认为哀杰克斯把内脏装在脑袋里、把智慧装在肚子里一样。而她，格累特（可不是哀杰克斯）确信，并理解到：道是如何成为肉体的；她把大腿看成了道的象征性表现，发觉了大腿的荣光，所以，就决定——将大腿大洗一番。

第 19 章

但是她有一对蓝色的大眼睛,而蓝色的眼睛却跟施普雷河里的水一样普通平常。

她的眼里流露出一种痴情的贞洁,这自怨自艾的贞洁,水汪汪的贞洁,只要火一挨近它,就会化成一股灰蒙蒙的蒸汽腾起,而这双眼睛后面就什么也没有了,两眼的整个世界是一片蔚蓝,它们的灵魂是蓝色染匠。然而棕色的眼睛是理想的王国,眼睛里微睡着一个无边无际、才智充溢的黑夜世界,眼里向上迸发出灵魂的电光,两道目光传出音响,宛如迷娘之歌,犹似一个遥远、温柔、光明的国度,那里居住着一个豪富的上帝,他欣赏自己的深奥,沉浸于自我存在的宇宙之中,显示出无限性,也遭受无限性之苦。我们好像身受魔力的束缚,我们很想把这个悦耳的、深奥的、热情的存在物紧抱在自己的怀里,陶醉于他双眼的神韵,把他的目光谱成歌曲。

我们喜爱展现在我们面前的这个万木葱茏的世界,我们看到远处宏伟高尚的、光芒四射的思想,我们预感到着了魔的痛苦,而一些轻盈的身影正在我们面前翩翩起舞,它们向我们点头示意,一旦我们认出它们,它们就像美丽、优雅、欢乐三女神一样,羞怯地畏缩后退。

二、从"语文学"视角推敲家世沧桑

马克思说:"在古代德国人的名字中可以看出具有该名的人物的特点。"① 其实无论是东方还是西方,都有从某人的名字中推测其职业和性格特点的传统。第 21 章是马克思从"语文学方面"对斯考尔皮昂的父亲默滕(Merten)名字的含义进行的"推敲"(Philologische Grübeleien),以说明"词源上的演变所具有的可能性"。

先看一个演变公式:Merten(默滕)—Martel(马特)—Martel(锤子)—Mars(德语,玛尔斯)—Martin(希腊语,玛尔斯)—Mirtan(马丁)—Myrthen(桃金娘)。

怎么理解呢?由 Merten(默滕)变为 Martel(马特),是词尾以"l"替换了"n",因为每一个熟悉历史的人都知道 Martel(马特)是一个英国人名,而英语中的"a"往往会读成德语中的"eh",即跟 Merten(默滕)一词中的"e"相同,因此,Merten(默滕)一词完全可能是 Martel(马特)一词的另一种形式。这样,可以肯定无

---

① 《马克思恩格斯全集》第 1 卷,人民出版社 1995 年版,第 811 页。原文参见 Karl Marx,"Scorpion und Felix",*Marx-Engels Gesamtausgabe*,Ⅰ∥1,Dietz Verlag,Berlin,1975,S.691。

疑地判定，斯考尔皮昂的父亲 Merten（默滕）出身于 Martel（马特）的直系。而在古代，Martel 还有"锤子"的意思，那么与 Merten（默滕）交往过的人会受到"锤子"的"抚爱"，即在产生愉快心情的同时，必然会感到一股电流般的震荡。

Merten（默滕）很可能还是战神"玛尔斯"的后代（Mars 的第二格为 Martis，希腊语中的第四格为 Martin，由此而形成 Mertin 和 Merten），因为战神同职业裁缝技艺的相像之处在于"剪裁"，只不过他不剪线裁布，而是要剪手裁脚，剪掉人间的幸福。

再者，斯考尔皮昂的父亲 Merten（默滕）笃信基督教，所以更可能的情形是，他出身于 Mirtan（马丁）之家；两个元音稍稍混淆就成了 Mirtan，而"i"在老百姓嘴里经常读成"e"，Merten（默滕）这个名字就自然而然地演变成 christlichen Schneider（基督徒裁缝）了。

还有，Merten（默滕）笃信圣 Mirtan（马丁），但他不是独身主义者，相反 Merten（默滕）全家"都有尽快结婚的共同点"，而且世代相传地喜欢用 Myrthen（桃金娘）花环来炫耀。Myrthen（桃金娘）一词失去字母"h"，因为结婚之后，"Eh"便占了首位，而"he"就被省略了，其结果是 Myrthen 变成了 Myrten。字母"y"是希腊字母"υ"，而不是德语字母。鉴于以上所述，Merten（默滕）一家纯系日耳曼血统，同时又出生于笃信基督教的裁缝世家，所以作为外来语、异教的"y"必然变成德语的"i"；再鉴于婚姻在这个家庭里是一个占优势的因素，"i"是个刺耳的、尖声的元音，而 Merten（默滕）家人的婚姻都是非常文雅、温和的，所以这个"i"开头变成了"eh"，随后，为了使这个大胆的改变不致引人注目，就变成了"e"，这是一个短音，用来表明结婚联姻的果断，所以，Myrten（桃金娘）一词在德语的多义词 Merten（默滕）中获得了臻于完善的最高形式。

经过这番推论后，马克思得出结论，可以把 Merten（默滕）描述为：具有扎扎实实、勇敢精神的 Martel（马特）；属于当机立断的战神的 Mars（玛尔斯）；作为基督徒的 Mirtan（马丁）；缔结世俗婚姻、儿孙满堂的 Schneider（裁缝）。

还有一个变化序列：Merten（**默滕**）—Mehren（**增多**）—Meer（**大海**）—Mars（**德语，玛尔斯**）—Martin（**希腊语，玛尔斯**）—Mirtan（**马丁**）—Myrthen（**桃金娘**）。

有一位历史学家考证认为，Merten 一词来自德语 Mehren（增多），而后者又是从 Meer（大海）派生出来的，因为 Merten（默滕）家人的婚姻，就像 Meer（大海）边的沙子那样在"增加"，还因为"裁缝"这一概念中含有"增加者"的含义，由此他确立了上述变化序列的假设。

对此，马克思提出了如下几个反证：同意"裁缝"这一概念可以包含"增加者"，但在"增加者"这一概念中却绝不能包括"减少者"，因为若如此，就成了术语上的矛盾，这无异于把上帝与魔鬼等同起来，把机智风趣与茶客清谈等同起来。如果说 Mehren（增多）一词变成了 Merten（默滕），显而易见是减少了字母"h"；正如上面已经证明的，这实际上是跟它表现出来的性质相矛盾的。所以，马克思认为，Merten（默滕）一词绝对不可能源于 Mehren（增多）一词；而关于它源于 Meer（大海）一词的假设，则可用下列事实来推翻：Merten（默滕）家人从来也未曾落过水，他们向来是虔诚的裁缝世家，跟汹涌激荡的 Meer（大海）的概念是不相容的。鉴于这样的理由，上述第一个演变公式才是唯一正确的。

进行这样一番"语文学的推敲"委实费劲，作者都感到累得不能再写下去了！但他还是自我陶醉了一番，享受了下一刹那间的幸福。——这是"思辨的快乐"！

第 21 章
语文学方面的推敲

　　费利克斯并不十分温和地挣脱了他朋友的拥抱,因为他对他朋友那深刻的、感情洋溢的秉性毫无所感,正好忙于继续……自己的消化过程,我们要求,赶紧一劳永逸地为他那艰巨的消化工程安上竣工石完事,因为它阻碍我们把故事讲下去。

　　默滕也是这样想的,因为费利克斯所感到的那重重一击,正是来自他那历史性的巨掌。

　　默滕这个名字使人想起查理·马特,所以费利克斯确实相信他受到了锤子的抚爱;在产生这种愉快心情的同时,他还感到一股电流的震荡。

　　他睁大了眼睛,身体摇晃起来,想到了自己的罪孽和末日审判。

　　而我在思考带电物体和流电学,思考富兰克林致其女友几何学家的学术书信,也在思考默滕这个名字,因为我好奇心十足,很想知道,在这个名字的后面究竟隐藏着什么。

　　此人出身于马特的直系,这是无疑的了——教堂司事使我对此深信不疑,虽然这个句子中没有任何悦耳的地方。

　　"l"变成"n",并且因为每一个熟悉历史的人都知道马特是一个英国人,而英语中的"a"往往读成德语中的"eh",即跟"默滕"一词中的"e"相同,因此,默滕一词完全可能是马特一词的另一种形式。

　　由于在古代德国人的名字中可以看出具有该名的人物的特点,诸如在骑士克鲁格、宫廷顾问劳帕赫、矮子黑格尔等形容性的名词中就可以看出来,由此可以推断,默滕大概是个富裕的正直的人,虽然就其职业而言他是个裁缝,在我们这个故事里他是斯考尔皮昂的父亲。

最后这一点论证了一个新的假定：因为一方面他是个裁缝，另一方面他的儿子名叫斯考尔皮昂，所以他很可能是战神玛尔斯的后代（Mars 的第二格为 Martis，希腊语中的第四格为 Martin，由此而得出 Mertin 和 Merten），因为战神的技艺同裁缝的技艺相像之处就是截裁，因为他截手裁脚，截掉人间的幸福。

其次，斯考尔皮昂是一种能用眼光杀害人的有毒动物，它所造成的伤害是致命的，它的目光能摧残破坏——这是对战争的绝妙讽喻，战争的目光是致命的，战争的后果会在受害者身上留下内部出血、再也无法治愈的斑斑伤痕。

但是，鉴于默滕几乎没有异教徒的特征，相反，他笃信基督教，所以看来更可能的是，他出身于圣马丁之家；两个元音稍稍混淆就成了"Mirtan"，而"i"在老百姓嘴里经常读成"e"，例如不说"gieb mir"而说成"gieb mer"，而在英语中，正如上面所说，"a"往往读成德语中的长元音"ehe"，随着时间的推移，特别是随着文化的进步，很容易变成短元音"e"；因而"默滕"这个名字完全是自然而然地产生的，意思就是"基督徒裁缝"。

尽管这种词源上的演变具有很大的可能性，而且也能找到充分的根据，但我们还是不能不考虑另一种演变的可能性，它大大削弱我们对圣马丁的笃信。我们不妨把他仅仅看成是个保护圣徒，因为据我们所知，他从来也没有结过婚，所以就不可能有男性后代。

这一疑点看来由于下列事实而被消除了。默滕全家跟韦克菲尔德的乡村牧师一样，都有尽快结婚的共同点，而且世代相传地用桃金娘花环来炫耀，单单这一点——除非不得不求助于奇迹——就可以说明，默滕出生时就有此姓，他在这个故事中就是斯考尔皮昂的父亲。

当然，"Myrthen"（桃金娘）一词不得不失去字母"h"，因为结婚之后，"Eh"占了首位，而"he"就被省略，其结果是

"Myrthen"变成了"Myrten"。

字母"y"是希腊字母"υ",而不是德语字母。又鉴于以上所述,默滕一家纯系日耳曼血统的根子,同时又是笃信基督教的裁缝世家,所以外来语的、异教的"y"必然变成德语的"i";再鉴于婚姻在这个家庭里是一个占优势的因素,"i"是个刺耳的、尖声的元音,而默滕家人的婚姻都是非常文雅、温和的,所以这个"i"开头变成了"eh",随后,为了使这个大胆的改变不致引人注目,就变成了"e",这是一个短音,用来表明结婚联姻的果断,所以"Myrthen"(桃金娘)一词在德语的多义词"Merten"(默滕)一词中,获得了臻于完善的最高形式。

经过这番推论后,我们就可以把圣马丁的基督徒裁缝、马特的扎扎实实的勇敢精神、战神玛尔斯的当机立断跟众多婚姻连在一起了,凡此种种都是能从"Merten"(默滕)一词内的两个"e"中听出声响的,所以这一假定既把以前的一切假定都统一在其本身之中,同时又推翻了它们。

一个兢兢业业、孜孜不倦地为古代历史学家(我们的故事取材于该历史学家的著作)写注解的注释者,却抱另一种看法。

虽然我们不能同意他的看法,但他的看法还是值得批判地对待,因为它出自这样一个人的精神,此人把精通抽烟跟学识上的渊博联系在一起了;他的羊皮纸文稿裹上了神圣的烟草云雾,也就是说,那些文稿在神秘莫测的浓云密雾中写满了神谕。

他认为"默滕"一词必定来自德语的"Mehren",后者又是从"Meer"派生出来的,因为默滕家人的婚姻,就像"大海"边的沙子那样"增加",还因为裁缝这一概念中含有"增加者"的概念,因为他把猴子变成人。就在这些详尽透彻的、意义深邃的探讨的基础上,他确立了上述假设。

当我读到这个假设后,一种令人头昏目眩的惊诧攫住了我,香烟的神谕已使我入迷，但不久，对事物进行冷静分析的理智就清醒过来，并提出了如下几个反论证。

　　我同意该注释者的一个说法，即"裁缝"这一概念可以包括"增加者"这个概念；但在"增加者"这一概念中却绝不能包括"减少者"这个概念，因为若如此，岂非成了术语上的矛盾，对女士们来说，这无异于把主上帝与魔鬼等同起来，把机智风趣与茶客清谈等同起来，把女士们自己与哲学家等同起来。如果说是"Mehrer"一词变成了"Merten"，显而易见是减少了字母"h"，也就是说并无增加，正如上面已经证明的，这实际上是跟它表现出来的性质相矛盾的。

　　所以，"Merten"（默滕）一词绝对不可能源于"Mehren"（增多）一词；关于此词源于 Meer（大海）一词的假设，则可用下列事实来推翻：默滕家人从来也未曾落过水，从来也没得过塔兰图拉毒蛛病，——他们向来是虔诚的裁缝世家，这跟汹涌激荡的大海的概念是不相容的。鉴于上述理由，结论便是：上述作者虽然一贯正确，但这次却出了差错，而我们的推论是唯一正确的。

　　获得这一胜利后，我已累得不能再写下去了，我要享受一番自我陶醉的幸福，这种幸福的一刹那间的享受，正如温克尔曼所说，比后代的一切赞扬更为可贵，尽管我对这种赞扬同小普林尼一样，深信不疑。

三、上帝不识人滋味

估计写作这篇小说时马克思正在研读古罗马诗人奥维狄（Ovid）①的《哀歌》，所以在第 22 章开始他先抄写了其中描述舵手置身于天昏地暗、咆哮的海浪之中犹豫彷徨、不知所措的状态的句子（拉丁文），并设想默滕与其子斯考尔皮昂面临这样的情形该如何处置，估计极可能"双方唇枪舌剑，无休止地吵嚷"，"后者哭成泪人，前者怒火满腔"。奥维狄在其原作中曾坦言：面对这样激烈的争吵，他会"失去主张"，"不知道什么该删去，什么该写到纸上"；而马克思为其做出了新的选择：继续叙述下去，并且最后让默滕也参与到故事中来。②

我们接着看第 23 章的描写。奥维狄是奥古斯都时代的诗人，因其身上"才能多于理智"，被神所妒忌，愤怒地将其发配到托米（Tomi）——一个野蛮人的聚居区。在那里，这位柔弱的诗人经常用

---

① 即普布留斯·奥维狄乌斯·纳索（前 43 年—18 年），奥古斯都时期重要的诗人，著有《爱情诗》《爱的艺术》各三卷，用哀歌体写成，把求爱视为一种学问，设想各种情景，追求爱情，以享乐主义为主导思想。

② 参见 Karl Marx, "Scorpion und Felix", *Marx-Engels Gesamtausgabe*, I // 1, Dietz Verlag, Berlin, 1975, S.693-694；《马克思恩格斯全集》第 1 卷，人民出版社 1995 年版，第 815 页。

右手托着脑袋沉思。远离遥远的故乡拉丁姆（Latium），思念不能相见的恋人，他倍感孤寂和失意，日渐憔悴。当然，虽然心已碎裂且已是风烛残年的老翁，这位爱情诗人仍然怀着希望，所以依然经常弹奏七弦琴，用悦耳的旋律、甜美的词句倾诉内心的渴望和情愫。北风吹着他羸弱的身体，使他经常产生无可名状的惊恐，经常回忆过往在炎热的南国度过的似锦年华，那些富丽堂皇的建筑、人们热情奔放的表演不时在脑海出现，眼前仿佛晃动着嬉戏的儿孙的影子，当他们过分喧闹时，"美丽""优雅""欢乐"三女神便将轻柔的纱巾披到他们肩上，同时洒下晶莹的露珠——其实，这眼泪是从老翁的颊上扑簌簌滚落下来的！当他清醒地回到现实环境，一个深沉的男低音传来，告诫他说："你很快就要化为尘土了，可怜的诗人！"① ——其实不独是诗人奥维狄，任何人都是在类似的氛围中告别人世的。

这时马克思便让默滕出场了——他深有感触地向自己的孩子斯考尔皮昂讲述完这个有点凄凉的故事。

第27章的含义更为深邃，讨论的是人生的方向和定位。自视为万物之灵的人，对于人生本身实际上很"无知，极端无知"，畅饮了所谓"智慧"之酒，得到的却是愚蠢和狂暴。比如说，人生的"哪个方向是右，哪个方向是左？"对于这两个相对的概念，就如同判断"风是从哪边来的，或者上帝脸上是否长着鼻子"一样，迄今为止，人始终缺乏确定的说法；当然也可以做出一些预料，但最终将来

---

① 《马克思恩格斯全集》第1卷，人民出版社1995年版，第816页。原文参见 Karl Marx, "Scorpion und Felix", *Marx-Engels Gesamtausgabe*, Ⅰ//1, Dietz Verlag, Berlin, 1975, S.694。

"又有谁能确定,谁能研究出来"① 呢?

《马太福音》也认为这个问题很重要,在其第 25 章第 33 节中指出:在知道什么是右、什么是左之前,我们的一切努力都无济于事;相反,只要确定一下什么是右、什么是左的标准,那么,整个创造之谜就解开了,人可以正确地推论出,自己的灵魂将在哪边,并由此进一步得出结论,自己属于哪个等级,再根据与其他存在物的关系可以测量出来自己的位置和地位。作为基督教教义,《马太福音》把这一问题的最终解释权交给了上帝,认为这一切应该"是由主决定的"。

但令人遗憾的是,上帝不识人滋味,它太缥缈、高远了。凡人得不到它的指引,只能根据自己"脑壳的厚度"来测定其现在的方位;但哪里测得准啊?!——"头都晕了",都成了与靡菲斯特斐勒司(Mephistopheles)不停地周旋、算计、敷衍的浮士德(Faust)了——"我们大家都是浮士德",原因在于我们都不知道:人生的哪个方向是右、哪个方向是左。

生活宛若一个圆形的竞技场,在我们死去之前,无论是摔倒在沙地上自然死亡,还是因特殊情况(如被他人杀掉)提前了断生命,我们一直绕着圈子奔跑,寻找它的左右两边,但始终找不到。为此,我们需要、渴望一个救世主,但它始终没有出现过。这种令人痛苦的念头和焦虑,夺走我们的睡眠、健康,但是仍然不能区分出左边和右边,我们临死都不知道,它们究竟在哪里。

这就是人生!

---

① 《马克思恩格斯全集》第 1 卷,人民出版社 1995 年版,第 816—817 页。原文参见 Karl Marx,"Scorpion und Felix",*Marx-Engels Gesamtausgabe*,Ⅰ∥1,Dietz Verlag,Berlin,1975,S.694。

第 22 章

"我环顾四方，只见到一片天空和海洋，
天空布满乌云，大海腾起波浪。
海与天之间，强劲的旋风在咆哮震荡，
海浪无所适从，不知道该涌向何方。
舵手犹豫彷徨，不知道怎样寻找生路，怎样躲避祸殃，
面对变幻无常的大海，他已经失去主张。"

"你环顾四方——只见到默滕和斯考尔皮昂，
后者哭成泪人，前者怒火满腔。"
"双方唇枪舌剑，无休止地吵嚷，
海浪无所适从，不知道该涌向何方。"
"我这个校长犹豫彷徨，不知道什么该删去，什么该写到纸上，
面对这场激烈的争吵，我已经失去主张。"

　　奥维狄乌斯在他的《哀歌》中是这样叙述他那个承接上文的悲哀故事的。看来，他已经不知所措，但下面我要继续叙述下去：——

第 23 章

　　奥维狄乌斯身居托米，是奥古斯都神的愤怒把他投入此地的，因为他的天才多于理智。
　　在这里，在野蛮人中间，这位柔弱的爱情诗人日益憔悴——爱情也是他失意的原因所在。他右手托着脑袋在沉思，那渴望的目光眺望着遥远的拉丁姆。歌手的心已碎裂，但想必他仍然心怀希望，所以他的七弦琴也仍旧不能静止，而是用旋律悦耳、词儿甜蜜的歌曲倾吐出他的渴望和痛苦。

北风呜呜地吹袭着这风烛残年的老翁的肢体，使他满怀着无可名状的惊恐，因为以前他在炎热的南国度过似锦年华，在那里，他的幻想用富丽堂皇的装饰进行热情奔放的表演，而当天才的这群子孙们过分放荡不羁时，美丽、优雅、欢乐三女神就将轻柔的神巾披到肩上，神巾的皱折披散招展，温暖的露珠纷纷洒下。

"你很快就要化为尘土，可怜的诗人！"——眼泪从老翁的颊上扑簌滚下，这时传来了默滕深有感触地向斯考尔皮昂发出的强有力的男低音。——

第 27 章

"无知，极端无知。"

"因为（这跟上面某章有联系）他的两个膝盖太弯向某一边了！"——但是，这里缺乏确定的说法，可是什么说法能确定，又有谁能确定，谁能研究出来，哪个方向是右，哪个方向是左呢？你告诉我，凡人，风是从哪边来的，或者上帝脸上是否长着鼻子，我就会愿意告诉你哪边是右，哪边是左。

这不过是两个相对的概念，而饮智慧之酒得到的只是愚蠢和狂暴。

啊！在我们研究出什么是右，什么是左之前，我们的一切努力都无济于事，我们的渴望都是痴心妄想，因为他把山羊安置在左边，把绵羊安置在右边。

如果他转过身来，他的脸朝着另一个方向，因为夜里他做了个梦，那么，按我们肤浅的想法，山羊就站在右边，而虔诚的教徒们却站在左边。

所以，只要给我确定一下：什么是右，什么是左；那么，整个创造之谜就解开了。"我要把亚赫隆发动起来"，我可以正确地替你详细地推论出，你的灵魂将在哪边，由此我可以进一步得出结论，你现在属于哪个等级,因为这种关系可以测量出来,原因是你的地位是由主决定的。而你现在的地位则可以根据你脑壳的厚度来测定;我头都晕了:如果靡菲斯特斐勒司在这时出现,我就会变成浮士德,因为很清楚,我们大家都是浮士德,原因在于我们不知道哪个方向是右,哪个方向是左,因而我们的生活是个圆形的竞技场,在我们摔倒在沙地上,角斗士即生活把我们杀掉之前,我们一直绕着圈子奔跑,寻找它的左右两边;我们需要一个新的救世主,因为——令人痛苦的念头啊,你夺走我的睡眠,夺走我的健康,你杀害我——我们仍然不能区分出左边和右边,我们不知道,它们在哪里——

四、梦是真实的现实

第 28 章相当费解,叙述的是一个叫恩格尔伯特(Engelbert)的男人的情况。这是一个什么样的人呢?首先是相貌非常奇特。马克思用了很多奇妙而夸张的比喻来形容,比如,他的个子很矮,"身材活像我房间里的炉子";脑袋光秃秃的,如同濯濯童山,不得不涂上一层厚厚的润发脂来充当头饰,好像"覆盖着原始的山岳";颧骨高高突起,仿佛可以掩盖住下面的面颊免受雨打,相形之下,脸面如同两个凹进去的光滑的碟子,似乎可以安放一些公文之类东西进去;眼睛呢,红中呈绿,眼神虽说不是呆滞的,但也不能说是放光闪电式的,而是像大头针似的会刺人;鼻子则像是从脑袋里长出来的,呈现出柔和的火红色——这样的模样,与其说是人,还不如说是个精灵!

不仅模样吓人,其言辞和行为也很古怪。未见其人先闻其声,他是带着这样的见解上场的:"在月亮上有月长石,女人的心胸里有虚情假意,大海里有沙子,地球上有高山!"[1] 说着这样令人不知所

---

[1] 《马克思恩格斯全集》第 1 卷,人民出版社 1995 年版,第 817—818 页。原文参见 Karl Marx,"Scorpion und Felix",*Marx-Engels Gesamtausgabe*,I // 1,Dietz Verlag,Berlin,1975,S.695。

云的话,他敲了一下作者的门,但还没得到人家的允许他就闯了进来。正在写作的作者赶忙把稿纸推向一旁,热情接待了他,还象征性地恭维了他几句。但他根本不接人家的话茬,而是只顾沉浸在自己的思想中,别人说得快,他说得更快。牙缝里发出咝咝的声音,给人的感觉,整个人"像一条干瘪的蜥蜴",而且是"一条刚从残垣断壁里爬出来的蜥蜴",让人汗毛直竖。

他还不自量力地自称为英雄。这时听得有点烦了的作者劝他安静下来,并且婉转地表达出对他的异议——英雄的身材要略为好看一些,嗓音也不会这么嘈杂,而是更单纯也更动听一些,外貌和内心虽说有时互相抵牾,但也要尽可能一致而完美。孰料他根本不接受,结结巴巴地反驳说:他的骨架挺结实的,其身影至少同别人的是一样的,甚至要更好一些,因为他投下的阴影比光还要多;他的夫人就是在他的荫护下享受生活、饱食终日的;他懂得并喜欢长子继承权;他的居所环境也不错,还有个小浴室。更为过分的是,他反过来指责作者不懂礼貌,是个笨蛋,前面第 19 章弄错了,蓝色的眼睛比棕色的更美丽,而不是相反,而鸽子的眼睛是最聪慧的。他还嘲笑了上一章关于人生左右方向的争论,现身说法地向作者透露,现在他又有了新欢,"人家要她拉着我的右手同我订婚,现在你别再搞右边左边的研究了,她就住在对面,既不在右边,也不在左边"①。

这样的人在何处可以寻觅到呢?本章的结尾表明,他不过是在作者梦中出现的——"门砰的一声关上了,一个天降的幽灵从我内

---

① 《马克思恩格斯全集》第 1 卷,人民出版社 1995 年版,第 819 页。原文参见 Karl Marx,"Scorpion und Felix",*Marx-Engels Gesamtausgabe*,Ⅰ//1,Dietz Verlag,Berlin,1975,S.696。

心走出去了。"① 但梦是心中所想，是现实中的隐忧、错乱才导致梦中的离奇和诡谲；这样说来，梦又是多么真实的现实啊！

如果说梦是真实的现实，那么梦中出现的观念和物件就不是随意的而是有所指的了。第 29 章专门深究的问题是：小浴室同长子继承权究竟有什么关系？（Wie ein Waschschrank mit dem Majorat zusammenhängen möge）起初作者想从大哲学家洛克、费希特和康德的著作中找到答案，但发现他们的论述根本不得要领，索性将其推到一旁，冥思苦想，当然，一时也难以理出头绪。但仿佛一道闪电照亮心扉，眼前突然豁然开朗，思绪被打开了，泉涌般地勾勒出一幅逻辑关系图，作者禁不住高呼："哲人之石找到啦，找到啦！"②

马克思是这样来解释二者的关联的：小浴室是为了洗濯而修建的，而洗濯会使东西颜色变白，也就是说能给被洗之物增添上一层淡白色的光泽。而在贵族政体中，长子继承权也扮演着类似"小浴室式"的功能，也会为一个家庭的长子"镀上一层淡白的银色"，使其突出出来，与此同时却没有给家庭的其他成员提供同样的机会，反而相形之下，使他们的人生笼罩上一层幽暗而惨淡的色彩。

不过，这是享有继承权的长子们的幸运吗？未必！仍以"小浴室"拟喻，凡在这方寸之所洗浴的人，坐在澡盆里，闭门不出，注视着的只是浴室的墙壁；相反，不在浴室的人就可以去江河里接受冲洗，置身于风浪汹涌的大自然，用强劲的双臂搏击、战胜惊涛骇浪。这与享有或者不享有长子继承权的人也很类似。普通的人，即

---

① 《马克思恩格斯全集》第 1 卷，人民出版社 1995 年版，第 819 页。原文参见 Karl Marx,"Scorpion und Felix", *Marx-Engels Gesamtausgabe*, I //1, Dietz Verlag, Berlin, 1975, S.696。

② 《马克思恩格斯全集》第 1 卷，人民出版社 1995 年版，第 820 页。原文参见 Karl Marx,"Scorpion und Felix", *Marx-Engels Gesamtausgabe*, I //1, Dietz Verlag, Berlin, 1975, S.697。

没有享受长子继承权的人,就得跟生活的急流搏斗,投身波涛澎湃的人生大海,在幽深的海底夺取战神普罗米修斯右手中的明珠,这种经历不仅强身健体,而且使其思想的内在形象灿烂辉煌地呈现出来,使他更勇于创造,顽强成长;而长子继承权的享有者却只会让晶莹的水珠洒落在自己身上,安全地坐进浴盆,温柔地洗漱,而唯恐大风大浪损及身体、关节脱臼。

在第30章中马克思总结了以上两项研究,得出的结论是:当今之世是写不出叙事史诗的!缘何做出这样的判断呢?马克思深入思考关于方位(右边和左边)问题的讨论,剥掉那些富有诗意的辞藻的外衣,正像阿波罗神可以借助他特有的、别人不具备的能力战胜马尔西亚斯、剥下其身上的皮一样①,认为这一问题实质上并没有得到真正的答案。这也正如阿尔古斯②的眼睛一样,虽然长着一百

---

① 希腊神话中马尔西亚斯(Marsyas)吹得一手好笛子。他向太阳神阿波罗(Apollo)发起挑战,要用长笛与阿波罗的里拉琴(七弦竖琴)进行较量,看谁的演奏技巧更胜一筹。阿波罗提出一个条件,失败者必须接受胜者提出的任何惩罚,如果马尔西亚斯同意,他便接受挑战。马尔西亚斯被自己吹奏的美妙音乐冲昏了头,愚蠢地同意了阿波罗的条件。在比赛的第一局中,马尔西亚斯和阿波罗都充分展示了各自的音乐天赋,两人不相上下,打成平手。于是狡猾的阿波罗使出了骗术,把里拉琴倒过来演奏,还向马尔西亚斯挑战,要求马尔西亚斯也用这种荒谬的方法演奏他的长笛。马尔西亚斯自然无法演奏,输给了阿波罗。于是阿波罗便将马尔西亚斯绑在树上,活生生地将他身上的皮剥去。马尔西亚斯就这样被残忍地杀死了。

② 希腊神话中的人物。阿尔古斯是长有一百只眼睛的巨人,睡觉时只闭两只眼睛,其余九十八只眼睛都睁着。主神宙斯与波拉斯戈斯国王之女伊俄幽会,不幸被天后赫拉发现,宙斯慌忙之中把伊俄变成一头牛,赫拉便派阿尔古斯昼夜盯住这头牛。宙斯大为恼火,派大力神海尔梅斯把阿尔古斯杀死。后来也以"阿尔古斯"喻指百倍警惕的看守者、监视者;以"阿尔古斯的眼睛"喻指警惕、敏锐的目光。但马克思这里只是借用阿尔古斯长有一百只眼睛的传说,并没有警惕、敏锐等涵义。

只之多，为的是能发现丢失的东西，但实际上有的眼睛闭着，看不见东西；有的眼睛虽然睁着，但"视而不见"。而方位（即地点）是史诗中多么重要的因素和准则，一旦方位不复存在，就如听不到号角声，耶利哥城①便不能从沉睡中醒来，只好让以色列人长驱直入。当今之世，左顾右盼，价值不明，方向错位，悲壮的史诗自然是写不出来的。

如此说来，虽然在第 29 章中作者就惊呼"哲人之石找到啦，找到啦！"但遗憾的是，那不过是一时的安慰和解决，而更多的人会"指着这块石头"狐疑不已、猜测不断——人生难题哪能在某一特定时刻找到完满、准确的答案呢！

第 28 章

"显而易见在月亮上，在月亮上有月长石，女人的心胸里有虚情假意，大海里有沙子，地球上有高山！"——一个男人回答说，他敲了一下我的门，没等我喊请进就走了进来。

我赶忙把稿纸推向一旁，对他说，我非常高兴以前跟他素不相识。因为这一来更会因现在跟他结识而感到愉快，说他使人获得卓越的才智，他使我的一切疑点都涣然冰释；但是，不管我说得多快，他却说得更快，牙缝里发出咝咝音。当我靠近他仔细一打量，就汗毛直竖地看出：他整个人看来真像一条干瘪的蜥蜴，仅仅是一条刚从残垣断壁里爬出来的蜥蜴而已。

他个子很矮，身材活像我房间里的炉子。他的眼睛，与其说是红色的，不如说是绿色的，与其说像闪电，不如说像大头针，而他

---

① 耶利哥城位于约旦河西，在死海之西北约 10 里。《圣经》在描述以色列人出埃及时首次提到耶利哥城。旧约中的耶利哥所以闻名，是因为它是第一个被以色列人攻陷的城池。罗马帝国衰落后耶利哥城也随之式微，渐渐地变成古旧而残破的回教村落。

本人,与其说是人,不如说是个小妖精。

看来他真是个精灵!我既迅速又肯定地看出了这一点,因为他的鼻子是从脑袋里长出来的,正像帕拉斯·雅典娜是从万物之父宙斯的脑袋里生出来的一样;我认为他鼻子上那柔和的火红的颜色也是这样来的,这种火红色证明此人出身于超凡绝俗的世系,可是他的脑袋可说是童山濯濯。我们不得不把那层厚厚的润发脂名之曰头饰,这层润发脂同大气和其他要素的各种产物一起覆盖着原始的山岳。

他身上的一切都显示出高超和深刻,但他的脸型结构似乎暴露了他的官僚身分,因为他的面颊像两个凹进去的光滑的碟子,它们在高高突出的颧骨的掩护下幸免雨打,所以可以把公文和政府条令放进去。

总之,一切迹象表明:如果他不像自己,那他就是爱神本身,而他的名字,即使未曾使人想起一簇桧树丛,听起来也仍像"爱"这个字那样亲切悦耳。

我请他安静下来,因为他自称是英雄,对此我婉转地表示了异议,说英雄的身材要略为好看一些,而相反,传令官们的嗓音要更单纯一些,不会这么嘈杂,而且更动听一些;希罗到底是个成仙的美女,是实实在在的美的本色,她的外貌和内心是互相竞争的,二者都声称自己是她的这个完美典型的唯一源泉,所以,她对他的爱是不合适的。

但是他反驳说:他——他——他的骨头架子挺结实的,他有个影——影——影子,同别人的影——影——影子是一样的,甚至更——更——更好一些,因为他投下的阴——阴——阴影比光还要多。他的夫人可以在他的阴影里乘——乘——乘凉、饱食终日,甚至她自己也可以变成影——影——影子,还说我不——不——不懂礼貌,我是流氓地痞,是个笨蛋,说他名叫恩格尔伯特,这个名——名字要比斯——斯——斯考尔皮昂好——好——好听得多;说我在第 19 章里弄错了,因为蓝色的眼睛比棕色的更美——美——美丽,而鸽——鸽——鸽子的眼睛是最聪慧的,他本人虽然不是鸽子,但至少对于理智来说他是个聋子,还说他喜欢长子继承权,他还有个小浴室。

"人家要她——她——她拉着我的右——右——右手同我订婚,现在你别再搞右边左边的研究,她就住在对面,既不在右边,也不在左边。"

门砰的一声关上了,一个天降的幽灵从我内心走出去了,婉转动听的对话已经结束,但穿过门上的钥匙孔,传来了鬼魂的叫声:"响当当的大木头,响当当的大木头!"

第 29 章

我把洛克、费希特和康德的著作推往一旁,坐着冥思苦想,要弄懂:小浴室同长子继承权究竟有什么关系,突然,好像一道闪电把我的心扉照亮,思绪泉涌,使我的眼光豁然开朗,在我面前展现出一幅明亮的图画。

长子继承权是贵族政体的小浴室,因为小浴室只是为了洗濯才存在,而洗濯能使东西发白,也就是说能给被洗之物增添一层淡白的光辉。同样,长子继承权也会给一家的长子镀上一层银,也就是说会使他有一层淡白的银色,与此同时却给家庭的其他成员印上一层愁苦的浪漫主义惨淡色彩。

凡在江河里洗澡的人,都要置身于风浪汹涌的大自然里,要战胜惊涛骇浪,用强劲的双臂搏斗;而坐在澡盆里的人,却闭门不出,注视着浴室的壁角。

普通的人,即没有长子继承权的人,得跟生活的急流搏斗,投身波涛澎湃的大海,在幽深的海底夺取普罗米修斯右手中的明珠,这时，思想的内在形象就会灿烂辉煌地呈现在他的眼前，他就更勇于创造，而长子继承权的享有者却只让几滴水珠洒落在自己身上，唯恐关节脱臼，于是就坐进浴盆。

哲人之石找到啦，找到啦！

第 30 章

因此，从上面刚刚进行的两项研究中可以看出，当今之世是写不出叙事史诗的。

首先，我们深刻地考察了有关右边和左边的问题，把它们的富有诗意的辞藻上的诗意的外衣剥掉，正像阿波罗神剥下马尔西亚斯身上的皮一样，把它们变成可疑的形象，变成奇形怪状的狒狒，它长着眼睛可又看不见东西，成为阿尔古斯的反面，后者长着一百只眼睛，为的是能发现丢失的东西，而它，这个可怜的触犯上天者，即猜疑本身，长着一百只眼睛，又把看到的东西弄得看不见。

方位，即地点，是史诗中的一个重要准则，正如我们言之有据地介绍过的那样，一旦方位不复存在，史诗就只有等到号角声惊醒了耶利哥城时才能从沉睡中醒来。

而且，我们已找到了哲人之石，遗憾的是，大家都指着这块石头，而他们——

五、"狗如其人"与人的自我关注

第 31 章描述的场景是,默滕和斯考尔皮昂父子躺在地上,虽然闭着眼睛,但一直处于狂热的兴奋状态中。神经被一种超凡的现象深深震撼,两人身体上各部分的联结也完全松散了,一如"鼻子跌落在肚脐上,而脑袋掉在地上"。在一片混沌状态中,本为一体的思维也各自分开了,以至于错把女厨格累特看成了仙女。最后,默滕手扶斯考尔皮昂想让他像一棵橡树似的站起来,而斯考尔皮昂则一把抓住父亲的手,也想让他站稳脚跟,但结果却使自己的身体处于更危险的状态。

在奥维狄的《变形记》中,有一句话:"人应当仰望星星,而不要俯视地面。"(Der Mensch solle die Sterne ansehn und nicht zur Erde schauen)但滑稽的是,正如有机化学想借助无机的反应来解释生活一样,也有人试图从代数里推算出爱情——究其实,这些都"渎犯了生活"——"一个脱离了宏观世界的微观世界",是"尚未获得详尽探讨而且永远也探讨不出来"的。[①]

[①]《马克思恩格斯全集》第 1 卷,人民出版社 1995 年版,第 822 页。原文参见 Karl Marx,"Scorpion und Felix",*Marx-Engels Gesamtausgabe*,Ⅰ∥1,Dietz Verlag,Berlin,1975,S.697-698。

第35章讨论的是自古迄今市场买卖惯常的一个通例：手艺高，要价也贵。比如说，作为一个裁缝，默滕手艺确实了得，但也正因为如此，他的要价就非同寻常地高；作为普瓦捷会战①取胜者的法兰克人的首领，克洛维也曾经为此发出过这样的感叹："圣马丁（确实）帮了大忙，但要价（也）太高了！"——原来当时一个裁缝替作战的僧侣裁制了精致的马裤，尽管这些僧侣们并不是凭借穿了这条马裤而是"亏得"骑着英勇的驽马才取得了胜利，但事后他们还是要求奖励裁缝的功劳，赏给他两百金币：这确实是一件要价"高"得离谱的事。

而在第36章中默滕的谱摆得很大，他居坐在屋子中间，右边是儿子斯考尔皮昂，左边是大徒弟费利克斯。其对面是其他学徒，他们远远地坐着，与师傅之间保留着比较大的空间，宛如国家机构内执政者与僚属、平民之间的距离。

屋中还有一个不允许任何人落座的地方，当然它也不是空着的，但坐着的不是如莎士比亚《麦克佩斯》中班戈的鬼魂，而是默滕的一条狗！主人还为它起了一个与德国使徒博尼法齐乌斯（Bonifacius）相同的名字。默滕是怀着崇敬心来侍候这条狗的，在它的座位上罩上一块用细软的羊绒线织成、垂下几条绸制流苏的漂亮的红绒毯子，像一张豪华的沙发椅，里面还装上了精巧地拧在一起的弹簧，总之，布置得很雅致。每当餐会一散，他就把座位抬入一个单独的僻静的壁龛里，这个壁龛同布瓦洛在诗集《读经台》里

---

① 普瓦捷（Poitiers）位于法国中部克兰河畔，是普瓦图-夏朗德大区的首府和维埃纳省的省会。普瓦捷所处的地理处置，使其成为欧洲古战场之一，在此曾发生过许多重要战役，最重要的莫过于普瓦捷会战（Bataille de Poitiers）。它发生于732年，阿拉伯人遭受了自进占西班牙以来最重大的失败，丧失了北进扩张的能力，而法兰克人则捍卫了国家的独立，遏止了阿拉伯国家的进一步扩张。

描绘的高僧的内殿一样。

但是有一天,他的狗却没有到场,那个空间里的座位一直空着。默滕顿时脸色刷白,忧心如焚地连声发问:"博尼法齐乌斯在哪里?"声音大得让房间里的桌子似乎都要震动起来。而当他听说狗已经不见好久了,更是打了一个寒颤,全身每个关节都在抖动,头发也竖起来了。看他如此在意自己的狗,大家只好纷纷去寻找。而默滕这时已完全失去内心的平静,他按了一下铃,让女仆格累特进来。他没有再向她追问狗的去处,而是挥舞着双手,打翻了灯盏,于是瞬间房间都被笼罩在一片漆黑中了。——就这样,一个充满不祥之兆的、被人为地弄得急风暴雨式的、紧张的夜晚便降临了。

以后的故事在马克思的叙述中出现了中断,直到这篇小说的最后部分第47、48章才又接续上,所以我们将这两章的内容提前挪过来解读。

好在狗终于找到了。默滕喊道:"拿灯来,我说拿灯来!"天哪!只见他的博尼法齐乌斯流着血,躺在阴暗的角落里,眼睛发出阴森而暗淡的光。看到这一幕,默滕闷声倒在地上。徒弟们瞧瞧狗,又看看它的主人。默滕随后从地板上一跃而起,训斥起他们来:"你们都干吗目瞪口呆,蠢驴们!难道你们没有看见圣博尼法齐乌斯受伤啦?这事我得严加追究,得给肇事人吃点苦头,三倍的苦头;现在快一点,把它抬到它的座位上,去请家庭医生,拿点醋和温水来,别忘了把小学老师维杜斯请来!他的话对博尼法齐乌斯很有作用!"于是,暴躁的默滕一道接着一道向徒弟们发出简短而急促的命令,让他们冲出门口奔向四面八方。这时默滕又仔细地打量着他的博尼法齐乌斯,只见狗的眼里依然没有现出柔和的光亮,他心惊胆战地摇摇头,自言自语道:"我们怕是有灾难临头了,大灾大难呀!去叫神父来!"①

时间在延续,默滕要求去叫来的那些人一个也没有露面,于是他又绝望地蹦跳起来,对苟延残喘的狗说道:"可怜的博尼法齐乌斯!要是现在我自己放胆给你治疗会怎么样呢?你浑身发高烧,你嘴里鲜血直流,你不想吃东西,我看到你肚皮里的活动非常吃力紧张,我了解你,博尼法齐乌斯,我了解你!"这时女仆格累特端着温水和醋走了进来,他终于找到了出气口:"格累特!博尼法齐乌斯有几天没解大便啦?难道我没指定你每星期至少要给他灌一次肠吗?看来今后我得亲手来做这样重要的事情!"② 于是他指派格累特去拿油、盐、麸子、蜂蜜和灌肠器。

仆人走了,他预感到狗将难以再坚持下去,于是在其临终之际说出了这样的话,点出了他们之间的关系——"可怜的博尼法齐乌斯!自从你不能再用言谈和写作来表达你的神圣思想和观点以来,那些神圣的思想和观点便造成了你的便秘!"还特别感叹道:"啊!你这深邃思想的可敬可佩的牺牲品,啊,你那由虔诚信神而引起的便秘!"③

——原来,狗如其人,默滕表面上是在关注狗,实质是自我关注!

---

① 《马克思恩格斯全集》第1卷,人民出版社1995年版,第830页。原文参见 Karl Marx,"Scorpion und Felix",*Marx-Engels Gesamtausgabe*,I∥1,Dietz Verlag,Berlin,1975,S.702。

② 《马克思恩格斯全集》第1卷,人民出版社1995年版,第831页。原文参见 Karl Marx,"Scorpion und Felix",*Marx-Engels Gesamtausgabe*,I∥1,Dietz Verlag,Berlin,1975,S.702-703。

③ 《马克思恩格斯全集》第1卷,人民出版社1995年版,第831页。原文参见 Karl Marx,"Scorpion und Felix",*Marx-Engels Gesamtausgabe*,I∥1,Dietz Verlag,Berlin,1975,S.703。

第 31 章

他们,斯考尔皮昂和默滕两人躺在地上,因为一种超凡的现象(已见上面某章)深深震撼了他们的神经,所以,正像一个胚胎尚未挣脱世间关系而形成一种特殊形状那样,他俩身体各部分的联结力在一片正在膨胀的混沌状态中也完全松散了,结果是他俩的鼻子跌落在肚脐上,而脑袋掉在地上。

默滕流着大量浓稠的鲜血,血中含有大量铁质,含量究竟有多少我无法断定,因为化学的一般水平还很差。

尤其是有机化学,由于简化而变得日益复杂起来,因为每天都发现新的元素,这些元素同某些把国家名称当作自己的名字来使用的主教有相同之处,而那些国家恰恰掌握在不信教者手中,位于非天主教徒生活的区域;此外,那些元素名称同许多学术团体成员的头衔以及德意志各邦诸侯的封号一样冗长,具有自由思想的人们用它们来代替名字,因为他们不让自己受任何语言的束缚。

总之,有机化学本来就是一个想借助无机的反应来解释生活的异教徒!它渎犯了生活,仿佛我是从代数里推算出爱情的。

这一切显然都是以反应学说为基础的,而反应学说尚未获得详尽探讨而且永远也探讨不出来,因为它依据的是纯粹靠碰运气的扑克游戏,其中爱司是主要角色。

但爱司已成了一切近代法学的基础,因为一天晚上,当伊尔奈里乌斯大输一场后(他刚刚离开女士们的社交晚会回来,衣着优雅,穿着一件蓝色燕尾服,一双带长扣环的新皮鞋和一件鲜红色的丝绸坎肩),当即坐下来写一篇论《Aβ》的博士论文,这篇论文使他更上一层楼,以致他开始教起罗马法来了。

而罗马法却无所不包,其中有反应学说,也有化学,——因为正如帕奇乌斯所证明的那样,它是一个脱离了宏观世界的微观世界。

四本《法学阶梯》是四大原素，七本《学说汇纂》是七个行星，而十二本《法典》是黄道十二宫。

不过进入这个整体的不是什么鬼魂，而是女厨师格雷特，她来叫人吃晚饭。

斯考尔皮昂和默滕在狂热的兴奋状态中一直闭着眼睛，就这样，他们错把格累特看成了仙女。当他们从西班牙式的恐慌中（这种恐慌从唐·洛斯最后一次遭到失败和后来取得胜利时起就有了）惊魂甫定之后，默滕手撑斯考尔皮昂像一棵橡树似地站了起来，因为奥维狄乌斯和摩西说，人应当仰望星星，而不要俯视地面，——而斯考尔皮昂一把抓住了他父亲的手，使他站稳了脚跟，却使自己的身体处于危险状态。

第 35 章

"天晓得，裁缝默滕手艺高超，但是他要价太贵！"

"太对了！圣马丁帮了大忙，但要价太高了！"——克洛维在普瓦捷会战之后感慨地说了这句话，因为当时僧侣们在图尔向他宣称：是默滕替他裁制了马裤，他穿了这条马裤骑着英勇的驽马奔驰，亏得这匹驽马才取得了胜利；僧侣们还要求奖励默滕的这一功劳，赏给他两百金币。

而事情的经过是这样的……
……

第 36 章

他们坐在桌旁，首席坐着默滕，他的右边是斯考尔皮昂，左边是大徒弟费利克斯，首席的对面是默滕国家机构内的僚属，通常叫作学徒，他们远远地坐着，使执政者和平民之间保留一定的空隙。

在那个不允许任何人落座的空隙里，坐着的不是班戈的鬼魂，而是默滕的狗,它每天吃饭时一定要做祈祷,因为对人文科学颇有造诣的默滕认定:他的博尼法齐乌斯——这是狗的名字——跟德国人的使徒圣博尼法齐乌斯是同一个人物;为了证明这一点,他引证了博尼法齐乌斯自称是"一头吠犬"的话(见第105封信第145页,塞拉里亚版)。因此他是怀着迷信的崇敬心来侍候这条狗的,它在桌旁的座位是最雅致的——罩上了一块用细软的羊绒线织成的、垂下几条绸制流苏的漂亮的红绒毯子,像一张豪华的沙发椅,里面还装上了精巧地拧在一起的弹簧,这就是这头博尼法齐乌斯的席位,每当餐会一散,就把座位抬入一个单独的僻静的壁龛里,看来,这个壁龛同布瓦洛在诗集《读经台》里描绘的高僧的内殿一样。

博尼法齐乌斯没有到场,那个空隙无人落座,默滕顿时脸色刷白。"博尼法齐乌斯在哪里?"他忧心如焚地大声问道,整张桌子显然都在震动。"博尼法齐乌斯在哪里?"——默滕又问了一声,而当他听说博尼法齐乌斯不在时,他吓得打了个寒颤,他全身的每个关节都在抖动,他的头发也竖起来了!

大家跳起来去找狗,而默滕看来已完全失去他平素的内心平静,他按了一下铃,格累特进来了,她心里预感到一种不祥的征兆,她以为是——

"嗳,格累特,博尼法齐乌斯在哪里?"——她的心神显然安定下来了,而他却挥舞着双手,弄翻了灯盏,因而大家都被罩在一片漆黑中,接着一个充满不祥之兆的、急风暴雨的夜晚降临了。

第47章

"这不是博尼法齐乌斯就是我的裤子!"——默滕喊道——"拿灯来,我说拿灯来!"——于是就有了光。"我的天哪,这不是裤子,是博尼法齐乌斯,它躺在这里,在阴暗的角落里,它的眼睛发出阴森森的火光,啊,我看到什么呀?""它在流血!"——接着默滕闷声倒在地上。徒弟们先瞧瞧狗，而后看看他们的主人。终于他从地板上一跃而起。"你们都干吗目瞪口呆，蠢驴们！难道你们没有看见圣博尼法齐乌斯受伤啦？这事我得严加追究，得给肇事人吃点苦头，三倍的苦头；现在快一点，把它抬到它的座位上，去请家庭医生，拿点醋和温水来，别忘了把小学老师维杜斯请来！他的话对博尼法齐乌斯很有作用！"简短的命令就这样一道接着一道地发下来。他们冲出门口奔向四面八方。默滕更加仔细地打量着博尼法齐乌斯，这条狗的眼睛依然没有现出比较柔和的光泽，于是他就心惊胆战地摇头。

"我们怕是有灾难临头了，大灾大难呀！去叫神父来！"

第48章

默滕三番五次绝望地蹦跳起来，因为他要求叫来的那些人此时一个也没有露面。

"可怜的博尼法齐乌斯！要是现在我自己放胆给你治疗会怎么样呢？你浑身发高烧，你嘴里鲜血直流，你不想吃东西，我看到你肚皮里的活动非常吃力紧张，我了解你，博尼法齐乌斯，我了解你！"——此刻格累特端着温水和醋走进来。

"格累特！博尼法齐乌斯有几天没解大便啦？难道我没指定你每星期至少要给他灌一次肠吗？看来今后我得亲手来做这样重要的事情！去拿些油、盐、麸子、蜂蜜和灌肠器来！"

"可怜的博尼法齐乌斯！自从你不能再用言谈和写作来表达你的神圣思想和观点以来，那些神圣的思想和观点便造成了你的便秘！"

"啊！你这深邃思想的可敬可佩的牺牲品，啊，你那由虔诚信神而引起的便秘！"

六、"我是自己的替身"

我们再回过去看第 37 章。

"现代派"是如何思考世界的呢？如果非逻辑、无因果是其最重要的特征之一，那么大卫·休谟就应该是这一派别的先驱了，"因为他对因果关系的存在始终持怀疑的态度"①。然而，在现实生活中，因果关系的存在却又是一个不可否认的事实，只要看看下列信手捻来的实例就会对此深信不疑：巨人反衬侏儒，天才凸现庸人，海啸产生泥浆，香槟酒喝完后会留下余味，凯撒之后必然出现屋大维，皇帝拿破仑之后定然是市民国王路易-菲力浦，在哲学家康德之后出现了骑士克鲁格（Krug），而诗人席勒之后则是宫廷顾问劳帕赫（Raupach），莱布尼茨必定与沃尔弗（Wolf）相关联，如此等等。这些都是因果联系，可以说它具有极其广泛的现实性和普适性。现在要问的是，这些因果联系是自然、社会本身具有的吗？究其实，只能说它是人对自然、社会现象的一种理解、领会和解释，为此，马克思用这样一句比喻来阐发因果关系的要旨："盐基就成为渣滓沉

---

① 《马克思恩格斯全集》第 1 卷，人民出版社 1995 年版，第 825 页。原文参见 Karl Marx, "Scorpion und Felix", *Marx-Engels Gesamtausgabe*, I // 1, Dietz Verlag, Berlin, 1975, S.699。

淀，而精神却挥发四散。"①

对于认识来说，最困难的并不是那些具体的现实的人，诸如希腊的海伦、罗马的卢克莱修等等，而是直观的概念，比如神圣的三位一体（die heilige Dreieinigkeit）之类。那么，怎么认识后者呢？马克思在第 39 章中提出的**最好的**建议是：因为那个直观的概念就在自己的心中，所以**不要**去臆测，**不要**去梦想，而要保持清醒的态度，要对关乎概念的原理进行探究。做个比喻，假如把认识之路比作攀登一座大楼，那么我们站在现实的平地上，上升五层，就到达概念的顶端，那时在我们眼前展现出的是一个巨大的"**不**"（Nicht）字；如果下降到它的中部，面对着的则是一个庞大的、令我们不寒而栗的"**虚无**"（Nichts）；如果我们掉进它的底层，就会发现两者又在一个新的"**不**"（Nicht）字中和谐地融合起来了，而这个"**不**"字是用端正的、线条分明的、火焰般的字体写成的。"**不**"—"**虚无**"—"**不**"（Nicht-Nichts-nicht），这就是三位一体的直观概念，而这种思考方式也是"现代派"思维的典型路数，而其萌芽则有源远流长的历史，就像智者所罗门一样，老在质疑世界、寻找异质和另类——"谁升上天去又降下来呢？""谁能把风聚在手掌之中？""谁能把水包在衣服里？""谁为世界铺设整个大地呢？""他名叫什么？他的儿子又名叫什么？你知道么？"②……

对于这种以"不"为思维特征的人来说，迟早要遭逢这样的场景：当自己提出一个看法的时候，另一个看不见的声音就会传来：

---

① 《马克思恩格斯全集》第 1 卷，人民出版社 1995 年版，第 825 页。原文参见 Karl Marx,"Scorpion und Felix", *Marx-Engels Gesamtausgabe*, Ⅰ∥1, Dietz Verlag, Berlin, 1975, S.699。

② 《马克思恩格斯全集》第 1 卷，人民出版社 1995 年版，第 826—827 页。原文参见 Karl Marx,"Scorpion und Felix", *Marx-Engels Gesamtausgabe*, Ⅰ∥1, Dietz Verlag, Berlin, 1975, S.700。

"我会提出一个与此相反的论证!"而循声望去,"那时我看见的是另一个我自己!""我把自己当作一个相反的论证提出来了。"比如,一个人正在沉思:为什么永世流浪的犹太人生来就是柏林人,而不是西班牙人;但与此同时,他又会发现,这跟他想提出的反证也是相吻合的。这种矛盾、困境是真实的、永恒的吗?"你们不会相信,但我担保,我发誓,确是如此"——"我是自己的替身"①,这是人生真实的悖论。

对于人与人的交流来说,重要的是一双眼睛,"因为眼睛是磁石,到处吸引着铁"。然而,同样是眼睛,又各不相同,有的只是一个器官,空洞而无神,有的则思绪绵绵、衔爱带情。马克思把后者称为"眼睛里的天",而"天本身无非就是神的无限深远的、充满了爱的眼光",就是说,天本身就是灵光之神的一只温情而动人的眼睛,所以又可以说"眼中有神"。② 由此可见,吸引我们的与其说是眼睛,不如说是天、是神,因为我们看到的不是眼睛,而只是眼睛里的天、眼睛之神;换言之,在人的眼睛之中我们看到了天、看到了神。

这样,人生活在天地之间,一块悬在我们的上空,把我们往上吸引;另一块在我们脚下,把我们往深处引导。就像《圣经》中的亚哈随鲁(Ahasverus),吸引他的是一股向下的强大力量,否则,他为什么要在尘世各国永世流浪呢?如果他生来就不是柏林人,并且习惯于身居沙土平原,他也会如此吗?

---

① 《马克思恩格斯全集》第 1 卷,人民出版社 1995 年版,第 827—828 页。原文参见 Karl Marx,"Scorpion und Felix",*Marx-Engels Gesamtausgabe*,Ⅰ∥1,Dietz Verlag,Berlin,1975,S.701.

② 参看 Karl Marx,"Scorpion und Felix",*Marx-Engels Gesamtausgabe*,Ⅰ∥1,Dietz Verlag,Berlin,1975,S.701;《马克思恩格斯全集》第 1 卷,人民出版社 1995 年版,第 828 页。

被历史上无数智慧的人所苦苦追索的情感、所经历的跌宕起伏的人生，被无数卓越的作家、诗人反复吟咏的充满矛盾、痛苦、被功名和门第所裹挟的爱，在第44章《哈尔托存稿》中的第二个片断（Zweites Fragment aus Halto's Brieftasche）中还原为一幕温情的画面、丰富的想象、单纯的思维和庸常的生活：一个美丽的深蓝色之夜，两个恋人从郊外一座房子走到寂静的海边。男孩挽着女孩的手臂，羞怯的女孩想松手，但男孩没有放开，反而用另一只手更紧地搂住了她，正像女孩抓住了他的心一样，于是女孩也就索性随男孩的意了。

男孩低声地倾诉，说着充满渴望的话，将最崇高、最优美的词汇献给恋人。他描述说，自己眼前仿佛有一个王国升腾起来，那里的云天像波涛一样起伏、荡漾，轻柔而又沉重，云天上出现了一个女神的形象，微笑着闪烁出智慧之光。那是他在梦幻中曾经大胆地想象过、但从未亲眼见过的美人。而这个女神现在又从云天之上降临到自己身边了。

男孩沉溺于自身的内心之中，对自己的幻觉和想法惊讶不已，觉得自己是由于怀着炽热的爱而变得心胸开阔、高大雄壮。看着眼前无边无际的大海，此刻没有浪涛的喧嚣，海面深沉而晶莹，蓝天在上，黑暗的海底密布着颤动的金色群星，星星仿佛在唱着情歌，散发出灼热的光芒。这让置身此境的两个恋人感到：大海是温暖的，人生是美好的！男孩吻着女孩温存而柔和的手，他们谈论着爱情，也谈论着彼此。天地为爱而感动。夜深了，一片薄雾飘荡在他们的头上，凝结出一滴大泪珠，跌落在他俩之间，他们默默地欣享着甘露，咀嚼着爱的韵味，停止了谈话……

总之，我们看到，在马克思的这篇习作中，无论是"仙女们都是长着胡子的""身材活像我房间里的炉子"这样奇绝的拟喻，还是以"语文学"方面的推敲呈现出一个家族史的变迁和"思维的快乐",抑或人生透析中所表达的"上帝不识人滋味"的感喟、从"狗如其人"进而悟出"关注狗实质是人的自我关注"的道理,以及对以"不"为思维特征的人的心理机制的揭示,确实可以看出与20世纪现代派文学巨匠卡夫卡、达利等人极为类似的创作手法、思维。在马克思所处的时代,流行的创作方式,诸如他所热爱的作家巴尔扎克、狄更斯等使用的基本上都是传统的平铺直叙的现实主义手法,但在马克思一生中创作的唯一的这部小说中呈现的却不是这样的现实主义,而是20世纪才大行其道的"意识流"乃至"魔幻现实主义"手法。众所周知,"意识流"和"魔幻现实主义"所表达的"现实"有这样的特征:宏观虚幻,微观真实;表面虚幻,实质真实。就此而言,马克思的这部作品与此完全契合。后来的马克思并没有成为一个文学家并专门致力于小说创作,而是走向了以观察、揭示资本时代的现实状况和发展前景的哲学研究、政治经济学批判和社会主义建构;但我们不妨饶有兴味地设想一下:如果不是如此选择的话,就其思维能力、创作技巧和思想深度来说,他会不会成为一个"现代派"文学的鼻祖和大师呢?

第37章

大卫·休谟曾断定,本章是重弹上一章的"老调",而且在我写成本章之前,他就作了这个论断。他的论据如下:既然有了这一章,那就没有上一章,因为这一章挤掉了上一章;尽管这一章来源于上一章,但两者之间没有因果关系,因为他对因果关系的存在始终持怀疑的态度。每个巨人,包括每一个由二十行构成的章节,都会产生一个侏儒,每个天才都会产生一个枯燥乏味的庸人,每次大海的翻腾都会产生泥浆;一旦前者消失,后者立即冒头,并占据桌旁的座位，大模大样地伸直长长的双腿。

对这个世界来说前者太大了，所以他们被赶出了世界。后者则相反，在这个世界上落地生根、保存下来，对此不妨看看下列实例就会深信不疑了：在香槟酒喝完后会长久地留下一股令人生厌的余味儿，在英雄凯撒之后是演员屋大维，在拿破仑皇帝之后是市民国王路易-菲力浦，在哲学家康德之后是骑士克鲁格，在诗人席勒之后是宫廷顾问劳帕赫，在莱布尼茨天国之后是沃尔弗教室，在博尼法齐乌斯这条狗之后是本章。

这样，盐基就成为渣滓沉淀，而精神却挥发四散。

第 39 章

如果有人想获得有关这一点——我指的既不是希腊的海伦，也不是罗马的卢克莱修，而是神圣的三位一体——的直观的而不是抽象的概念，那么我能向他提出的最好的建议就是：不要去梦想任何东西，甚至不要入睡，相反，要保持清醒，并对这个原理进行探究，因为那个直观的概念就在他的心中。假如我们从现在的立足点升高五层，到达概念的顶端，像一片云彩那样飘落在上面，那时在我们眼前就会展现一个巨大的"不"；如果我们降落到它的中部，我们就会面对着庞大的"虚无"不寒而栗；如果我们掉进它的底层，我们就会发现两者在那个"不"中和谐地融合起来，而那个"不"是用端正的、线条分明的、火焰般的字体写成的，一下子就映入我们的眼帘。

"不"——"虚无"——"不"

这就是三位一体的直观概念，至于抽象概念，又有谁愿意对它寻根究底呢？

因为:"谁升上天去又降下来呢?","谁能把风聚在手掌之中?","谁能把水包在衣服里?","谁为世界铺设整个大地呢?","他名叫什么?他的儿子又名叫什么?你知道么?"——智者所罗门说道。

第44章
哈尔托存稿中的第二个片断

我们从一座郊外的房子走来,那是一个美丽的深蓝色之夜。你挽着我的手臂,你想松手,但我没有放你,我的一只手搂住了你,正像你抓住了我的心一样,你也就听我的便。

我低声地说着充满渴望的话,说了凡人能说的最崇高、最优美的东西,因为我等于什么也没有说,我沉溺于自身的内心之中,我看到一个王国升腾起来,那里的云天像波涛一样起伏荡漾,显得十分轻柔,同时又十分沉重,云天上出现了一个神的形象,那就是我在大胆的梦幻中曾经想象过,但从未亲眼见过的美人,她闪烁着智慧之光,在微笑着。你就是这个形象。

我对自己惊讶不已,因为我由于怀着爱情而变得如此高大雄伟;我见到了无边无际的大海,但海中再没有浪涛的喧嚣,大海十分深沉,它将永世长存;海面晶莹,而黑暗的海底密布着颤动的金色群星,星星唱着情歌,散发出灼热的光芒,因而大海是温暖的!

但愿这条路就是人生的象征!

我吻了一下你那温存柔和的手,我谈论着爱情,也谈论着你。

一片薄雾飘荡在我们的头上,它的心碎了,它流出一颗大泪珠,泪珠落在我们俩之间,我们感到了泪珠而默默无言。——